La Connaissance du Bonsaï

150 Questions-Réponses

A Juliette,
qui dort sous les arbres.

Sarl Édisud, La Calade, RN 7, 3 120 Route d'Avignon
13090 Aix-en-Provence – France
Tél. 04 42 21 61 44 / Fax 04 42 21 56 20
www.edisud.com – e.mail : commercial@edisud.com

ISBN 2-85744-984-4

Benoît Grandjean

La Connaissance du Bonsaï

150 Questions-Réponses

Édisud

Avertissement

Cet ouvrage se présente sous la forme d'une série de questions-réponses thématiques permettant un accès facile et direct. Le bonsaï est étudié des racines jusqu'aux feuilles, sans oublier des questions d'ordre général le concernant dans sa globalité. Ces questions sont d'ordre théorique et pratique, les données théoriques menant toujours à la pratique.

Toutes les questions n'ont pas forcément une réponse finie et définitive, surtout pour ce qui concerne la physiologie, la nature gardant de nombreux mystères.

Chaque question a été abordée aussi indépendamment que possible, toutefois certains renvois sont nécessaires pour la compréhension. D'autre part, l'ordre des questions n'est pas anodin : il doit permettre au profane une lecture “progressive”.

Pour finir, certaines questions peuvent sembler naïves, voire stupides, mais vous constaterez que la réponse en justifiait pleinement l'opportunité.

Sommaire

Préambule

Pourquoi ce livre ?

En amateur curieux, j'ai feuilleté de nombreux ouvrages, qui en définitive regroupent toujours les mêmes informations :

— les origines du bonsaï,

— les parasites et la lutte à l'aide de produits de synthèse,

— les techniques de multiplication et de mise en forme des racines et des branches,

— les essences les plus couramment utilisées,

— le calendrier des travaux pour celles-ci...

C'est-à-dire, pour résumer, la **culture** et l'**art** du bonsaï.

Le bonsaï est effectivement un art. Mais en pratique, on ne peut oublier la nature première du bonsaï ou "arbre cultivé en pot". Garder un bonsaï en vie est pour bien des amateurs un réel défi. Beaucoup y ont renoncé, faute de "mode d'emploi" répondant à leurs interrogations.

Ce livre saura guider leurs premiers pas.

Beaucoup de passionnés n'ont pas ou n'ont que peu de connaissances à propos de la **structure** et de la **physiologie** de l'arbre, et du bonsaï en particulier. L'empirisme, le tâtonnement et les échanges d'expériences au sein des clubs permettent d'acquérir un savoir-faire irremplaçable, certes, mais les amateurs de bonsaï sont curieux de nature. La passion les pousse vers plus de recherches.

C'est le deuxième objectif de cet ouvrage : aborder le bonsaï sous un angle scientifique et écologique, accéder à des informations simples qu'il serait fastidieux d'aller quérir dans un dédale de livres spécialisés.

La structure thématique du livre permettra à chaque lecteur d'adapter sa lecture selon ses intérêts ou ses impératifs.

Il n'est qu'un point de départ qui n'aura de sens que prolongé par l'expérience et les nuances que vous ne manquerez pas d'y apporter.

Amicalement.

L'auteur.

Au secours ! Premier bonsaï...

Destinée au néophyte, cette partie est indispensable pour acquérir quelques connaissances absolument nécessaires avant de poursuivre la lecture.

Tout passionné de bonsaï se souvient avec émotion de son premier arbre. C'est d'ailleurs le seul point commun entre les pratiquants et les dégoûtés du bonsaï !

Aussi, il est important de s'appuyer sur des bases solides.

Ce chapitre vous livre les éléments indispensables pour comprendre le fonctionnement de votre arbre.

Il vous donne aussi les indications nécessaires pour choisir un arbre sain indépendamment, bien sûr, de son intérêt esthétique.

1. Qu'est-ce qu'une molécule? Une molécule organique? Un ion?

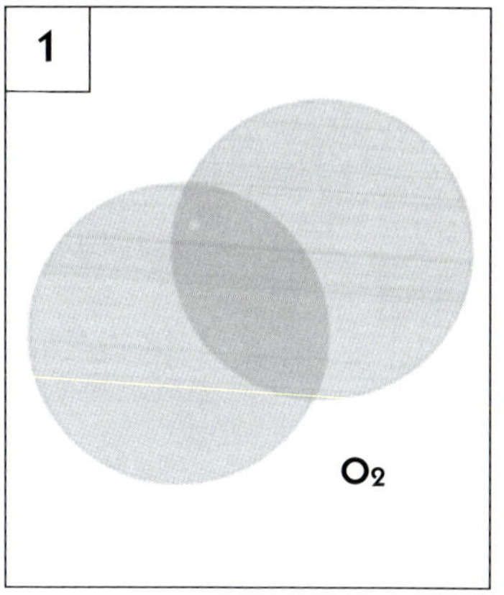

Les bonsaï se nourrissent d'air et d'eau dans lesquels ils puisent des éléments indipensables. Ceux-ci sont combinés sous plusieurs formes.

• Une molécule est un assemblage d'éléments simples ou atomes, l'atome étant le plus petit élément de matière que l'on trouve à l'état naturel. Par exemple, les atomes d'oxygène s'associent naturellement par deux, l'oxygène de l'air est donc noté O_2 par les chimistes (voir schéma 1). Mais des atomes de natures différentes peuvent aussi s'associer, et en nombre plus important, et former ainsi des assemblages plus complexes.

• Les constructions les plus complexes sont celles fabriquées par les êtres vivants. Les êtres vivants assemblent et transforment des molécules qui ont toutes un point commun : elles contiennent des atomes de carbone de symbole chimique C (les sucres, les protéines, les matières grasses) : ces molécules sont nommées **composés organiques**. Le dioxyde de carbone (CO2) contenu dans l'air est aussi une molécule organique.

• Des molécules ou des atomes peuvent être chargés d'électricité, ils sont alors appelés ions. De nombreuses molécules se brisent en plusieurs ions lorsqu'elles sont dans l'eau. Par exemple, la molécule de sel (NaCl) se coupe en un ion Na+ et un ion Cl- dans l'eau (voir schéma 2). Les plantes absorbent par leurs racines ces ions dissous dans l'eau. Par contre, elles ne peuvent pas absorber ces mêmes éléments lorsqu'ils sont sous forme cristallisée.

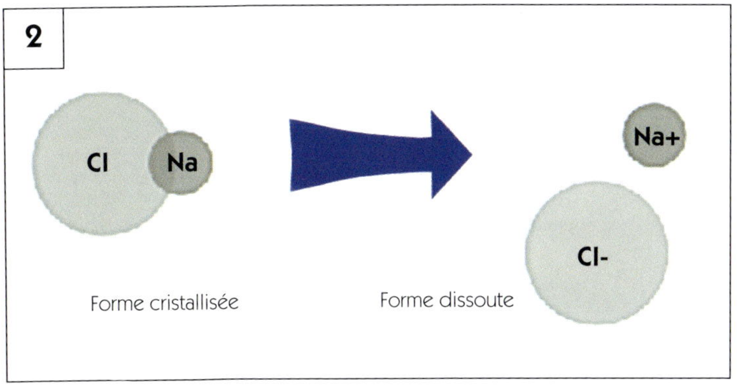

2. Qu'est-ce que l'évaporation et quels en sont les paramètres?

L'eau peut être sous forme liquide ou sous forme gazeuse à température ambiante. L'évaporation est le passage de l'état liquide à l'état gazeux.

La vitesse de l'évaporation dépend de la **surface**, de la **température** et de la **pression** :

• plus la surface de feuille exposée est grande, plus la plante va perdre d'eau ; les bonsaï ont souvent de petites feuilles, en partie à cause des restrictions d'eau qui leur sont imposées ; la surface réduite de leur feuillage leur permet en retour de limiter l'évaporation, très importante à ce niveau, et ainsi d'économiser le précieux liquide ;

• plus la température est élevée, plus l'évaporation est intense ; l'ensoleillement direct augmente fortement la température des feuilles ; les feuilles perdent beaucoup d'eau par transpiration, celle-ci s'évapore ; le passage de cette eau de l'état liquide à l'état gazeux demande de l'énergie et donc refroidit les feuilles qui peuvent ainsi supporter les rayons du soleil ;

• la pression qui nous intéresse est celle de l'eau contenue dans l'atmosphère : par temps pluvieux, l'air est humide, il y a de l'eau sous forme de vapeur dans l'air ; plus cette quantité d'eau vaporisée dans l'air est faible, plus l'évaporation est intense, or, le vent, en éliminant cette humidité qui se crée au fur et à mesure de l'évaporation, assèche l'air.

Ces trois paramètres sont très importants, pour autant il n'est pas nécessaire de les mesurer avec précision pour maîtriser la culture d'un ou plusieurs bonsaï. Il faut cependant les estimer avec justesse pour adapter les soins aux besoins du végétal.

3. Qu'est-ce qu'une cellule végétale ?

Les êtres vivants sont organisés, c'est-à-dire composés d'unités distinctes unies entre elles. Ces unités sont appelées cellules. Celles-ci constituent la base des structures des végétaux. Voici, en quelques lignes, les caractéristiques essentielles de la cellule végétale.

Une cellule est constituée de deux parties fondamentales : le cytoplasme et le noyau (figure 3 ci-dessous) :

3

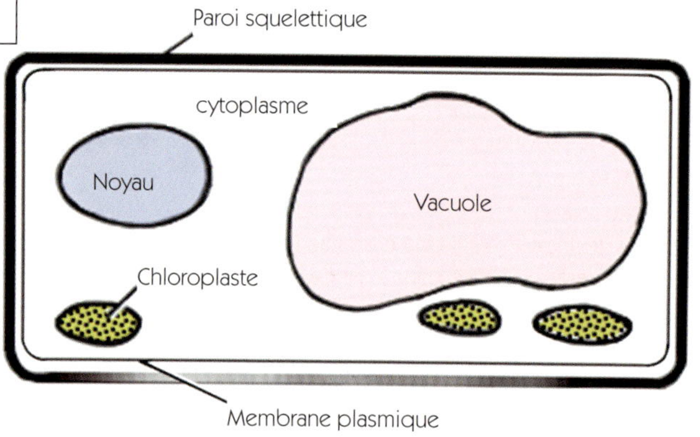

• le cytoplasme est délimité par la membrane. Il renferme une substance liquide au sein de laquelle on observe des éléments inertes (des grains d'amidon, par exemple) et des organites. Ces derniers sont de petits organes, à l'échelle cellulaire, qui remplissent chacun un rôle particulier ; ils sont aussi délimités par une membrane ;

• le noyau est généralement sphérique, mais il est déformable ; il est délimité par une membrane : c'est un organite ; son rôle est essentiel, car il contient les molécules de l'information génétique ; il commande les synthèses de la cellule, sa division éventuelle. Une cellule sans noyau ne peut plus fabriquer les molécules nécessaires à son fonctionnement, elle dégénère et meurt.

La cellule végétale possède quelques organites particuliers :

— la **vacuole** est une poche d'eau délimitée par une membrane. Cette eau contient souvent des substances dissoutes. Lorsque la cellule dispose de beaucoup d'eau, elle se gonfle ainsi que sa vacuole. A l'intérieur de chaque cellule végétale se trouve une, ou plusieurs vacuoles. Celles-ci ont un rôle important : en se gonflant d'eau, elles augmentent la taille de la cellule qui gonfle autant que le lui permet la paroi qui l'entoure. Ce phénomène participe au maintien de la rigidité de l'organe végétal auquel appartient la cellule. Lorsque, au contraire, la cellule manque d'eau, la vacuole se recroqueville et la cellule tout entière se rétrécit. Dans ce cas, l'organe, s'il s'agit d'une feuille, peut s'affaisser et devenir flasque.

— les **chloroplastes** : si les feuilles et les jeunes branches sont vertes, c'est grâce à la présence des chloroplastes. Ceux-ci sont de petites unités de fabrication qui produisent des sucres à partir de la lumière, de minéraux, d'eau et de gaz carbonique. Ils contiennent de la chlorophylle qui est le pigment principal permettant de capter la lumière et donc de réaliser la photosynthèse.

— la **paroi végétale** : il y a, chez tous les végétaux, une **paroi** qui enveloppe les cellules (voir schéma 3). Cette paroi est produite par les cellules elles-mêmes. Elles sécrètent de longues molécules qui s'assemblent les unes aux autres pour former la paroi. On l'appelle paroi squelettique, car sa rigidité participe au port* du végétal, comme un squelette. Cette paroi est donc très importante : sans elle, il n'y aurait pas d'arbres. La paroi peut être transformée et rendue plus dure. Elle peut même devenir étanche, ce qui provoque la mort par asphyxie des cellules qui l'ont créée.

Les cellules jeunes et leur évolution en cellules spécialisées

La spécialisation de chaque cellule

Il y a chez les végétaux plusieurs types de tissus. Chaque tissu est un ensemble de cellules spécialisées : par exemple, dans une feuille, on trouve des cellules dont le rôle est de capter la lumière et de fabriquer des sucres. Autre exemple, dans le tronc, on trouve des cellules qui ont fortement épaissi leur paroi, leur rôle étant de fortifier le tronc. Le premier groupe de cellules est spécialisé dans la photosynthèse, ces cellules ont comme caractéristique d'être très riches en chloroplastes*, mais aussi d'avoir une paroi très fine pour laisser passer la lumière. Dans l'autre cas, les cellules n'ont aucun chloroplaste.

Une origine commune

Toute cellule, quelle que soit sa fonction, est issue d'une cellule embryonnaire. La cellule embryonnaire n'a aucune spécialité, elle est dite non différenciée. C'est, en quelque sorte, la cellule de base. On donne à cette cellule embryonnaire le nom de cellule méristématique. Elle est très active : sa principale vocation consiste à se diviser rapidement. La paroi qui l'entoure est très fine : elle ne s'oppose pas aux divisions. Elle n'est jamais seule, les cellules embryonnaires sont groupées en massifs méristématiques.

La différenciation cellulaire

La cellule peut perdre cette aptitude de cellule embryonnaire en se transformant en cellule différenciée ou cellule "adulte". Il existe plusieurs types de cellules différenciées : citons les cellules spécialisées dans le stockage de réserves, les cellules spécialisées dans la photosynthèse, aussi appelées cellules chlorophylliennes. La cellule qui se différencie se spécialise pour remplir une fonction particulière. Selon la région de la plante où elle se trouve, cette spécialisation va prendre une orientation précise : une cellule méristématique située dans une feuille peut, par exemple, se spécialiser en cellule chlorophyllienne. La différenciation affecte en fait un ensemble de cellules voisines. Cet ensemble de cellules va constituer un tissu dont la fonction peut être la mise en réserve (tissu de réserve), la photosynthèse (tissu assimilateur ou chlorophyllien) ou d'un autre type encore.

La dédifférenciation cellulaire

Chez tous les végétaux, la cellule différenciée peut souvent revenir à l'état embryonnaire, en quelque sorte rajeunir. C'est ce que l'on appelle la **dédifférenciation**. Il faut pour cela qu'elle ait gardé son noyau, et que sa paroi soit toujours perméable pour qu'elle puisse respirer. Pour revenir à son état embryonnaire, elle défait en grande partie la paroi qui l'entoure, se débarrasse de ses chloroplastes si elle en avait, en bref, elle se réorganise et élimine tout ce qui faisait d'elle une spécialiste. Revenue à son état embryonnaire, elle peut à nouveau se diviser et éventuellement se différencier en une cellule d'un autre type. C'est grâce à ce phénomène que les bonsaï peuvent cicatriser après les tailles, que des bourgeons peuvent apparaître sur un vieux tronc.

Méristèmes et bonsaï...

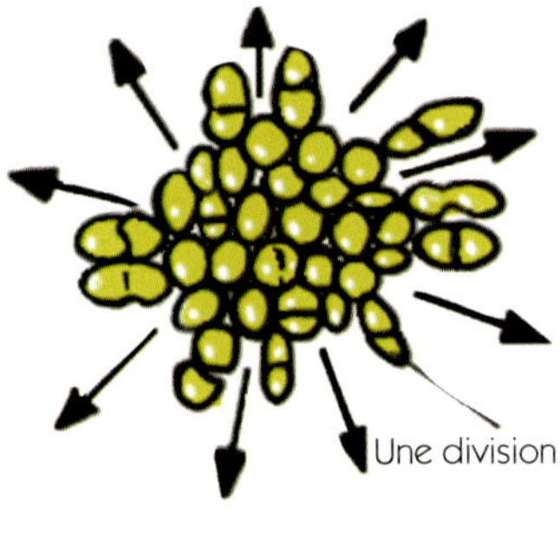

Contrairement aux animaux, les végétaux croissent durant toute leur vie, certains organes (tiges et racines) ont une croissance théoriquement illimitée. Durant toute sa vie, votre bonsaï ne s'arrêtera jamais de pousser. Les méristèmes donnent naissance à des cellules qui se spécialisent et donc arrêtent de se diviser. Pourtant les méristèmes s'épuisent rarement : il y a pratiquement autant de cellules qui se différencient que de cellules embryonnaires qui se divisent (le stock de cellules méristématiques est constant).

On trouve des méristèmes dans les bourgeons, les extrémités des racines, mais aussi dans les feuilles lorsqu'elles grandissent. On trouve aussi des méristèmes tout au long des branches jusqu'aux extrémités des racines. Ceux-ci en assurent la croissance en épaisseur. Pour résumer, là où il y a croissance, il y a un méristème.

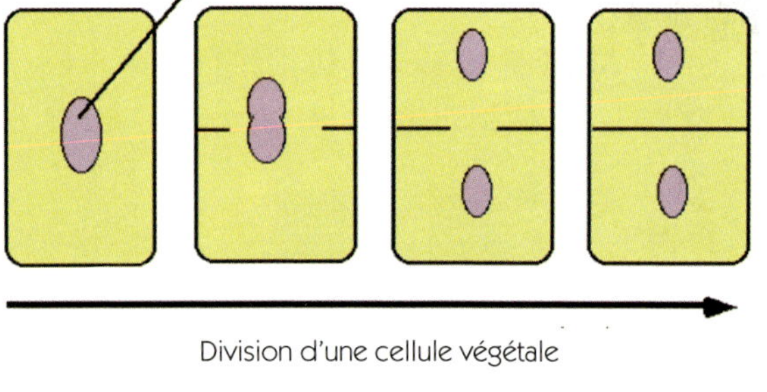

Division d'une cellule végétale

Certains méristèmes s'épuisent vite. C'est le cas pour ceux des feuilles : la croissance des feuilles est donc limitée. Ceci permet la miniaturisation définitive de ces organes. En revanche, la plupart des bourgeons ne s'épuisent pas ; saison après saison, ils continuent à assurer la croissance en longueur. Cependant, la possibilité d'intervenir sur l'amplitude de cette croissance permet de nanifier les arbres. Ensuite, la croissance en épaisseur est, pour les bonsaï comme pour les arbres de pleine terre, extrêmement lente.

4. Comment identifier les différentes parties d'un bonsaï et les différentes espèces cultivées en bonsaï ?

Les organes végétatifs

Le bonsaï a trois organes végétatifs fondamentaux : la **racine**, le **tronc** et la **feuille**. La zone de rencontre entre le tronc et les racines s'appelle le **collet** (schéma a). Les zones de croissance en longueur sont situées à l'extrémité des tiges et des racines.

Les **feuilles** [1], organes aplatis et verts, ont une croissance limitée. Elles sont toujours fixées sur des renflements des tiges, appelés **nœuds** [2] La portion de tige située entre deux nœuds est appelée **entre-nœud** [3]. A l'aisselle de chaque feuille se situe un **bourgeon axillaire** [4] qui peut évoluer en rameau ; au sommet de chaque rameau un **bourgeon terminal** [5].

Les **cotylédons** [1] (schéma c) sont les premières feuilles de la plante ; déjà présents dans la graine, ils contiennent les réserves nécessaires à la plantule pour se développer en attendant d'avoir des racines fonctionnelles et des feuilles vertes. Les "feuillus"* ont tous deux cotylédons lors de leur germination : ce sont des **dicotylédones** ([2] : jeune feuille ; [3] : le collet). Les conifères en ont souvent plus de cinq disposés en étoile, ils font partie du groupe plus ancien des **Gymnospermes** (schéma d).

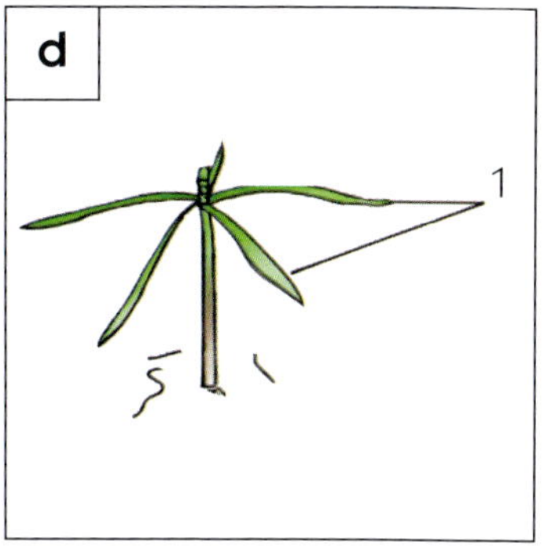

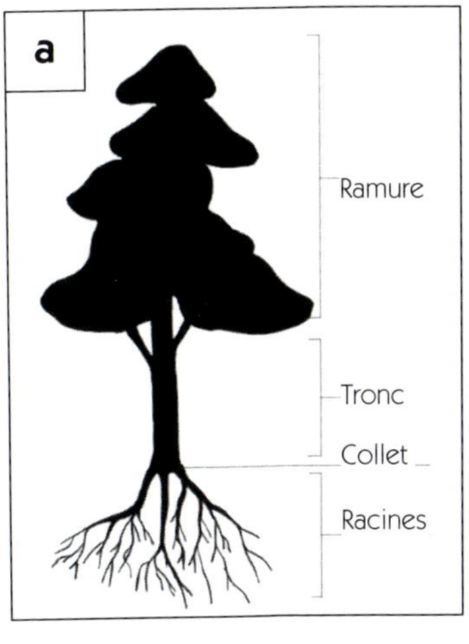

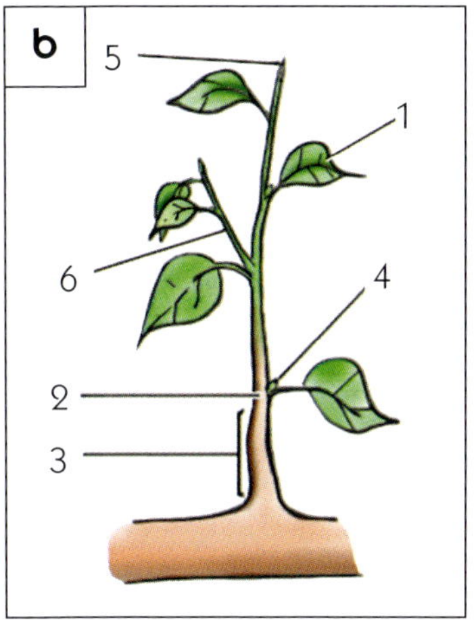

Les branches principales insérées sur le tronc sont dites d'ordre primaire.
Sur ces branches primaires sont insérées les branches d'ordre secondaire, etc.

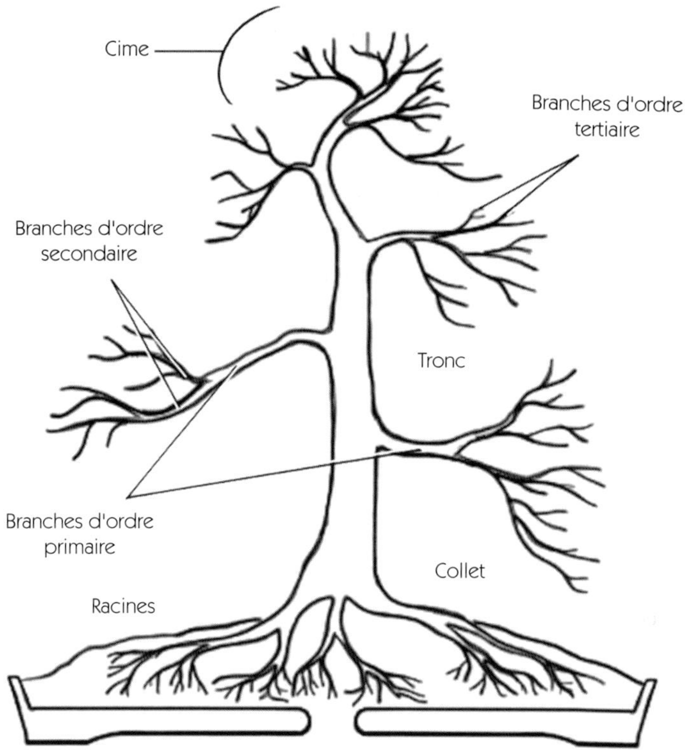

Les embranchements

L'exposé est très simple, les arbres que l'on peut former en bonsaï étant regroupés dans deux embranchements seulement :

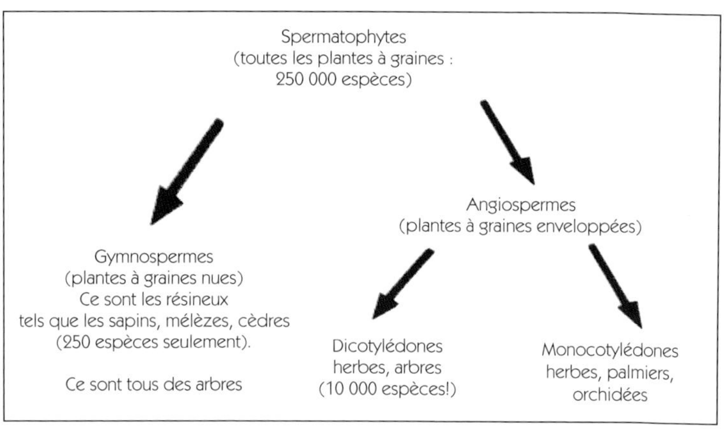

L'identité d'un bonsaï, le classement des espèces

Tous les êtres vivants connus ont été classés dans des groupes. Le groupe situé à la base de la classification est l'**espèce**. C'est un groupe d'individus présentant des caractères communs, se reproduisant entre eux et qui sont isolés du point de vue reproductif : un chêne-liège et un chêne vert ne peuvent pas se croiser et donner des hybrides, ce sont deux espèces différentes.

Les espèces sont elles-mêmes regroupées au sein d'ensembles d'espèces ayant des caractères en commun : le groupe des Érables, par exemple, regroupe plusieurs espèces très proches les unes des autres. Cet ensemble porte le nom de **genre**.

Les genres ayant des caractères communs sont regroupés aussi dans des ensembles appelés **familles** ! *Pinus sylvestris* fait partie du genre Pinus qui fait partie de la famille des Pinacées (écrit aussi *Pinaceae*, toutes les familles ont un nom en "aceae").

La classification des espèces, la **taxonomie**, est discutable et discutée. C'est une vision tranchée du monde du vivant.

Le nom des espèces

La dénomination des espèces est **binomiale** : par exemple, le pommier s'appelle *Malus communis* (pommier commun). Le premier mot, *Malus*, désigne le genre. Les noms ont parfois un sens : ils peuvent renseigner sur le lieu d'où est originaire l'espèce (*Cedrus libani*), sur l'allure ou la taille de l'espèce, etc. Pour la pratique du bonsaï comme pour l'horticulture en général, elle permet de bien identifier les sujets, donc leur provenance et leurs exigences en culture. Elle permet aussi d'éviter les fautes de taille, l'art du bonsaï visant à évoquer des formes naturelles, on évitera de donner à une espèce une forme qui ne lui est pas typique.

Les coupes

Vous en trouverez tout au long de cet ouvrage. Il y en a de deux types (voir schémas) :

- la coupe transversale (schéma 1) :

Elle suit un plan perpendiculaire à la plus grande longueur de l'organe. Par exemple, la coupe transversale du tronc d'un bonsaï.

- la coupe longitudinale (schéma 2) :

C'est une coupe dans le sens de la longueur de l'organe. Le même exemple, mais en coupe longitudinale.

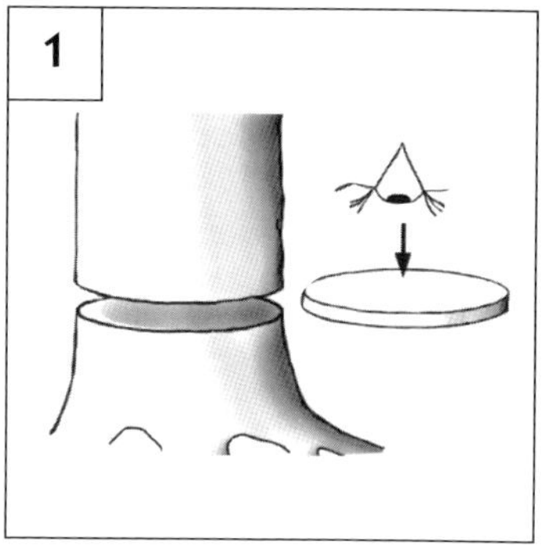

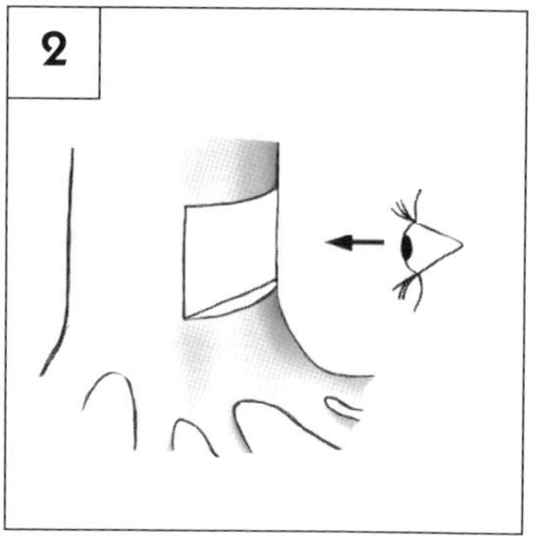

5. Quelles différences essentielles y a-t-il entre un conifère et un feuillu?

Les conifères

- Ce sont tous des arbres de climat tempéré ou méditerranéen ; on les rencontre aussi en zone de montagne.
- Mis à part les mélèzes (genre *Larix*), ils gardent leurs feuilles durant l'hiver : ce sont des arbres à feuillage **persistant**. Ceci constitue peut-être un

avantage, car pendant l'hiver, il y a parfois des jours ensoleillés dont ils peuvent profiter, alors que les arbres à feuillage caduc en sont privés.

• Les conifères ont des exigences culturales particulières, ils se plaisent généralement dans des sols meubles et demandent des arrosages et des apports en engrais bien adaptés.

• Dans la nature, ils sont tous mycorhizés (voir questions 39, 40, 41), ce devrait être le cas en bonsaï.

• Pour les tailles, une règle de base veut que l'on garde toujours les extrémités feuillues. Les bourgeons débourrent difficilement (voir question 100) ; si les feuilles sont supprimées, la branche meurt. Par prudence, les pincements auront lieu à l'ombre. Les départs de nouvelles branches (à partir du tronc ou d'une grosse branche) sont généralement très difficiles à obtenir.

• Les conifères à écailles ne "cicatrisent" que très difficilement : la cicatrisation des tissus a lieu, mais l'ouverture dans le tronc se referme rarement, si bien que les gros départs de branches coupées sont généralement travaillés en "bois morts". Les coupes sévères sont irréversibles.

Les conifères sont des bonsaï peu "lisibles" et qui ne pardonnent aucune erreur.

Les feuillus

• Leur répartition géographique est beaucoup plus vaste : la connaissance de l'origine de l'arbre est primordiale.

• Les arbres de climat tempéré sont souvent des arbres à feuilles caduques. Il s'agirait d'une adaptation, si les feuilles restaient en place pendant l'hiver elles gèleraient. Certaines espèces ont des feuilles vernissées* persistantes.

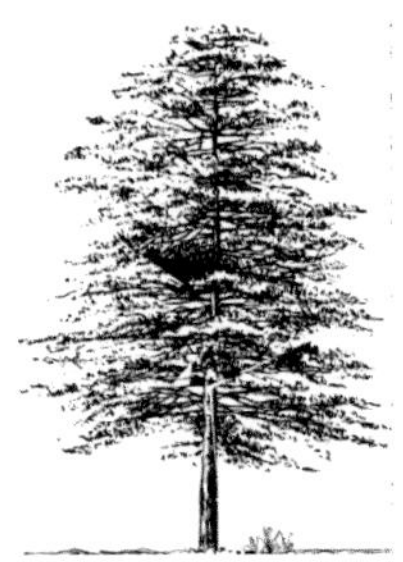

• Les exigences culturales sont très variées, le sol est généralement relativement acide (surtout pour les tropicaux) et plus ou moins riche en terreau (les azalées ont besoin de terreau presque pur).

• Dans la nature, ils sont, pour la plupart, mycorhizés...

• Les tailles sont plus libres : quelques feuilles tire-sève sont conservées par sécurité (voir question 119). Si l'arbre ne manque pas d'eau, les branches taillées redémarreront facilement. Les bourgeons sont souvent nettement plus gros et plus visibles que ceux des conifères. Les départs de branches (à partir du tronc ou d'une grosse branche) sont nombreux chez les arbres en bonne santé.

• Les feuillus "cicatrisent" très facilement : une cicatrice dans le tronc se referme assez vite si elle est mastiquée convenablement. Les coupes sévères sont rattrapables.

Les feuillus sont généralement assez faciles à entretenir.

6. Sapin? If? Séquoia? Comment reconnaître facilement les conifères ?

Chez les conifères, les feuilles ont souvent l'apparence d'une aiguille ou d'une écaille (le *Podocapus macrophyllus* ou "pin des Bouddhistes" infirme cette règle, avec ses relatives grandes feuilles). De plus, les arbres formés en bonsaï ne sont pas reconnaissables par leur silhouette, car celle-ci n'est pas forcément conforme. Voici quelques clés pour les reconnaître facilement :

Les aiguilles sont groupées par 2, 3 ou 5 (schéma 1) :
- les pins (*Pinus*)
- sur de courts rameaux (schéma 2)
  - persistants : les cèdres (4 espèces : Liban, Atlas...)
  - caducs : les mélèzes (genre *Larix, Larix decidua*)

Les aiguilles sont solitaires :
- aplaties de différentes longueurs, tendres et non piquantes : les tsugas
- aplaties de même longueur (schéma 3)
  - rameau verticillé*
    - feuilles plates, non piquantes à deux raies blanches en dessous : sapin (*Abies*)
    - feuilles à quatre angles, piquantes, sans raies blanches en dessous : épicéa (*Picea*)
- disposées en deux rangées le long du rameau (schéma 4)
    - vert foncé à bout aplati : if (*Taxus*)
    - pointues vert très foncé au-dessus et strié de blanc dessous : séquoia
  - en verticilles* de trois feuilles autour du rameau (schéma 5) : genévrier (*Juniperus oxycedrus* et *Juniperus communis*)

Les feuilles sont des écailles imbriquées couvrant complètement le rameau : cyprès (*Cupressus*), thuya géant, genévrier (*Juniperus phœnica*). *Juniperus sabina* a des feuilles en écaille, mais aussi en forme d'aiguille.

Les feuilles sont des écailles énormes : araucarias (*Araucariaceae*).

Les feuilles ne sont pas réduites : *Podocarpus macrophylla*.

1

2

3

4

5

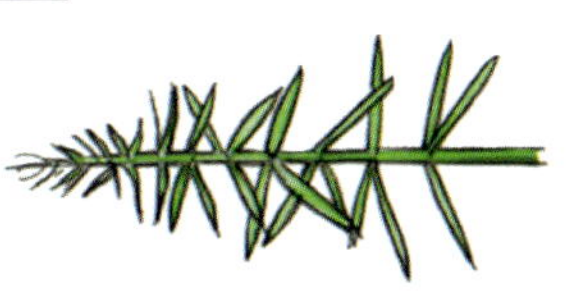

7. Quels sont les indices pour acheter un bonsaï en bonne santé ?

Ceci s'adresse à tous ceux qui viennent d'acheter leur premier bonsaï et qui ont besoin de conseils sans plus attendre.

Le bilan santé

Avez-vous vérifié la santé de l'arbre avant de l'acheter ? Si cela n'est pas le cas, faites-le immédiatement ! Voici la marche à suivre :

Les généralités

Votre bonsaï doit avoir bonne mine, ses feuilles doivent être bien vertes et souples. Il ne doit pas avoir été rempoté récemment : la motte ne doit pas être en terre battue, au contraire, elle doit être bien compacte. En effet, le rempotage est une opération qui nécessite un temps de repos pour l'arbre, or, qui dit vente dit transport et donc "malmenage" de l'arbre. D'autre part, rien ne vous assure que le rempotage a été fait correctement...

La majorité des problèmes viennent des racines

Pour vérifier l'état des racines, décollez délicatement la motte du pot en vous aidant éventuellement d'une lame de couteau. Soulevez l'arbre et sa motte en le tenant par le tronc (schéma 1). Pour savoir si les racines sont vivantes, il suffit de regarder attentivement leurs extrémités. Si celles-ci sont blanches et feutrées, l'arbre est en bonne santé. Dans certains cas, elles sont enveloppées dans un filament qui dégage une odeur de champignon. L'arbre est également dans ce cas en très bonne santé. Si, par contre, elles sont noirâtres ou brunâtres et se détachent facilement, cela veut dire qu'elles sont mortes et qu'elles commencent à pourrir : votre arbre est en danger. Imaginez que vous n'ayez pas vérifié, votre arbre serait alors mort "sans raison"... Éliminez alors les racines pourries ainsi que la quasi-totalité des feuilles (laissez au moins une feuille à chaque extrémité des branches comme indiqué sur le schéma 2), replantez ensuite votre arbre dans du sable pur dans un grand pot en veillant tout particulièrement au drainage,

1

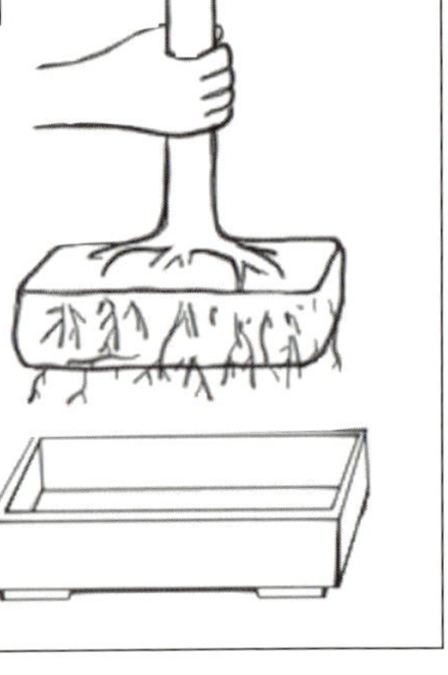

2

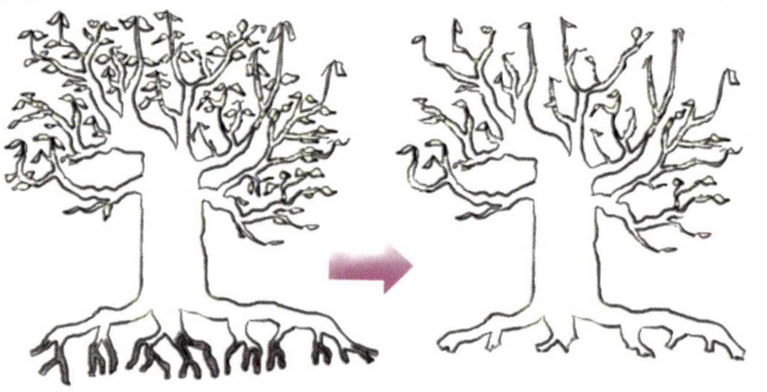

Malus sp.
installé dans une poterie émaillée. Le bonsaï a été volontairement sorti de sa terrine afin de vérifier la bonne santé de ses racines. L'opération est rapide, facile, et surtout sans risque pour le bonsaï... d'autant qu'il est, dans le cas présent, urgent de rempoter.

vaporisez-le fréquemment en plus des arrosages. Installez le convalescent en pleine lumière (mais surtout pas au soleil !).

Le bonsaï pourra être rempoté l'année suivante, le sable sera remplacé par un substrat plus approprié (voir question 37). Par vaporisations très rapprochées, on arrive à récupérer des arbres dont les racines sont en très mauvais état.

8. Quels peuvent être les problèmes d'acclimatation ?

Certains bonsaï meurent sans raison apparente. Leurs racines sont saines, ils perdent pourtant rapidement de la vigueur et meurent malgré des soins adaptés. Il faut savoir que la plupart des bonsaï industriels (terme choquant mais de circonstance) sont transportés de leur Chine natale jusqu'en Europe sans ménagement. Le transport se fait en container. Or, un bonsaï, c'est un pot, mais aussi un arbre qui a comme tout être vivant des besoins particuliers, notamment en température, lumière naturelle et humidité. Ces trois facteurs peuvent évoluer très brutalement selon les circonstances. Ces variations brutales liées au transport ainsi que les conditions de stockage incompatibles avec leurs besoins (par exemple sous les néons du magasin, à 30° et sans arrosage !) affaiblissent l'arbre. Un arbre apparemment en bonne santé peut être en fait très affaibli par tous ces aléas. Il est donc important, lorsque vous achetez votre bonsaï, de vous renseigner sur son origine et son transport, et surtout sur l'acclimatation dont il aurait dû faire l'objet. Vous pouvez ainsi tester la compétence du revendeur.

Comment l'acclimater ?

Votre arbre est fatigué, comme un touriste après un long voyage. Si vous l'avez acheté chez un professionnel sérieux, votre arbre a déjà été acclimaté. Dans le cas contraire, certains sujets peuvent dépérir. Évitez les sujets entreposés sans soins, sans lumière naturelle ni éclairage par des ampoules spéciales. Quoi qu'il en soit, votre arbre devra se réadapter aux nouvelles conditions que vous allez lui offrir. Il est donc important de lui donner le temps nécessaire et de lui offrir, comme nous allons le voir, des conditions les plus constantes possibles en lumière, en température et en arrosage.

9. Quelles sont les principales catégories de bonsaï et leurs principales exigences ?

Tenez compte de ses origines dès le départ

Votre arbre miniature a peut-être été formé en Chine du Sud, ou au Japon... Mais l'espèce, de quelle région du globe est-elle originaire ? Quelles sont ses exigences en température, en humidité, en lumière (peut-il supporter l'ensoleillement direct ?), en type de sol (acide ou plutôt calcaire ?), en engrais... (ne vous découragez pas !) Pour simplifier, on distingue trois grands groupes de bonsaï en fonction des exigences en température, humidité et lumière :

• le **bonsaï d'intérieur**, d'origine tropicale, aime l'humidité et ne supporte pas moins de 14°C pour les plus exigeants.

On peut citer, à titre d'exemples, les espèces suivantes : Ficus (*benjamina, retusa, microcarpa*...), Carmona microphylla (*Erethia buxifolia*), *Lantana camara, Podocarpus macrophylla, Ulmus parvifolia* (orme de Chine), *Camellia japonica* (camelia), *Schefflera actinophylla, Sagaretia theezans, Malpighia coccigera* (cerisier des Antilles), etc.

• le **bonsaï d'extérieur**, d'origine tempérée, reste dehors toute l'année car il ne craint pas le gel modéré.

Quelques exemples : *Ulmus campestris* ou *procera* (orme champêtre), le genre Quercus (les chênes), les fruitiers des régions tempérées (cerisiers et abricotiers [genre Prunus], pommiers [genre Malus], etc.), les frênes (*Fraxinus excelsior*), les charmes, les érables (les plus connus sont *Acer palmatum* aux feuilles rouges, *Acer pseudoplatanus* le sycomore), etc.

• le **bonsaï de serre froide**, d'origine subtropicale ou méditerranéenne, il passera l'hiver entre 5 et 15°.

Quelques exemples : *Serissa foetida, Ficus carica* (figuier du Midi), *Olea europaea* (olivier), les plantes du genre *Citrus* (les agrumes : *Citrus chinensis, Citrus citrus*), *Punica granatum* (grenadier), *Elaeagnus angustifolia* (olivier de Bohème), le genre Myrtus, etc.

Les listes des principales espèces ne sont bien entendu pas complètes, il s'agit d'espèces couramment formées en bonsaï.

Les conseils les plus importants pour le "rodage"

Le premier mois est la phase d'observation et de soin minimum (on ne se préoccupera que des apports en eau et lumière ainsi que de la température). Votre bonsaï a besoin de repos, donc pas de taille (sauf s'il a des problèmes de racine, voir "La majorité des problèmes viennent des racines" question 7), ni de ligatures, ni d'apports en engrais...

Quelques conseils élémentaires

Quelles que soient l'espèce d'arbre et la période de l'année, respectez ces quelques principes simples :

- changez votre arbre de place le moins souvent possible ;
- évitez que votre arbre soit les pieds dans l'eau, ce n'est pas un hasard si, par tradition, un bonsaï n'a jamais de soucoupe ;
- tenez votre arbre hors de portée des chats !
- lorsque vous arrosez, vérifiez que la terre soit bien mouillée. Si la motte se décolle du pot, arrosez par trempage (installez le pot dans un récipient plein d'eau de telle sorte que la terre s'imprègne par en dessous, n'oubliez pas votre arbre, 20 minutes suffisent).

Selon que vous avez acquis votre arbre en hiver ou en été, les erreurs qui menacent votre arbre ne sont pas les mêmes.

Pour tous les bonsaï acquis en été

Les premiers jours, **placez votre arbre en pleine lumière**, mais surtout pas au soleil !

Le danger le plus important est **le manque d'eau**, certains sujets dont le pot est plat et peu profond doivent être arrosés plusieurs fois par jour. Votre arbre ne doit pas pour autant être noyé en permanence. Si la fréquence des arrosages est trop importante, les racines vont pourrir, les feuilles vont donc sécher (puisque les racines ne peuvent plus absorber l'eau que vous lui donnez), pensant qu'il manque d'eau, vous allez arroser encore plus... Voilà la cause de la mort de 80 % des bonsaï en été. Pour les 20 % restants, il s'agit d'oubli d'arrosage, un seul peut suffire. Dans le doute, retirez le pot (voir question 7) pour voir l'état des racines.

Des bonsaï sont souvent vendus à tort avec leur terre d'origine : il est nécessaire de les rempoter au plus tôt (le printemps suivant). Pour que la motte tienne durant le transport, le mélange est surdosé en argile, quand il ne s'agit pas d'argile pure : l'argile a la propriété de rester fortement compacte et de retenir l'eau. Cette teneur importante en argile peut provoquer l'asphyxie des racines (voir question 37).

Pour les bonsaï acquis en hiver et au début du printemps

Il est nécessaire de faire la distinction entre les différents types de bonsaï :

- Les bonsaï d'extérieur : ils doivent rester à l'extérieur, **à l'abri du gel et du vent**. Assurez-vous qu'ils **ne manquent pas d'eau**, même s'ils sont à feuilles caduques, en vérifiant si la terre n'est pas desséchée. Ils n'ont pas besoin d'être acclimatés, car ils vivent au ralenti ; c'est la meilleure période d'achat pour eux. Ce sont les bonsaï les plus faciles à entretenir sous nos latitudes.
- Les bonsaï d'intérieur : ils doivent être bien protégés du froid pendant leur transport et une fois installés. Exposez-les en pleine lumière, la terre doit toujours être humide. Éloignez-les des sources de chaleur sèche (radiateur, cheminée...). Ce sont des bonsaï relativement délicats à entretenir.
- Les bonsaï de serre froide : à l'abri, hors gel. Il est normal qu'ils ne soient pas en activité (ils ne poussent pas durant cette période de l'année).

Si vous possédez une serre bien chauffée et bien éclairée, vous pouvez hâter la reprise de la végétation.

Remarque importante : un bonsaï sans feuilles en hiver est soit un bonsaï à feuilles caduques, soit un bonsaï mort !

10. Où dois-je l'installer ?

Dans tous les cas, trouvez-lui un endroit bien éclairé, mais pas au soleil ! Votre arbre est fragilisé, il a besoin de repos. Il est donc important de lui trouver une place éclairée et de ne pas le déplacer (tout déplacement demande à l'arbre un petit effort pour s'adapter au nouvel éclairage).

Pas d'écart brusque de température

Un réchauffement trop brutal peut assécher l'arbre surtout s'il n'a pas été précédé d'un arrosage copieux. Un refroidissement ou un courant d'air glacé peut être fatal à un arbre tropical, frileux de nature. On doit toujours emballer complètement un arbre pour son transport, avec un grand sac en plastique, par exemple, cela permet d'éviter les chocs de température et le dessèchement.

11. Risque-t-il d'être trop arrosé ?

Pas d'arrosage excessif...

Qu'est-ce qu'un arrosage excessif ? Ce sont des arrosages trop fréquents, la terre reste constamment mouillée, ce qui favorise toutes sortes de moisissures. La terre du bonsaï doit cependant toujours rester humide. Les arrosages doivent être généreux (toute la terre doit complètement s'imprégner d'eau) mais suffisamment espacés pour que les racines respirent. Humide ne veut pas dire détrempé en permanence !

Remarque : évitez les "brumisations", ou alors accompagnez-les d'un arrosage consistant (voir question 66).

L'arbre a besoin de plus d'eau en été qu'en hiver (l'évaporation est plus forte). Pour savoir si votre arbre a soif, il y a trois indices :

• la couleur de la feuille : une feuille déshydratée est généralement plus terne et plus flasque qu'une feuille hydratée. Coupez une feuille et comparez-la quelques heures après aux feuilles de votre arbre. Chez certains arbres cette différence est nettement moins perceptible, c'est le cas des conifères et des arbres dont les feuilles sont vernissées.

• la terre du bonsaï : cet indice est utile en hiver pour les arbres à feuillage caduc et pour les conifères toute l'année. La couleur de la terre varie en fonction de l'humidité. Vérifiez cette couleur en creusant un peu. Avec l'habitude, un seul coup d'œil superficiel suffit.

• la sous-végétation : les petites plantes qui accompagnent votre bonsaï souffrent du manque d'eau au même titre. Ce sont souvent des indicateurs très fiables à condition de bien les choisir (voir question 136).

12. Faut-il lui donner de l'engrais ?

Pas d'engrais !

Un bonsaï ne meurt jamais par manque d'engrais ; en revanche, une surdose est souvent fatale. Qui sait, votre arbre a peut-être été fertilisé avant son départ. En lui donnant de l'engrais, vous risquez un surdosage et... lorsque vous aurez lu la partie de cet ouvrage consacrée aux engrais vous aurez certainement une idée bien plus précise sur la question ! Et si cela peut vous rassurer, sachez que l'eau du robinet contient, même si cela est en faible proportion, de l'engrais sous forme de sels minéraux dissous.

13. Dois-je le tailler ?

Pas de travail sur le sujet

Ne le taillez pas (sauf si les racines sont endommagées), ne le ligaturez pas, ne le touchez pas ! Laissez-le récupérer sans ajouter un dérangement supplémentaire. Lorsque la croissance sera bien repartie, une première taille modérée pourra être réalisée.

En général, il est urgent... de ne pas en faire trop ! En effet, la plupart des bonsaï meurent durant les premières semaines qui suivent leur acquisition. Cela est dû paradoxalement à l'excès de soin dont ils font l'objet. Or, le bonsaï, c'est l'école de la modération, du juste milieu et du dosage.

14. Dois-je le rempoter ?

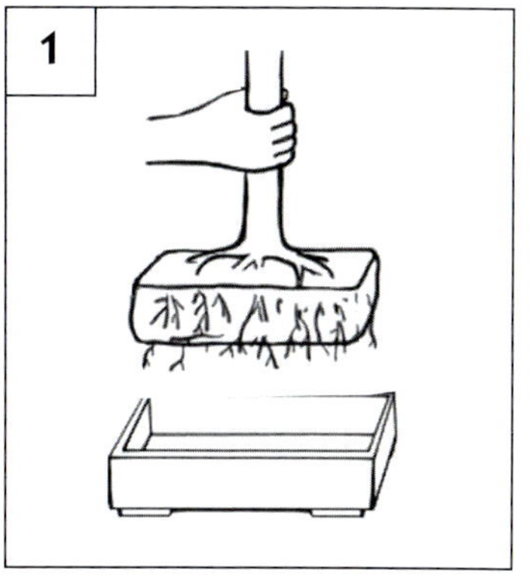

Dans tous les cas, même si les racines ont pris presque toute la place dans le pot, comme le montre le schéma 1 ci-contre, un rempotage n'est possible que si l'arbre est en pleine forme et s'il n'est pas en train de pousser. Attendez le printemps suivant pour les arbres à feuillage caduc. Le terreau pur convient pour la plupart des arbres, notamment les tropicaux. Évitez absolument d'utiliser de la terre collante, il faut que le substrat soit aéré. Des dosages adaptés à certains groupes de bonsaï sont donnés question 37.

Pour plus de sécurité

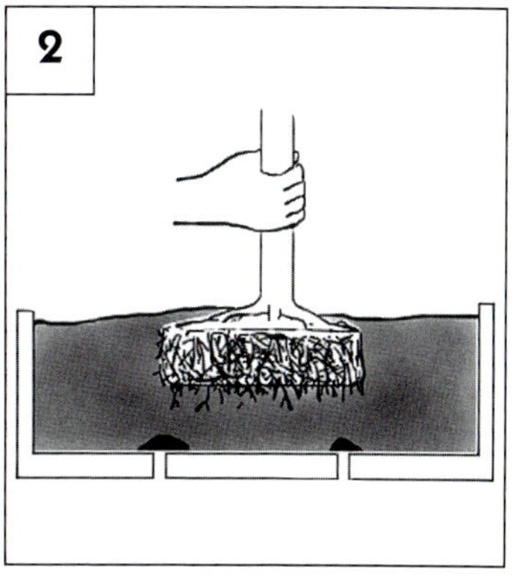

Si votre arbre pousse dans un pot très plat et de très petite taille, faites un "pseudo- rempotage" dans un pot beaucoup plus grand (schéma 2), le résultat n'est pas très esthétique, mais votre arbre reprendra plus vite des forces et les arrosages pourront être plus espacés (plus le pot est grand et profond, plus l'autonomie de votre arbre par rapport à l'arrosage est grande). Le "pseudo-rempotage" est un rempotage sans défaire la motte de racines. Veillez, lors des arrosages, à ce que la motte ne reste pas sèche (elle peut se décoller du reste de la terre si elle sèche trop).

Ces quelques conseils vous permettront, je l'espère, de vous tranquilliser et vous éviteront quelques grosses erreurs. Vous allez peu à peu apprendre à connaître votre arbre et ses besoins.

Avec l'expérience, ces premiers conseils ne tarderont pas à vous sembler tout ce qu'il y a de plus évident.

15. Quels outils pour débuter ?

Dans tous les livres sur les bonsaï, on vous présente une panoplie impressionnante d'outils pour le bonsaï. Malheureusement, les prix de ces outils sont eux aussi impressionnants. Le tarif élevé est cependant justifié par la qualité de l'alliage utilisé et la précision de coupe qu'ils permettent : les outils de coupe n'ont pas de contre-lame, comme le sécateur par exemple, où seule une lame coupe. Cela permet une coupe très précise, sans écraser les tissus. La panoplie complète est à réserver aux bonsaillologues confirmés, le seul outil typique et irremplaçable étant la pince concave : celle-ci sert à couper les branches en laissant un léger creux dans le tronc pour une cicatrisation sans déformation (voir question 95).

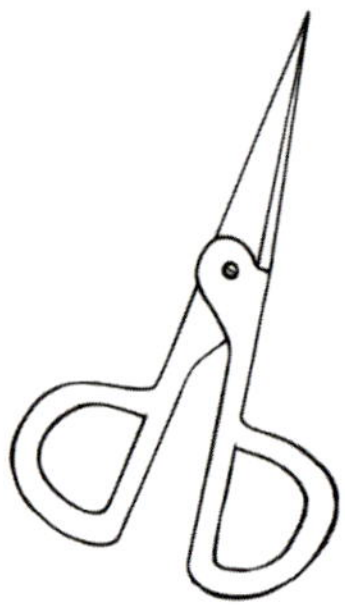

Ajoutez à cela :

— un vaporisateur quelconque ;

— de la moustiquaire ("filet à bonsaï" pour boucher les trous du pot) ;

— de la corde (pour haubaner les branches) ;

— et toutes sortes de fils métalliques de diamètre variable pour les ligatures.

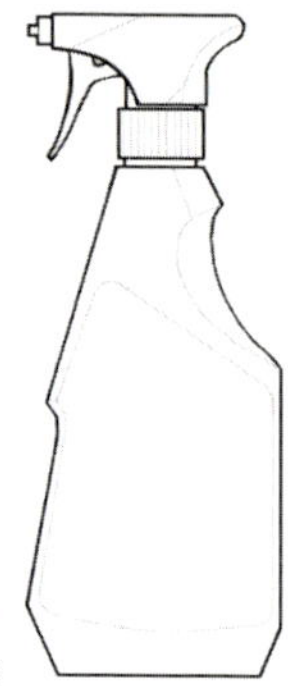

Évitez d'utiliser du fil de cuivre (l'oxyde de cuivre est toxique pour les mousses, les champignons symbiotes* et les lichens), ainsi que les fils non dénudés, rouge, bleu, vert, cela n'est que rarement esthétique ! Vous voilà équipé à peu de frais.

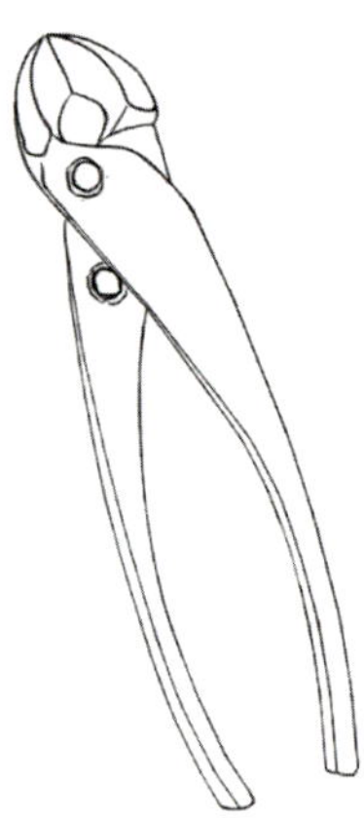

D'autres équipements complémentaires mais non indispensables au début viendront s'ajouter à la liste : ce sont les produits de traitement, les mastics (pour cicatriser et greffer), les engrais en petites quantités mais variés (conditionnement et composition), d'autres vaporisateurs.

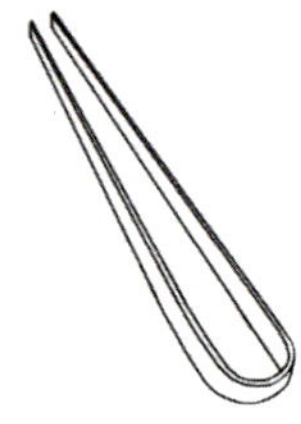

Interrogations d'ordre général

Ce chapitre est l'occasion de découvrir le bonsaï dans sa nature d'arbre, et de répondre aux questions que pourrait poser une personne qui observe un bonsaï pour la première fois.

Est-ce que c'est vraiment un arbre ?

Aurait-on changé quelque chose chez cet arbre pour qu'il puisse vivre heureux dans sa coupe ?

Et d'abord, est-il heureux ?

Peut-il vivre longtemps dans ces conditions ?

Ces interrogations sont sans doute pour partie responsables de la véritable fascination que suscitent les bonsaï.

Paradoxalement, le manque d'information sur sa véritable nature fait qu'il est souvent victime de nombreuses idées reçues. Les profanes sont souvent des proies faciles pour les commerçants les moins scrupuleux. La "terre à bonsaï", les "graines à bonsaï" sont des raccourcis un peu faciles pour vendre du terreau et des graines. Quant à l'âge déjà vénérable d'un bonsaï à prix plus que modique, il est permis d'en douter : le temps, c'est de l'argent !

Le bonsaï est aussi à la merci de champignons de toutes sortes. Il est pourtant beaucoup mieux armé que l'on ne pense, il sait même utiliser certains de ces champignons pour se nourrir et se défendre !

Ces alliés invisibles que l'on détruit en pensant bien faire…

La nature du bonsaï

16. Le bonsaï aurait-il une biologie particulière ?

Lorsque l'on se promène dans une exposition de bonsaï, on peut observer des espèces tropicales, mais aussi des plantes locales telles que les hêtres, les chênes, les érables, les saules, les ormes...

Ces arbres ne sont pas différents de ceux de nos campagnes. Ils ont les mêmes besoins, toutes proportions gardées, et leurs propriétaires n'ont de cesse d'essayer de leur procurer les conditions les plus proches de celles auxquelles chacune d'elles est habituée. Et il en sera toujours de même...

Le bonsaï est donc avant tout un arbre ; et bien qu'il soit cultivé dans des conditions très particulières, le "comportement" du végétal reste fidèle à sa nature.

Le "comportement" d'une essence (= une espèce) cultivée en bonsaï, c'est l'ensemble des réactions de l'arbre, que ce soit dans sa croissance (notamment sa façon de se ramifier au niveau des branches et des racines) par rapport aux tailles dont il fait l'objet, ainsi que son cycle de vie (chute des feuilles, débourrement, mise à fleurs...). Un chêne formé en bonsaï se comportera comme un chêne, il garde les exigences particulières propres à son espèce.

Ceci est bien pratique, les connaissances en matière de sylviculture et de jardinage à propos d'une espèce d'arbre particulière s'appliquent généralement au même arbre cultivé en bonsaï. D'autre part, et cela est loin d'être négligeable lorsque l'on débute, un arbre de votre région cultivé en bonsaï risque nettement moins d'être malade qu'un arbre "exotique" dont les conditions de vie ne sont pas forcément respectées.

Mais le bonsaï n'est pourtant pas un petit arbre comme les autres, c'est un arbre magique parce qu'il est beau, mystérieux, vivant. Parce que c'est un arbre que vous avez sous les yeux.

17. Qu'est-ce qu'un arbre ?

Tous le monde sait ce qu'est un arbre !

C'est une plante ligneuse*, vivace*, de grande taille, avec une seule tige ou tronc qui, à partir d'une certaine hauteur au-dessus du sol, produit des branches de moindre diamètre, et dont la taille dépasse quatre mètres. Mais j'entends des protestations : comment ça, quatre mètres ? Et pourquoi pas plusieurs troncs ?

Effectivement, la définition de l'arbre est bien plus complexe. Pour un même mot, plusieurs significations correspondent, cela, en fonction du domaine dans lequel on l'évoque.

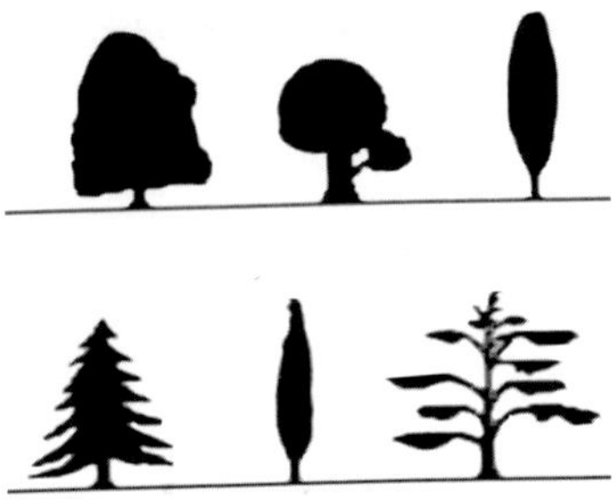

L'arbre est une notion :

• il y a l'arbre, ou grande plante ligneuse de plus de quatre mètres.

• l'arbre comme essence, c'est-à-dire espèce d'arbre : le figuier, le chêne vert...

• l'arbre peut désigner en fait le port*, c'est-à-dire la façon qu'a le végétal de se tenir : le port arborescent.

• par arbre, on peut sous-entendre plante âgée, plante vivace parfois pluricentenaire.

L'image de l'arbre, c'est la taille majestueuse, mais aussi le port, la force et la stabilité de son enracinement, c'est aussi le bois, son aspect ligneux et dur.

Ainsi, le bonsaï est bien un arbre au sens qu'il est d'une essence d'arbre et qu'il en a donc sa structure ; il en a vraiment toutes les caractéristiques, sauf la taille qu'il a fallu contenir pour lui permettre de vivre en pot.

Sous les climats tempérés, les arbres sont tous

• des Angiospermes* dicotylédones* (les "feuillus" comme les platanes, les frênes, les pommiers)...

ou

• des Gymnospermes* (résineux ou conifères* comme les sapins, les cèdres, les mélèzes, les ifs).

Remarque : sous les tropiques croissent des espèces arborescentes de monocotylédones (palmiers, bambou) et de fougères.

Le palmier est-il un arbre ?

Les palmiers, les bambous peuvent-ils être cultivés et formés comme des bonsaï ? (réponse question 78)

18. Pourquoi les bonsaï restent-ils petits ?

Beaucoup de gens, lors de l'achat de leur premier sujet, pensent qu'un bonsaï est naturellement de petite taille et qu'il suffira de l'arroser, éventuellement de lui donner de l'engrais de temps en temps pour le conserver. Or, il n'en est rien. Un arbre grandit naturellement, et si l'on ne fait rien pour limiter sa croissance, il ne peut survivre en pot que quelques années tout au plus, car les racines occupent progressivement tout l'espace disponible.

Il est absolument nécessaire de tailler les racines mais aussi les branches !

En effet, les différentes formes que l'on peut observer dans les stands réservés aux bonsaï ne sont pas dues au hasard.

Chaque arbre a été façonné, "l'éleveur" conservant d'une année à l'autre l'idée de la forme finale qu'il veut lui donner.

Lorsque ce but est atteint, l'arbre est planté dans un récipient très réduit, mais dont la qualité et la forme se doit d'être en harmonie avec la répartition des branches et du feuillage, notamment.

Le peu de terre dont il dispose ralentit sa croissance mais ne la stoppe pas : il faut régulièrement tailler votre bonsaï !

19. Jusqu'à quel âge peut vivre un bonsaï?

Les bonsaï étonnent parfois par leur longévité, qui n'a souvent rien à envier à celle des arbres croissant en pleine terre.

Les causes de mortalité d'un arbre sont de plusieurs ordres :

• la foudre, pour les plus grands (c'est ce qui est arrivé en 1994 à l'un des plus vieux chênes de France), le vent (tempêtes de décembre 1999);

• la cavitation ou le blocage du transit de la sève (voir questions 96 et 131);

• le pourrissement du tronc à la suite d'une mauvaise cicatrisation consécutive à la chute d'une branche importante (voir question 88);

• la maladie; les vieux ormes ont presque tous disparu à cause d'une maladie causée par un champignon (*Ceratocystis ulmi*) et appelée graphiose ;

• les incendies, le gel et le sel.

Les bonsaï n'ont pas ces problèmes qui sont liés, d'une part, à la hauteur et, d'autre part, aux conditions de vie des arbres dans leur milieu. Bénéficiant de soins particuliers et constants, isolé de ses congénères parfois souffrants, porteurs de maladies diverses, le bonsaï bénéficie de soins particuliers qui l'isole à priori de tous ces périls. Donc, théoriquement, la durée de vie d'un bonsaï est illimitée. Certains sujets ont plus de 500 ans. La seule limite est celle qu'on leur impose par la taille.

20. Comment un arbre peut-il vivre pendant des siècles en pot?

L'arbre "normal"

L'arbre poussant en pleine terre dispose de beaucoup d'eau et d'éléments nutritifs. Sa croissance est donc assez favorisée : les pousses sont vigoureuses, les racines prennent beaucoup de place, elles sont souvent au moins aussi développées que les branches!

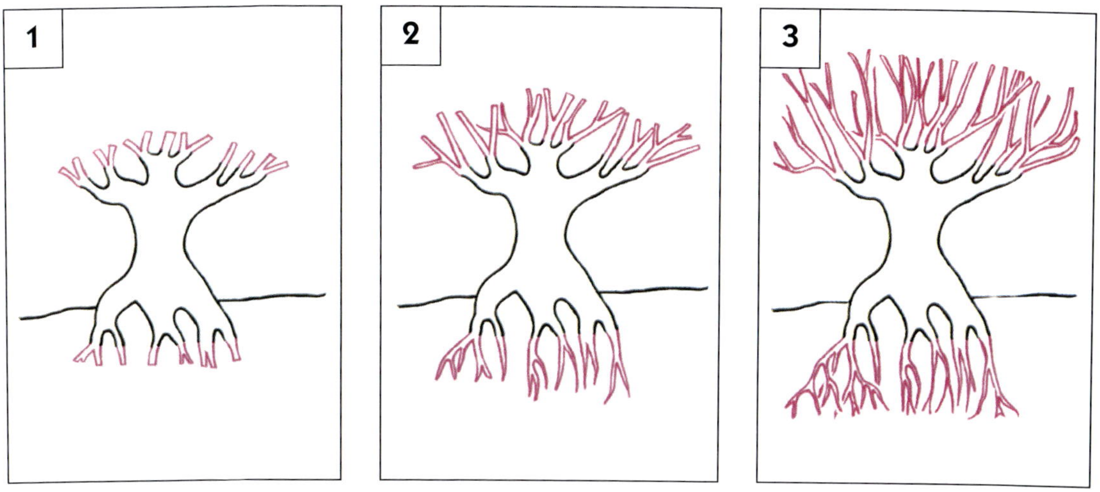

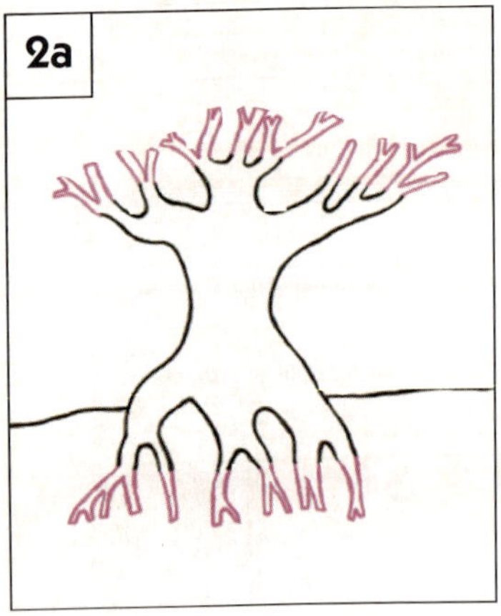

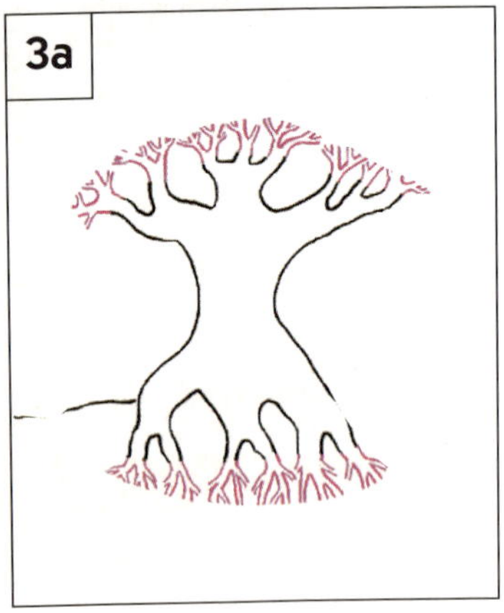

Chaque année, de nouveaux rameaux viennent s'ajouter aux branches des années précédentes (schémas 1 et 2).

L'arbre n'étant pas taillé, ses anciens rameaux (et les anciennes racines) en vieillissant transportent de plus en plus de sève à destination des nouveaux rameaux (et nouvelles racines) qui les prolongent (voir schémas 2 et 3). Ils s'épaississent donc assez vite, bien que cette croissance passe assez inaperçue chez un arbre de plusieurs mètres de hauteur.

L'arbre "bonsaï"

Un bonsaï, comme n'importe quel arbre, croît aussi tout au long de sa vie.

Il reste petit tout simplement parce que l'on taille régulièrement ses branches et ses racines. Il en résulte qu'il ne grandit pas ou peu en hauteur. En taillant les racines et les branches, on réduit la quantité de sève qui passe dans les anciennes parties du bonsaï : cela explique pourquoi le tronc et les branches ne s'épaississent pas vite.

La taille régulière des racines permet au bonsaï de rester dans le même pot pendant de longues années. Si l'on oublie de tailler les racines, celles-ci occupent en quelques années toute la place disponible dans le pot et elles s'asphyxient.

La taille des racines s'accompagne d'un changement de la terre dont l'arbre se nourrit, cela permet de renouveler en partie le stock de nourriture dont il a besoin.

Avec les tailles, de nouvelles pousses sont stimulées tant au niveau des racines qu'au niveau des branches (schémas 2a et 3a). Des bourgeons endormis se réveillent, d'autres apparaissent. Les tailles favorisent donc l'apparition d'une multitude de structures jeunes. C'est pourquoi les bonsaï ont beaucoup de petites branches et de petites racines très fines.

Les bonsaï grandissent quand même

Globalement, le bonsaï grandit, bien qu'on le taille régulièrement : le tronc, les branches et les racines s'épaississent et accumulent des forces au fur et à mesure que l'arbre se ramifie. C'est la raison pour laquelle un changement de pot pour un pot plus vaste est parfois inévitable.

Ces deux arbres, de même espèce, ont tous les deux 10 ans.

Hêtre
Fagus sylvatica
Collection José Manuel Otzarreta

Cette augmentation ralentit avec l'âge : pour les très vieux bonsaï (plusieurs centaines d'années d'âge), la croissance est extrêmement lente, car les forces se répartissent dans des milliers de petites ramifications, tant au niveau des racines qu'au niveau des branches. La croissance en longueur est donc pratiquement nulle.

21. Quel intérêt peut-on trouver dans la pratique du bonsaï?

Entretenir un ou plusieurs bonsaï revient à s'occuper d'un jardin miniature. Il faut pour cela des outils adaptés, un respect des rythmes naturels que sont les saisons. Il faut aussi tenir compte des aléas climatiques. Un bonsaï est le fruit d'un travail et d'une attention constants. Il n'est jamais fini. Il se bonifie, s'améliore avec l'âge. Il n'y a pas de but final à atteindre, il n'y a pas d'idée de rendement ni d'efficacité.

Il peut être issu d'un semis, d'une bouture*, d'une marcotte* ou d'un sauvageon*. Ces différentes techniques permettent d'obtenir un arbre miniature plus ou moins rapidement. Si le résultat que constitue un bonsaï déjà formé, harmonieusement proportionné, au tronc et aux branches épais et forts, est très satisfaisant, la formation progressive d'un sujet n'en est pas moins gratifiante. Le bonsaï ne doit pas être considéré comme un produit fini, car c'est une sculpture vivante en perpétuelle mutation. L'entretien doit être un plaisir, c'est du jardinage : la taille des racines et des branches, les arrosages et les rempotages sont autant d'opérations qui se prêtent à l'observation des caractéristiques du bonsaï qui évoluent avec son âge et les saisons. Les bonsaï de climat tempéré sont très marqués par les changements de saisons. L'apparition des premières feuilles au printemps est un spectacle superbe. Les floraisons de certaines espèces, ainsi que la maturation des fruits, le sont tout autant et si les récoltes sont maigres, elles ont néanmoins la saveur de la réussite. Chez d'autres, on attendra avec impatience l'automne et les changements de couleur des feuilles avant leur chute. Le monde des arbres est riche par sa diversité. On peut s'intéresser plus particulièrement aux conifères ou aux arbres tropicaux, on peut aussi cultiver l'espèce que l'on préfère. L'art du bonsaï ne se limite pas aux principales essences disponibles dans le commerce. En effet, le bonsaï permet d'avoir chez soi pratiquement n'importe quel arbre de la planète ! Du baobab au séquoia géant en passant par un genévrier biscornu découvert dans la pépinière la plus proche, de la petite pousse ramenée d'une balade, tout arbre peut, en tant que tel, être formé en bonsaï.

L'amateur de bonsaï est donc avant tout un amoureux de la nature et des arbres en particulier. Former un arbre en bonsaï permet de l'observer, de l'entretenir et de le protéger : l'art du bonsaï est un fabuleux moyen d'observer la nature et d'essayer de la comprendre. C'est une des raisons pour lesquelles un bonsaï n'est pas un produit de consommation, pas plus que la nature ni l'environnement !

22. Est-ce que la taille fait souffrir le végétal?

Les détracteurs en matière de bonsaï parlent de culture contre-nature, voire même de torture lorsqu'il s'agit des ligatures (voir question 91) et du pincement (voir question 102) des bourgeons. Or le végétal ne souffre pas au sens où on l'entend pour les animaux. En effet, dépourvu de tissus nerveux et de centres de perception analogues aux nôtres, un végétal ne connaît pas la douleur (vous pouvez tondre votre pelouse en toute quiétude).

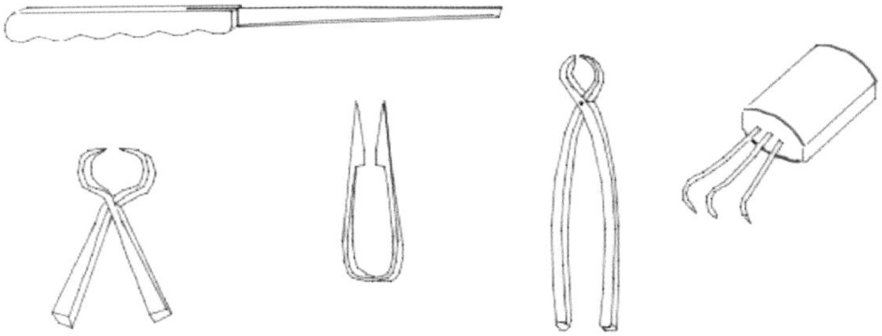

Les végétaux ont peut-être une perception différente de la souffrance. On ne sait pas, dans l'état actuel des connaissances, si une telle perception existe.

On utilise pourtant le même vocabulaire (blessure, plaie, cicatrice, entaille, etc.), car il s'agit de tissus vivants.

Le pouvoir de régénération

Il y a chez les arbres des tissus variés et donc différents types de cellules*. Ces cellules restent assez semblables les unes aux autres : une cellule de racine ressemble, à quelques détails près, à une cellule de feuilles. Cette ressemblance permet dans certains cas aux cellules de se transformer d'un type à l'autre. Ainsi, la section d'une branche entraîne une cicatrisation, et souvent l'apparition d'un ou plusieurs bourgeons en dessous de la cicatrice, qui vont donner de nouvelles branches. Certaines cellules du tronc ont perdu leurs caractères de "cellules du tronc" ; en rajeunissant elles sont devenues "cellules jeunes de bourgeon". Elles se sont ensuite transformées en "cellules de branche" (ce phénomène s'appelle la différenciation cellulaire, elle vous est expliquée dans la question 3).

Si vous vous coupez un doigt, malheureusement celui-ci ne se régénérera pas!

Le stress physiologique

Les végétaux connaissent le stress, notamment lorsque vous avez oublié leur arrosage. C'est un stress physiologique : un stress des tissus. Les cellules, par manque d'eau, diminuent de volume. Les échanges gazeux avec l'extérieur se réduisent, puis s'arrêtent, ce qui permet à la plante de ne pas perdre plus d'eau. La photosynthèse* diminue aussi, car elle nécessite eau, oxygène et dioxyde de carbone pour se réaliser. La plante ne peut donc plus pousser, elle fonctionne "en service minimum" : elle attend. L'évacuation des déchets produits par les cellules n'est plus possible, les cellules souffrent.

Lorsque vous avez soif, vos cellules souffrent de la même manière et c'est votre système nerveux qui prend la mesure de ce manque et déclenche un comportement conduisant à la prise d'eau.

Le végétal est fixé, un tel dispositif n'a donc pas lieu d'être, en revanche, il a quelques solutions qui lui permettront de patienter... jusqu'à une certaine limite (voir question 29).

Le bonsaï, un arbre privilégié...

Un bonsaï bien soigné a un cycle de vie complet comme ses alter ego qui croissent en pleine nature : il fleurit, fructifie, perd ses feuilles, entre en dormance*, bourgeonne au printemps... (cas d'un feuillu de zone tempérée). Il réalise tous les stades de sa vie d'arbre naturellement. La plante s'exprime totalement.

L'orme champêtre (*Ulmus campestris*), qui n'existe pratiquement plus à l'état adulte dans la nature (à cause d'un champignon mortel et d'un insecte qui transporte celui-ci d'un arbre à l'autre), peut atteindre le stade adulte en bonsaï parce qu'il est soigné avec attention.

23. Y a-t-il des graines à bonsaï?

Attention!

Il ne faut pas confondre graine d'arbre dont l'espèce est très prisée en bonsaï et graine qui va donner un arbre nain sans effort!

Un bonsaï est un arbre dont on guide la croissance selon des principes élaborés qui visent à donner un aspect naturel, il n'y a pas de graines à bonsaï à proprement parler. Un bonsaï planté en pleine terre redevient un géant!

Si certains arbres sont naturellement de petite taille, il s'agit de caractéristiques propres à l'espèce. C'est le cas du fusain nain utilisé en ornement.

Mais l'un des intérêts du bonsaï, c'est la miniaturisation de géants tels que le séquoia géant (*Sequoyadendron giganteum*), le sycomore (*Acer pseudoplatanus*).

Créer un bonsaï à partir d'une plante naine n'a d'intérêt que pour la formation artistique du sujet et les floraisons (les Azalées, par exemple).

Un bonsaï de 3 mètres de haut...

Un bonsaï mesure souvent moins de 50 cm. Il existe en Chine et au Japon d'autres formes de culture en pot concernant les arbres. On y cultive des arbres de plusieurs mètres de haut. L'entretien de tels sujets est très contraignant : imaginez les rempotages! Il s'agit d'arbres en pot, et pourtant ce ne sont pas des bonsaï.

La petite taille des bonsaï n'est pas qu'une question de commodité. Dès que l'arbre dépasse une certaine hauteur (1,20 m environ), son aspect concentré et la sensation de force et d'équilibre qu'il dégage s'évaporent.

24. Y a-t-il des bonsaï à l'état naturel ?

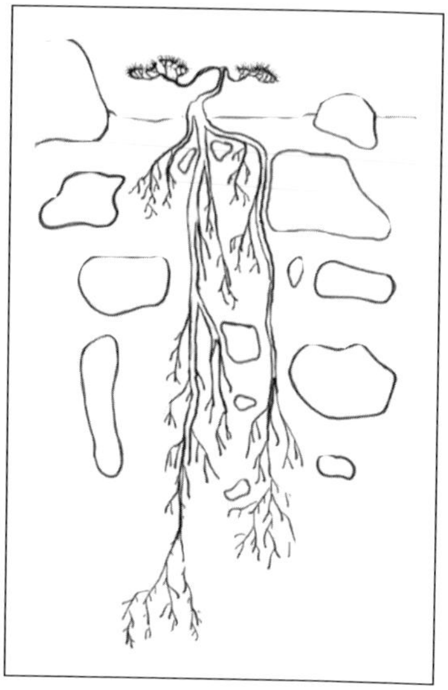

Oui, si l'on excepte la longueur souvent disproportionnée des racines. Non, si l'on s'en tient à la définition du bonsaï (brièvement, arbre cultivé **en pot ou en coupe**).

Une des activités de l'amateur peut être la recherche de sauvageons* dans la nature. Plus l'arbre est nain et trapu, plus il est intéressant, car il évoque l'apparence d'un arbre à petite échelle. Il ne sera véritablement bonsaï qu'une fois en pot et… s'il survit.

25. Quelles sont les causes du nanisme ?

Le nanisme de certains sujets dans la nature peut avoir plusieurs causes :

• certains poussent dans des terrains caillouteux, voire carrément sur roche. Dans ce type de terrain offrant **peu d'espace aux racines** et dont le sol est **pauvre en eau et en sels minéraux***, l'arbre ne peut survivre que s'il trouve une faille qui lui permette de trouver en profondeur de quoi survivre.

C'est cette difficulté qui en a fait un petit arbre. Le joli "bonsaï" possède en fait plusieurs mètres de racines étroitement imbriquées dans la roche ! Ainsi, les plantes poussant **en milieu aride** sont communément plus petites que la moyenne. Le manque d'eau est un frein à la croissance (voir question 17).

• **Les plantes mal exposées**. Certaines espèces ont besoin de plus de lumière que d'autres. Le manque de lumière empêche la plante de se développer normalement (arbres poussant en sous-bois par exemple).

• **Les plantes surexposées**. Les plantes de montagne sont parfois de petite taille car l'ensoleillement est très intense. Les U.V. détruisent l'hormone de croissance (appelée auxine*) dans la plante, empêchant celle-ci de grandir normalement.

• **L'exposition prolongée au vent** a un effet nanifiant. De récentes études ont montré que certains gènes responsables du nanisme sont activés lorsque la plante est souvent secouée (le schéma ci-contre présente une méthode de miniaturisation discutable, basée sur cette découverte).

• **Certaines essences sont naturellement de petite taille** : le faux cyprès nain (*Chamaecyparis obtusa* variété 'nana gracilis') est un conifère qui ne dépasse pas 50 cm de hauteur. Le saule nain (*Salix purpurea* variété gracilis) atteint péniblement le mètre en hauteur. Il s'agit là d'arbustes d'ornement sélectionnés pour leur petite taille.

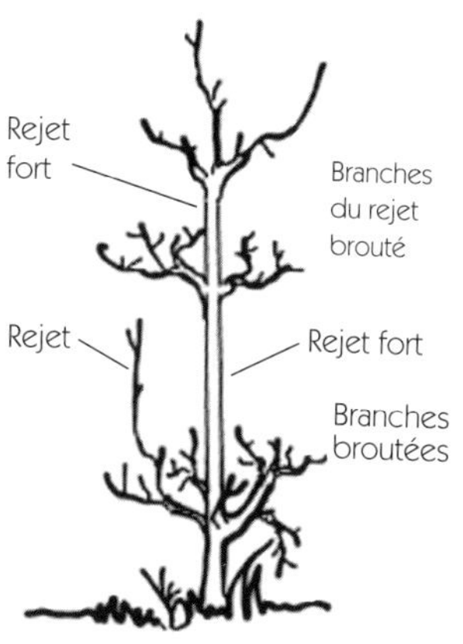

Plante "à étage" formé par des moutons

• **Les arbres régulièrement broutés** : les moutons et les vaches sont des experts en taille. Les arbres à feuille tendre* comme l'orme et l'érable sont très appréciés. Les plantes plus coriaces comme le chêne vert, le chêne-liège sont aussi broutées. Les plants obtenus ont souvent des caractéristiques évoquant les bonsaï chinois : le tronc est presque aussi gros en haut qu'en bas, les branches sont épaisses et elles s'effilent rapidement à leur extrémité. Ces sujets présentent des strates avec des branches courtes.

L'animal broute régulièrement les parties les plus tendres de la plante, les pousses nouvelles. Le broutage méthodique et systématique donne un style particulier résultant de la réaction de l'essence par rapport aux agressions répétées. La plante réagit et forme des bourgeons adventifs* nombreux. Un rameau plus vigoureux échappe parfois momentanément aux herbivores, ce qui donne souvent comme résultat un arbre en strates successives ne nécessitant parfois que peut de transformations pour devenir un joli bonsaï.

26. Peut-on transformer en bonsaï un petit arbre découvert lors d'une randonnée ?

La "récolte" de sauvageons

Des arbres magnifiques, il en disparaît chaque année des centaines. Très peu survivent car leurs racines sont si longues qu'il est souvent impossible de les prélever. Aussi l'amateur de bonsaï respectueux peut-il contempler, observer, voire même tailler une branche à sa guise, mais se gardera de prélever sans discernement. Dans certains endroits, les arbres ont tellement de mal à pousser qu'il est stupide de tenter de les transplanter, c'est du pillage. Un vieil arbre croissant dans de la pierraille est généralement impossible à prélever dans des conditions satisfaisantes. Savoir renoncer est dans ce cas bien plus admirable que l'acharnement.

Dans tous les cas, quelques règles de déontologie élémentaire devraient être respectées :

- ne pas prélever des individus de plus de cinq années d'âge, surtout lorsqu'il s'agit de conifères. Les vieux conifères, du fait de la lenteur de la régénération de leurs tissus, ne survivent que très rarement au prélèvement. Les jeunes plants reprennent bien plus facilement, de plus, ils permettent une grande liberté pour les former en bonsaï.
- ne pas prélever 50 rejets. Trois ou quatre suffisent, car si le prélèvement est bien fait, ils survivront tous.
- ne pas prélever un arbre âgé s'il n'est pas en danger manifeste (au bord d'une route ou d'une piste de ski, dans un éboulis ou encore le long d'un mur).
- avant de prélever, il faut être sûr que l'arbre est réellement intéressant. Tous les défauts ne peuvent être rattrapés, loin s'en faut (un exemple question 110).

La cueillette de sauvageons doit être une activité personnelle et exceptionnelle. Il faut être très exigeant dans la recherche et dans la collecte, c'est ce qui donne d'emblée à l'arbre une grande valeur, même s'il s'agit d'un jeune plant. Il s'agit d'une valeur affective et donc personnelle.

Il est fortement conseillé de demander la permission à la mairie ou au particulier et de faire le transfert en toute légalité. La nature appartient à tous, prélever est acte d'appropriation qui ne doit pas être pris à la légère. Toutes les précautions doivent être prises pour que l'arbre survive.

27. Comment un arbre cultivé dans un petit pot peut-il garder toute sa vigueur?

Par quel mystère un arbre dont la taille dépasse habituellement plusieurs dizaines de mètres peut-il non seulement survivre, mais prospérer dans un pot de quelques centimètres carrés ? Cette interrogation est pour beaucoup dans l'émerveillement que peut susciter un bonsaï lors de la première rencontre.

Il n'y a pas de miracle ! La culture du bonsaï respecte les proportions entre la surface des racines, la taille du tronc et la surface des feuilles.

L'équilibre énergétique est préservé

Il s'agit de la balance entre la production des feuilles et les besoins du végétal. Les feuilles, grâce à la photosynthèse, convertissent l'énergie solaire en énergie "moléculaire". Cette énergie, essentiellement sous la forme de sucres, est distribuée à toutes les cellules de la plante, qui l'utilisent pour s'entretenir et se diviser (voir question 3).

Le nombre de cellules à nourrir doit être en rapport avec l'énergie disponible et donc avec la surface foliaire, unique source d'énergie (schéma 1).

Sur les schémas suivants, les réserves du bonsaï et la production fournie par ses feuilles sont représentées en jaune. On compare cette énergie disponible aux besoins.

Le schéma 2 montre un bonsaï à la fin de l'automne. Il a accumulé suffisamment d'énergie pour s'entretenir pendant les mois d'hiver et il lui reste un peu d'énergie pour produire ses premières feuilles.

Le schéma 3 montre le même bonsaï au printemps. L'arbre a épuisé ses réserves, mais les feuilles neuves prennent le relais pour l'entretien et la production d'autres feuilles.

Sur le schéma 4, le bonsaï a juste rééquilibré son métabolisme* : la production issue des feuilles permet de couvrir l'ensemble des besoins du végétal qui peut assurer sa croissance, l'arbre n'étant plus tributaire de ses réserves.

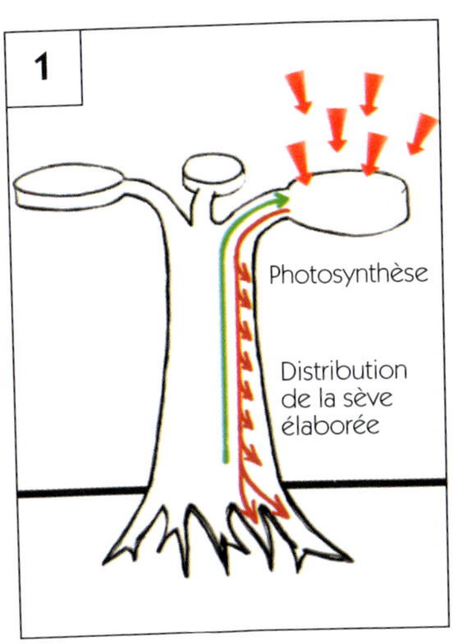

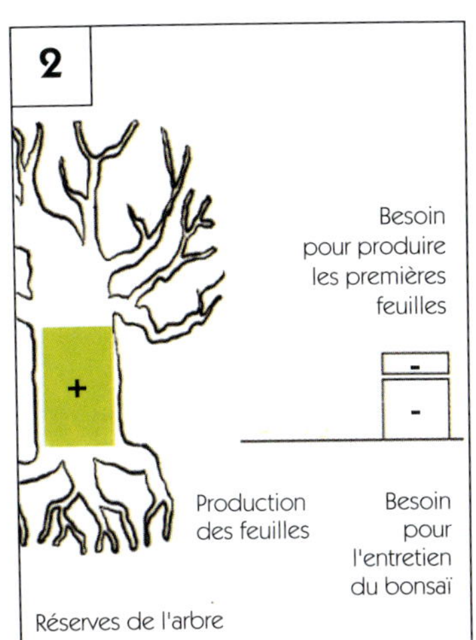

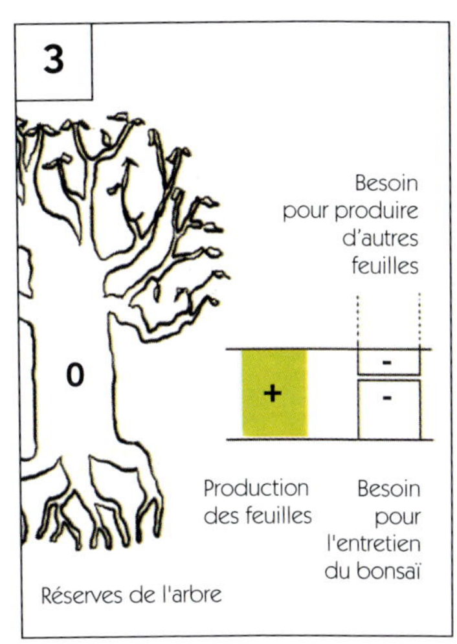

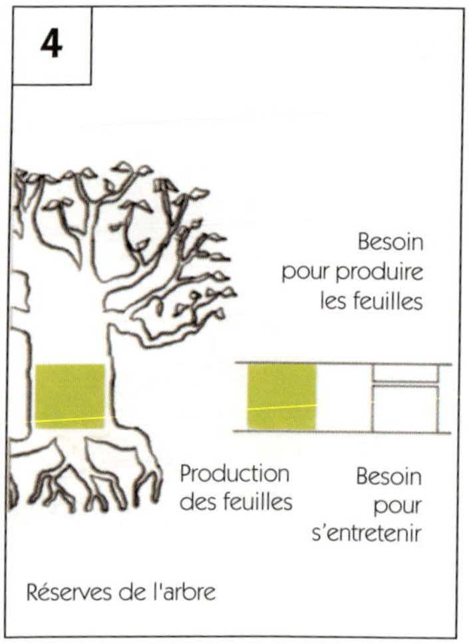

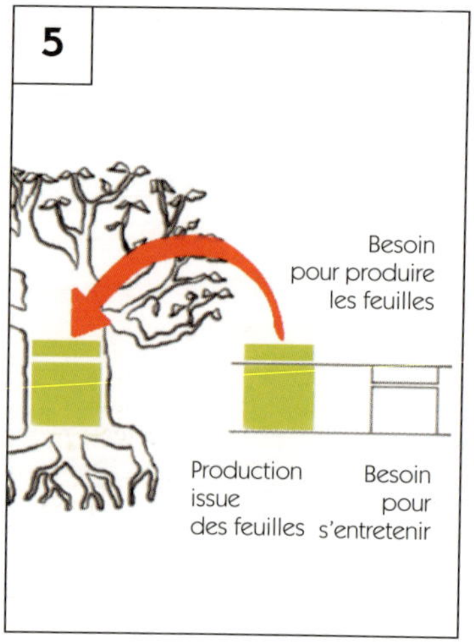

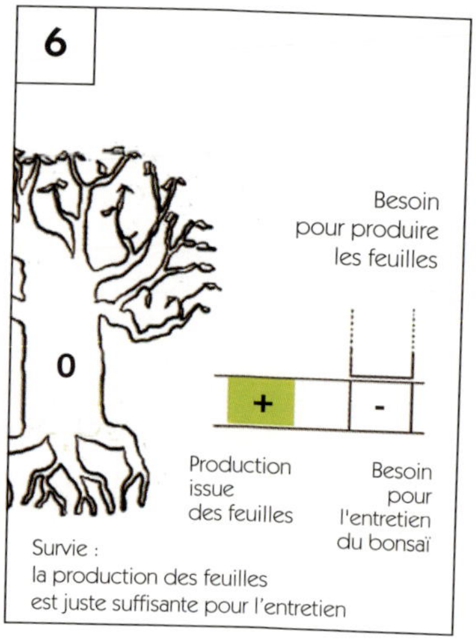

Ensuite, lorsque la surface foliaire a pris suffisamment d'importance, la plante peut stocker de nouvelles réserves ou produire encore de nouvelles feuilles (schéma 5).

Un bonsaï affaibli s'entretient en priorité. La croissance est secondaire, elle a lieu s'il y a assez d'énergie pour l'entretien.

Donc, croissance → bonne santé[1]

Le bonsaï, à une échelle plus faible, réalise sa croissance.

Le schéma 6 ci-dessus montre un bonsaï en situation limite : la faible production des feuilles (qui peut être due au faible nombre des feuilles mais aussi à leur sous-exposition ou à un manque d'engrais) assure juste l'entretien de la plante. Les réserves étant pratiquement nulles, le bonsaï ne dispose pas de ressources suffisantes pour croître. C'est la **survie**.

Si l'on effeuille un bonsaï de façon répétitive, l'énergie utilisée pour son entretien et la fabrication de nouvelles feuilles va peu à peu amenuiser les réserves jusqu'à la mort d'épuisement du végétal.

28. Pourquoi un bonsaï en bonne santé arrête-t-il parfois sa croissance ?

Votre arbre ne pousse plus. Cela peut être parfaitement naturel, car les plantes ne poussent pas en continu, il y a des temps de repos durant lesquels il n'y a pas de croissance, quoi que vous fassiez ! (engrais, arrosages, musique classique…)

Pour les arbres de climat tempéré ces étapes sont bien nettes et sont liées à l'enchaînement des saisons. Les raisons sont internes à la plante et la durée des périodes de repos ainsi que les dates auxquelles elles surviennent sont propres à l'espèce (par exemple le chêne vert arrête sa croissance au début de l'été [début juillet] et à la fin de l'été [mi-août]).

Pour la plupart des arbres de climat tempéré, on peut distinguer les différentes phases de rythmes de croissance suivantes :

1. L'inverse n'est pas toujours vérifié. Un arbre en bonne santé ne croît pas tout au long de l'année (voir question 28).

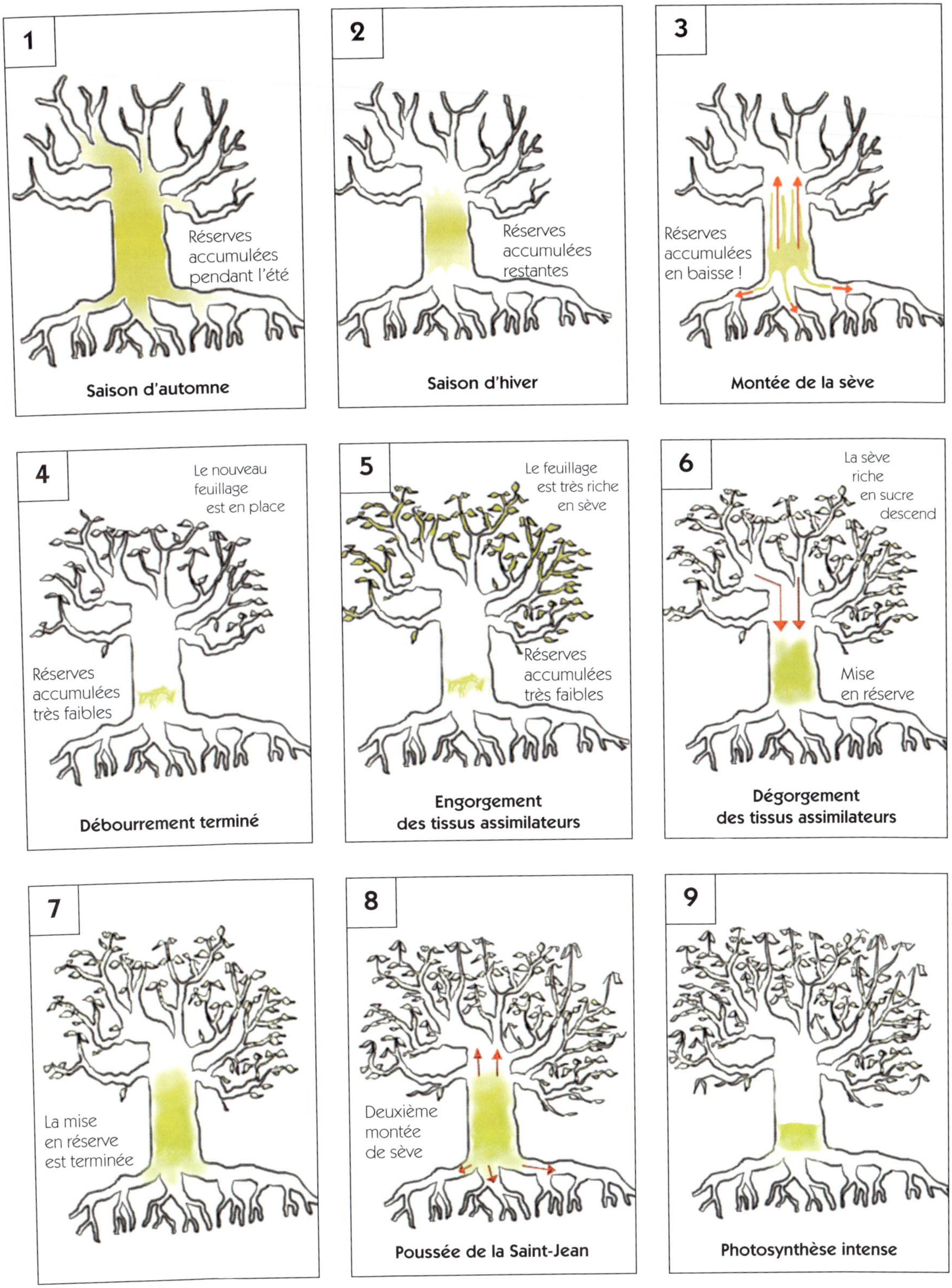
1
Réserves accumulées pendant l'été
Saison d'automne
2
Réserves accumulées restantes
Saison d'hiver
3
Réserves accumulées en baisse !
Montée de la sève
4
Le nouveau feuillage est en place
Réserves accumulées très faibles
Débourrement terminé
5
Le feuillage est très riche en sève
Réserves accumulées très faibles
Engorgement des tissus assimilateurs
6
La sève riche en sucre descend
Mise en réserve
Dégorgement des tissus assimilateurs
7
La mise en réserve est terminée
8
Deuxième montée de sève
Poussée de la Saint-Jean
9
Photosynthèse intense

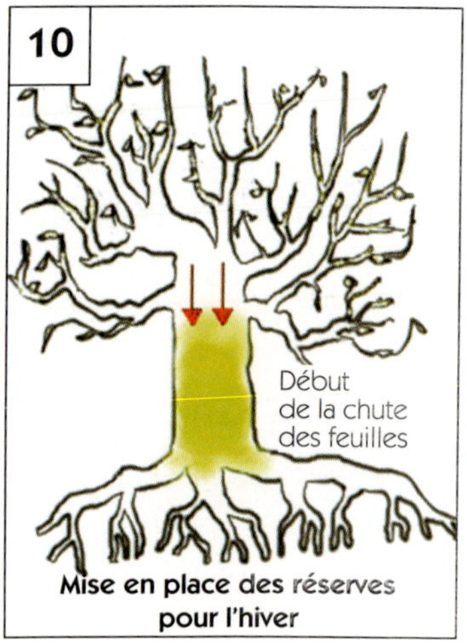

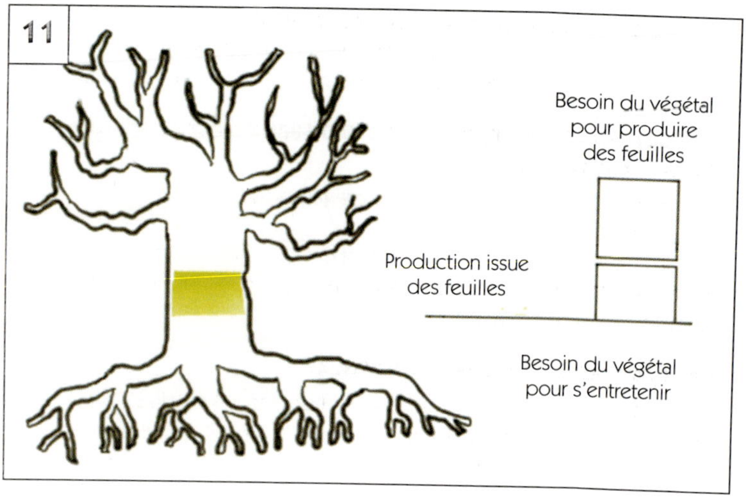

Schéma 11 : exemple théorique d'épuisement total, les besoins du bonsaï pour s'entretenir sont supérieurs à ses maigres réserves. L'arbre est donc condamné.

- Schéma 1 : durant la bonne saison, l'arbre a accumulé des réserves qui vont lui permettre de se passer de la photosynthèse durant la mauvaise saison et de bourgeonner au printemps.
- Schéma 2 : une partie de ces réserves a été consommée par l'arbre pendant l'hiver (ses cellules fonctionnent au ralenti, mais elles ont quand même besoin d'énergie pour se maintenir en vie).
- Schéma 3 : l'arbre se réveille, c'est le débourrement : les bourgeons éclosent. Les réserves restantes permettent le développement des nouvelles feuilles et des rameaux.
- Schéma 4 : les réserves sont fortement réduites après le débourrement.
- Schéma 5 : la première phase de ralentissement de la croissance s'observe après le débourrement en avril-mai (chez certaines espèces la croissance s'arrête complètement). Cet arrêt permet à la plante de dégorger ses feuilles des produits de la photosynthèse et de les accumuler en les mettant en réserve dans d'autres régions (dans le bois des racines et du tronc).
- Schéma 6 : certaines structures (rameaux et feuilles) sont achevées pendant ce temps dans les parties jeunes. La mise en réserve se termine.
- Schéma 7 : prêt pour une deuxième poussée de croissance.
- Schéma 8 et 9 : la croissance reprend en juin, avec la formation des "pousses de la Saint-Jean", plus vigoureuses. Les réserves servent à une deuxième montée de sève.
- Schéma 10 : la sève d'août. La croissance reprend légèrement, mais c'est surtout le moment où l'arbre fait ses réserves pour l'hiver, c'est l'aoûtement. Pratiquer l'effeuillage à ce moment est fort mal venu : c'est diminuer les réserves (l'arbre s'en sert pour reconstituer son feuillage avant l'hiver) et arrêter la photosynthèse qui justement sert à constituer ces réserves ! De plus, la chute naturelle des feuilles ne saurait tarder (pour les bonsaï dont le feuillage est caduc).

En bref

Il y a donc deux pics d'activité : la période de mars-avril consécutive au débourrement et celle de juin-août. Ce rythme est endogène, c'est-à-dire qu'il est contrôlé par la plante. Mais il peut être retardé ou avancé selon que les conditions climatiques sont favorables ou non.

Donc : croissance est signe de bonne santé.
Mais : pas de croissance ne veut pas dire mauvaise santé.
Par contre : mauvaise santé implique qu'il n'y a pas ou peu de croissance.

L'observation des rythmes de croissance est cruciale pour cultiver un bonsaï

Les transplantations et les rempotages doivent être réalisés durant les périodes de repos alors que les greffes doivent être réalisées durant les périodes de pousse. En effet, la croissance du bonsaï s'accompagne d'une circulation intense de sève qui facilite la soudure des tissus et leur régénération (voir question 98).

Les rythmes des bonsaï tropicaux

Les bonsaï tropicaux ont aussi une alternance de phase d'activité et de repos, généralement plus rapide. D'autre part, sous les tropiques, il n'y a pas de saisons très marquées. Les rythmes sont indépendants des saisons : un bonsaï tropical peut démarrer sa croissance le premier janvier, en plein hiver ! Il n'en fera pas grand chose, faute d'une luminosité suffisante.

Il n'est pas possible de donner une règle, chaque espèce a son rythme. En observant la croissance et les périodes de repos de votre bonsaï tropical, vous pouvez rapidement déterminer son rythme.

Dans le graphique suivant, les périodes de croissance de la plupart des arbres tempérés sont représentées en rouge.

Deux exemples de rythmes de croissance de bonsaï tropicaux sont représentés en bleu.

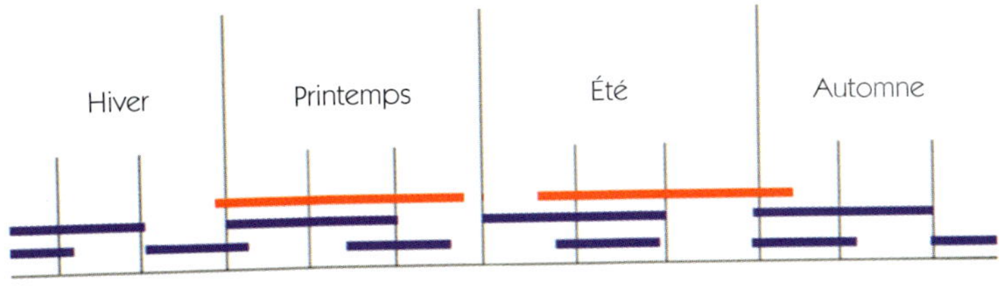

29. Comment veiller à l'équilibre hydrique ?

Le bonsaï a besoin d'eau, or celle-ci est en quantité faible dans le pot, de plus cette quantité varie très vite lorsqu'il fait très chaud.

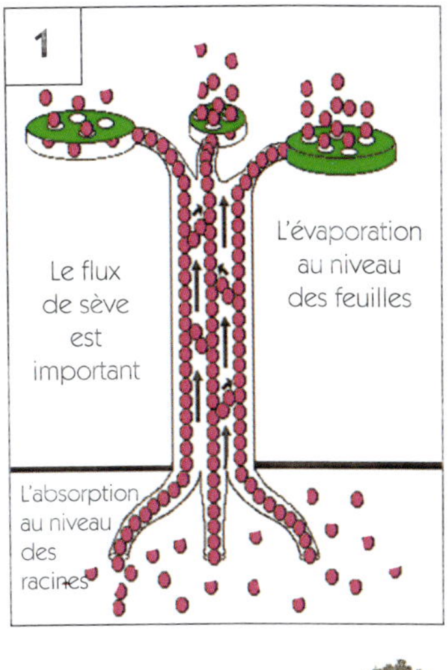

Un équilibre fragile

Par sa surface foliaire, le bonsaï perd de grandes quantités d'eau par transpiration. Les racines pompent l'eau nécessaire pour maintenir l'équilibre (schéma 1).

Ce sont les feuilles qui commandent. Si les racines n'arrivent pas à suivre, les feuilles peuvent ralentir le débit, mais pas trop car un minimum d'échange est nécessaire pour que la plante respire.

En conséquence, les racines doivent être taillées avant le déploiement des feuilles au printemps (schéma 2).

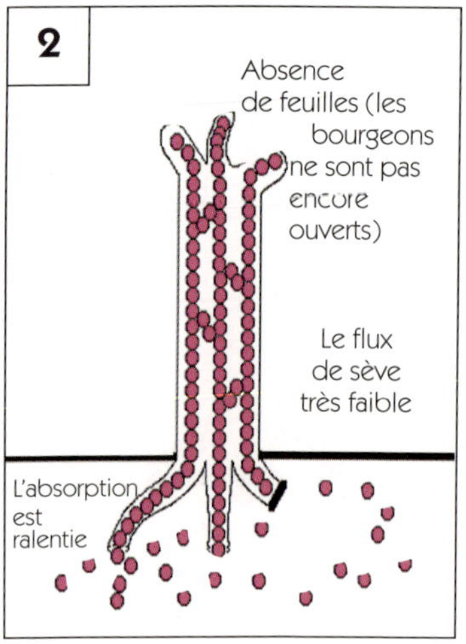

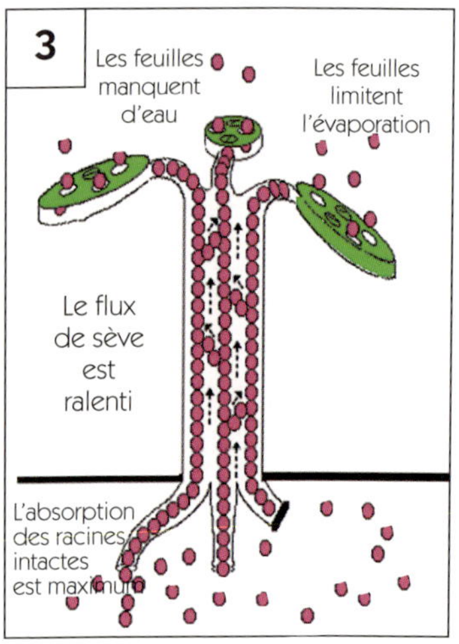

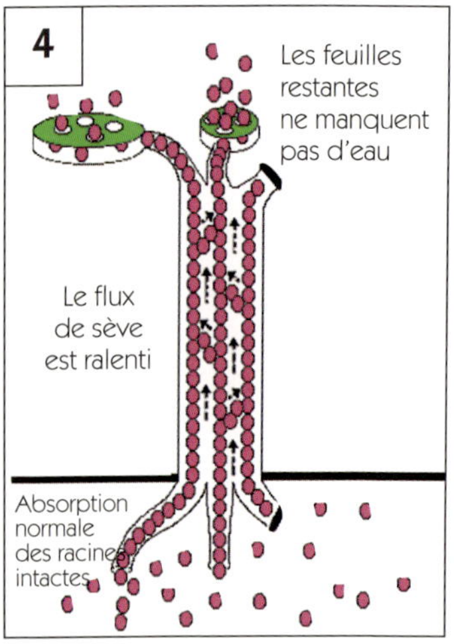

Pour les arbres à feuilles persistantes, il est nécessaire de supprimer en proportions égales du feuillage.

La surface foliaire doit toujours être en équilibre avec les capacités des racines.

Si l'on intervient sur l'un, il faut intervenir aussi sur l'autre pour rétablir l'équilibre entre le pompage de l'eau et son évaporation.

Dans les deux cas l'arbre peut ensuite reconstituer son feuillage, et, parallèlement, ses racines.

Si l'on taille les racines d'un bonsaï sans couper certaines feuilles, l'arbre va souffrir et ses feuilles vont toutes faner (schéma 3). Il ne peut choisir les feuilles dont il va se séparer en premier pour diminuer les pertes en eau, ce sont donc toutes les feuilles qui vont se flétrir en même temps.

A la différence des feuilles dont l'arbre se sépare naturellement, celles-ci restent vertes (d'un vert passé) et ne tombent pas. Ce qui est logique, car la zone de coupure de la feuille n'a pas eu le temps de se former (voir "Pourquoi les feuilles tombent-elles ?" question 120).

Si les coupes sont proportionnées, le bonsaï n'est pas perturbé dans son ensemble (schéma 4).

On évitera les tailles sévères pour les conifères, dont l'équilibre hydrique est plus précaire.

Les différents stades de déshydratation

Lorsque toutes les feuilles (ou presque) sont sèches, les rameaux les plus jeunes (ceux qui sont encore verts) commencent à se dessécher. Le bonsaï continue à perdre de l'eau après la mort des feuilles, par les rameaux encore verts, mais aussi par le tronc, les branches et les racines. Les racines subissent aussi des dégâts.

Un arrosage adapté permet à la plante de se "regonfler" (il y a réellement un gonflement des tissus), la meilleure solution restant de brumiser l'arbre en l'accompagnant d'un trempage. La motte s'étant asséchée, un arrosage simple risque d'être inefficace (voir question 66). Plusieurs jours à l'ombre sont également conseillés.

La plante va pouvoir redémarrer sur ses réserves en consolidant le pouvoir absorbant de ses racines et en rétablissant progressivement son feuillage.

Ce degré de dessèchement est déjà grave, les ramifications des branches sont plus ou moins vivantes, et donc tout le travail de formation des branches risque d'être à refaire (schéma 6).

Les racines ont besoin de plusieurs jours pour récupérer, il est important de ne pas noyer en permanence le bonsaï, car, de toute façon, les racines ne peuvent pas fonctionner correctement, elles risquent de pourrir. Une ambiance humide et des arrosages sans excès conviendront mieux. Dès que les feuilles réapparaîtront, une bonne luminosité permettra au bonsaï de repartir "d'un bon pied".

Après les feuilles et les branches, le dessèchement gagne le tronc (schéma 7). Plus il atteint des parties épaisses de l'arbre, là où sont stockées les réserves, plus la reprise sera difficile. Tout le travail réalisé sur la ramure est perdu. Cependant, la largeur du tronc et la beauté des racines méritent souvent que l'arbre soit récupéré. Les parties supérieures mortes peuvent être formées en bois morts (voir question 88).

Tant que l'arbre n'est pas tout à fait mort, il y a de l'espoir...

Même si l'arbre semble complètement mort, on peut tenter un dernière opération : enlever toute la terre des racines et le planter dans du sable. Ce milieu bien aéré peut permettre l'apparition de jeunes racines et de récupérer ainsi une partie du tronc et les plus grosses branches dans le meilleur des cas.

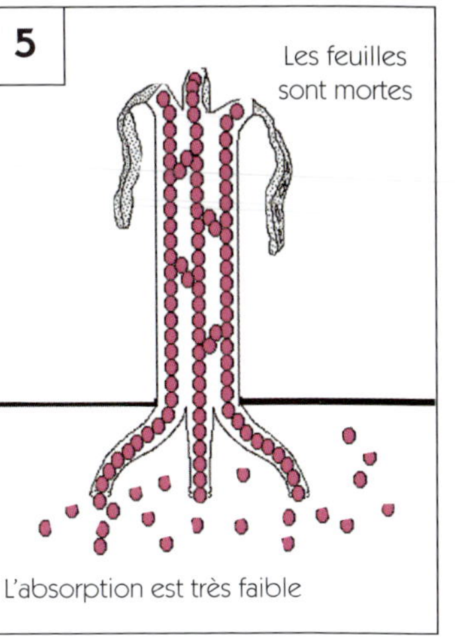

Remarque

A propos des schémas, tout y est extrêmement simplifié. Par exemple, pour symboliser le tiers de racine généralement coupé lors du rempotage, une racine sur les trois est représentée coupée, or il est clair que lors du rempotage ce sont toutes les racines ou presque qui sont raccourcies d'environ un tiers !

Les molécules d'eau sont représentées par des ronds rouges. Les ions absorbés en même temps ne sont pas représentés.

Autre détail, les ouvertures montrées à la surface des feuilles et par lesquelles s'échappe l'eau sont en fait situées, pour la plupart, sous les feuilles.

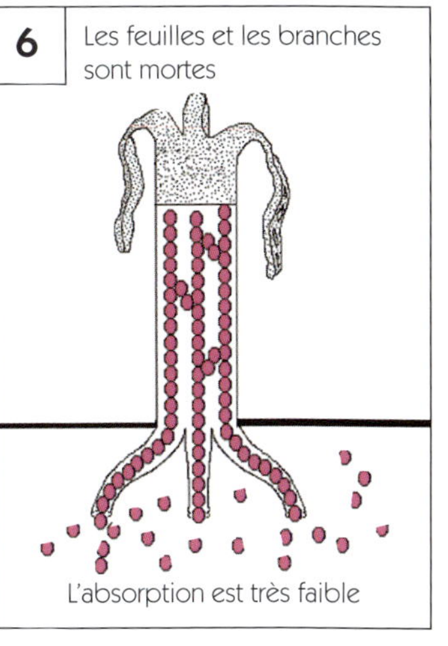

30. Mon bonsaï est-il mort ?

Avant de recycler votre défunt bonsaï en terreau de jardin, en bois mort intégral ou en bois de chauffe, il faut être sûr qu'il est vraiment mort. De nombreux abandons concernent des bonsaï encore vivants ! Il y a plusieurs moyens de vérifier cela :

- Les parties vraiment mortes sont souvent ridées alors que les parties vivantes sont toujours lisses car riches en eau.
- En cassant des petites branches, on peut vérifier qu'elles sont vraiment sèches. On remonte progressivement vers le tronc. Une branche encore “verte” casse beaucoup moins brutalement.
- En faisant de petites entailles dans l'écorce, on peut déterminer si la partie est vivante. Les entailles sont beaucoup plus aisées dans des tissus vivants. Une odeur de sève est bon signe.

Dès que l'on a déterminé la limite à partir de laquelle les tissus sont vivants, on peut tailler l'arbre proprement sans oublier de mastiquer convenablement toutes les coupes. On peut aussi attendre la repousse.

Si malheureusement l'arbre est mort, il est important de comprendre l'erreur ou les erreurs qui lui ont été fatales. Il ne faut pas se résigner : tout le monde a la main verte, avec un peu d'expérience, d'attention et d'observation.

31. Comment déterminer l'âge d'un arbre miniature ?

C'est très difficile, on ne peut, dans la plupart des cas, que donner une **estimation** de l'âge. Aussi l'âge des bonsaï du commerce est-il souvent surévalué, et, plus l'arbre est dit vieux, plus la marge “commerciale” est importante !

Il existe deux procédés très limités pour évaluer l'âge d'un bonsaï :

• compter les ramifications et les cicatrices laissées par les bourgeons, lorsque l'arbre est jeune.

• compter les cernes du tronc serait idéal. Les forestiers procèdent à des carottages* dans les troncs, mais même les grands arbres n'apprécient guère ce traitement…

On peut profiter de la coupe d'une grosse branche ou d'un vieux départ de branche lors d'une taille. Il est possible d'avoir une idée assez juste de l'âge en comptant les cernes (à la loupe !).

A quoi correspondent ces cernes ? Pourquoi un cerne égale-t-il une année ? (Rendez-vous question 83)

L'épaisseur des parties les plus fortes n'est pas proportionnelle à l'âge

Un arbre de climat tempéré pousse environ deux fois moins vite qu'une essence tropicale. La formation d'un arbre de climat tempéré est donc plus longue et a donc plus de valeur, de ce point de vue.

Il faut d'autre part faire la différence entre l'âge d'un arbre et le nombre d'années durant lequel il a été formé. Ceci aussi est source d'abus : un départ de souche travaillé depuis quatre ou cinq ans n'est pas un bonsaï centenaire !

L'âge n'est qu'un élément parmi d'autres critères qui justifient la valeur d'un bonsaï.

32. Peut-on se passer des produits de synthèse pour lutter contre les parasites ?

La réponse est oui, très souvent. Il est étonnant que, dans la plupart des ouvrages existants, il soit d'emblée conseillé des produits de synthèse alors qu'il existe souvent des moyens de lutte beaucoup moins agressifs, aussi efficaces et plus économiques. Il faut ajouter que certains produits sont plus ou moins nocifs pour la plante elle-même (et pour vous surtout, car on oublie vite de mettre des gants…). S'il est précisé de respecter les dosages, c'est par rapport au parasite, mais aussi par rapport à ce que la plante peut supporter… L'amateur de bonsaï peut respecter l'environnement en évitant ces produits polluants et dangereux.

Le bonsaï se prête au traitement à base de produits "biologiques"

Un des avantages du bonsaï, c'est la petite échelle à laquelle on travaille. Il est facile de l'**isoler**, d'une part, pour le soigner, d'autre part, la **quantité de produit utile pour le traiter est faible**. Le bonsaï se prête donc à un traitement qui reste écologique. On peut réserver les traitements chimiques* aux cas les plus pernicieux. Cette prudence est particulièrement recommandée pour certaines espèces très sensibles aux produits chimiques comme les liquidambars et les érables.

La prévention

Avant le traitement proprement dit, voici quelques conseils pour plus d'efficacité.

- **La maladie doit être détectée très tôt**, avant qu'elle ne se soit propagée.
- **L'arbre ne doit pas rester malade trop longtemps** : un arbre malade, mal soigné ou pas soigné du tout, va s'affaiblir, et sa résistance va diminuer. Dès qu'une attaque est repérée, n'attendez pas trop car il s'affaiblit jusqu'à l'irréversible.
- **Le traitement préventif doit être fait sérieusement**, une méthode simple vous est proposée en fin d'ouvrage (voir questions 148 et 149).

33. Quels sont les parasites les plus courants ?

Votre bonsaï est susceptible de servir de refuge à des hôtes plus ou moins voraces. Du tueur de bonsaï au simple habitant de ces lieux, on peut classer ces parasites, au sens large du terme, en 3 catégories :

1

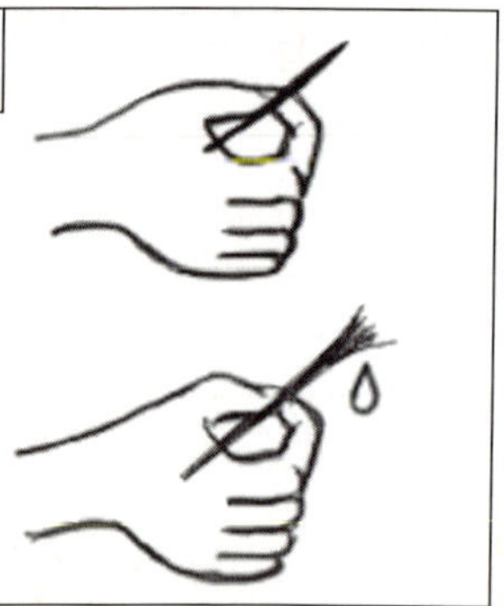

2

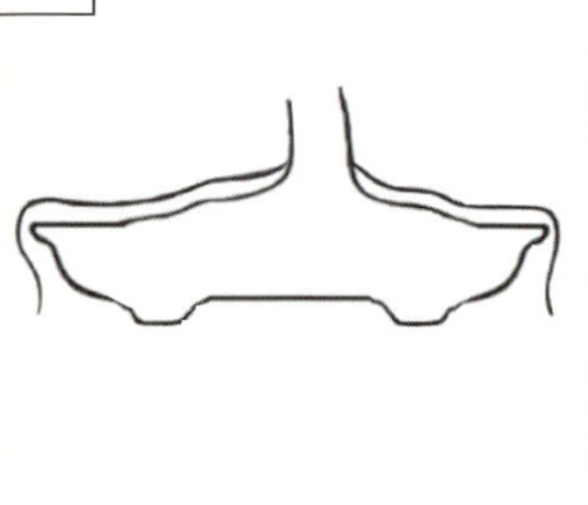

3

4

Les prédateurs

Ils sont mortels à relativement court terme, il faut donc nécessairement les repérer et les éliminer rapidement.

• Les **cochenilles** : nettoyez le bonsaï à la main en faisant sauter les capsules de cire avec une brosse à dent (schéma 1). Elles sont nombreuses sous les feuilles, surtout au niveau des nervures, car ce qui les intéresse, c'est la sève élaborée par les feuilles. Leur vitesse de multiplication est impressionnante par temps chaud, il faut donc faire vite. En cas d'invasion massive, appliquez avec un pinceau une solution insecticide. L'application au pinceau permet d'utiliser des quantités négligeables de produit directement au bon endroit. L'arbre doit être nettoyé à 100 %.

Pour être sûr que toutes les cochenilles ont été décollées, une nouvelle inspection minutieuse doit être faite une semaine après. On repère vite les jeunes cochenilles et donc celles qui ont été oubliées lors du premier nettoyage.

• Les **hannetons** (*Melolontha melolontha*) : c'est la forme larvaire qui est dangereuse. C'est un gros vers blanc qui détruit discrètement mais sûrement les racines. La seule parade totalement efficace est de couvrir la motte de terre de la fin avril à la fin mai pour la soustraire aux pontes (schéma 2).

• Les "**araignées" rouges** : ces acariens sont invisibles à l'œil nu. On peut les observer à la loupe, en secouant une feuille au-dessus d'une feuille de papier blanc. Ils apparaissent par temps très sec. Les feuilles deviennent cuivrées ou grises car les cellules superficielles sont détruites. Ils n'apprécient pas l'humidité : quelques vaporisations journalières empêcheront les invasions. Aucun produit n'est à prévoir, il suffit de vaporiser régulièrement de l'eau, c'est tout(schéma 3) !

• Les **nématodes** : ce sont des petits vers translucides vivant dans la terre ; ils peuvent s'attaquer aux racines d'un arbre affaibli. Un insecticide fera l'affaire dans la plupart des cas. Il faut rempoter, nettoyer les racines, éventuellement appliquer un produit systémique* (schéma 4), ne pas trop arroser ensuite, et entretenir l'arbre par vaporisations rapprochées.

Les parasites

Ils ne sont pas forcément mortels, mais leur activité spoliatrice peut, à la longue, mettre votre bonsaï en danger. Il faut le traiter avant qu'ils n'envahissent complètement votre arbre.

• Les **pucerons** : on peut facilement enlever les pucerons à la main ou à l'aide d'un pinceau imprégné d'eau savonneuse (celle-ci rend la cuticule des insectes mouillable) et faire suivre d'un nettoyage avec un filet d'eau légèrement sous pression (schéma 5, p. 48). Les pucerons se situent sur les rameaux les plus jeunes donc périphériques : ils sont facilement accessibles. Ils peuvent véhiculer des maladies d'un arbre à l'autre.

• Les **mouches blanches** (Aleurode ou *Trialeurodes vaporariorum*) : elles se cachent sous les feuilles et elles s'envolent dès que l'on manipule l'arbre. Brumisez l'arbre avec une décoction de tanaisie* (schéma 3) et maintenir le sol humide. Une bonne aération est indispensable.

• Les **pucerons des racines** (*Pemphigus* sp.) : leur hôte principal est le peuplier noir (*Populus nigra*, on le trouve parfois sur *Serissa foetida*). Ces pucerons, comme leurs homologues aériens, piquent le végétal pour sucer la sève. Ils se trouvent au niveau des racines. Ils sont blancs, ce qui les rend très facilement détectables. Il faut nettoyer les racines et arroser avec une décoction de tanaisie (schéma 4).

Olivier
Olea europaea
Taille : 44 cm
Collection Bonsaï Méditerranée Association

5

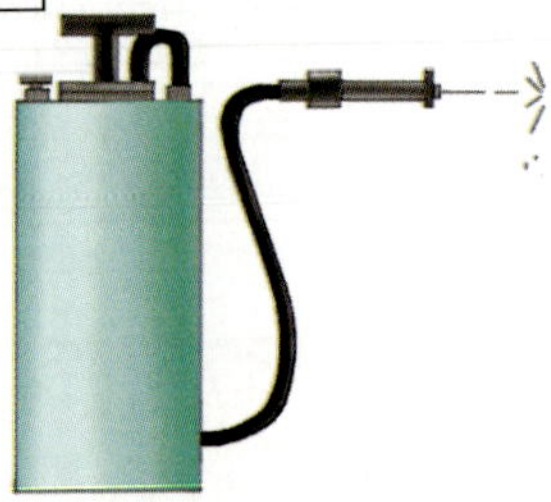

• Les **chenilles** : quelques feuilles entamées ne vont pas irrémédiablement altérer l'esthétique de votre arbre. Il n'est pas utile de détruire les intrus, d'autant qu'ils ont cela de commun avec vous, ils aiment ce que vous faites ! Les chenilles sont faciles à localiser. On peut les récupérer sans les toucher car certaines sont urticantes (schéma 6) et les déposer au loin... les papillons étant de plus en plus rares...

• Les **escargots** et les **limaces** : localisez-les d'après les traces qu'ils laissent derrière eux. Ils se reposent souvent sous le pot. Si les recherches restent vaines, "faites pleuvoir" sur votre arbre, et ces hôtes sortiront de leur cachette (schéma 7). Il n'est pas utile de les détruire : vu leur vitesse de croisière et leur sens de l'orientation déplorable, vous pouvez les remettre en liberté loin de votre bonsaï, ils ne reviendront pas.

6

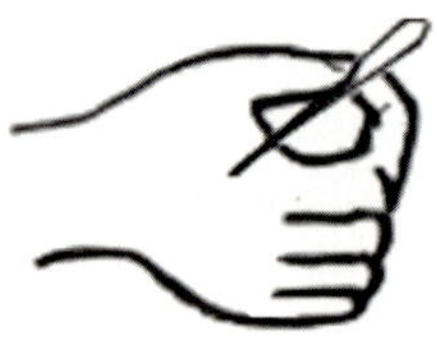

Les perturbateurs

Ils peuvent devenir gênants pour la culture et, parfois, transporter des parasites. Ils seront toujours traités avec égard vis-à-vis du peu de danger qu'ils représentent.

• Les **fourmis** : elles apportent souvent les pucerons, elles peuvent aussi transporter des spores de champignon. Les fourmis ne sont actives que durant la journée. Elles suivent leurs propres traces. Le soir, lorsqu'elles ont cessé leurs activités, on peut soit brouiller les pistes en déplaçant le bonsaï, soit installer la terrine sur "pilotis" dans un plat rempli d'eau, ou encore engluer les pieds du présentoir (schéma 8).

• Les **cloportes** : ces crustacés aiment l'humidité et fuient la lumière. Ils se nourrissent de débris végétaux. Ils sont inoffensifs pour le bonsaï, mais ils ont la fâcheuse manie de brouter la mousse ! Pour les capturer, retournez une demi-pomme de terre préalablement creusée. Ils se cachent dessous lorsque la lumière est trop intense (schéma 9).

7

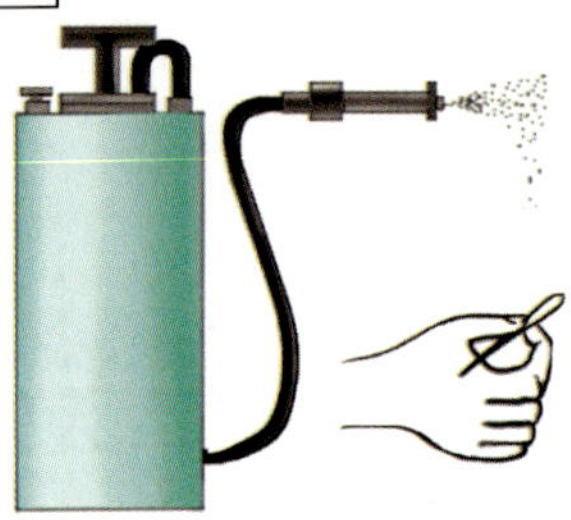

Pour éviter d'autres visites il suffit de surélever un peu le pot.

• Les **vers de terre** : leur seul tort est de bouger la terre et d'en recouvrir des pans de mousse. Leur présence est bon signe, ils aèrent la terre, ce qui est bon pour les racines et facilite le drainage. Si malgré tout vous voulez vous en séparer, profitez de l'opportunité d'un rempotage. Par temps très chaud, soyez sûr qu'ils sont tapis au fond du pot à l'endroit le plus humide (schéma 10) !

Ensuite évitez de poser vos terrines à même la terre.

On peut estimer ces considérations comme superflues, pour un escargot, une chenille... Elles sont essentielles dans la mesure où l'amateur de bonsaï ne lutte pas contre la nature mais guide celle-ci.

Vous trouverez en magasin des anti-n'importe quoi. En limitant l'utilisation de ces poisons vous éviterez bien des accidents et des dépenses, pour un meilleur résultat.

8

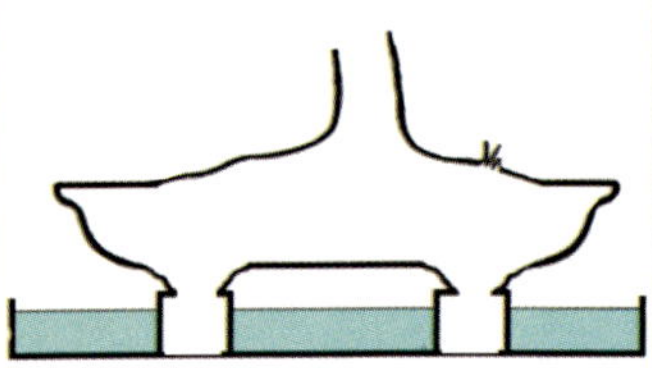

Rappel pour l'utilisation des produits de traitement :

• **ne jamais traiter pendant la floraison**. Respectons les butineurs en tout genre qui pollinisent "nos" fleurs.

• **ne jamais mélanger deux produits de traitement.**

• **utiliser un produit immédiatement après sa préparation**.

• **ne jamais traiter un bonsaï exposé au soleil**. Les hautes températures peuvent rendre certains produits très toxiques.

Remarque

Les espèces un peu plus difficiles à identifier sont accompagnées par leur synonyme scientifique.

Les amis

On ne mentionne pas assez les animaux qui protègent les arbres et qui, puisque vous limitez les traitements, peuvent le visiter sans danger :

- Les **carnivores** : les coccinelles, adultes et larves, grandes mangeuses de pucerons (plusieurs centaines par jour), la mante religieuse (pucerons, cochenilles farineuses...), le carabe doré, le staphylin, les araignées, les calosomes, certaines fourmis, les Ichneumons (petite guêpe qui pond ses œufs dans les chenilles), les lézards, les oiseaux...
- Il y a aussi les **pollinisateurs**, fort utiles si l'on veut avoir des fruits : les lépidoptères (papillons), les hyménoptères (abeilles, bourdons).

Les bonsaï, lorsqu'ils sont exposés dehors, doivent être normalement fréquentés par toutes sortes d'insectes, araignées, etc.

Ils ne doivent pas ressembler à des petits morceaux de nature stérilisés. Vous devez pouvoir toucher les feuilles, prendre le pot sans mettre de gants pour vous protéger des produits de traitement.

9

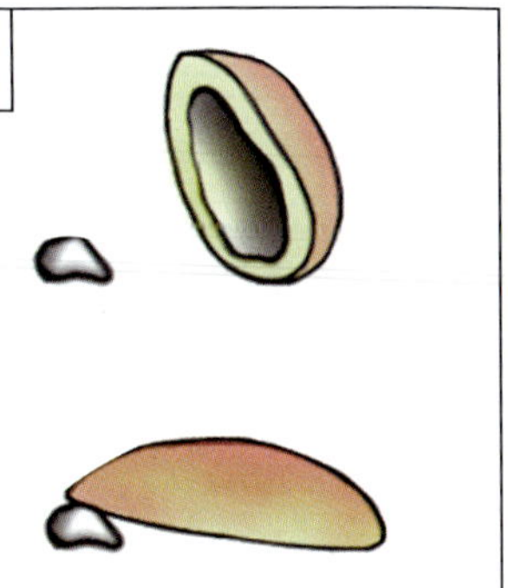

10

Les champignons parasites

Ils sont pour la plupart microscopiques, ce qui leur permet de se disséminer facilement grâce au vent et à l'eau, ainsi que par les outils tranchants non désinfectés. Ils se manifestent généralement par des taches sur les feuilles et sont favorisés par une atmosphère humide et de l'air insuffisamment renouvelé.

Voici quelques conseils pour diminuer les risques d'infestation :

- Essayez de changer ses conditions de vie : aérez l'arbre.
- **Coupez et brûlez systématiquement toutes les feuilles atteintes**.
- Essayez d'en savoir plus : montrez une feuille atteinte à plusieurs spécialistes (agriculteurs, pépiniéristes) afin d'être sûr du nom du coupable et de choisir le bon produit curatif. Faites une description du symptôme, prenez éventuellement une photo pour les années suivantes.
- Utilisez un systémique* pour soigner la plante, sauf si votre arbre est mycorhizé*, ce qui est le cas de tous les conifères et de la plupart des feuillus à l'état naturel.
- Attention : ne pas atteindre la motte, car les mousses et les lichens* ne supportent pas l'oxyde de cuivre et le soufre, ingrédients souvent utilisés dans la composition des fongicides. Il n'existe pas de fongicide sélectif*. L'utilisation d'un fongicide "de surface" en protégeant la motte ne pose pas de problèmes particuliers pour les arbres seuls (voir question 44). Mais, en ce qui concerne les forêts, c'est une autre paire de manches...

Enfin, sachez faire la différence entre les champignons **inoffensifs, bénéfiques et parasites** (voir question 39).

Parasites ou tueurs ?

Un parasite ne va pas tuer votre arbre, il va l'affaiblir en prélevant sa nourriture. Ainsi, le mildiou ne tue pas les chênes verts qui sont infestés chaque année dans la nature. Dans le cas contraire, il n'y aurait plus de chênes verts et le mildiou aurait provoqué sa propre disparition !

Il arrive cependant qu'un parasite devienne tueur. Lorsqu'il s'attaque à un hôte inhabituel, le parasite est le plus souvent mis en échec par les défenses naturelles de l'arbre. Mais il arrive aussi que l'arbre n'ait pas les moyens adaptés pour se défendre face à ce parasite. Le parasite se développe alors sans freins : l'issue est souvent fatale.

Les essences locales sont donc toujours plus résistantes que les espèces exotiques. Elles ne nécessitent que très peu d'interventions.

La connaissance des parasites propres à l'espèce cultivée est nécessaire et rassurante.

Galle de tige sur un olivier de Bohême. ***(Elaeagnus angustifolius)***

34. Quelle est l'origine des galles? Doit-on les éliminer?

Une galle est une croissance anormale et très localisée d'une plante, provoquée par un parasite. Pratiquement tous les bonsaï sont susceptibles d'attraper des galles, qu'ils soient feuillus ou à aiguilles : les chênes, les ormes, les saules, les peupliers, les épicea ont assez souvent des galles. Tous les organes (racines, tronc, branches, feuilles, bourgeons, fleurs, fruits) peuvent être déformés par une galle, et, bien que celles-ci soient souvent disgracieuses, on peut être tenté de les conserver pour les observer. Les galles, aussi appelées cécidies, font l'objet d'un domaine d'étude : la cécidologie.

La galle est une réaction de l'arbre vis-à-vis d'un parasite

Le parasite ne peut se développer que dans la galle qu'il a créée. La galle lui assure une protection et lui permet de se nourrir (schéma 1). La galle est une réaction du bonsaï à cet hôte, qui peut être une bactérie, un champignon, un insecte, un acarien ou un nématode. L'arbre réagit en modifiant des tissus qui vont entourer le corps étranger (schéma 2). Les parasites qui provoquent des galles ont besoin, au moins pendant une période de leur vie (stades larvaires chez certains insectes), de créer une galle. Dans la galle, le parasite se nourrit de sève ou de cellules qu'il "broute" (tissu nourricier). Il se nourrit vraiment aux dépens de l'arbre.

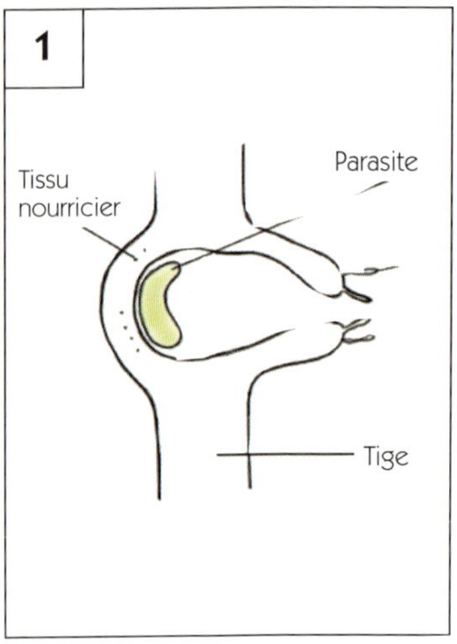

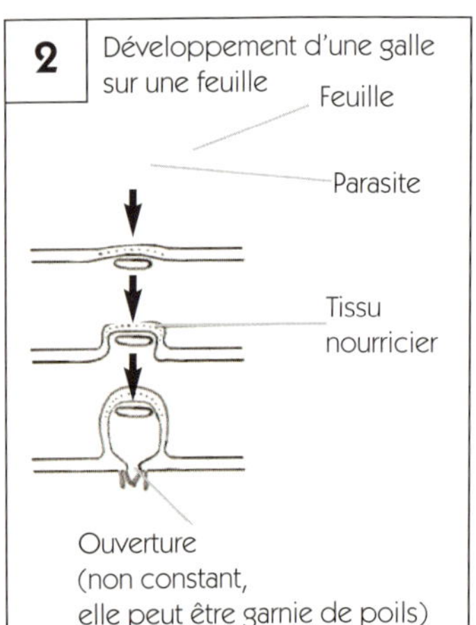

Les parasites choisissent précisément leur hôte

• N'importe quel parasite ne prendra pas n'importe quel bonsaï comme hôte*. Certains s'attaquent aux chênes, d'autres aux peupliers, par exemple.

Pour ces raisons, les bonsaï d'origine tropicale ou subtropicale n'attraperont pratiquement jamais de galle : en effet, leurs parasites sont restés dans leur contrée d'origine.

• Le parasite ne s'installe pas n'importe où au sein de son hôte. Par exemple, les nématodes* s'attaquent principalement aux racines, certains acariens aux feuilles uniquement. Les schémas 3, 4 et 5 montrent différents types de galles affectant les bourgeons, les tiges et les feuilles.

Chaque parasite a ses préférences (on parle de spécificité entre le parasite et son hôte). La forme de la galle résulte de l'action du parasite, mais aussi de la réaction de l'arbre (schémas 1 et 2). Le même parasite provoquera deux galles différentes sur deux arbres d'espèces différentes.

Les galles provoquées par un insecte

Certaines galles resteront telles quelles : le bonsaï a servi d'hôte à un parasite qui s'en est allé. L'insecte réalise son développement larvaire à l'abri de ce cocon végétal durant quelques mois. On peut généralement repérer l'orifice par lequel est sorti le "locataire" une fois son développement larvaire terminé.

Les galles provoquées par un champignon, un virus ou une bactérie

Les parasites microscopiques sont présents dans la sève ou dans les cellules des tissus, voire les deux. Le bonsaï peut difficilement les isoler :

- les tissus infectés dégénèrent et meurent ;
- les cellules méristématiques* se divisent de façon anarchique. Ce dérèglement de la croissance affecte un ou plusieurs bourgeons.

Ces galles peuvent se propager dans l'ensemble de l'arbre comme un cancer, les germes transitant de place en place à l'intérieur du bonsaï grâce à la sève. Ils créent des dégâts esthétiques, mais aussi et surtout physiologiques (détournement de sève, affaiblissement progressif du bonsaï). A la faveur d'une taille, ce type de galle peut aussi être transmise d'un arbre à l'autre.

Doit-on se débarrasser des galles ?

Alors que sur les plantes sauvages elles ne dérangent personne, l'apparition de galles sur un bonsaï inquiète. Cette inquiétude, bien que basée sur la méconnaissance de ces nodosités, n'est pas dénuée de fondement : les galles spolient jusqu'à 10 % de la force d'une plante. Pour un bonsaï, l'affaiblissement peut être bien plus important. Il semble donc raisonnable d'éliminer systématiquement toutes les galles dont l'origine est douteuse et bien sûr toutes celles dont le développement est anarchique et extensif.

Certaines galles sont symptomatiques d'une maladie (lorsque le parasite est un champignon, un virus ou une bactérie) et sont vraiment plus dangereuses pour les bonsaï que pour un arbre grandeur nature. Les tailles répétées, la fragilité des tissus, associées au métabolisme réduit des bonsaï, en font des cibles suffisamment tentantes pour ne pas les affaiblir sciemment.

Par ailleurs, certaines galles peuvent briser l'harmonie d'un sujet en attirant toute l'attention. La solution la plus simple consiste alors à les couper. Il est facile de toutes les repérer afin de les éliminer complètement. La plaie est ensuite soigneusement mastiquée pour permettre une cicatrisation qui effacera toute trace.

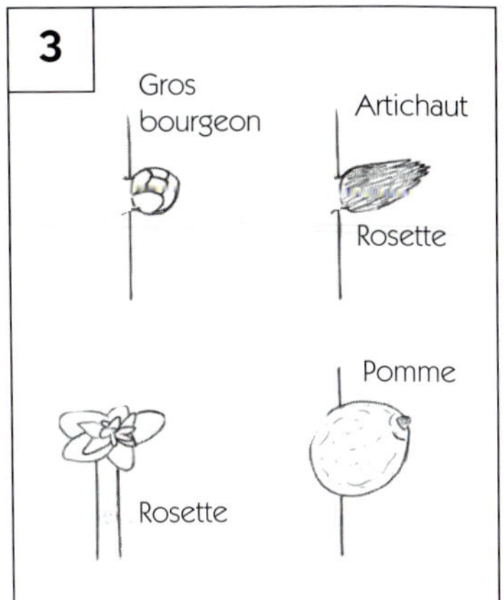

Galles affectant les bourgeons

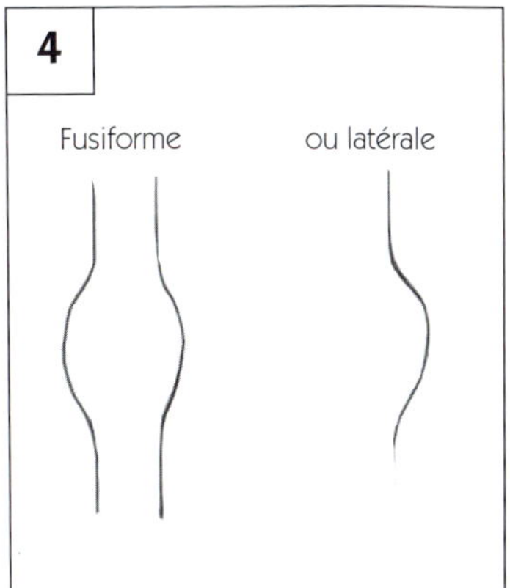

Galles affectant les tiges

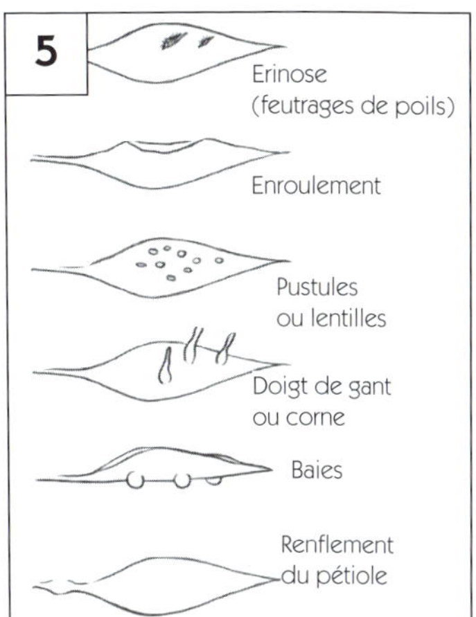

Galles affectant les feuilles

35. Quels sont les produits naturels pour soigner les bonsaï ?

La plupart des produits de traitement de la chimie moderne ont été créés il y a moins de 50 ans. On peut réellement douter de leur intérêt pour un art millénaire. Utilisés parfois à l'excès, on retrouve de plus en plus ces produits dans l'eau du robinet.

Les produits qui suivent sont naturels, ils sont créés par la nature qui sait les détruire rapidement. Ils sont, de plus, beaucoup plus doux à l'égard de nos bonsaï que les produits de synthèse.

Jadis, les grand maîtres utilisaient certainement des plantes pour soigner leurs bonsaï.

Potions magiques pour le traitement biologique des bonsaï

• Les produits à base de **pyrèthre** et de **rothénone** (substances naturelles extraites de plantes tropicales) sont des insecticides aussi efficaces que les insecticides de synthèse. Ils ont l'intérêt d'être biodégradables, donc non polluants. On les trouve facilement dans le commerce.

• La **nicotine** du tabac peut être extraite à partir de mégots. Il suffit de les défaire dans une casserole d'eau légèrement chauffée (60° suffisent). La solution est ensuite filtrée, refroidie et utilisée immédiatement. Il convient d'être très prudent, car la nicotine est un poison violent du système nerveux (aussi efficace sur celui des insectes que sur le vôtre), la solution doit donc être utilisée immédiatement et de façon précise (application au pinceau sur les pucerons par exemple). Lorsque le traitement est terminé, jetez les résidus dans la terre du jardin ou sur d'autres plantes.

• Les **prêles** (*Equisetum arvense*) se préparent en décoction ou en purin (macération) pour le combat de la rouille et du mildiou. On peut ajouter 0,5 à 1 % de silicate de soude.

• Les **orties** (*Urtica dioïca* ou *Urtica urens*) se préparent en macération de 10 à 12 heures de 100 g d'orties fraîches pour un litre d'eau afin de lutter contre les pucerons (valable pour une invasion pas trop importante).

• La **tanaisie** (*Tanacetum vulgare* ou *Chrisanthemum vulgare*) est aussi appelée "herbe-au-coq" se prépare en décoction. Elle agit contre les fourmis, les pucerons (aussi des racines), les acariens. C'est une composée de 1 m à 1,5 m de haut dont on peut récolter les fleurs de juin à septembre ainsi que les feuilles.

• L'**absinthe** (*Artemisia absinthum*) en infusion (3 g pour un litre pendant 15 minutes) repousse les fourmis et les pucerons.

• Pour toutes les solutions insecticides et répulsives, ajouter un peu de **savon noir** qui permettra à la solution de mieux adhérer aux insectes en les mouillant.

• Le **sulfate de cuivre** en solution et le **soufre** micronisé sont des fongicides de surface* très efficaces, ce sont de plus des produits de base non polluants et peu toxiques.

Quelle différence entre décoction, macération et infusion ?

• La **macération** se fait à froid.

Les principes actifs contenus dans la plante passent en solution assez lentement, en quelques heures minimum.

• La **décoction** se réalise en chauffant légèrement ce qui permet aux principes actifs moins solubles dans l'eau de passer en solution. La manipulation dure quelques minutes en moyenne. Si l'on chauffe trop, le principe actif est détruit.

• L'**infusion** se pratique avec une eau à ébullition. Le principe actif est là aussi peu soluble dans l'eau, mais il ne se dénature pas à 100°.

La terre, champignons et lichens

36. La terre à bonsaï est-elle à conseiller ?

La terre à bonsaï, c'est un peu comme les graines à bonsaï...

La raison en est simple : il existe plus de 10 000 d'espèces d'arbres, donc d'essences de bonsaï potentiels pour ce qui nous intéresse. Ces arbres poussent dans des sols différents : tantôt acides, basiques ou neutres, plus ou moins riches en tel ou tel minéral, cette diversité de la nature des sols, a participé à la diversité biologique.

"Terre à bonsaï" signifierait que toutes les espèces peuvent pousser dans un mélange particulier. Et, paradoxalement, c'est presque vrai ! Un mélange de terreau et de sable grossier convient à la plupart des espèces vendues en bonsaï. La "terre à bonsaï" est un moyen pratique pour vendre du terreau trois à dix fois plus cher par rapport à un conditionnement classique.

N'est-il pas plus simple de composer le substrat soi-même ? Il est toujours préférable de savoir exactement dans quoi on plante ses arbres !

37. Comment composer moi-même ma terre à bonsaï ?

Avant de composer un mélange, il est important de souligner les qualités et les défauts des matériaux susceptibles d'y être incorporés.

Les propriétés de chaque constituant (liste non exhaustive) :

• La **tourbe** : c'est un végétal inférieur (une mousse appelée sphaigne) qui s'est accumulé durant des centaines d'années pour former les tourbières. Ces tourbières sont des sites exceptionnels, on y rencontre des plantes rares adaptées à la pauvreté de leur sol en sels minéraux et à sa forte acidité. Évitez donc d'utiliser de la tourbe, d'autant que son emploi présente quelques désavantages : la tourbe retient l'eau trop longtemps et lorsqu'elle est bien sèche, elle se mouille très difficilement.

Préférez-lui le terreau, facilement renouvelable et plus adapté à la culture des bonsaï.

• Le **terreau** : il augmente l'**acidité** du mélange. C'est sa **partie vivante** : il contient des bactéries qui décomposent les matières organiques* (résidus de feuilles et de bois) et des champignons symbiotiques* (voir question 39) qui décomposent aussi ces matières et aident l'arbre. Ainsi, le terreau ne doit jamais être totalement remplacé, pour que ces hôtes puissent toujours accompagner votre arbre. Le terreau peut être plus ou moins grossier, il retient bien l'humidité en général car il s'imbibe, mais il ne s'oppose pas au drainage.

• Le **sable** : cette partie totalement minérale mélangée au terreau permet un meilleur écoulement de l'eau. Les grains de sable ont relativement peu de cohésion entre eux ainsi qu'avec les particules de terreau : le sable est un élément de division par excellence. De plus, il favorise la perméabilité à l'air et à l'eau. L'aération obtenue profite aux racines qui ont besoin de respirer. On peut tamiser le sable et le disposer en fonction du diamètre des grains, les plus gros diamètres dans le fond du pot.

La taille et la forme des grains ont une influence sur le développement des racines : on utilisera préférentiellement du sable grossier pour les jeunes bonsaï et du sable fin pour les vieux sujets (le sable fin induisant une ramification plus fine des racines). On préférera aussi un sable dont les grains sont anguleux (sable de torrents) au sable poli (sable de fleuve ou de mer). Le sable anguleux oblige les racines à changer souvent de direction et donc à occuper tout l'espace disponible dans le pot (voir schéma p. 80).

• L'**argile** : les argiles sont, comme le sable, totalement minérales. Mélangées au terreau, elles permettent une meilleure rétention de l'eau et des éléments nutritifs : leurs particules ultra-fines attirent l'eau et la retiennent par capillarité. Une autre propriété importante les oppose au sable : les argiles augmentent fortement la cohésion du mélange.

Ces deux caractéristiques sont importantes pour les petits bonsaï qui disposent de très peu de terre. Mais ces deux propriétés font de l'argile une composante dangereuse dont il ne faut pas abuser : c'est une matière asphyxiante qui s'oppose au drainage.

Un autre inconvénient de l'argile est qu'elle gonfle lorsqu'elle absorbe l'eau et se rétrécit quand elle sèche. La motte, en se déformant, se décolle des parois. Cela complique un peu l'arrosage, qui doit se faire par trempage (voir question 66).

La plupart de petits bonsaï du commerce, lorsqu'ils n'ont pas été rempotés, sont vendus dans de l'argile pure, ce qui empêche l'arbre de se désolidariser de la motte pendant le transport. La terre doit dans ce cas être changée au plus vite.

Autres caractéristiques : les argiles sont généralement acides et riches en oxydes de fer (couleur rouge).

• Les **calcaires** : ce sont tous les corps minéraux à base de carbonate de calcium (chaux, coquille d'œuf). Les inclure rend le mélange plus alcalin.

• L'**humus** : c'est la partie du terreau la plus fine, issue de la décomposition des débris végétaux sous l'action des décomposeurs du sol. Cette décomposition produit de l'acide et, comme l'argile, cette matière noirâtre est liante : elle retient l'eau. Cette eau pouvant être riche en minéraux, l'humus est la première réserve d'engrais avant l'argile. Les bactéries qui le décomposent en réduisent, par conséquent, le volume : les racines le remplacent progressivement.

L'humus est un bon isolant. Il protège les racines contre les fortes variations de température. En automne, l'activité microbienne qui y règne en augmente la température ; alors que les parties aériennes stoppent leur croissance, les racines continuent à pousser.

• Les **compléments** : on peut rajouter des composants particuliers comme de la tuile et de l'ardoise concassée, des objets rouillés, de la farine d'algue et d'autres engrais de fonds organiques.

Le tableau suivant indique les proportions approximatives en fonction du type d'arbre.

2+ deux doses ou +
1- une dose, voire moins

	Sable		Terreau		Argile
Mélanges du commerce	1	+	1	+	1-
TROPICAUX*	2	+	2	+	1-
TEMPERES* Jeunes arbres	1	+	1	+	1-
FRUITIERS*	1	+	1+	+	1-
FRUITIERS* à noyau	1	+	0	+	1-
CONIFERES	2+	+	1+	+	1-
Pins	3+	+	1+	+	0
Juniperus	1	+	1+	+	1-
Vieux arbres	2+	+	1+	+	1-

Un bon terreau vaut mieux qu'un mauvais mélange !

Les formules proposées ci-dessus permettent de s'approcher de “conditions optimales”. Il s'agit d'indications très approximatives. On peut cultiver un bonsaï dans du terreau pur dans 9 cas sur 10. L'acidité dans une certaine mesure, mais surtout le drainage sont les seuls facteurs à maîtriser pour des pots de taille assez importante. Le drainage impose que l'on incorpore plus de grosses particules et moins d'argile. Pour des pots très petits ou très plats, à la capacité de drainage doit s'ajouter une capacité de rétention suffisante pour que l'arbre ait suffisamment d'autonomie. Les approximations sont dans ces cas moins bien tolérées.

Chaque bonsaï étant un cas particulier, il est difficile de donner des indications précises en matière de mélange. Les conditions optimum n'existent que pour un lieu donné. Chaque amateur a ses propres recettes en fonction des espèces qu'il cultive, du climat et des matériaux dont il dispose.

On peut diminuer la part d'argile pour limiter les risques de pourriture des racines. Le mélange devient plus poreux, plus drainant mais moins apte à garder une réserve d'engrais. Il faut arroser plus souvent. En incorporant des petites quantités d'engrais dans l'eau d'arrosage, on peut nourrir convenablement l'arbre. On se rapproche alors des conditions de culture hors sol et donc de l'hydroculture (voir question 144).

Conseils pratiques

Un tamis est très utile pour séparer les gravillons installés dans le fond du pot et le terreau à remplacer.

Préparer son mélange peut sembler pénible, mais rien ne vous empêche d'en préparer 10 fois plus qu'il n'en faut, pour les prochains rempotages. Le surplus devra être stocké dans des sacs plastiques à l'abri de la lumière. Le mélange doit être homogène.

Les amendements

Dans la nature, on ne trouve pas les mêmes espèces de plantes selon que le sol est neutre, acide ou, au contraire, basique. Le bonsaï a les mêmes exigences, il faut lui procurer un sol analogue à celui dans lequel il pousse naturellement. Même si les arbres sont relativement tolérants, plus les qualités du sol seront proches de celles du sol d'origine, mieux ce sera.

• **Augmentation de l'acidité** : elle est obtenue par l'augmentation de la fraction de terreau. Les azalées comme les plantes de bruyère seront plantées dans du terreau presque pur (la formule pour le tableau de la page précédente est 2.5.1).

• **Diminution de l'acidité** : elle est obtenue par ajout d'une fraction de carbonate de chaux.

Attention aux amendements involontaires !

Si votre arbre se plaît en milieu acide et que l'eau dont vous disposez est très calcaire, vous allez au fur et à mesure des arrosages modifier l'acidité (ou pH) de la terre, ce qui peut entraîner une chlorose* (voir question 76).

38. Doit-on stériliser la terre pour protéger les racines du bonsaï?

De très nombreux micro-organismes se trouvent naturellement dans la terre. Une grande partie d'entre eux proviennent de la fraction de terreau dont ils se nourrissent plus ou moins directement.

On peut être tenté de s'en débarrasser, afin de protéger le bonsaï, en stérilisant la terre. On pourrait, par exemple, faire bouillir la terre, préalablement emballée dans un sac plastique et en l'immergeant dans de l'eau bouillante...

C'est dangereux, peu pratique et inutile !

Passons sur les risques de brûlure, la terre ne contient pas, heureusement, uniquement des germes nuisibles à votre arbre. Elle contient aussi et surtout des bactéries et des moisissures capables de décomposer le terreau en substances solubles assimilables par le bonsaï mais encore des spores de champignons susceptibles de mycorhizer votre arbre et donc de le protéger plus efficacement que n'importe quel produit chimique artificiel (voir questions 39 et 40).

Un arbre sain n'a vraiment pas besoin de pousser en milieu aseptisé. Cultivés avec soin, les bonsaï sont aussi résistants que leurs homologues naturels.

N.B. : les terreaux du commerce sont généralement étuvés.

39. Les champignons sont-ils tous des ennemis ?

Les champignons sont dépourvus de chlorophylle, ils ne peuvent donc pas utiliser l'énergie lumineuse pour vivre. Ils se "nourrissent du travail des autres".

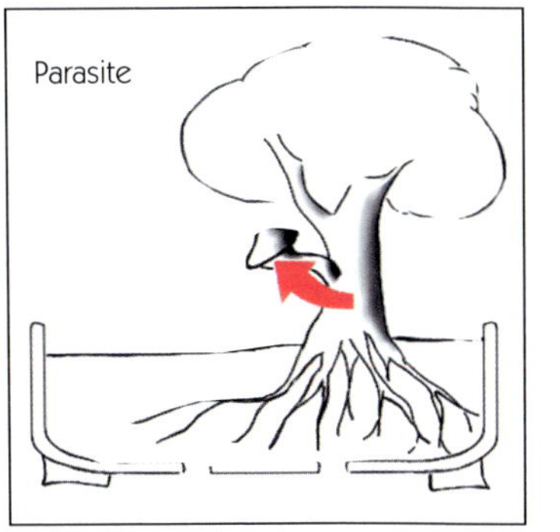

Ils se développent

- à partir d'éléments en décomposition (les feuilles et le bois mort). Ils sont alors appelés **saprophytes** ;
- à partir d'un être vivant, en l'occurrence votre bonsaï. Ils sont alors **parasites** s'ils se développent aux dépens de celui-ci, **symbiotes** s'ils rendent service à la plante qui le leur rend bien. Les relations que peuvent entretenir un bonsaï et un champignon sont assez mal connues par les amateurs de bonsaï, qui généralement relèguent le champignon à une calamité à éradiquer.

Or, certains champignons sont de précieux alliés extrêmement intéressants...

Classons les champignons en fonction de leur utilité ou non pour le bonsaï :

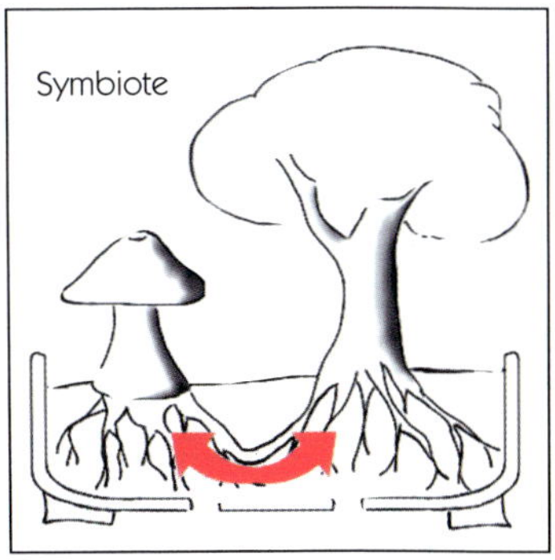

- Les **parasites** : mildiou, oïdium, maladie des taches noires, en font partie. Ces champignons utilisent le végétal et l'affaiblissent. Ils se manifestent généralement par des taches sur les feuilles ou par le dépérissement de certains rameaux. Il faut les éradiquer par traitements préventifs* et curatifs* (voir questions 32 et 35 pour les traitements et 149 pour la méthodologie).
- Les **symbiotiques** : à protéger absolument, ce sont les **mycorhizes***.

Qu'est-ce qu'une mycorhize ? C'est **un véritable partenaire** qui pousse avec l'arbre : le bénéfice est réciproque. Le bonsaï forme une association avec le filament du champignon appelé filament mycélien. La mycorhization aboutit à la construction d'un organe mixte à physiologie parfaitement intégrée qui joue un rôle essentiel dans la nutrition des deux partenaires. C'est une association beaucoup plus fréquente qu'on ne le croit : elle concerne 80 % des feuillus et tous les conifères !

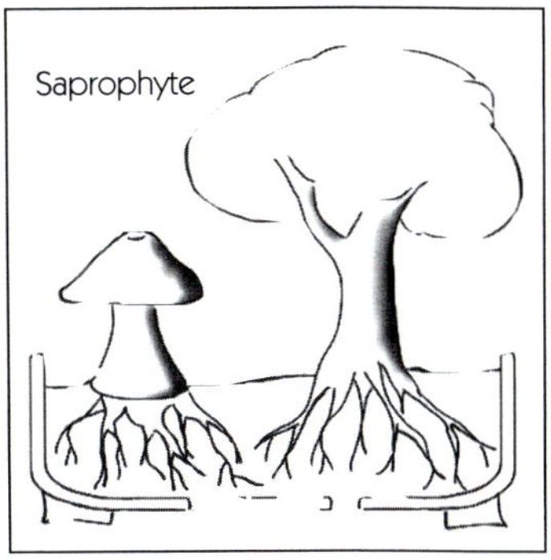

- Les **saprophytes** ou **indifférents** : ils se développent à partir des matières organiques présentes dans la terre du bonsaï. Ils n'ont aucune relation avec ce dernier. C'est la part de terreau, qui n'est rien d'autre que des feuilles et du petit bois décomposés, qu'ils utilisent. A l'instar des champignons symbiotiques des mycorhizes, ces champignons sont présents toute l'année sous forme de mycelium qui se présente sous la forme d'un mince filament de couleur variable selon les espèces.

1

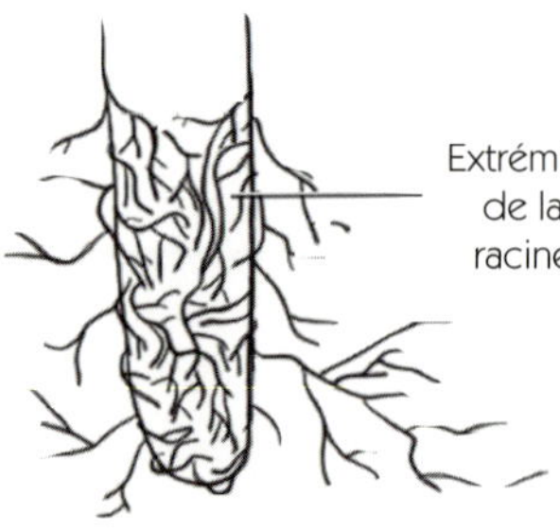

Manchon protecteur

2

Filaments mycéliens

40. Comment reconnaître une mycorhize?

Les mycorhizes sont vraiment très intéressantes pour la santé du bonsaï. A ce titre, elles méritent notre protection. Puisque leur présence n'est pas systématique, il faut apprendre à les reconnaître.

Il y a deux types d'associations : les **ectomycorhizes** et les **endomycorhizes** qui qualifient la position relative des éléments mycéliens* par rapport aux tissus de la plante.

Les ectomycorhizes (*ecto* : externe)

Ce sont les plus visibles. Elles sont fréquentes chez les arbres des forêts tempérées. Elles se voient à certains niveaux des racines par des ramifications courtes et épaisses très ramifiées (schémas 1 et 2). Ce n'est qu'à la loupe que le feutrage mycélien est clairement visible. Il est de couleur variable. Lors du rempotage, il se dégage une forte odeur de champignon, on pourrait croire que l'arbre est malade alors qu'au contraire, il est en excellente santé.

L'ectomycorhize forme une gaine protectrice ou manteau qui enveloppe souvent complètement l'extrémité de la racine jusqu'à la zone pillifère où la racine ne produit alors pas de poils absorbants. La mycorhize se ramifie dans tout le volume disponible, elle protège les racines. Si l'on pratique une coupe de la racine au niveau où elle est associée au champignon, on peut observer, à fort grossissement, que le mycelium* forme un manchon superficiel ancré entre les cellules corticales*. Les ectomycorhizes pénètrent dans le végétal entre les cellules, mais sans pénétrer à l'intérieur de celles-ci (schéma 2). Elles remplacent les poils absorbants car elles se prolongent par des filaments qui jouent le rôle de ces derniers, mais de manière beaucoup plus efficace. En effet, les filaments du champignon sont capables de récupérer des éléments nutritifs qu'une racine seule ne peut absorber.

3

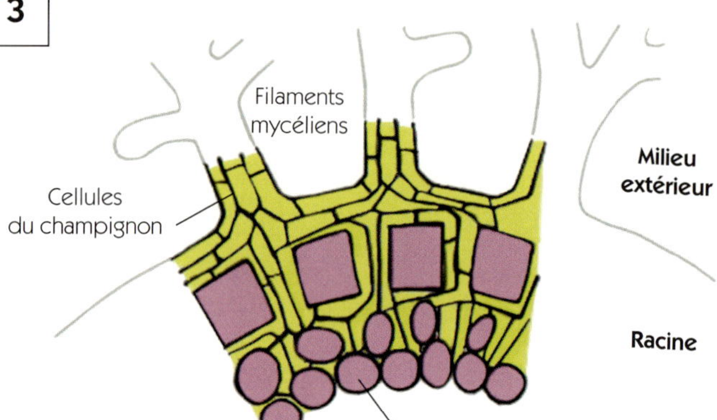

Coupe transversale
de l'extrémité d'une racine

4

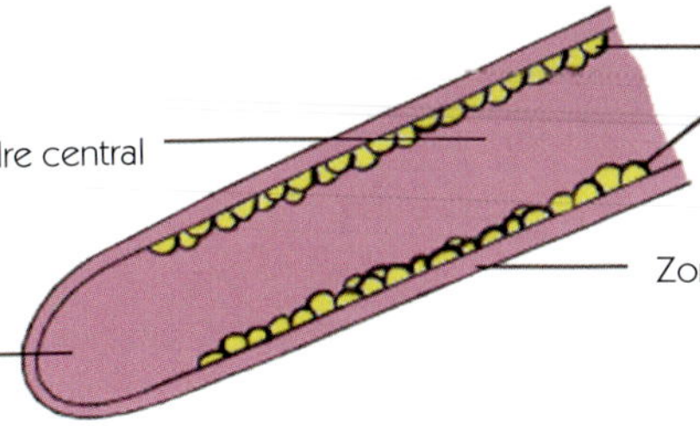

Coupe longitudinale
de l'extrémité d'une racine

Les endomycorhizes

Le champignon est caché dans la racine, il pénètre même dans les cellules ! Il ne forme pas de manchon superficiel, si bien qu'il n'est pas visible à l'œil nu… ou presque, car cette discrétion est trahie par l'extrême rareté des poils absorbants. Cette “anomalie” constitue le signe extérieur le plus facilement détectable. D'autres signes indiquent sa présence : les racines sont relativement charnues, les parties envahies par le champignon sont plus sombres que les autres, des zones renflées succèdent à des étranglements.

Les ectoendomycorhizes

Les ectoendomycorhizes combinent des caractères de ces deux catégories. Elles sont situées entre les cellules mais elles émettent aussi des ramifications à l'intérieur de celles-ci.

41. Quel est l'intérêt des mycorhizes pour les bonsaï?

Faisons la petite expérience suivante : on effectue un semis de graines de pin dans un terreau stérilisé et un terreau forestier. Ce dernier contient des spores et des filaments de champignons symbiotes du pin.

La croissance des jeunes plantules de pin est bien plus vigoureuse dans le deuxième cas grâce aux champignons qui s'associent aux jeunes plants et les aident à se nourrir.

Il y a généralement une amélioration très nette de la nutrition minérale, surtout en phosphate (P) : par exemple, la myrtille (*Vaccinium myrtillus*) endomycorhizée passe de 11 % à 92 % de fruits en plus !

Le champignon absorbe les ions solubles mais aussi des composés organiques, ce que ne peut pas faire le bonsaï seul. Le champignon mobilise des éléments inaccessibles pour la plante : phosphates, minéraux peu solubles, composés organiques. Le bonsaï a besoin de moins d'engrais, d'ailleurs un excès peut détruire le champignon comme il détruirait les poils absorbants. Il fleurit plus facilement et de façon plus intense.

Le champignon augmente considérablement le volume exploré : les filaments mycéliens pénètrent beaucoup plus loin que les poils absorbants. Le volume exploré est de 12 à 48 fois plus important. Pour un bonsaï dont l'espace pour le développement des racines est restreint, cela se traduit par une reprise beaucoup plus rapide après un rempotage.

Un bonsaï mycorhizé se porte mieux, car le champignon assure sa nutrition mais aussi sa protection contre les micro-organismes nuisibles du sol. Les champignons produisent des antibiotiques qu'ils libèrent dans le sol pour se défendre.

Les bonsaï mycorhizés sont plus beaux, plus robustes, bien qu'ils fournissent 1/4 de leur production au champignon. L'art du bonsaï consistant à la recherche d'un équilibre, les mycorhizes doivent être protégées. A noter aussi que ces champignons fructifient, ce qui présente un intérêt esthétique (voir question 44).

42. Quels sont les bonsaï susceptibles d'être mycorhizés ?

Les **ectomycorhizes** concernent les familles suivantes :

Chez les conifères :

– Pinaceae : *Pinus* (pins), *Abies* (sapins), *Picea, Cedrus* (cèdres),

– Cupressaceae : *Juniperus* (genévrier), *Cupressus* (cyprès) non constant.

Chez les bonsaï à feuilles :

– Fagaceae : *Fagus* (hêtre), *Quercus* (chênes), *Castanea* (châtaignier),

– Betulaceae : *Betula* (bouleaux), *Corylus* (noisetier), *Carpinus* (charme), *Alnus* (aulne),

– Rosaceae : *Malus* (pommier), *Prunus* (prunier) non constant,

– Myrtaceae : *Eucalyptus.*

D'autres espèces sont tantôt endomycorhizées tantôt ectomycorhizées : les ormes, les tilleuls, les cyprès, les genévriers. Les deux états peuvent se succéder : eucalyptus est d'abord ectomycorhizé, il devient ensuite endomycorhizé.

Les **endomycorhizes**

Elles sont plus répandues dans la nature que les ectomycorhizes. Elles concernent les familles suivantes :

Tous les conifères sauf les Pinaceae :

– Taxaceae (if, séquoia),

– Araucariaceae (araucaria),

– Podocarpaceae (*Podocarpus macrophylla* ou pin des Bouddhistes),

Les Cupressaceae (genévriers, cyprès), sont endomycorhizés ou ectomycorhizés.

Les peuplements des conifères de l'hémisphère sud sont endomycorhizés.

Chez les Angiospermes :

– *Prunus, Acacia* (concurrence endo-ectomycorhize),

– *Acer* (érables),

— Les tropicaux sont surtout endomycorhizés, (exemples : magnolia, ficus, serissa).

Remarque : les mycorhizes expliquent pourquoi certains champignons ne se retrouvent qu'au pied de certains arbres et pas d'autres. La spécificité existe, mais elle est très large : pour le pin sylvestre, par exemple, il n'existe pas moins de 50 espèces de champignon susceptibles de s'associer à ses racines !

43. Comment mycorhizer un bonsaï?

Les sujets disponibles dans le commerce ont souvent perdu leurs mycorhizes car ils ont été traités de façon irréfléchie. Pour mycorhizer l'arbre, il suffit de le planter dans son terreau d'origine. En effet, celui-ci contient du mycélium* ou/et des spores des espèces de champignon qui s'associent avec l'arbre dans son milieu naturel. Se procurer le terreau d'origine est difficile pour les tropicaux, mais la spécificité étant assez large (voir question précédente), on peut tenter de mycorhizer l'arbre avec un autre champignon que celui ou ceux d'origine. La mise en place du champignon prendra quelques années, l'augmentation de la vigueur de l'arbre est souvent étonnante.

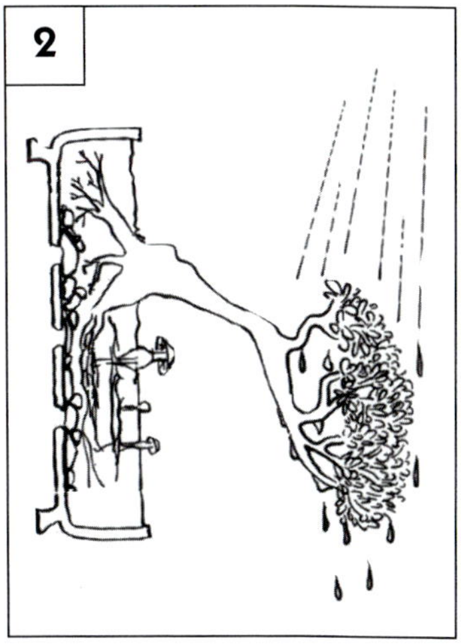

44. Peut-on traiter en épargnant les mycorhizes?

Les produits utilisés pour combattre les champignons sont dits **fongicides**.

Ceux-ci ne sont pas sélectifs : ils détruisent **tous** les champignons. On utilisera avec prudence les fongicides de surface* en protégeant la motte avec un sac en plastique étroitement maintenu par des élastiques ou de la ficelle sur le(s) tronc(s) (voir schéma 1).

On traitera surtout les feuilles qui sont souvent la “porte d'entrée” privilégiée de ces maladies. On peut pencher le bonsaï pour n'atteindre que le feuillage, il faut ensuite éviter de le brumiser, de telle sorte que le produit n'atteigne jamais la terre (schéma 2).

Il faut éviter l'emploi des systémiques qui parviennent au champignon symbiote via la plante en passant par la sève (voir schéma 3 ci-contre).

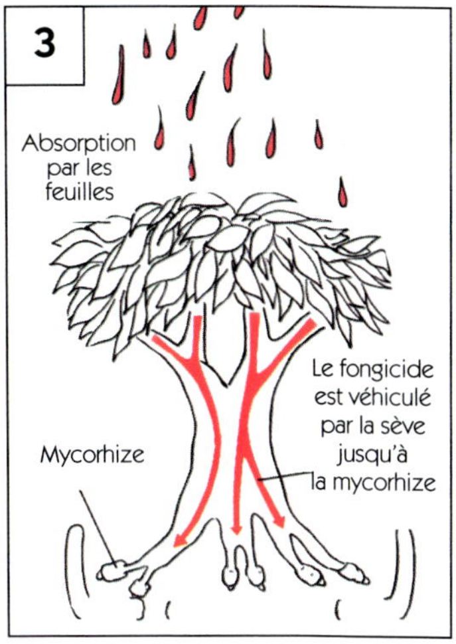

Ce que l'on nomme champignon et qui peut être consommé chez certaines espèces n'est que la manifestation de la reproduction sexuée : c'est le carpophore, très décoratif, issu de la rencontre entre deux mycélium complémentaires. Ces champignons participent à la décomposition du terreau en sels minéraux que la plante peut utiliser. Ils sont donc indirectement bénéfiques au bonsaï.

Le développement des champignons (mycorhizes et indifférents)

La chronologie des événements (voir schéma page suivante) :

• Un mycélium se développe à partir d'une spore (la spore est un organe de dissémination, un peu comme les graines pour les arbres), ou à par-

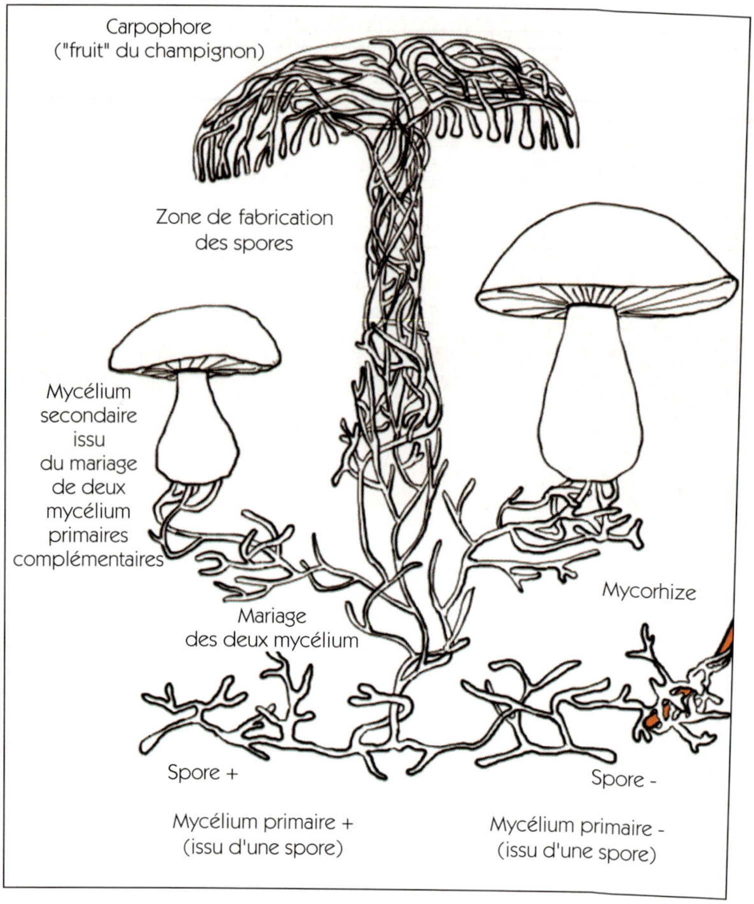

tir d'un fragment de mycélium. Le mycélium se développe en un réseau de filaments et peut s'associer aux racines d'un arbre (mycorhize).

• Lorsqu'il rencontre un mycélium complémentaire (de l'autre "sexe"), il s'y associe. De cette association naît un mycélium secondaire qui, à la bonne saison, va fructifier et donner des carpophores.

• Ces carpophores ("fruits") fabriquent des spores ("graines") qui germeront peut-être et donneront à nouveau des mycélium primaires.

45. Qu'est-ce qu'un lichen ?

Les vieux arbres sont souvent recouverts de lichens. Ceux-ci sont extrêmement nombreux en montagne et sous climat tempéré humide.

Les lichens sont des associations symbiotiques entre un champignon et une algue.

L'apparence du lichen dépend des espèces associées mais aussi de la proportion d'algue par rapport à celle du champignon. Ces proportions varient en fonction des conditions de vie. Ainsi, le même lichen aura une apparence différente selon son exposition à l'humidité et à la lumière ou la

Tronc d'un vieux **chêne-liège** recouvert de lichens et de mousses.

qualité du support. Ils peuvent prendre la forme de petits buissons, pendre en filaments aux branches des conifères de montagne, ou, plus couramment, s'étaler par plaques.

Ils sont inoffensifs pour l'arbre, qui n'est qu'un support (parfois les mêmes lichens se retrouvent sur les roches). Les sujets âgés en sont souvent recouverts, cela ne les met pas en péril pour autant.

46. Peut-on utiliser les lichens pour embellir un bonsaï ?

Quel intérêt pour les amateurs de bonsaï ?

Un tronc recouvert de lichens peut être très esthétique, il semble plus âgé. L'arbre n'est pas isolé dans sa coupe, il fait partie d'un ensemble cohérent composé par la sous-végétation, les lichens, les champignons et une multitude d'insectes.

On peut aussi utiliser un lichen pour cacher une cicatrice sur conifère, celles-ci ne se refermant généralement pas.

Comment fixer un lichen sur un tronc ou une roche ?

Leur croissance étant très lente (rarement plus d'un millimètre par an !) et leur apparition assez rare, il est préférable de fixer soi-même ces lichens sur roche ou sur le tronc du bonsaï. Pour décoller le lichen choisi, il faut profiter d'un temps pluvieux. Lorsqu'il est bien humidifié, le lichen est ramolli et se décolle sans se casser. Pour le fixer, poser le lichen humide et le maintenir à l'aide d'un élastique qui s'éliminera tout seul en séchant, ou d'un morceau de toile nouée. A noter que les lichens se fixent plus facilement sur les surfaces rugueuses.

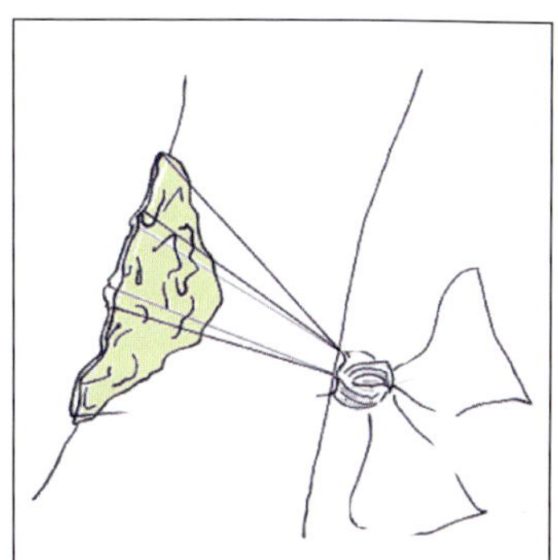

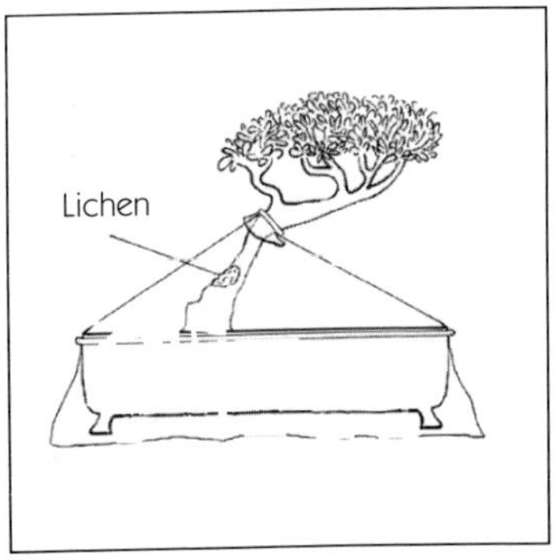

Traitement et protection d'un lichen

Un traitement fongicide tue les champignons et donc détruit inmanquablement les lichens. Une solution consiste à recouvrir celui-ci comme indiqué ci-contre.

Traiter sélectivement un bonsaï mycorhizé dont le tronc est recouvert de lichens peut se faire assez facilement avec ce même dispositif.

Remarque : fixer un lichen de nos régions sur un arbre tropical n'a pas de sens. On évite autant que possible d'associer des plantes qui ne se côtoient pas dans la nature. Seule la mousse fait exception, sa présence étant suffisamment discrète.

N.B. : les lichens sont parfois utilisés comme indicateur de pollution de l'air, car ils retiennent facilement les polluants.

Itinéraire
le long des racines

Les amateurs de bonsaï oublient trop souvent l'importance du système racinaire. La raison de cette lacune est évidente : les racines sont enfouies et, par conséquent, se prêtent difficilement à l'observation.

La culture en pot est pourtant particulièrement adaptée à celle-ci, pour peu que l'on ose déranger le bonsaï lorsqu'un doute survient. Paradoxalement, la crainte de commettre l'irréparable conduit parfois à des erreurs.

Le but de ce chapitre est de vous familiariser avec les racines en abordant les principaux problèmes pratiques qu'elles posent.

Ceux-ci sont de trois ordres :

Les rempotages

Ils sont l'occasion d'une inspection. Leur nécessité n'est pas toujours bien comprise, elle est pourtant l'une des principales conditions de survie d'un arbre en pot.

L'arrosage

On peut affirmer sans prendre de risque que l'arrosage est le souci majeur de tout amateur de bonsaï, qu'il s'agisse de l'arrosage quotidien ou durant les vacances. Il existe pourtant quantité de procédés très faciles à mettre en œuvre pour oublier cette contrainte, véritable bête noire du débutant.

L'apport de fertilisants

Un bonsaï ne vit pas que d'amour et d'eau fraîche ! Il faut aussi lui apporter régulièrement de l'engrais. La fertilisation du bonsaï est un véritable défi car ses besoins varient au cours de l'année. Heureusement, les manques ne sont jamais fatals !

Connaître et comprendre le fonctionnement des racines est incontournable, car c'est la moitié cachée du bonsaï : le travail sur les racines constitue plus de la moitié du chemin qui mène au succès.

Le rempotage

47. Pourquoi met-on en évidence les départs de racines ?

Dans l'art du bonsaï, un soin particulier est apporté à la disposition et la mise en évidence des racines. Les plus grosses racines et les premières divisions de celles-ci sont dégagées volontairement. Cela renforce l'équilibre esthétique général de l'arbre, associé à son pot. De belles racines constituent un des critères de beauté essentiels pour un bonsaï. L'arbre semble plus vieux, plus solidement ancré dans son sol. Les schémas 1 et 2 montrent le même arbre plus ou moins dégagé au niveau de ses racines.

L'art du bonsaï prend la nature comme modèle. En effet, les racines principales persistent durant toute l'existence de l'arbre, parfois longue de plusieurs centaines d'années. Ces départs de racines se découvrent au fur et à mesure que le sol se tasse et se ravine. Les premières racines, au départ totalement souterraines, sont peu à peu découvertes jusqu'à leur affleurement (voir les trois schémas ci-dessous).

De grosses racines bien visibles sont donc un symbole de force, de stabilité, d'ancienneté et… de respectabilité.

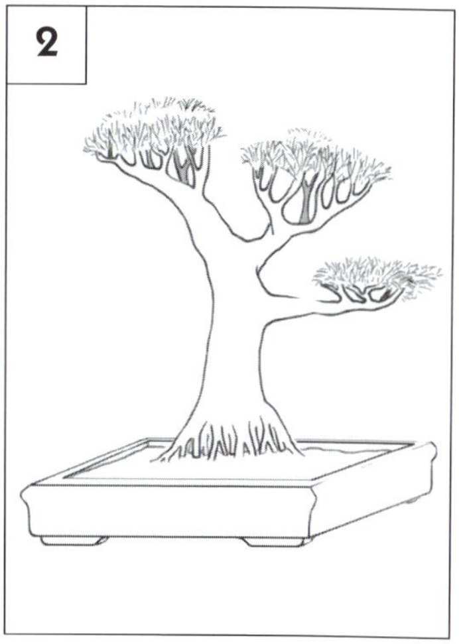

(représentation symbolique : le système racinaire se développe en fait de manière beaucoup plus importante)

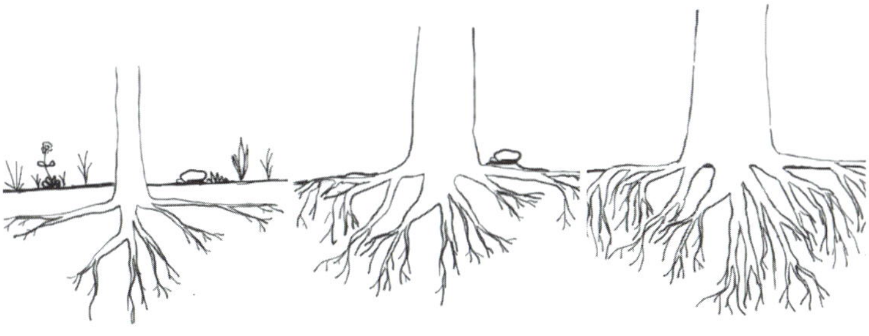

Comment procéder ?

C'est facile et très plaisant car découvrir les racines, c'est embellir son bonsaï.

On peut, à la faveur d'un rempotage, abaisser volontairement la motte en éliminant la partie superficielle. La manière la plus douce pour enlever la terre en trop consiste à l'éroder avec un jet d'eau de faible puissance. Cette méthode laisse les racines intactes.

Si l'on veut réaliser un bonsaï “échassier”, on utilisera une bouteille en PVC dont on aura retiré la partie supérieure et aménagé quelques orifices pour le drainage, ou un système à étage qui permet de dégager progressivement le haut des racines (schéma 1, p. 68).

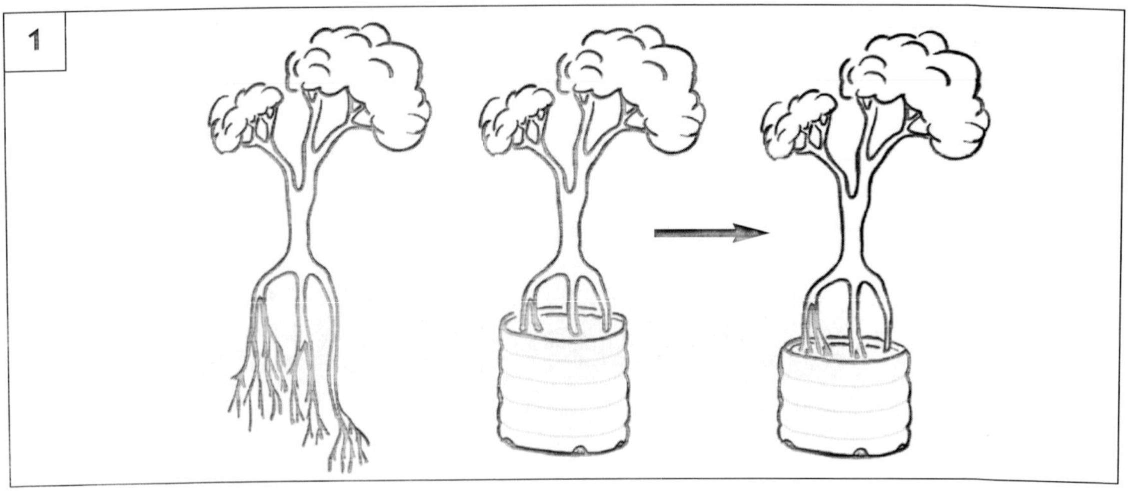

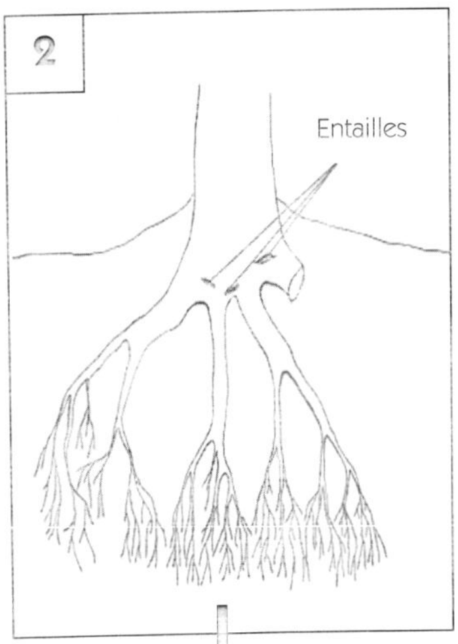

Mais pas de précipitation ! Une racine trop fine et qui n'est pas bien lignifiée risque de ne pas survivre si on la malmène. Si, par imprudence, on déterre une petite racine, il faut la replacer immédiatement, recharger un peu en mélange (éventuellement ajouter un tapis de mousse), puis arroser abondamment.

Enterrer son bonsaï...

On peut, au contraire, rajouter de la terre à la base du tronc, voire surélever le niveau général de la terre. Ceci permet de régénérer le système racinaire vers le haut.

Pratiquer des entailles assez profondes induit l'apparition de nouvelles racines aux endroits où elles font défaut (schémas 2 et 3).

Une racine morte que l'on voudrait régénérer doit être coupée au niveau des tissus vivants. En effet, seules les entailles exposées à l'humidité sont susceptibles de générer des racines (schémas 4 et 5). Il faut attendre dans la plupart des cas au moins une année avant leur apparition et plusieurs années avant de pouvoir les mettre en évidence sans risque de les perdre à nouveau (voir question 52).

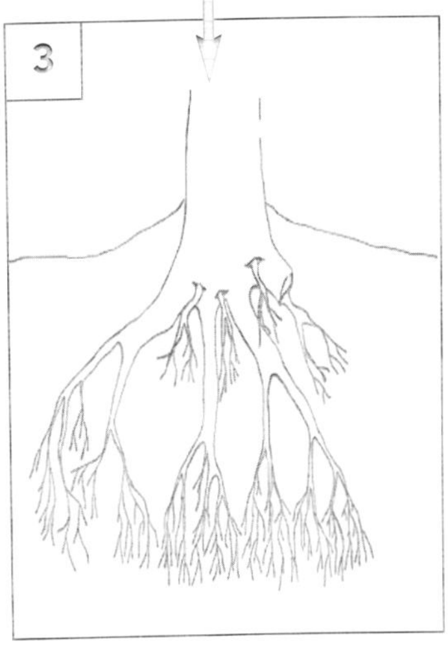

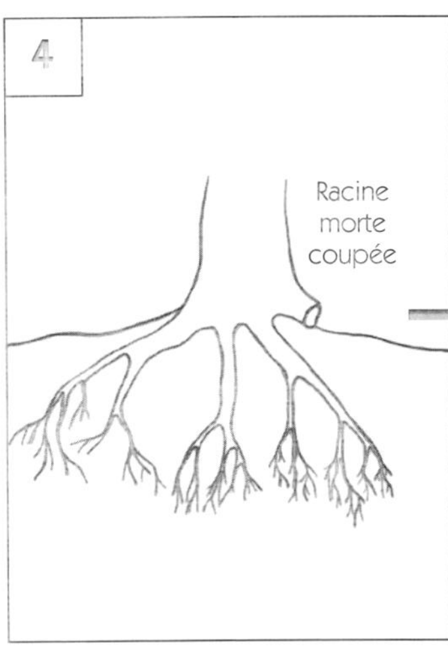

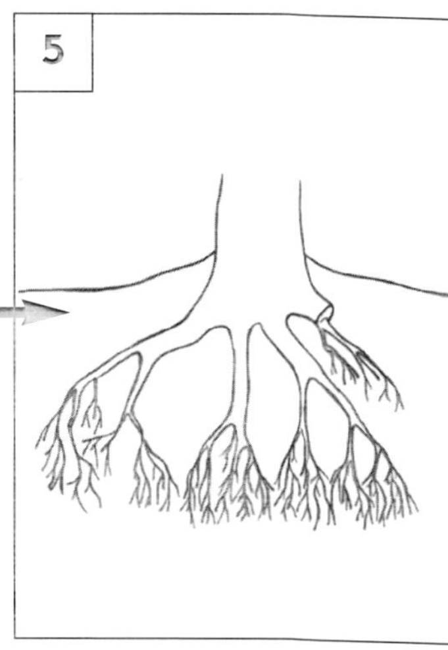

Buis
***Buxus* sp.**
Taille : 50 cm
Collection Bonsaï Méditerranée Association

Détail d'un enracinement
solide et homogène sur un Ficus.

48. La mort d'une racine est-elle un phénomène naturel ?

Votre bonsaï avait de superbes racines, mais, mystérieusement, quelques-unes, les plus affleurantes et donc les plus intéressantes d'un point de vue esthétique, sont mortes. L'arbre se serait-il débarrassé naturellement d'une vieille racine comme d'une feuille en automne ?

Assurément non, car les racines principales sont mises en place définitivement jusqu'à la mort du végétal. On peut constater dans la nature que, quelle que soit l'espèce d'arbre, on trouve rarement de racines mortes, sauf si l'arbre a été agressé.

Les racines d'un bonsaï sont plus fragiles que celles d'un arbre en pleine terre car elles restent de petite taille et sont en partie artificiellement mises hors sol très tôt. Une racine affleurante ne restera vivante que si elle est suffisamment longue et profondément ancrée dans la terre.

Le besoin d'humidité : le maintien d'une humidité relativement constante à l'extrémité de la racine assure la pérennité dans son fonctionnement. En revanche, une sécheresse prolongée provoque au contraire une inhibition de cette racine au profit d'autres racines mieux pourvues en humidité.

Le bonsaï ci-dessus présente deux systèmes racinaires en compétition : le système principal dans le pot, le secondaire sur la roche.

Si l'arrosage est complet, les deux systèmes racinaires cohabitent. Mais si, par exemple, seul le pot est arrosé, alors, peu à peu, l'autre ensemble de racines va sécher.

Lors de la mort d'une racine forte, plusieurs raisons peuvent être invoquées :

• Une racine trop grêle, découverte trop tôt, peut être facilement brûlée par un ensoleillement direct, par le gel ou l'accumulation de sels minéraux en surface.

• Une asphyxie due à un arrosage trop fréquent ou une terre trop riche en argile.

• Un surdosage localisé en engrais.

Ainsi, la mort d'une racine est révélatrice d'un déséquilibre important qu'il convient de rectifier au plus vite.

La mort d'une racine importante peut entraîner la mort d'une branche principale. C'est souvent le cas chez *Serissa foetida* (voir question 96).

49. Pourquoi et quand faut-il rempoter ?

A la recherche d'un enracinement homogène

— Un arbre qui croît en pleine terre n'a pas de limites physiques à l'extension de son appareil racinaire. Les racines se développent :

• en fonction de la nature du terrain traversé (selon la richesse en oligo-éléments et en eau, la porosité du terrain) ;

• suivant des caractères génétiques : la première racine est en général rapidement confondue avec les racines secondaires (ex. : l'orme, *Ulmus campestris*, le peuplier blanc, *Populus alba*), l'écheveau de racines est sous forme de **faisceau fasciculé** (schéma 1).

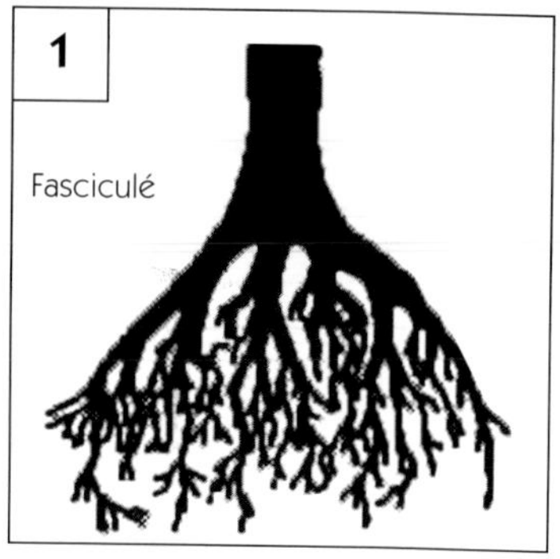

Le chêne vert (*Quercus ilex*) ou le châtaignier émettent rapidement une forte racine verticale, le système racinaire est dit en **pivot** (schéma 2).

Cette racine principale inhibe la formation de racines secondaires. Il s'agit peut-être d'une adaptation à la sécheresse dont souffrent particulièrement les jeunes plants sous le soleil. On coupe donc très tôt cette racine principale pour favoriser un enracinement plus homogène : le système racinaire évolue alors en faisceau fasciculé.

— Dans un pot, les racines de l'arbre vont rapidement rencontrer les parois et souvent tenter de passer par les trous servant au drainage. Lorsque les racines les plus longues sont contrariées, elles "essaient" de contourner l'obstacle, c'est pourquoi on constate que les parois du pot sont tapissées (voir question 55). D'autres racines sont émises plus haut.

La rapidité du développement racinaire

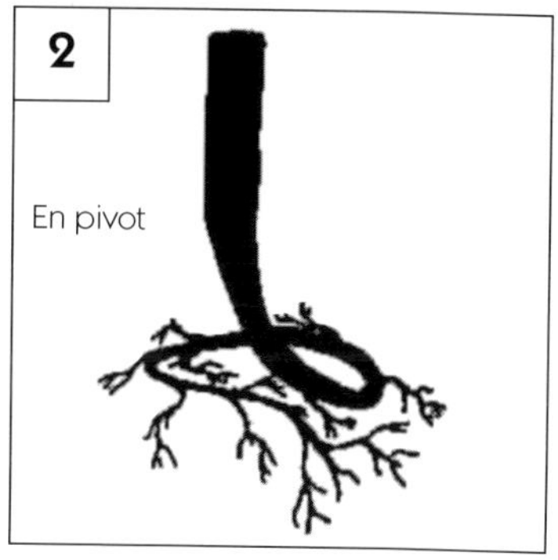

La vitesse à laquelle les racines se développent dépend :

- de l'âge de l'arbre : plus l'arbre est vieux, plus la production de racines sera lente car, celles-ci étant plus nombreuses, elles répartissent et divisent les forces de l'arbre (voir schémas 3 et 4) ;
- de l'espèce à laquelle il appartient : le figuier (*Ficus carica*), le saule pleureur (*Salix babylonica*) produisent beaucoup de racines par rapport au chêne-liège (*Quercus suber*) car ils poussent plus vite.

La nécessité du rempotage

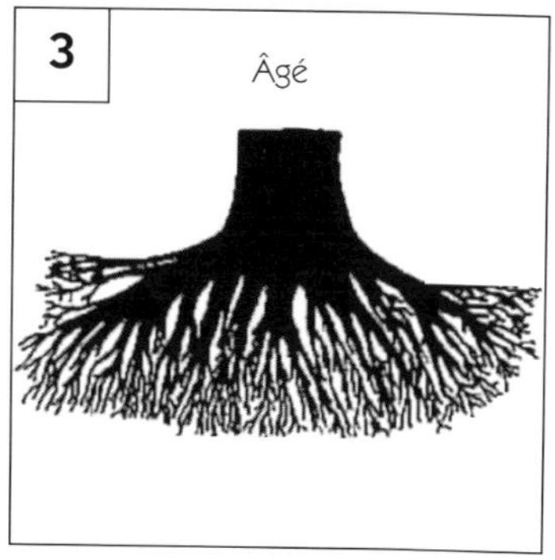

La totalité de l'espace disponible est progressivement occupée par les racines. L'arbre perd ensuite de sa vigueur, ses racines "s'étouffent". Le rempotage devient nécessaire lorsque les racines occupent environ plus de 50 % de l'espace dans le pot. Il ne faut pas hésiter à soulever l'arbre du pot pour vérifier le degré d'occupation.

Le rempotage ne consiste pas forcément à changer le pot, l'objectif est de réduire le volume des racines et de remplacer la terre épuisée.

On change parfois le pot pour des raisons liées :

- à la culture : lorsque les racines sont contrariées dans leur développement dès la première année. Par ailleurs, plus la coupe est profonde, plus l'autonomie par rapport aux arrosages est importante, les coupes très plates offrent une grande surface d'évaporation (voir question 2) ;
- à l'esthétique : le bonsaï a grandi, il a l'air étriqué dans son pot ; pour qu'une harmonie se dégage de l'ensemble, il existe des règles élémentaires :

— la hauteur de la coupe ou du pot ne doit pas être inférieure à l'épaisseur du tronc,

— sa longueur représente environ deux tiers de la hauteur de l'arbre.

Ces différents points sont traités question 147.

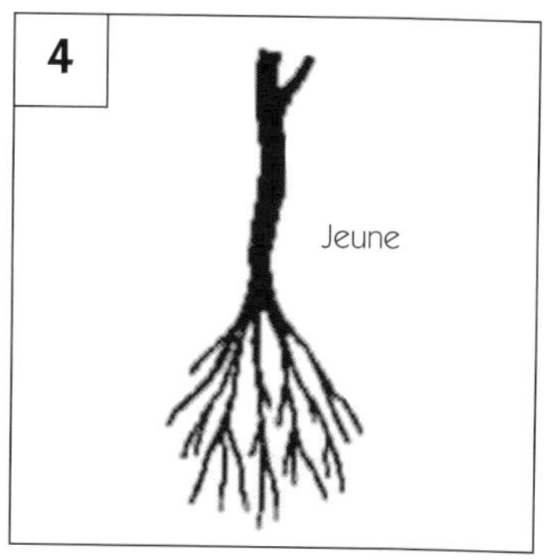

Les vieux sujets seront rempotés tous les deux à trois ans alors que les jeunes arbres le seront pratiquement tous les ans pour les plus vigoureux. Les conifères (les pins en particulier) ont généralement un enracinement plus lent que les feuillus, les rempotages sont espacés d'au moins 3 ans.

Il n'y a pas de règle en la matière, car il faut tenir compte de la taille et la profondeur du pot. **Chaque arbre associé à son pot a son rythme**, aussi il n'est pas inutile de noter les années de rempotage pour tel ou tel sujet (voir question 149).

Vous venez d'acheter un arbre...

Savoir quand rempoter ne doit pas vous causer de soucis : en pleine saison rien ne vous empêche de décoller la motte du pot pour voir où il en est, la méthode peut paraître brutale mais elle est sans risque si l'arbre est en bonne santé. Au cas où les racines prendraient déjà toute la place, ne rempotez pas pour autant si la période n'est pas propice (voir paragraphe suivant). Pour faire patienter votre arbre, installez-le dans un récipient nettement plus grand en démêlant un peu les racines et arrosez par trempage.

A quel moment de l'année ?

Afin de respecter l'équilibre de l'arbre et limiter les risques liés aux moisissures, il ne faut pas rempoter à n'importe quel moment de la saison. Il est important de respecter deux conditions :

— La température des mois qui suivent le rempotage doit être relativement clémente pour que les racines aient le temps de se régénérer. Ainsi on peut rempoter début automne dans le Midi, mais pas dans le nord de la France (voir question 137).

— L'arbre doit être en pause de végétation. Pour plus de détails sur l'alternance des périodes de pause et de croissance, voir question 28.

50. Qu'est-ce que le marcottage ?

Si un excès d'humidité, de sécheresse ou d'engrais peut détruire tout ou partie des racines d'un bonsaï, le maintien d'une humidité constante permet de faire apparaître des racines sur un tronc, une branche, une grosse racine, voire même à partir d'une feuille (*Ficus benjamina*). En pratiquant quelques profondes entailles dans l'écorce, on peut accélérer le processus.

Le marcottage "sauvage"

Le marcottage permet aussi de récupérer des sauvageons profondément incrustés dans la roche.

Déformation des tissus vivants du tronc provoquée par un marcottage aérien.

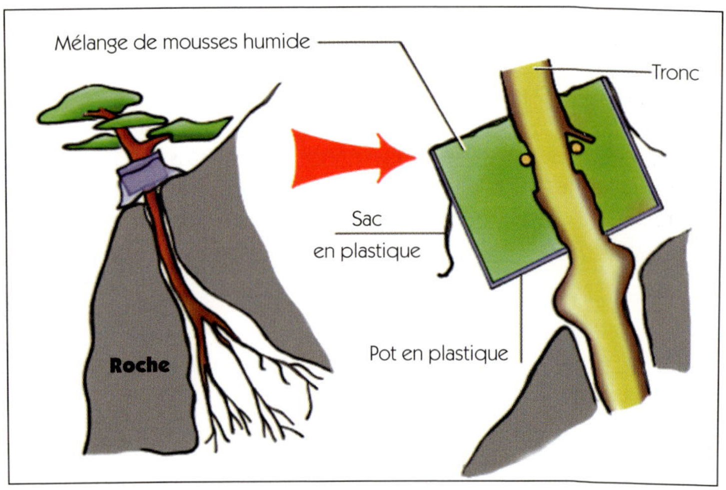

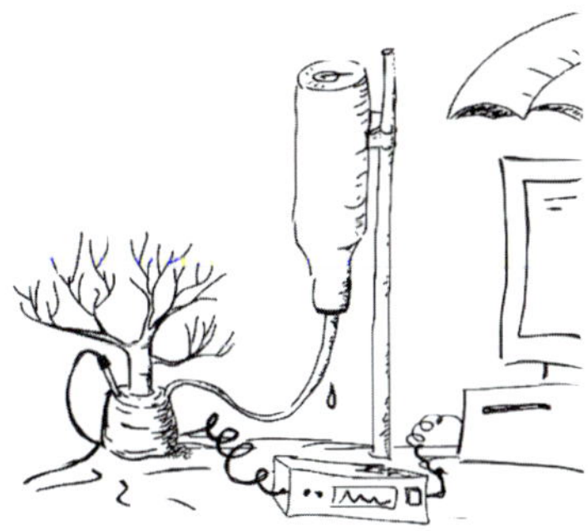

Le mélange de mousses humides est maintenu en étroit contact avec le tronc du sauvageon. Le maintien de l'humidité à ce niveau va induire l'apparition de nouvelles racines.

Lorsque celles-ci seront suffisamment développées, il sera possible de couper le tronc sous le pot et de récupérer ainsi en toute sécurité le sauvageon avec ses nouvelles racines. Il faut cependant plusieurs mois au minimum, voire plusieurs années, avant que de nouvelles racines n'apparaissent.

Maintenir l'humidité qui va induire l'apparition des racines implique un passage régulier, tous les jours en été ; le moindre coup de sec peut remettre en question toute l'opération !

Autant dire que cette technique est sympathique mais ne présente de l'intérêt que pour des plantes déjà en pot ou très proches de chez vous.

51. La greffe est-elle une solution fiable pour embellir son bonsaï ?

De nombreux ouvrages présentent la greffe comme une solution banale. Une racine est morte? Qu'à cela ne tienne, j'en greffe une autre! Ce serait trop facile... Les greffes, qu'elles soient de racine ou de branche, sont extrêmement délicates à réussir, cette solution est donc à oublier. D'autres moyens existent, ils sont présentés à la question 52.

Si, malgré tout, les greffes vous intéressent, entraînez-vous d'abord sur des arbres de plein pied avant de tenter quoi que ce soit sur votre bonsaï !

52. Comment restaurer ou cacher une racine morte?

La perte d'une racine peut être très dommageable pour l'esthétique d'un bonsaï. La racine n'est pas toujours complètement morte, sa partie la plus épaisse reste souvent "verte". La solution proposée à la question 47 demande du temps. D'autre part, elle ne marche pas pour les conifères, car ils ont un très faible pouvoir de régénération.

Il existe trois autres possibilités :

La présentation en bois mort de la racine morte peut être une solution acceptable, notamment pour un conifère.

On peut aussi rétablir l'équilibre visuel en remplaçant la racine par une pierre ou un bois mort.

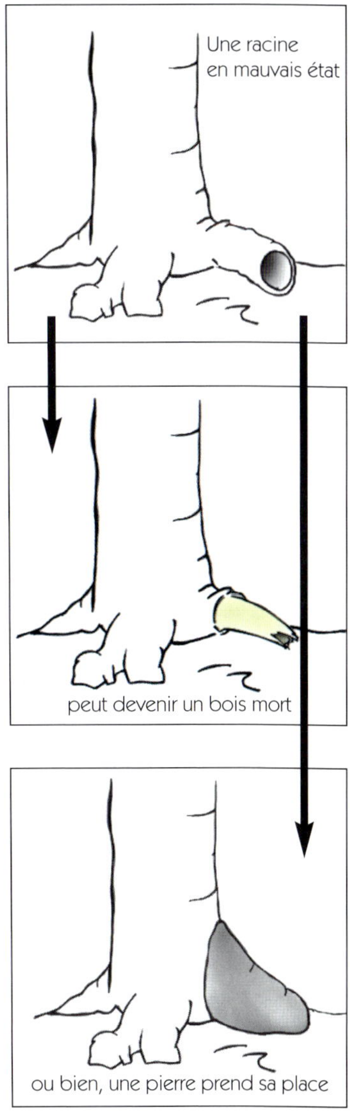

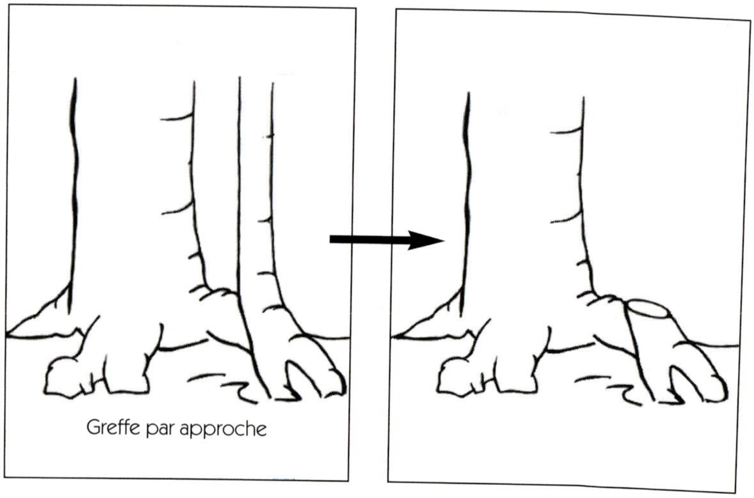
Greffe par approche

La greffe par approche : pourquoi ne pas utiliser un arbre tiers, de même espèce et sans grande valeur, afin de le souder par l'une de ses racines ? Une fois la racine soudée, cet arbre sera coupé et mastiqué au-dessus des racines qui se seront raccordées au bonsaï.

La technique est intéressante, mais la nouvelle racine peut ne pas tenir chez les espèces où la mort de la racine a causé celle de la branche qui la surplombe (*Serissa fœtida*). Les explications sont données question 96.

53. Pourquoi tailler les racines avant le débourrement ?

Lors du rempotage

Tailler les racines avant la formation des premières feuilles permet au bonsaï de ne pas manquer d'eau.

L'eau transite rapidement dans le bonsaï

La sève brute est pompée par les racines. Cette sève, très diluée, monte rapidement jusqu'aux feuilles où 90 % de l'eau s'évapore (schéma 1). Ce mécanisme est rapide : lorsque votre bonsaï manque d'eau et laisse retomber un peu ses feuilles, il lui suffit de deux minutes environ après l'arrosage pour être à nouveau réhydraté, ceci se voit très bien sur les arbres à feuilles tendres comme les érables. L'eau au contact avec les racines est immédiatement pompée et tractée vers le haut par un appel dont le moteur est l'évaporation foliaire (voir question 131).

La taille ne doit pas contrarier ce flux : si vous avez taillé les racines d'un tiers, par exemple, l'arbre n'est pas privé d'un tiers de ses ressources en eau mais de beaucoup plus, car c'est l'extrémité des racines qui pompe l'eau. De plus, les quelques racines laissées entières ont éventuellement été dérangées, décollées ou abîmées.

1

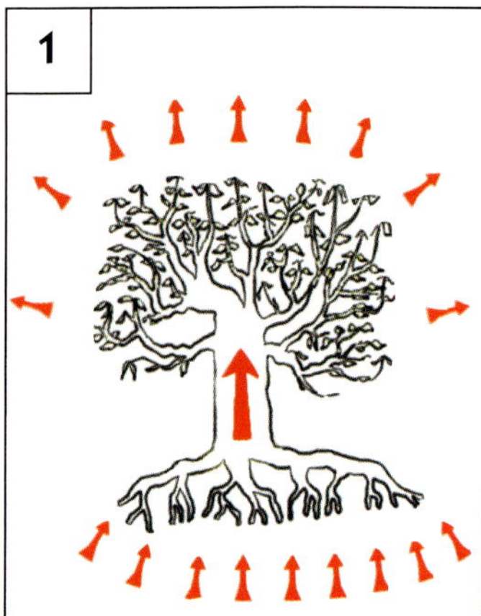
Absorption par les racines

Pour les arbres à feuilles caduques

La taille des racines doit donc avoir lieu avant ou au début de l'éclosion des bourgeons, l'évaporation foliaire étant encore très faible, la transpiration des branches et du tronc étant négligeable. Pour les mêmes raisons, on peut rempoter à cette époque.

Lors du débourrement*, l'arbre fait un double effort : reconstituer, cicatriser ses racines, et déployer ses feuilles. Les feuilles seront moins grandes que si les racines étaient restées intactes.

Pour les arbres à feuilles persistantes

Pour **les arbres à feuillage persistant et les conifères,** la taille consiste à éliminer autant de feuilles que de racines (voir question 29 pour l'équilibre hydrique) et à assister l'arbre en le vaporisant très souvent : les feuilles absorbent directement l'eau en attendant que les racines se reforment (schéma 2). Les branches et le tronc absorbent aussi (par les lenticelles*) : si l'arbre n'a plus de feuilles, une vaporisation lui sera bénéfique au même titre.

2

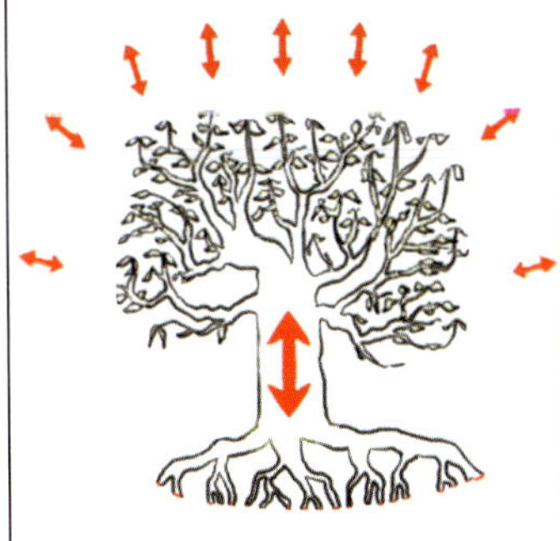

Absorption par les feuilles

Lors d'un accident concernant les racines (l'arbre est "en feuilles")

Tailler les racines est nécessaire lorsqu'elles ont souffert (excès en engrais, "coup de sec"). On retrouve les mêmes conditions que dans le cas précédent, on utilise donc la même méthode. On peut récupérer des sujets qui n'ont presque plus de racines. Il est utile de rappeler que lorsque l'arbre a une problème de racines, la première chose à faire est de le mettre à l'ombre et à l'abri du vent pour ralentir l'évaporation et donc le transit de la sève brute dont la source est appauvrie. Les vaporisations confèrent aux parties aériennes le rôle de racines de secours. L'arbre a momentanément les mêmes besoins qu'une simple bouture.

N'oubliez pas de le soulager de quelques feuilles : la surface foliaire est en rapport avec la capacité des racines à absorber l'eau du sol. Les feuilles sont donc en surnombre quand les racines sont en difficulté. En effet, bien que le bonsaï ait trop de feuilles par rapport à ses racines, il est incapable d'en sacrifier une partie. Moins il reste de racines, plus vous devez enlever des feuilles. S'il ne reste plus aucune racine, gardez une bonne dizaine de feuilles. Les branches les plus jeunes sont les plus fragiles, il est important de ne pas couper n'importe quelles feuilles (voir question 101).

54. Quelles précautions prendre afin d'assurer un rempotage ?

Avant et pendant un rempotage

Tous les ingrédients et les outils doivent être prêts avant le rempotage :

- le mélange de terre doit être bien homogène,
- on ne doit pas oublier un nouveau pot si le changement s'impose,
- ainsi que les différents outils (entre autres : une ou plusieurs paires de ciseaux et un sécateur pour rabattre la touffe de racines, une griffe ou un morceau de bois pour les démêler), un couteau souple pour décoller éventuellement les racines du pot.

5

Rempotage inefficace

6

Un ensemble de racines fines...

7

... peut être taillé aux 2/3

REMARQUE IMPORTANTE

- **Les racines sont fines et très nombreuses : on peut les tailler grosso-modo en laissant un tiers de la longueur.**
- **Les racines sont de grosse section et peu nombreuses : les tailler une par une, quelques millimètres sous l'aisselle d'une radicelle.**

• le rempotage doit être rapide (dans l'heure) : les racines ne doivent pas se dessécher.

• le rempotage se fait donc toujours à l'ombre.

Il faut défaire la motte pour deux raisons :

• pour éviter que les racines et l'ancienne terre ne constituent un bloc qui se décolle de la nouvelle terre (schéma 5). L'eau de l'arrosage ruissellerait et atteindrait peu les racines. De plus la capillarité serait coupée entre la nouvelle terre et l'ancienne. Bref, ce serait comme si l'arbre n'avait pas été rempoté. Seul un trempage peut être efficace dans ce cas. Il permet à l'eau de bien humidifier toute la motte. Si votre arbre est mycorhizé (voir question 40), n'éliminez jamais toutes les parties mycorhizées, sans quoi votre arbre peut ne pas y survivre. Il est alors important de laisser quelques racines intactes. Dans tous les cas, les quelques mottes intactes où les racines n'ont pas été perturbées garantissent un redémarrage rapide de la plante.

• pour éviter que les racines ne se gênent les unes les autres dans leur croissance et leur redonner de l'espace. Les racines qui se touchent inhibent mutuellement leur croissance (schéma 6 et 7).

Calendrier de rempotage, pour chaque sujet (CP : changement de pot)

Sujets cultivés	Années de rempotage				
Saule de 1983	CP 84	CP 86	88	90	92
Zelkova de 1971	72	75	78	CP 81	85
Forêt d'Ormes	90	91	93	95	98
...					

La quantité de terre à remplacer

Le vrai problème est de savoir à quel point on peut déranger les racines sans risque pour le bonsaï. Pour la plupart des feuillus, on pourrait remplacer complètement la terre. Cela n'est généralement pas intéressant, sauf si l'on veut réorganiser l'ensemble des racines.

On se contentera généralement de démêler et de couper un tiers des racines environ. (Voir schémas en haut de la page suivante.) On laissera dépasser leurs extrémités (ne pas couper à ras), les racines envahiront la nouvelle terre plus facilement. On rechargera le fond et les bords du pot avec la quantité suffisante de mélange sur la couche de gravier nécessaire au drainage.

Chez les conifères, il faut garder obligatoirement une partie des racines intactes et ne jamais défaire la motte centrale (voir remarque ci-contre).

Précautions après un rempotage

• Votre arbre est momentanément fragilisé, **il ne doit en aucun cas être bougé**. Il n'est donc pas transportable. Un arbre, une fois bien raciné, est solidement fixé à la motte ; s'il est bougé, soit la motte bouge avec (cas des petits pots, la terre étant riche en argile), soit l'élasticité de ses tissus compense le mouvement.

• **Pas d'engrais !** L'arbre a des réserves suffisantes pour refaire ses racines. Un apport d'engrais risque de brûler les petites racines naissantes incapables de les absorber et de gêner la mise en place des mycorhizes* lorsqu'elles sont présentes.

De plus, lorsque l'on rempote, on change une partie de la terre par de la terre plus riche (l'engrais est déjà dedans !).

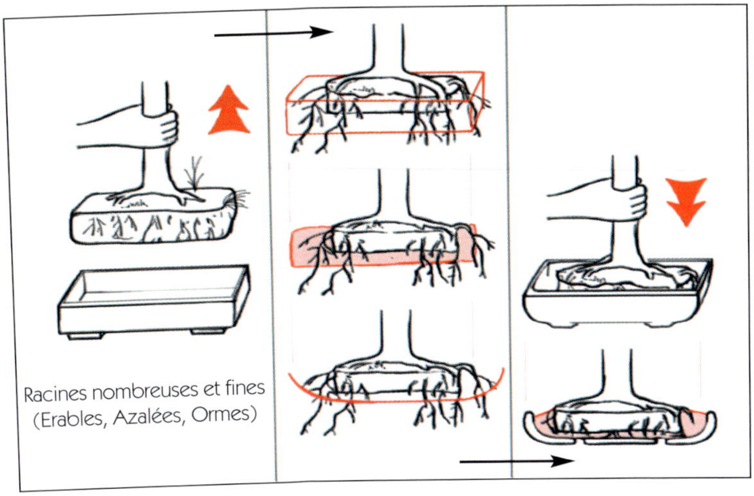

Racines nombreuses et fines (Erables, Azalées, Ormes)

Donner de l'engrais à un bonsaï tout juste rempoté est donc dangereux.

Attendre deux mois, pour les miniatures, à un an, pour les pots de grande taille, après le rempotage élimine tout risque.

Un engrais spécial post-rempotage très riche en phosphore (P) (10-52-2 par exemple) pendant 1 ou 2 mois après le rempotage permet de reconstituer les racines plus vite.

• L'arrosage doit être sans excès, le drainage de bonne qualité : les plaies aux racines sont la porte ouverte aux moisissures extrêmement nombreuses dans la terre. Parmi elles, seules les mycorhizes* sont bénéfiques. Les soucoupes sous les pots sont donc à proscrire, car même si l'on pense à éliminer l'eau régulièrement, une averse nocturne peut faire baigner l'arbre pendant plusieurs heures.

1

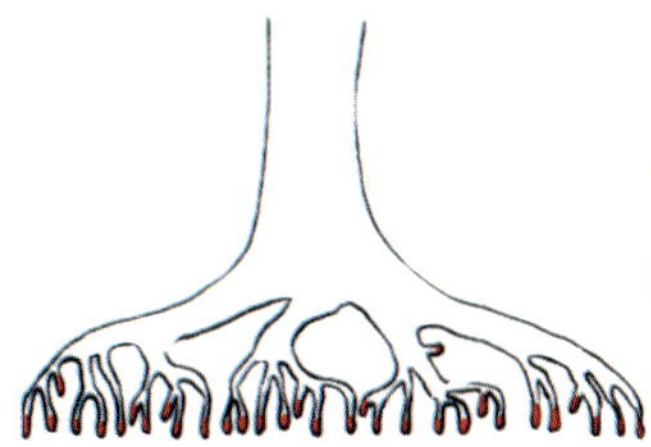

L'extrémité des radicelles en assure la croissance

55. Pourquoi les racines descendent-elles ?

Avant de répondre à cette question, il est nécessaire de développer quelques éléments de base relatifs à la structure mais aussi et surtout au fonctionnement de l'extrémité des racines. En effet, quoi de plus logique, avant d'aborder les raisons qui les font descendre, que d'évoquer le moteur de leur croissance en longueur.

La croissance en longueur des racines

La seule partie de la racine qui pousse en longueur se situe à son extrémité (dessiné en rouge sur le schéma 1).

Celle-ci est pourvue d'une coiffe qui la protège (voir schéma 2). Elle sécrète beaucoup de mucilage (substance gélatineuse) qui lubrifie la progression de la racine dans le sol. Les cellules de la périphérie de la coiffe sont éliminées au fur et à mesure vers l'extérieur, la coiffe se renouvelant à la base grâce au fonctionnement d'un méristème noté m1 sur le schéma. Elle a un rôle de protection et elle facilite la pénétration dans le sol.

2

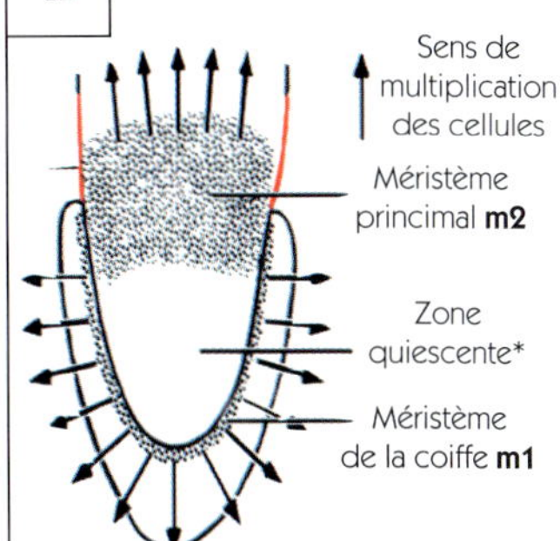

CL schématique de l'extrémité d'une racine

3

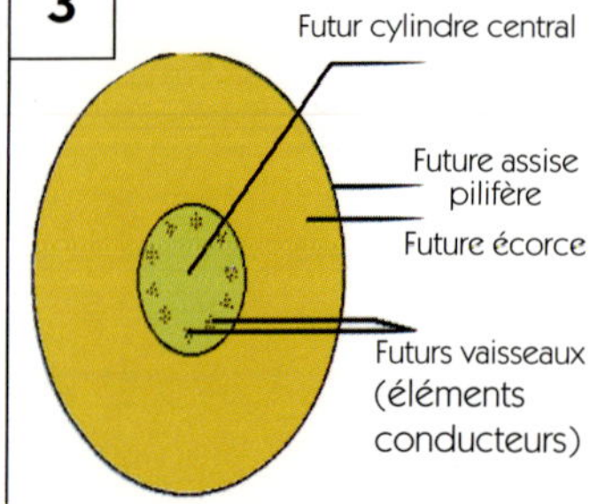

4

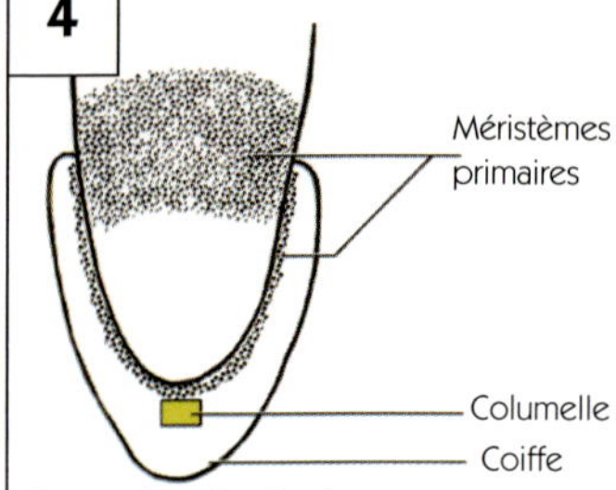

Coupe longitudinale de l'extrémité d'une racine

5

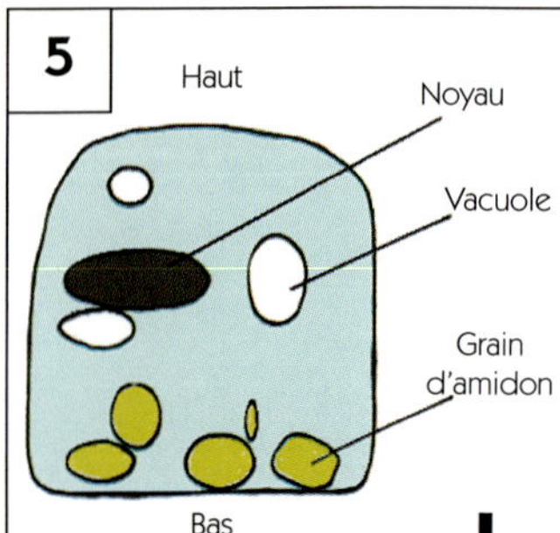

Cellule vue en coupe

6

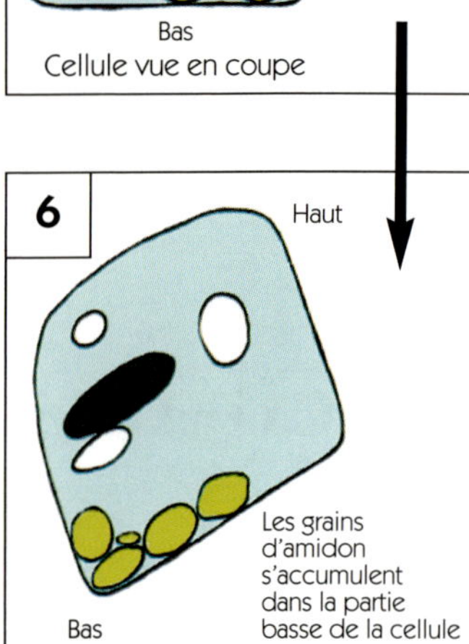

La coiffe peut manquer chez les bonsaï mycorhizés*. Le champignon forme une calotte qui protège efficacement la racine de l'usure.

Un autre méristème* existe un peu plus haut, ce méristème assure l'allongement de la racine (noté m2 sur le schéma 2). Les cellules issues du fonctionnement de ce méristème augmentent de taille un peu plus tard donc dans la région située au-dessus, la racine ayant poussé entre-temps. Elles se partagent en tissus dans le même temps. La multiplication des cellules méristématiques est compensée par la différenciation et l'allongement : le point végétatif garde toujours le même volume. Les cellules s'allongent rapidement et se spécialisent. Ainsi les cellules de l'assise* épidermique de la jeune racine vont se transformer, soit en "cellule poil absorbant", soit en cellules de revêtement. Les cellules sous cet épiderme vont donner l'écorce de la racine, la zone centrale va devenir le cylindre central. D'autres cellules vont se transformer en éléments conducteurs (schéma 3). Par rapport aux tiges, la zone de croissance en longueur est très courte. Cette croissance persiste durant toute la vie de la plante.

Les racines se dirigent toujours vers le bas : comment font-elles ?

Les racines vont dans le sens de la force de gravité.

• La perception de la gravité : elle a lieu dans une zone appelée columelle. Cette columelle se trouve à l'extrémité de la racine (schéma 4) ; si on enlève la coiffe d'une racine, celle-ci pousse tout droit sans tenir compte de la gravité : la perception a disparu. En regreffant cette coiffe, la perception de la gravité réapparaît.

Il est probable que toutes les racines ont un système similaire pour percevoir le sens des forces de gravité.

La columelle est un petit groupe de cellules dont le fonctionnement est très particulier : ces cellules sont riches en grains d'amidon*. Ces grains d'amidon servent généralement de réserve, la cellule transforme les sucres provenant de la photosynthèse en amidon pour les stocker.

Dans les cellules de la columelle, les grains d'amidon sont aussi utiles par leur densité, ils tombent toujours au fond de la cellule.

Les deux schémas ci-contre (5 et 6) montrent une cellule de la columelle dans deux positions différentes. Les grains d'amidons s'entassent au fond de la cellule quelle que soit sa position.

Cet entassement déclenche un mécanisme :

là ou les grains appuient, la cellule libère une substance.

Ces grains d'amidon vont provoquer localement la mise en marche de petites pompes (schéma 6) qui vont faire passer des molécules particulières hors de la cellule : ces molécules sont de l'auxine*, l'hormone de croissance.

Ces pompes sont incrustées dans la membrane et transportent l'auxine de l'intérieur vers l'extérieur de la cellule (schéma 8).

L'auxine libérée par les cellules de la columelle passe dans la sève qui remonte dans la racine (schéma 9). Elle est distribuée progressivement dans les régions traversées. Or, une zone y est particulièrement sensible. Les cellules de cette zone sont encore de petite taille et très nombreuses. Sous l'effet de l'auxine elles s'allongent considérablement jusqu'à leur taille définitive.

7

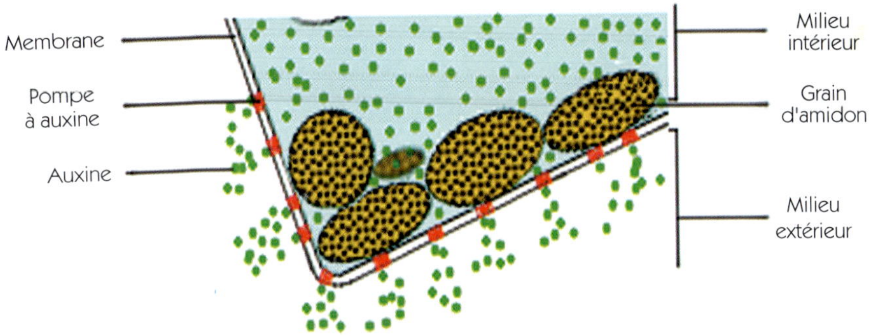

Libération d'auxine côté inférieur

• La transmission du signal et la réaction :

— si la racine est verticale, la même quantité d'auxine remonte de part et d'autre (voir schémas page précédente). L'action de l'auxine sur la zone d'auxèse* (zone d'allongement des cellules) située au-dessus est donc la même partout.

— si la racine est inclinée (représentée ici horizontalement, schéma 10 page suivante), la même quantité d'auxine ne va pas remonter de part et d'autre. La zone d'auxèse, où les jeunes cellules augmentent de volume, est très sensible à l'auxine qui dans les racines inhibe l'allongement. L'auxine libérée en grande quantité inhibe donc la croissance du côté où il y en a le plus. Le côté inférieur, où il y en a le plus, s'allonge donc moins alors que le côté supérieur pousse normalement. La racine dévie donc vers le bas, elle descend (C.Q.F.D.). L'auxine mérite bien le nom d'hormone, car elle est produite par des cellules particulières (ici celles de la columelle) et va agir sur d'autres cellules après avoir circulé.

8

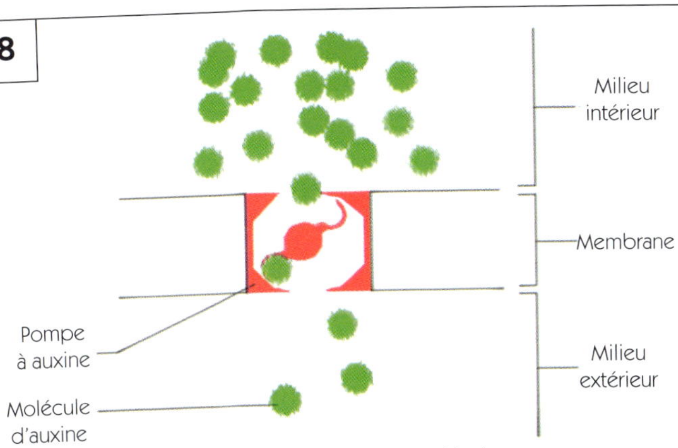

Pompe entraînant des molécules spécifiques vers l'extérieur de la cellule

9

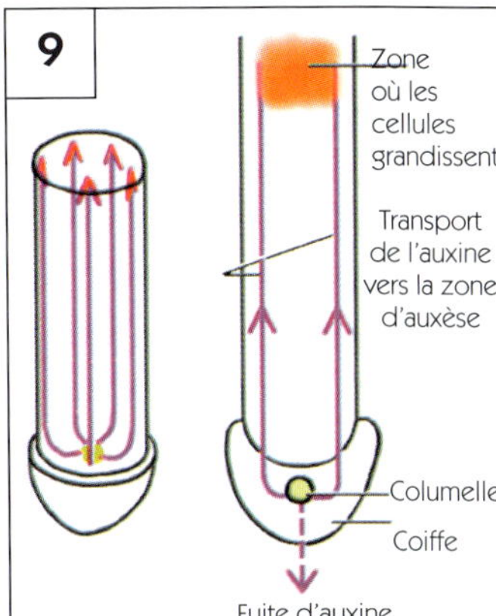

Racine verticale en perspective et en coupe

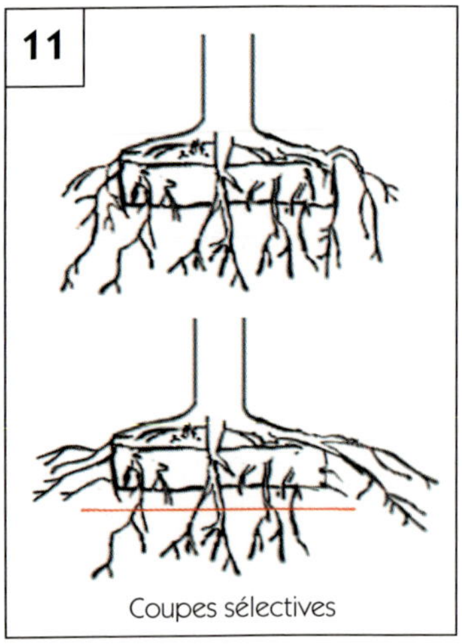

Coupes sélectives

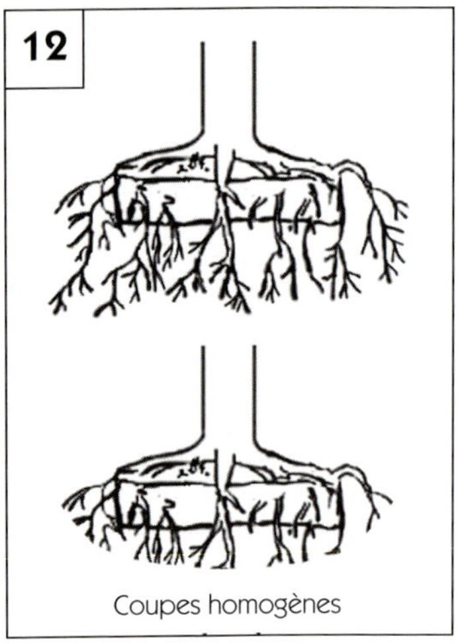

Coupes homogènes

Le temps de réaction est très court : 12 secondes seulement !

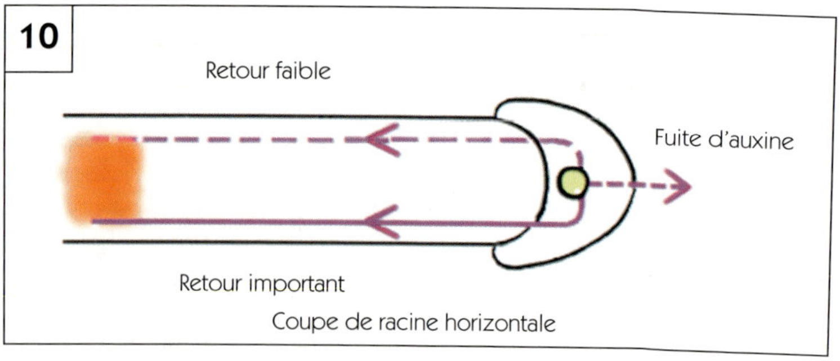

Coupe de racine horizontale

Conséquences pratiques sur le rabattage des racines

Lors du rempotage, on rabat les racines. En d'autres termes, on en coupe la partie terminale. Or, contrairement aux parties aériennes, la trajectoire des racines ne privilégie qu'une seule direction.

• Il est donc nécessaire d'étaler les racines pour augmenter leur rayon d'action. Si l'on veut élargir l'assise racinaire du bonsaï, on oubliera volontairement de tailler les racines partant sur les côtés. Cela permet d'augmenter la stabilité du bonsaï, d'améliorer sa nutrition, et de préparer l'arbre pour un rempotage futur dans une coupe plus large et moins profonde que le pot actuel (schéma 11).

• Généralement on pratique une coupe suivant une hémisphère imaginaire, cela permet de ne défavoriser aucune racine (schéma 12).

• Puisque les racines descendent, il est important de surélever l'arbre lors du rempotage, en renouvelant la terre sous la motte.

La perception des obstacles et ses conséquences

Le principe

La racine rentre en contact avec un corps dur, par exemple les bords du pot ou des gravillons dans le mélange.

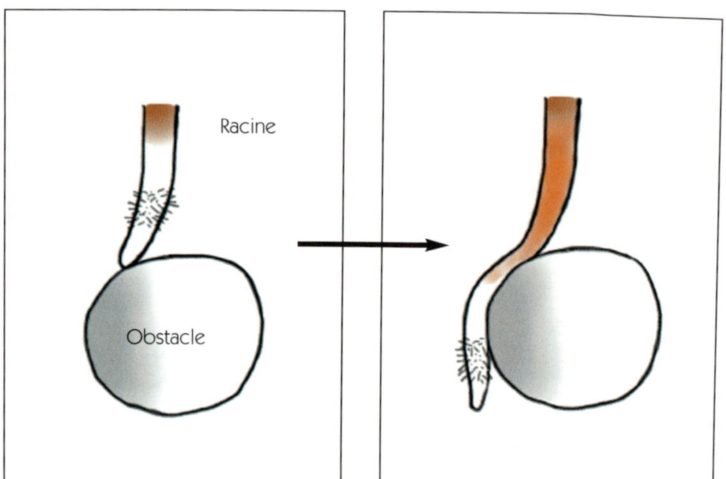

Les racines perçoivent la gravité, mais aussi les obstacles par rapport auxquels elles peuvent modifier leur course.

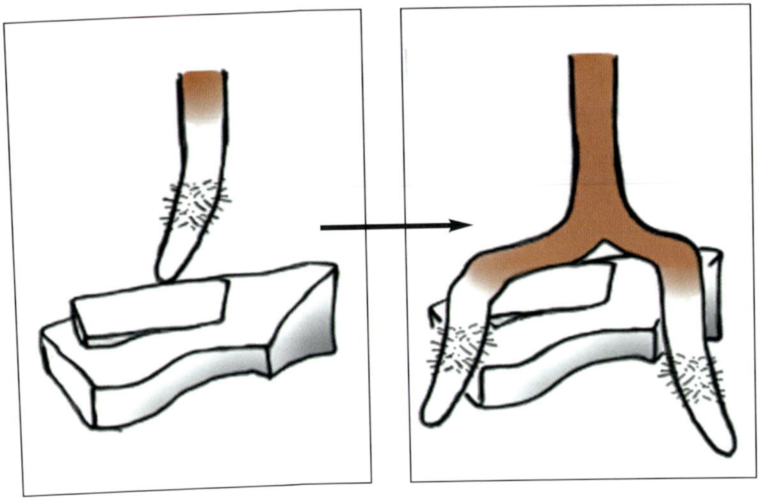

La partie de la racine en contact avec l'obstacle croît moins vite. Les racines, par ce processus, contournent la plupart des obstacles quand celui-ci peut être contourné. C'est la raison pour laquelle on peut souvent observer que les racines forment un écheveau qui tapisse les parois du pot.

Certaines, d'ailleurs, en trouvant les orifices servant au drainage, arrivent à le contourner !

La ramification forcée (schémas ci-dessus)

Lorsqu'une racine rencontre un obstacle, elle a tendance à se ramifier.

En enrichissant le mélange de particules "acérées" (sable de torrents, pouzzolane*), on peut donc obtenir une ramification fine des racines qui vont occuper l'espace disponible de façon optimale. Ceci est très intéressant pour les vieux arbres dont il faut conserver la répartition homogène des forces dans les racines.

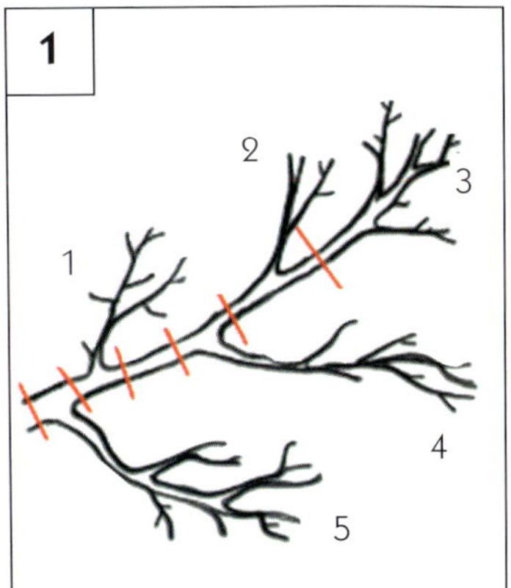

Sections pratiquées sur une branche

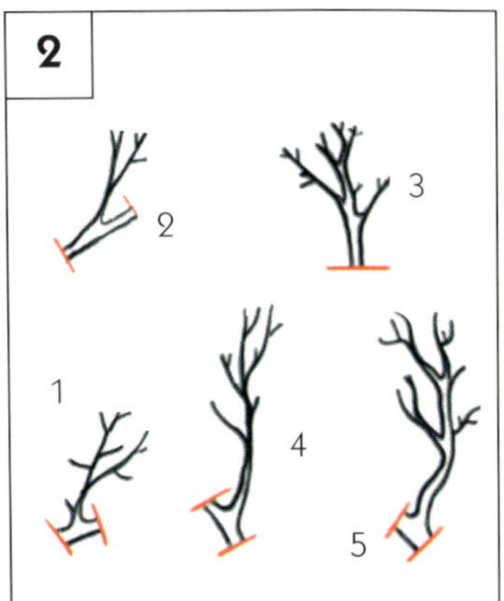

Les 5 boutures obtenues

56. Les hormones de bouturage, comment ça marche ?

Le principe du bouturage

Le bouturage est un moyen simple et rapide d'obtenir des plants de quelques années déjà (voir schémas 1 et 2). Cette technique consiste à provoquer l'apparition de racines à partir d'un fragment de végétal. Malheureusement, la réussite varie d'une espèce à l'autre. Par exemple, le chêne vert (*Quercus ilex*) se bouture difficilement, alors que pour le saule pleureur (*Salix babylonica*), au contraire, la réussite est quasi assurée.

Quelques règles à respecter pour bouturer

Le succès dépend de conditions particulières.

• La rapidité d'apparition des racines est fonction de l'épaisseur de la partie d'où sont sensées apparaître les racines, c'est la partie la plus épaisse, généralement (voir question 57 : D'où viennent les racines des boutures et des marcottes ?).

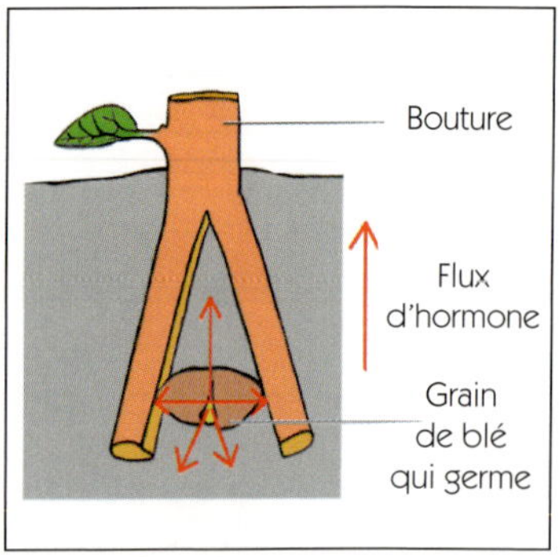

• On peut rappeler que les bouturages doivent être réalisés par temps humide, dans une terre maintenue humide, elle aussi (les serres sont des endroits idéaux pour cela). L'humidité ambiante permet au fragment dépourvu de racines de rester hydraté. En effet, celui-ci s'hydrate uniquement par absorption directe de l'humidité à sa surface, notamment au niveau des feuilles (voir question 133). Il reste hydraté par simple diffusion de l'eau à travers ses tissus.

• La bouture doit contenir suffisamment de réserves (elle doit être, en général, lignifiée).

L'utilisation des hormones pour favoriser les boutures

On utilisait autrefois un grain de blé (ou d'autres graminées) pour favoriser l'enracinement en introduisant celui-ci dans une entaille pratiquée à l'extrémité de la bouture. On sait aujourd'hui que cette graine, en germant, produit des hormones dont une partie diffuse dans le sol. Une partie pénètre dans la bouture par les tissus mis à nu par l'entaille. Les progrès de la chimie permettent aujourd'hui de fabriquer ces hormones artificiellement. On trouve dans le commerce ces hormones de synthèse sous forme de poudre ou de pommade dont on enduit la section des boutures. Ces hormones diffusent dans le sol et dans la plante et activent la formation de racines.

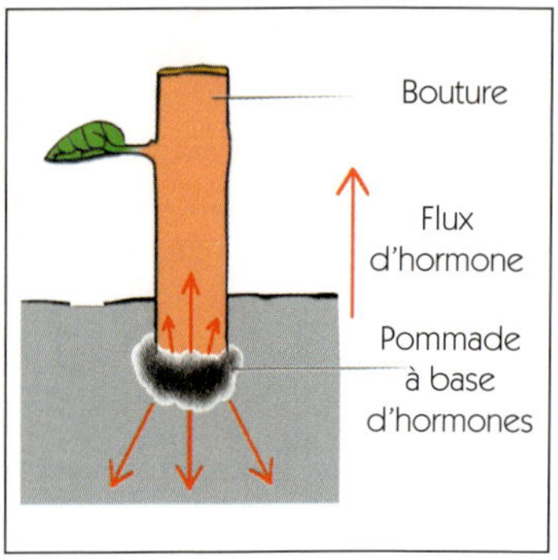

57. D'où viennent les racines des boutures et des marcottes ?

La formation de racines adventives* à partir de tiges provient de la dédifférenciation de cellules d'origines variables, souvent de la zone corticale des tiges (voir question 3). Le déclenchement peut être provoqué par une humidité localisée et un traumatisme, il est favorisé par la libération d'hormones d'origine artificielle ou naturelle (voir question précédente).

Le traumatisme a des effets sur les cellules les plus proches. Les cellules mortes au niveau de la section et les tissus abîmés libèrent des substances qui activent la production de racines.

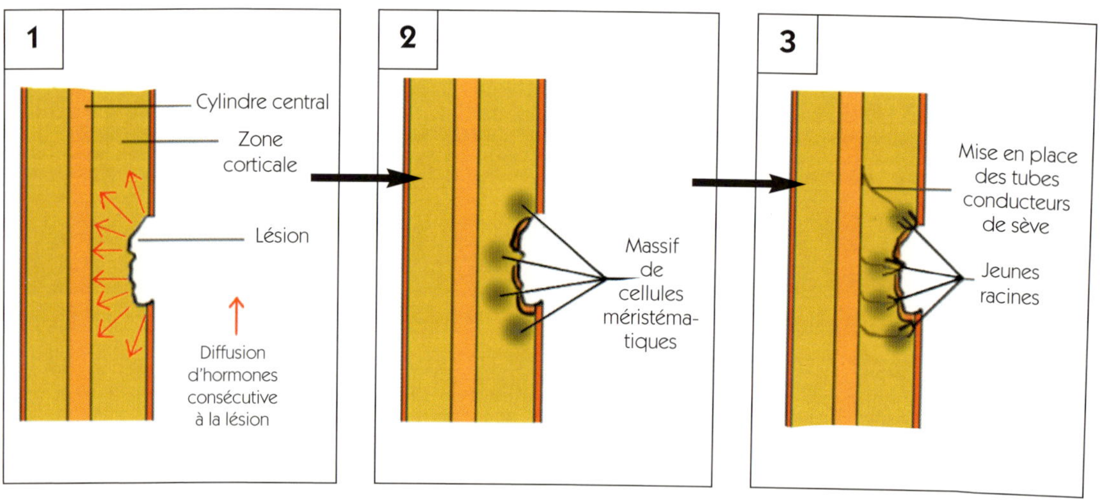

Pour une bouture, la section est la lésion. Il est vraisemblable que la déshydratation et le stress hydrique de la bouture accélèrent le processus.

Les effets sur les tissus

Ces hormones, qu'elles soient d'origine naturelle ou artificielle, diffusent à l'intérieur de la bouture. Certains tissus y sont plus sensibles que d'autres. Quelques cellules des tissus vont perdre leurs caractéristiques et s'isoler pour former des massifs de cellules jeunes (schéma 2). Redevenues jeunes, elles peuvent à nouveau se diviser et former des amas de cellules jeunes, des méristèmes primaires*. Ces méristèmes sont des "bourgeons de racine".

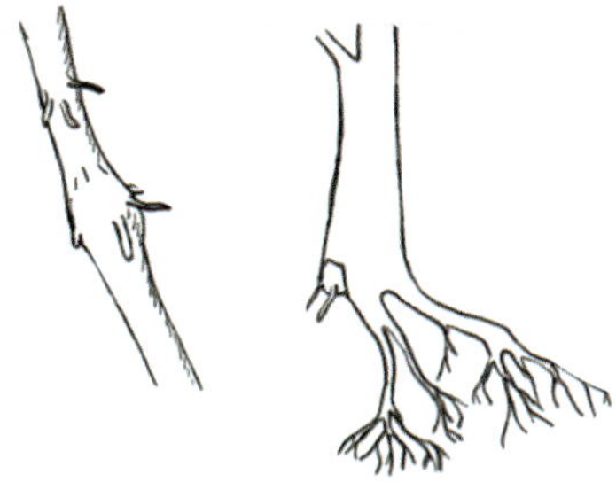

Ces cellules jeunes vont ensuite acquérir de nouvelles caractéristiques propres aux cellules des tissus de racine. Les racines adventives apparaissent après avoir traversé les tissus de l'écorce. Les faisceaux conducteurs se mettent en rapport avec ces nouvelles racines. Celles-ci peuvent aussi bien apparaître sur un nœud que sur un entre-nœud. Cette technique est aussi applicable sur un bonsaï pour rééquilibrer l'enracinement (voir question 47).

"Nid de sorcière" sur un pin d'Alep. Les Chinois prélevaient ce type de galle pour en faire des bonsaï.

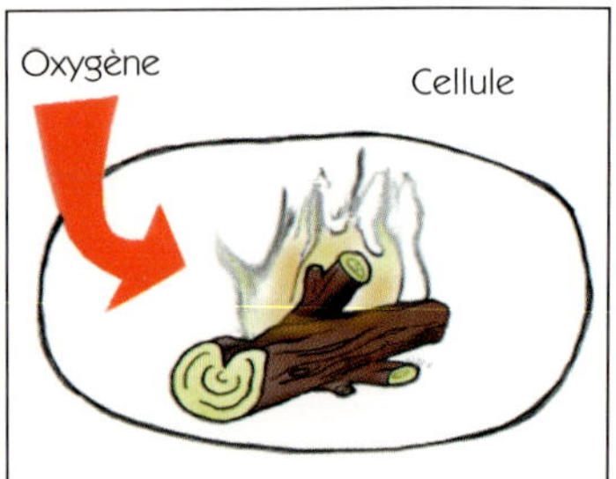

La cellule vivante consomme de l'énergie

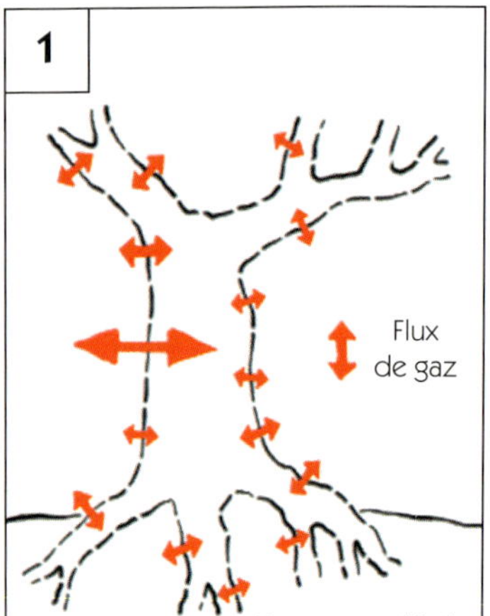

L'eau y est piégée

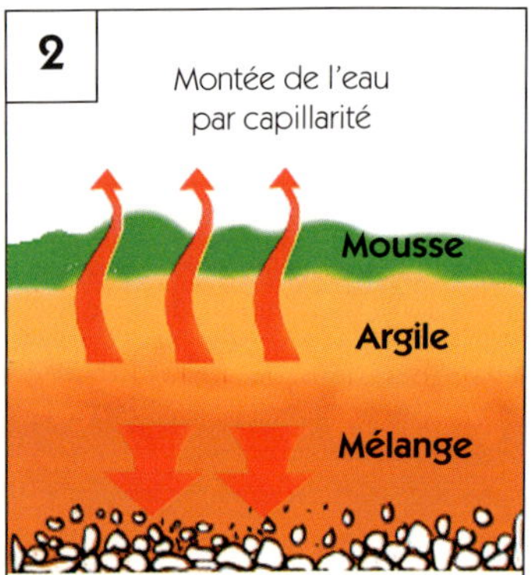

Écoulement de l'eau dans un substrat hétérogène

58. Pourquoi un excès d'arrosage peut-il détruire les racines?

Le saviez-vous ? Votre bonsaï respire. Cette respiration est discrète mais bien réelle : votre bonsaï a besoin de l'oxygène de l'air pour vivre.

La respiration des racines

Les racines respirent, au même titre que le reste de la plante : chaque cellule a besoin d'oxygène pour produire de l'énergie.

Une terre trop tassée avec un arrosage trop important peut entraîner une stagnation de l'eau qui va priver les racines d'oxygène. Les cellules des racines s'asphyxient car l'arbre ne peut pas amener l'oxygène à ses cellules par la sève. En effet, l'oxygène diffuse directement à travers les tissus, mais sur de courtes distances (schéma 1). Des passages privilégiés permettent, à tous les niveaux (racines, tronc, branches), le passage des gaz de la respiration : ces zones de passage sont appelées les lenticelles (voir question 133).

Implications sur la composition du mélange

Il faut donc se méfier des surdosages en argile si vous préparez vous-même votre terre à bonsaï (voir question 37 pour les propriétés de l'argile). L'eau y est piégée et empêche l'oxygène de l'air de circuler. La part de l'argile ne doit pas dépasser 10 % du mélange dans tous les cas.

On peut utiliser cette propriété pour installer la mousse sur un tapis d'argile. La mousse reste verte plus longtemps, car l'argile pompe l'eau de la couche de mélange.

Le sable permet au contraire de rendre la terre plus meuble et d'augmenter sa teneur en air. Le pourcentage en sable de taille grossière doit être important aux abords du fond du pot. Il est de 100 % au fond, avec des grains de grande taille. Ces éléments sont repris et détaillés question 63.

Implications pratiques sur l'arrosage

Évitez de laisser stagner l'eau dans une soucoupe

Bien que les soucoupes soient inutiles, on trouve dans le commerce des pots accompagnés d'une soucoupe assortie. Or, utiliser cette soucoupe peut être fatal à votre arbre : en effet, l'oxygène de l'air diffuse mal dans l'eau et sur de courtes distances. Le schéma 3 page suivante montre qu'il n'y a pratiquement pas d'oxygène au fond du pot lorsque le sol est détrempé : les racines ne peuvent pas vivre à cet endroit plus de quelques jours (dans les schémas 3 et 4 l'oxygène de l'air n'est pas représenté).

Si vous tenez à utiliser cette soucoupe, sans risque pour l'arbre, surélevez alors le pot en remplissant la soucoupe de gravier ou de pouzzolane*, de telle sorte que le surplus d'eau ne soit pas retenu dans le pot (voir schéma 4). L'humidité résiduelle délivrée par cet ensemble profitera à l'arbre et augmentera légèrement son autonomie.

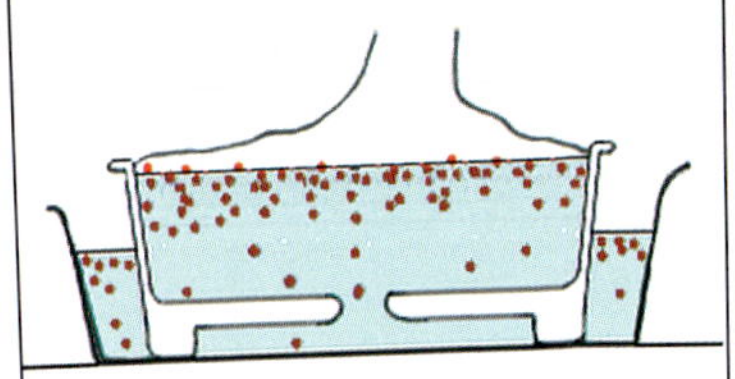

Il n'y a pratiquement pas d'oxygène au fond du pot, les racines ne peuvent pas respirer à cet endroit

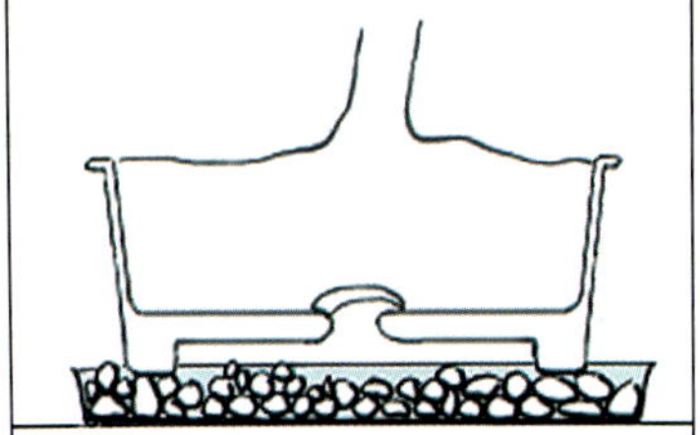

Une coupelle remplie de graviers est sans danger pour le bonsaï

Un bonsaï ne souffre jamais d'un arrosage excessif en cas de fortes pluies si le drainage est correct

Incliner les terrines plates pour éliminer plus facilement l'excès d'eau est inutile puisque le surplus est sensé s'écouler naturellement par les trous de drainage. D'une part, l'eau de pluie qui s'écoule ne stagne pas ; d'autre part, elle est chargée en oxygène qui profite aux racines. Ces grandes quantités d'eau permettent de vérifier si le drainage est correct.

Si l'eau s'accumule et remplit facilement le pot, alors un rempotage s'impose.

Les "spécialistes"

Certaines espèces d'arbres sont adaptées aux sols pauvres en oxygène : le saule pleureur (*Salix babylonica*) qui pousse en bordure de fleuve tolère "les pieds dans l'eau".

59. Comment les racines absorbent-elles l'eau?

L'une des fonctions essentielles des racines est l'absorption de l'eau et des sels nutritifs. En fait, seule une infime partie de l'appareil racinaire est spécialisée dans cette absorption.

A quel niveau se réalise l'absorption ?

• Lors du rempotage d'un bonsaï, on observe que les extrémités des racines sont blanches et finement ornées de poils très fins et très fragiles : ce sont les **poils absorbants**. Comme leur nom l'indique, ils ont pour fonction d'absorber l'eau du sol.

Lorsque le bonsaï est mycorhizé, ces poils sont très rares, car le champignon les remplace (voir question 40). Dans le cas contraire, ils sont très nombreux. Ils assurent donc une surface de contact importante : l'eau et les

Évolution de l'épiderme d'une radicelle

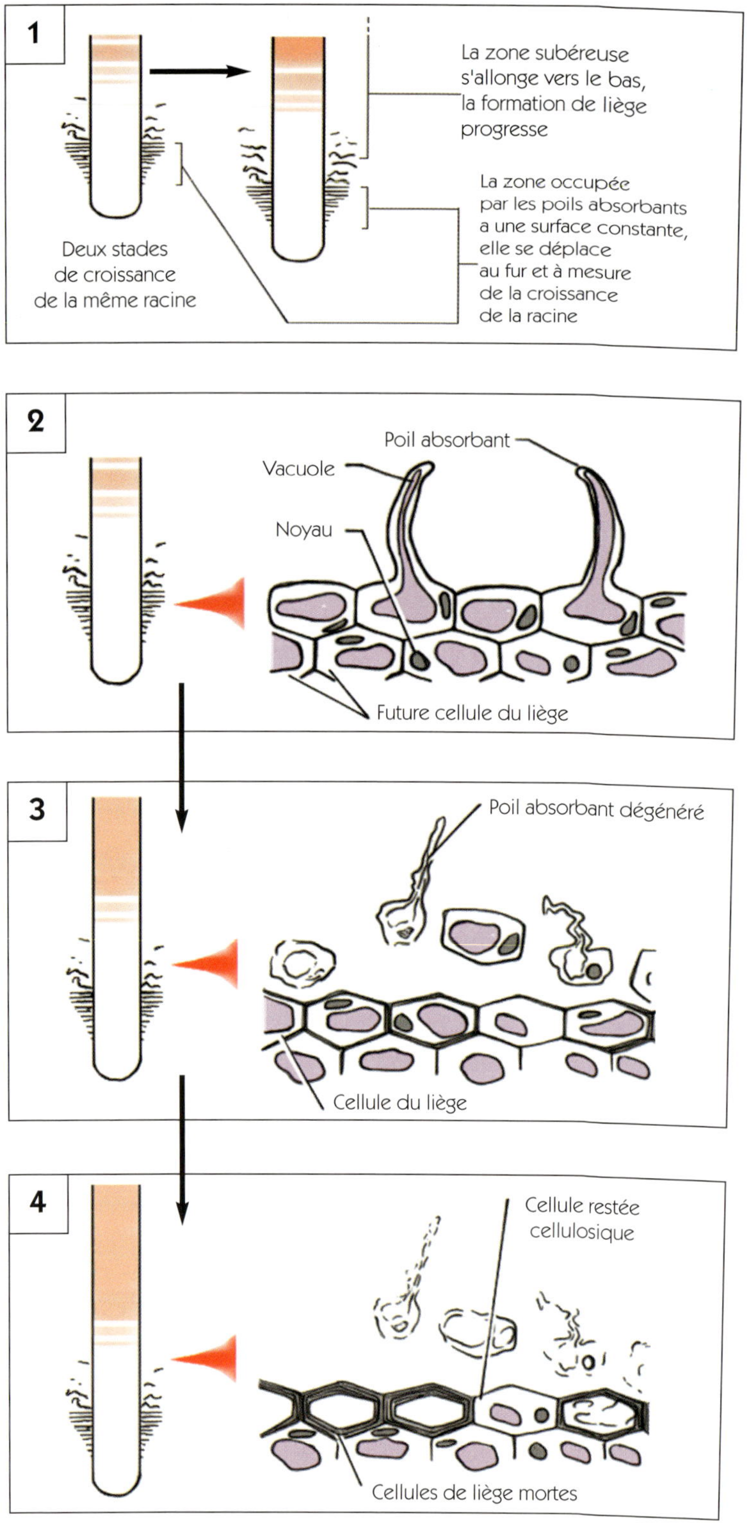

sels minéraux peuvent entrer par toute la surface de la cellule que constitue le poil absorbant. Ils se trouvent toujours à la même distance par rapport à l'extrémité de la racine (schéma 1). C'est donc en multipliant le nombre de ses racines que le bonsaï augmente sa capacité d'absorption.

La surface des poils peut être en partie gélifiée : ils peuvent donc se coller au substrat. Ils pénètrent dans le sol, explorent différents niveaux, prélèvent les matières. Les schémas 2, 3 et 4 montrent l'évolution de l'épiderme d'une jeune racine : ces poils sont très fragiles, ce sont des prolongements des cellules de l'assise* pilifère.

A partir d'une certaine distance de l'extrémité de la racine, la région périphérique se transforme en liège. La racine devient marron, elle est plus solide. La formation de ce liège isole et provoque donc la mort de l'assise pilifère qui est éliminée vers l'extérieur.

De place en place subsistent quelques cellules restées cellulosiques* (leur paroi reste fine et perméable) qui permettent les échanges gazeux avec l'extérieur (schéma 4).

Le cheminement à travers la racine

Si on coupe transversalement une jeune racine au niveau des poils absorbants, on peut distinguer, à fort grossissement, plusieurs zones concentriques et les faisceaux conducteurs de sève. Les tissus conducteurs de la sève sont le xylème et le phloème (voir question 87). C'est le xylème qui prend en charge l'eau et les minéraux dissous absorbés par la racine. Ce liquide prend alors le nom de sève brute.

Le schéma 5 représente une coupe de racine au niveau des poils absorbants.

L'eau absorbée doit rejoindre le xylème primaire* par lequel elle monte vers les feuilles.

Remarque : le xylème est dit primaire, car il fait partie des premiers tissus à se mettre en place (il s'agit d'une extrémité de racine, donc, d'une partie jeune). Les tissus primaires sont mis en place lors de la croissance en longueur. Après viendront s'ajouter les tissus secondaires qui assurent la croissance en épaisseur.

5

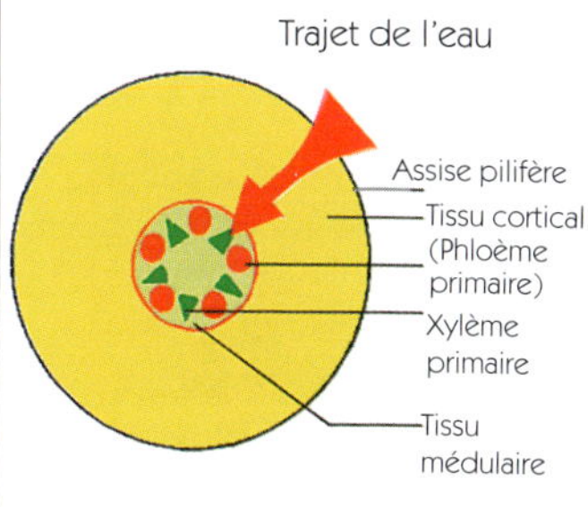

CT de radicelle

Quelles sont les forces qui permettent de pomper l'eau ?

L'eau et les ions* prélevés dans le sol dans la zone pilifère traversent l'écorce grâce à un phénomène d'osmose.

Il s'agit d'un principe simple : le liquide contenu dans les cellules du végétal est plus riche en substances dissoutes que celui du milieu extérieur. Or, l'eau s'écoule naturellement du milieu le moins concentré vers le milieu le plus concentré. L'eau pénètre donc sans effort dans les poils absorbants grâce à cette force osmotique (schéma 6).

Celle-ci augmente depuis la cellule de l'assise pilifère jusqu'aux cellules qui précèdent l'endoderme. Un ensemble de mécanismes passifs* et actifs* permettent aux ions et à l'eau d'atteindre l'endoderme*. Les cellules de l'endoderme sont fortement soudées, elles constituent une barrière ; l'eau doit passer dans ces cellules (et non entre elles) pour franchir cette barrière, c'est l'endoderme qui pousse la sève dans les vaisseaux du xylème : la poussée qui en résulte est appelée poussée radiculaire (schéma 7). Cette poussée est

6

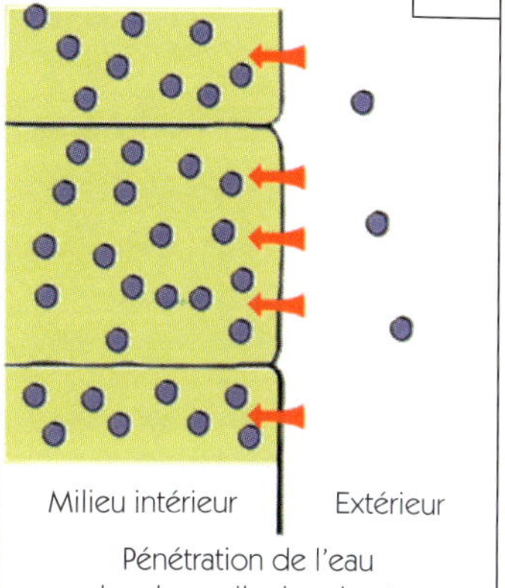

Pénétration de l'eau dans les poils absorbants

7

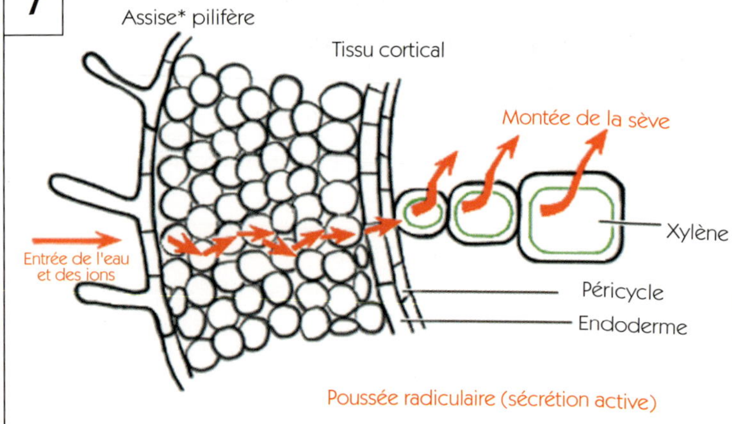

faible, elle est complétée par la traction foliaire (voir question 131). L'ensemble de ces forces permet à la sève brute de monter jusqu'aux feuilles.

60. Que se passe-t-il lors d'un excès d'engrais ?

L'eau pure entre plus rapidement dans la racine que de l'eau chargée en sels minéraux (eau enrichie par un engrais).

Au-delà d'une concentration de 5 % en sels minéraux, la racine n'arrive plus à pomper l'eau. C'est ce qui arrive lorsqu'on surdose un engrais, c'est comme si le sol était complètement sec. Un excès d'engrais ressemble donc à un manque d'eau : les feuilles du bonsaï flétrissent rapidement.

Si la concentration en engrais est vraiment trop importante, non seulement la racine ne peut plus absorber d'eau, mais elle en perd, car l'eau va de la zone la moins concentrée à la zone la plus concentrée (voir schéma ci-contre et question précédente). Comme nous l'avons vu dans la question précédente, les poils absorbants sont très exposés, ils sont donc extrêmement fragiles : un excès d'engrais les détruit en les vidant de leur eau. L'arbre dont les racines sont ainsi brûlées se déshydrate en quelques heures seulement.

Il lui faudra quelques jours pour remettre en place de nouveaux poils absorbants. La terre doit impérativement être lavée de l'engrais dans un premier temps. Il est ensuite important de ne pas trop arroser sous peine de pourrir les racines abîmées. De fréquentes brumisations, une atmosphère ombragée et humide permettront au bonsaï de se remettre de cet incident.

Quelques conseils pratiques :

- il vaut mieux sous-doser un engrais, il fait effet quand même ;
- par forte chaleur il ne faut pas donner d'engrais. La plante a plus de mal à absorber cette eau par les racines alors qu'elle en perd beaucoup plus par transpiration au niveau des feuilles ;
- les sols salés sont défavorables à la plupart des plantes.

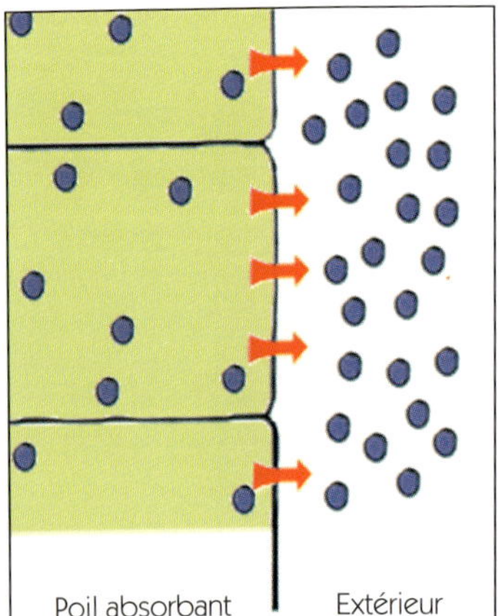

Reflux de l'eau hors de la racine

61. Les racines s'épaississent comme le tronc, pourquoi ?

Les vieux bonsaï ne montrent plus de limites entre les racines et le tronc. On s'aperçoit que plus l'arbre est vieux et… plus ces limites disparaissent. Cette caractéristique permet d'utiliser les racines comme élément participant à l'esthétique du bonsaï.

L'extrémité des racines reste jeune

La jeune racine, ce peut être la première, celle qui sort de la graine, mais ce sont aussi toutes les extrémités des racines des arbres, quel que soit leur âge. Même si le bonsaï a deux cents ans, les extrémités de ses racines sont toujours aussi jeunes que la première racine issue de la graine !

La jeune racine est composée uniquement de structures primaires*, il n'y a pas de bois ni de liège.

La raison de l'épaississement de la racine est plus fine qu'une feuille de papier

La jeune racine ne peut pas s'épaissir sans méristème (voir question 3). Un nouveau méristème appelé cambium va se mettre en place. Certaines cellules du cylindre central vont se transformer en cellules embryonnaires. Ceci se passe en deux temps (voir le schéma 2) :

- des arcs apparaissent en premier lieu ;
- ils sont ensuite reliés les uns aux autres ;
- ensuite, le cambium devient progressivement cylindrique… ou presque ! Il est très fin, son épaisseur est celle d'une cellule : c'est donc une assise* (schéma 3). C'est grâce à ce cambium, plus fin qu'une feuille de papier, que les racines et les troncs s'épaississent et atteignent jusqu'à plusieurs mètres d'épaisseur pour les arbres les plus âgés !

1

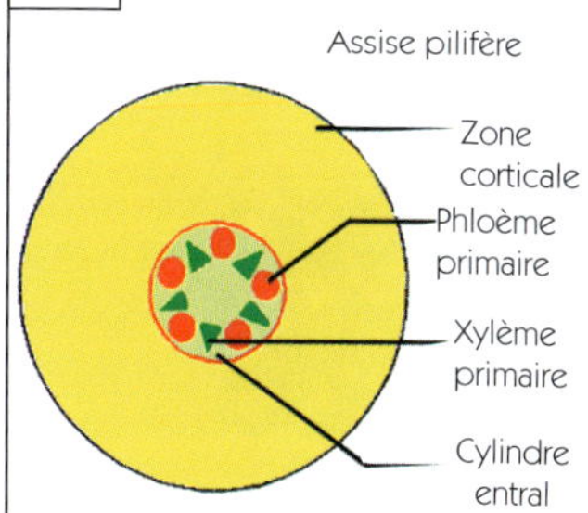

CT d'une radicelle

2

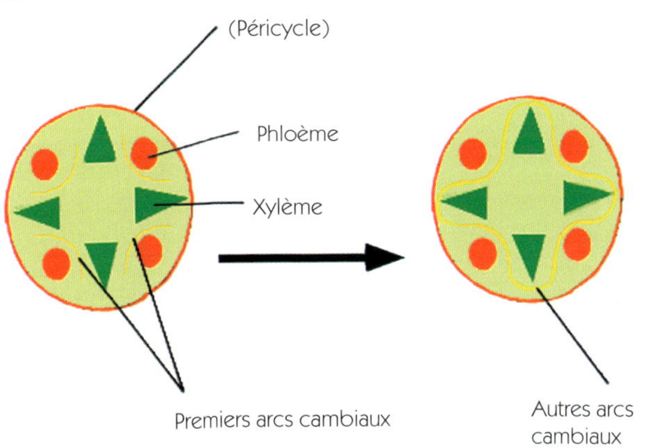

Deux étapes de formation du cambium

3

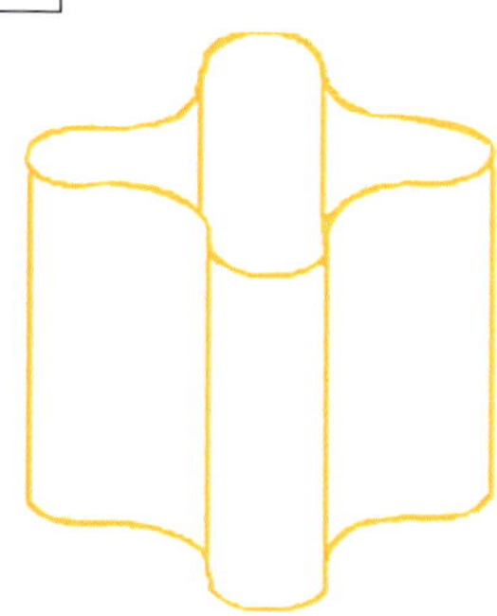

Vue en perspective du cambium complet

4

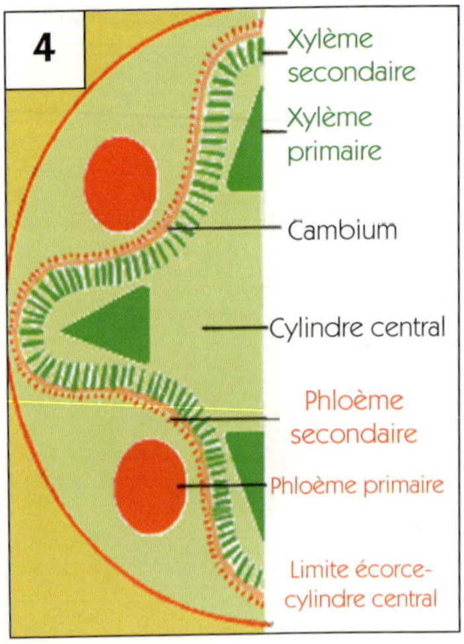

5

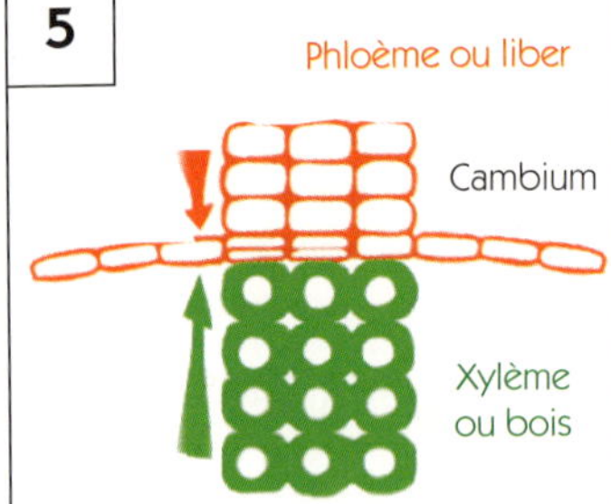

Files radiales de cellules : toutes les cellules d'une file ont pour origine la même cellule cambiale

L'apparition du bois et du liège

Le cambium donne naissance à des **tissus secondaires***. On comprend aisément que vu la disposition du cambium au sein de la racine, **la mise en place de ces tissus secondaires va provoquer une augmentation de l'épaisseur** de la racine. Ces tissus sont :

- le phloème secondaire (ou liber)
- le xylème secondaire (aussi appelé bois). Le phloème se développe du côté extérieur, le xylème du côté intérieur. Les cellules sont alignées (schéma 5). Toutes les cellules d'une même colonne ont pour origine la même cellule cambiale* qui se divise tantôt vers l'intérieur tantôt vers l'extérieur. Deux cellules du cambium en cours de division sont représentées.

Comme on peut le remarquer dans le schéma 4 et 5, le xylème secondaire forme une couche plus épaisse que le phloème secondaire. En effet, le bois est la production la plus importante de l'arbre. Le phloème conduit la sève élaborée, le xylème, la sève brute. Or, il y a beaucoup plus de sève brute que de sève élaborée.

Le schéma 6 montre la même racine longtemps après. Elle s'est fortement épaissie. Les flèches montrent le sens de pousse des tissus. Les structures primaires, notamment les faisceaux conducteurs (les ronds et les triangles) sont repoussées, compressées : elles ne sont plus fonctionnelles, les structures secondaires ayant pris le relais.

L'apparition de l'écorce

Un deuxième méristème est apparu entre-temps : c'est le phellogène. Le phellogène apparaît en profondeur à la périphérie du phloème primaire. C'est un “deuxième cambium”. Le phellogène produit plus vers l'extérieur que vers l'intérieur. Cette production est bien connue : c'est le liège. Le liège vient rapidement à la surface de la racine par élimination des structures primaires périphériques. Il donne aux vieilles racines leur aspect rugueux, parfois écailleux, et leur couleur “bois”.

Vous retrouverez le cambium, le phellogène et les tissus qu'ils produisent dans le tronc et les branches. Leur fonctionnement est exactement le même dans les parties aériennes. Ainsi, les racines, qui ont au début une structure particulière, se transforment en véritables troncs.

6

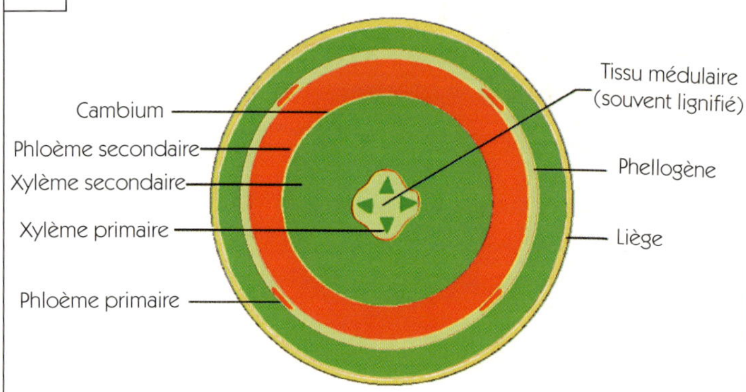

CT d'un jeune tronc

Plan de ***Prunus* sp.** destiné à être formé en bonsaï.

Rejet de **peuplier blanc *(Populus alba)*** cultivé dans une coupe plate afin de former ses racines.

Jeune bonsaï. **Mûrier *(Morus alba)*** cultivé pendant 4 ans en pleine terre, tout juste mis en pot.

Cedrus atlantica
Formation de deux bonsaï à partir d'un seul plant.

Bonsaï échassier

Bonsaï rupestre

L'intérêt esthétique des "racines-troncs"

Les deux exemples ci-dessus illustrent l'impact des vieilles racines parfaitement intégrées au tronc.

62. Quels sont les éléments essentiels de la nutrition du bonsaï?

Le bonsaï ressemble à un bel objet. Il se présente, se dispose comme tel, bien en évidence de façon à le mettre au mieux en valeur. Malheureusement, cela n'est vrai qu'à moitié, et cette moitié, c'est le pot. L'arbre et ce qui l'entoure (la mousse, la terre et les êtres vivants qu'elle contient) sont vivants et donc à l'opposé de l'objet, qui est inerte. Cette constatation extrêmement simple est pourtant parfois ignorée, et cela aboutit à la transformation catastrophique d'un bonsaï, fruit d'années de travail, en une nature morte en l'espace de quelques jours.

Le bonsaï se nourrit de deux façons :

• il puise avec ses racines les sel minéraux contenus dans la terre ;

• il absorbe l'oxygène, l'eau et le gaz carbonique de l'air à tous les niveaux (racines, tronc, feuilles).

Mais pour absorber tous ces éléments, l'arbre a surtout besoin d'eau.

L'eau a plusieurs rôles :

• elle permet le transport des matériaux que sont les sels minéraux dissous (l'ensemble constitue la sève brute) ;

• elle sert aussi d'élément nutritif.

Afin de récupérer en quantité suffisante les minéraux contenus dans cette eau, la plante doit en prélever beaucoup. Une grande partie de cette eau s'évapore au niveau des feuilles (la **transpiration**), c'est à ce niveau que les minéraux sont utilisés dans la fabrication de molécules organiques. On peut comparer la plante à un filtre dont les éléments retenus servent à agrandir ce filtre. Une autre possibilité moins connue pour l'absorption des éléments

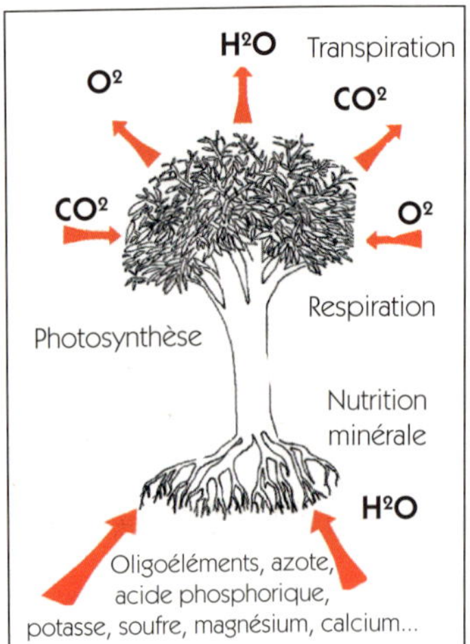

nutritifs existe : les feuilles peuvent absorber ces éléments lorsqu'elles sont humides (sans eau, aucun échange n'est possible). La pluie en transporte de petites quantités. Les engrais foliaires utilisent cette possibilité.

Ces prélèvements ne s'arrêtent jamais

Ils ne sont que ralentis la nuit et lors de la mauvaise saison. Les bonsaï à feuilles caduques peuvent mourir de soif l'hiver bien qu'ils n'aient plus de feuilles. Les racines fonctionnent tant que la température le permet. Elles accumulent des minéraux qui seront très utiles lorsque la belle saison sera de retour.

L'état des sels minéraux susceptibles d'être utilisés par le bonsaï sont présents dans la terre sous trois formes :

Sous forme ionique, ils sont :

- soit libres : ils suivent les flux d'eau, donc les racines, en pompant cette eau, et vont absorber en même temps ces particules chargées aussi appelées ions (schéma 1).

- soit liés au substrat : les grosses particules du terreau sont aussi chargées. Elles vont donc piéger un certain nombre d'ions à leur surface (schéma 2). Ceux-ci sont inutilisables pour le bonsaï.

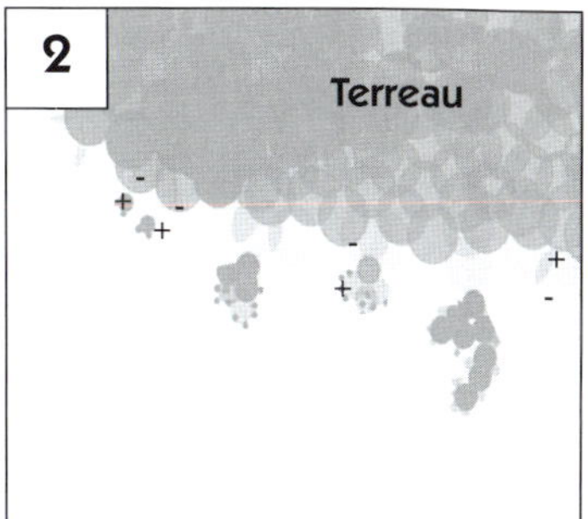

Ions piégés à la surface d'une particule de terreau

(schémas très simplifiés, l'eau n'y est pas représentée)

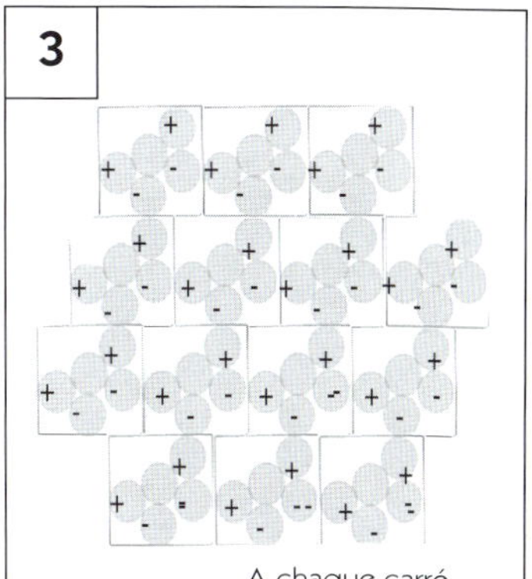

A chaque carré correspond un ion

Les ions sont régulièrement rangés

Sous forme de sel non dissous :

- La plante ne peut les absorber directement car l'eau ne transporte pas les sels quand ils sont cristallisés (pensez au sel de cuisine). Les sels minéraux se solubilisent en milieu relativement acide. Cette acidité peut provenir ou de la décomposition de matières organiques du terreau (fraction terreau du mélange) par des micro-organismes, ou de la plante elle-même, qui sécrète des acides à partir de l'extrémité de ses racines.

La photosynthèse

La photosynthèse permet la conversion de l'énergie lumineuse en énergie chimique : pour construire des molécules organiques à partir de molécules plus simples, la plante a besoin d'énergie. Ces molécules de base sont les minéraux ainsi que l'oxygène, le gaz carbonique de l'air, et l'eau. Les molécules élaborées sont surtout des sucres. Elles sont distribuées dans l'ensemble de ses tissus. La photosynthèse a un rendement très faible : moins de 2 % de l'énergie lumineuse est réellement utilisée.

Un bonsaï accumule de la matière par le biais de la photosynthèse, il se fortifie en vieillissant.

63. Comment adapter l'arrosage?

« Est-ce que je l'arrose suffisamment ? » « Il faut l'arroser tous les combien ? »

L'arrosage est un des soucis majeurs pour celui qui achète son premier bonsaï. Un manque d'eau ou au contraire un excès peuvent être fatals. Nous allons aborder ici l'arrosage en commençant par essayer de comprendre comment l'eau s'infiltre dans la terre apparemment compacte.

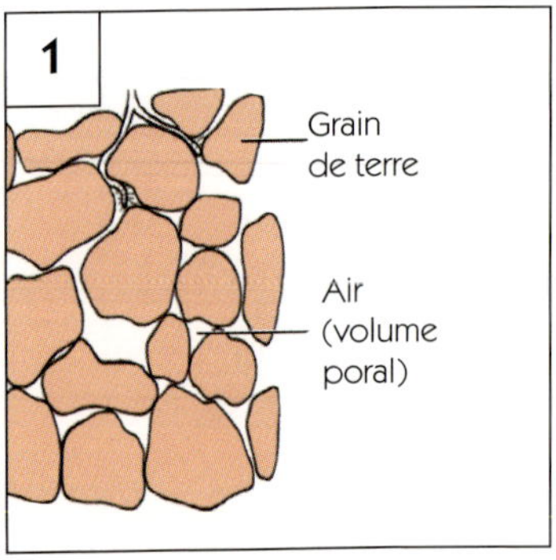

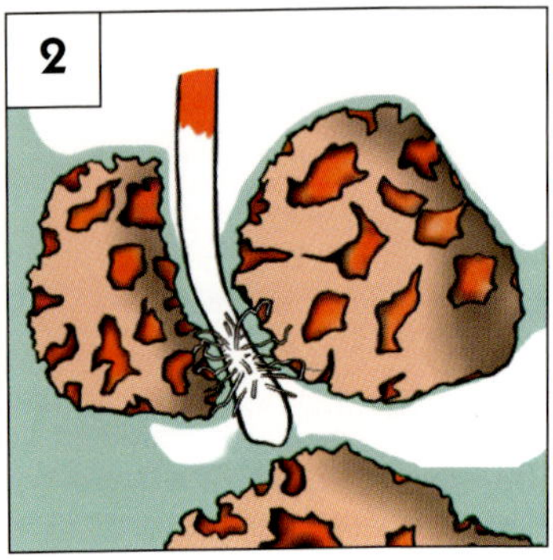

La terre, l'air et l'eau

Le pot et le mélange de terre ont une importance capitale : on oppose souvent terre, eau et atmosphère. En fait, la terre est constituée de matières solides, mais aussi, pour une bonne partie, d'eau et d'air. Une terre complètement sèche contient pour moitié de l'air (appelé le volume poral : schéma 1). Selon que le substrat est plus ou moins poreux, plus ou moins meuble, il y a plus ou moins d'espace pour l'eau et l'air. C'est dans cet espace que va s'infiltrer l'eau et que vont s'insinuer les racines (schéma 2).

La terre du sol contient en moyenne 50 % de matière dure (minéraux et agrégats), le reste étant occupé par de l'air et de l'eau dont les proportions varient en fonction de l'hydratation de cette terre.

Terre et arrosage

On remarque que lors d'un arrosage d'une plante en pot, quelle qu'elle soit, il s'écoule un certain temps avant que l'eau ne s'échappe par les trous de drainage. Si la terre est bien jointive avec les bords du pot, l'eau imprègne d'abord la terre comme une éponge. Lorsqu'elle a absorbé toute l'eau possible, la terre contient alors environ 50 % d'eau, celle-ci occupe tout le volume disponible entre les grains (schéma 4).

Ensuite seulement, une partie de cette eau s'écoule sous l'effet de son poids par les orifices de drainage. Si le drainage est correct et le mélange de bonne qualité, cette évacuation est rapide. Cette eau superflue s'appelle **l'eau de gravité**. Cette eau doit toujours être évacuée (pas de soucoupe !).

Lorsque l'égouttage s'arrête, la terre contient encore 25 % d'eau : on a atteint le **point de ressuyage**. L'assèchement de la terre ralentit, car elle se fait ensuite par évaporation. Le bonsaï va pouvoir profiter de ces conditions qui sont idéales pour le développement de ses racines (schéma 5).

L'ensemble du mélange contient le volume maximum d'eau possible, **c'est sa capacité de rétention**. Cette eau va être utilisée en partie par la plante, l'autre partie s'évaporant dans l'atmosphère plus ou moins vite selon la surface du sol, mais aussi selon la nature du pot (voir question 147). La partie qui a ruisselé ne profite pas à la plante, d'autant qu'elle emporte avec elle une partie des engrais.

Dans chaque cavité du sol se trouve donc une certaine quantité d'eau et d'air. Cet air est humidifié. L'eau recouvre toute la surface par capillarité, elle forme un film. Les racines récupèrent cette eau sans difficulté si elle est pure.

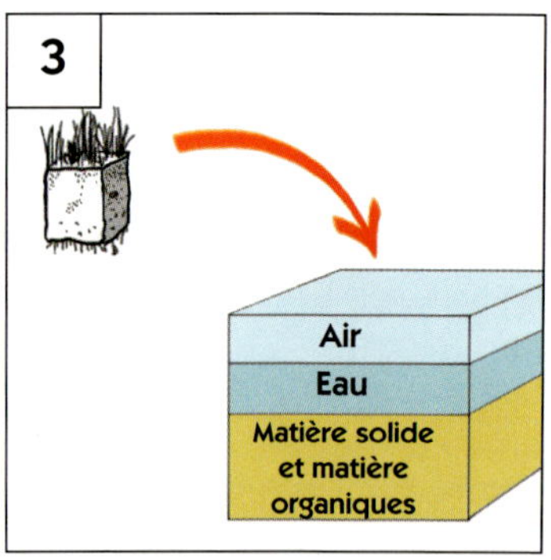

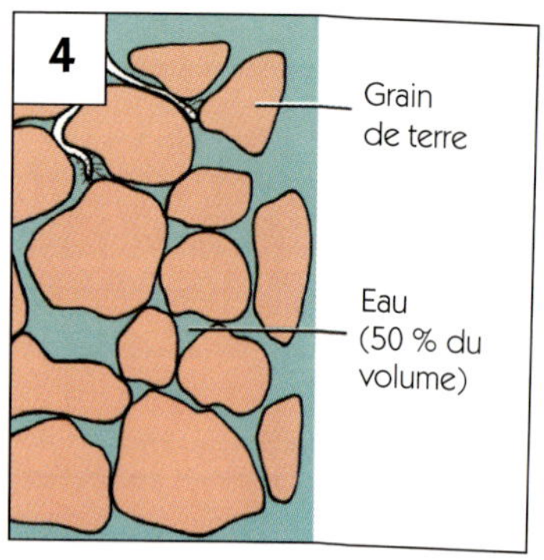

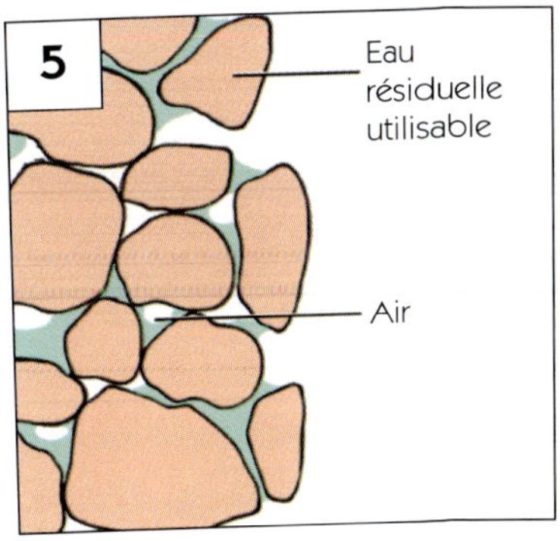

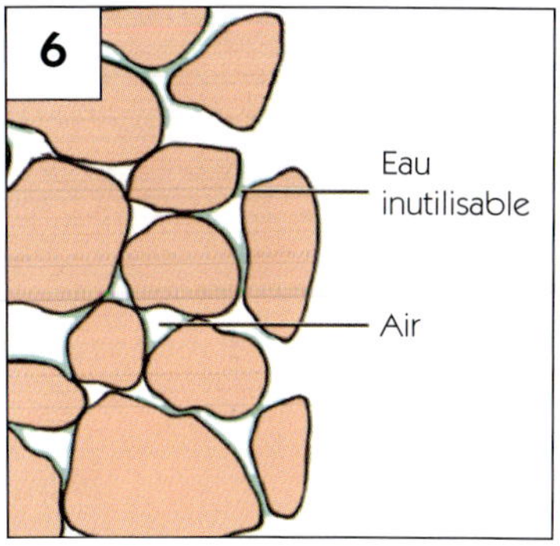

L'eau inutilisable et le point de flétrissement

Peu à peu, par évaporation, l'eau se raréfie. La pellicule d'eau autour des particules du sol s'affine (schéma 6). Les racines ont de plus en plus de mal à capter cette eau qui "s'accroche" aux particules solides : cette eau est liée.

Il est temps d'arroser de nouveau

Le bonsaï ne peut pas utiliser toute l'eau disponible dans le pot : à la force de succion (15 kg/m^2) des racines s'oppose la force de rétention du sol. Moins il reste d'eau, plus il est difficile de l'extraire. A titre de comparaison, lorsque l'on essore une éponge, quelle que soit la pression exercée, celle-ci reste toujours humide. Plus le mélange est riche en éléments liants (argiles, humus), plus la quantité d'eau liée est importante. Lorsque l'arbre n'arrive plus à absorber l'eau, on atteint le **point de flétrissement**. Donc, ne pas trop se fier aux apparences de la terre, surtout pour les petits pots : une terre apparemment humide peut être déjà inutilisable pour l'arbre.

La capacité utile (eau utilisable) = la différence entre la capacité maximum de rétention (point de ressuyage) et la quantité d'eau inutilisable (point de flétrissement).

Le bon arrosage consiste à toujours se trouver entre ces deux limites.

Plus la quantité d'argile et la taille du pot sont importantes, plus les marges sont grandes (voir schéma 8).

On admet que l'eau utilisable correspond environ à la moitié de la capacité de rétention. Il suffit, lorsque le bonsaï commence à donner des signes de manque d'eau (voir question 64 pour les symptômes), de le peser avant et après bassinage pour connaître la quantité d'eau adaptée à

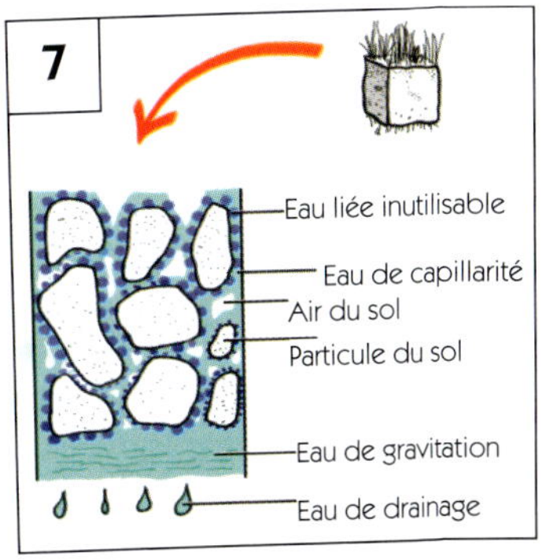

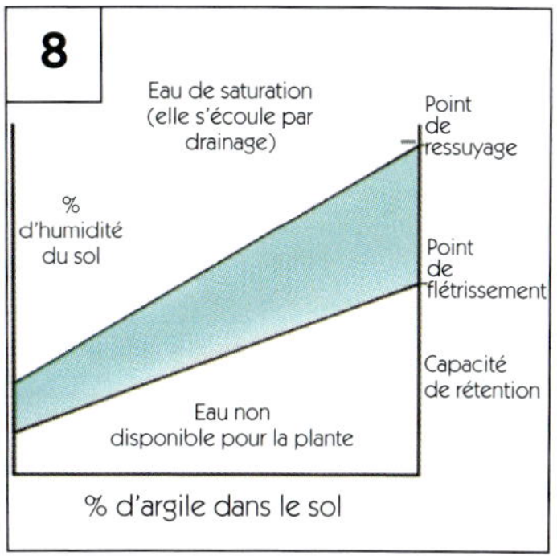

ses besoins et l'état de déshydratation de l'ensemble arbre + terre + pot. Cela permet d'avoir une idée assez précise de la quantité d'eau totale que peu contenir la terre de ce bonsaï en particulier et de déterminer par simple pesée de quelle quantité d'eau il dispose.

Les signaux du manque d'eau, c'est le bonsaï qui les donne, non la terre !

Mais pour les arbres à feuilles vernissées et les conifères, les signes de déshydratation sont beaucoup moins évidents : on arrosera donc dès que la surface de la terre est sèche.

Remarque : les racines, comme toutes les autres parties de l'arbre, respirent. Elles consomment l'oxygène contenu dans l'air entre les particules et dégagent du dioxyde de carbone. L'arrosage permet aussi de remplacer cet air régulièrement par de l'air frais et riche en oxygène. Les deux schémas 9 et 10 montrent l'effet de "chasse" lors de l'arrosage.

9

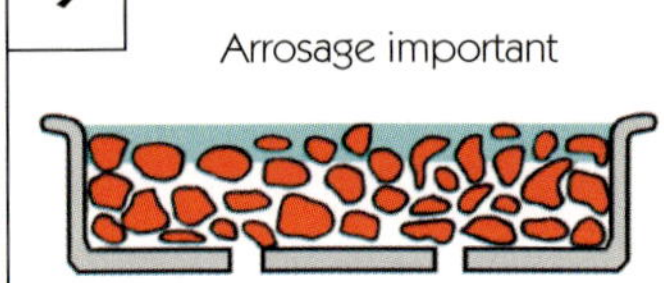

10

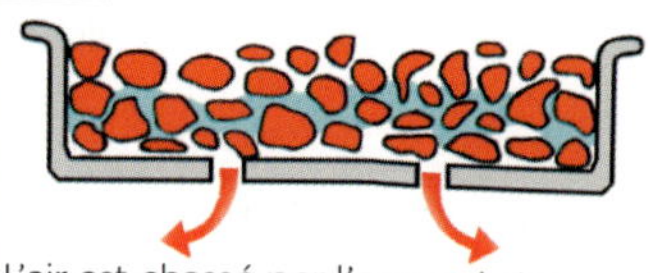

L'arrosage, une approche sensible

Ni trop, ni trop peu…

N'arrosez pas trop : un excès d'eau peut tuer la plupart des espèces en moins de six semaines.

Les bonsaï d'intérieur

Les bonsaï tropicaux souffrent en hiver du chauffage combiné à l'air sec des appartements. Parallèlement, ils ont moins de lumière, donc, moins d'énergie. La fréquence des arrosages doit donc être abaissée, car leur activité est moindre par rapport aux jours ensoleillés d'été. Leur résistance aux pourritures des racines en est affaiblie. Il faut arroser et vaporiser l'arbre pour lutter contre la dessiccation induite par l'atmosphère sèche des intérieurs, ou mieux, créer une atmosphère humide.

Pour cela, plusieurs moyens existent :

• On peut humidifier l'atmosphère de la pièce : les vapeurs tièdes des salles de bain sont excellentes.

• On peut aussi créer un microclimat – solution adéquate si votre arbre se plaît dans une atmosphère très humide. La "solution système D" consiste à entourer l'arbre d'un sac en plastique troué (schéma 11). Le résultat n'est pas très esthétique, on pourra l'emballer le soir et le déballer au matin. La variante "luxe" consiste à placer le ou les bonsaï dans un aquarium ou un terrarium vide (voir schéma 12). Le fond est tapissé par une litière de sable arrosé. L'ensemble est fermé. Aménagez tout de même quelques aérations pour éviter les moisissures. Il peut être chauffé légèrement et muni de lampes spéciales UV, mais la lumière du jour suffit généralement.

Les bonsaï d'extérieur en hiver

En hiver, pour les bonsaï à feuillage caduque, l'activité est faible, elle est réduite à la respiration. Il faut donc arroser toute l'année mais moins en hiver. Un temps très venté et ensoleillé va perturber les bonsaï d'extérieur à feuillage persistant (conifères, buis, etc.) Ces bonsaï risquent de se déshydrater, car à basse température, les racines pompent l'eau moins vite que les feuilles ne la laissent s'échapper. A 10 °C, l'eau est plus visqueuse, elle pénètre moins rapidement dans la plante : le bonsaï peut flétrir même si la terre est détrempée. Une vaporisation du feuillage et un changement de l'exposition remédient à ce problème. On peut dans ce cas ombrager un peu l'arbre.

Les dangers du "coup de sec"

Une sécheresse accentuée de la terre est souvent radicale. Lorsque la terre devient trop dure, les extrémités des racines s'assèchent : le bonsaï est privé d'eau et de sels minéraux. Certaines espèces ne s'en remettent pas, d'autres y sont moins sensibles : elles ont une capacité de régénération des racines qui leur permet de remettre en place de nouvelles radicules après un arrosage. La capacité de renouvellement des racines pourries ou séchées varie selon les espèces.

Les arbres à feuilles caduques et les conifères à feuilles larges sont ceux qui s'en remettent le mieux. En effet, ces arbres sont riches en vaisseaux conducteurs de sève brute qui conduit l'eau et les sels minéraux pompés dans le sol jusqu'aux parties aériennes (voir questions 87 et 131). Leur réhydratation se fait donc rapidement.

En revanche, pour la plupart des conifères, ces vaisseaux étant moins nombreux, la réhydratation est plus lente. Il est parfois trop tard, lorsque la plante montre des signes de fanaison, pour intervenir.

Un arbre dont la terre est très sèche ne doit pas être noyé. Il est préférable d'arroser modérément et d'attendre quelques heures avant d'arroser plus fortement par trempage*. En effet, un arrosage trop violent risque de faire éclater les cellules en manque d'eau, à commencer par les poils absorbants, et d'aggraver ainsi la situation du bonsaï. Dans tous les cas, l'arbre sera immédiatement placé à l'ombre.

11

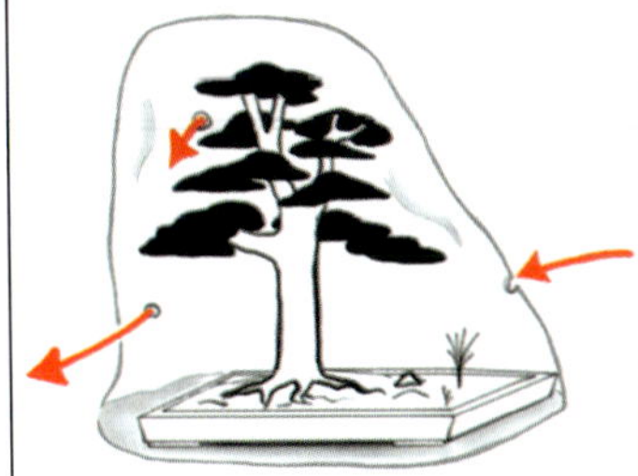

Un sac en plastique percé retient l'humidité

12

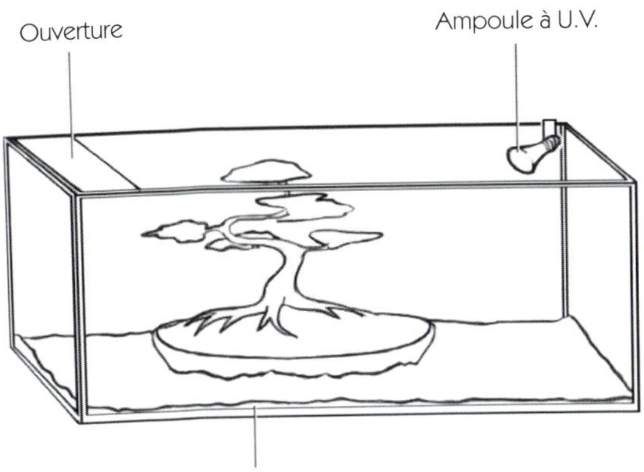

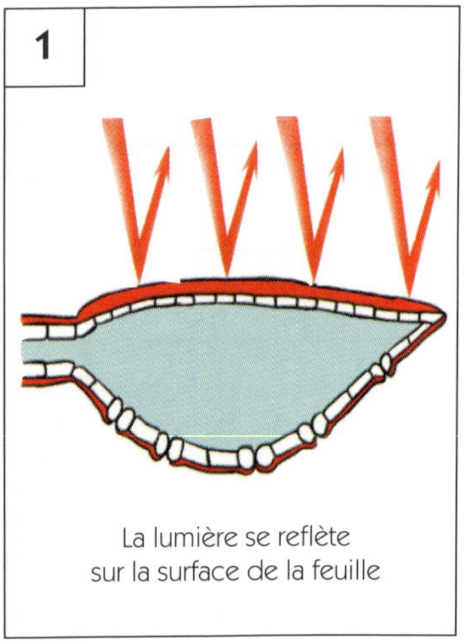

La lumière se reflète
sur la surface de la feuille

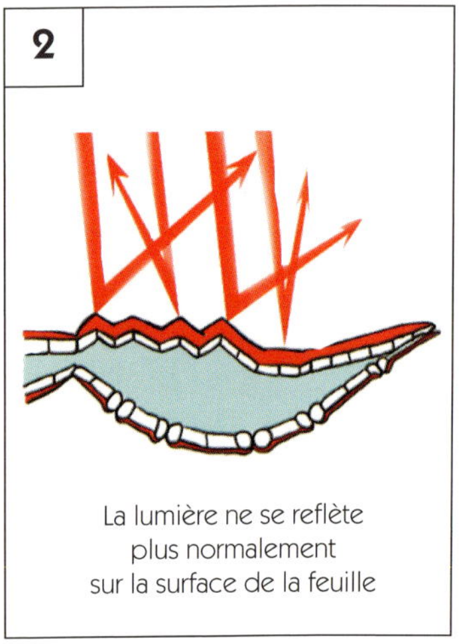

La lumière ne se reflète
plus normalement
sur la surface de la feuille

64. Quels sont les signes du manque d'eau ?

La couleur de la feuille est un bon indicateur de l'état du bonsaï chez les espèces à feuille tendre. Lorsque l'arbre manque d'eau, la feuille est plus molle et sa couleur plus terne. Pour voir la différence, coupez une feuille et attendez une minute ou deux : la feuille se ternit. Lorsque la feuille dispose de suffisamment d'eau, elle se gonfle (schéma 1). Sa surface est bien tendue. Toutes les petites cellules qui la composent sont gorgées d'eau. Par contre, une feuille déshydratée se contracte, sa surface se plisse. Sa couleur change avec ce plissement : la feuille ternit (schéma 2). On peut ajouter ici que ce sont les feuilles les plus jeunes qui souffrent le plus rapidement d'un manque d'eau (leur cuticule* n'est pas encore très épaisse, voir question 116). Heureusement, on peut, lors d'un départ ou lors de grandes chaleurs, augmenter artificiellement l'autonomie d'un bonsaï pour plus de sécurité. Ceci est l'objet de la question suivante.

N. B. : un indicateur bien utile, les mauvaises herbes ! (voir question 136)

Quelques nuances en fonction de l'âge

Les jeunes arbres ont une croissance plus importante que les vieux sujets. Ils ont donc besoin de plus d'eau et ils souffrent plus rapidement de la sécheresse.

Variations entre les espèces

Certaines espèces comme le saule pleureur ne supportent pas les conditions trop sèches. Il arrive que des branches meurent, voire que le tronc se dessèche en certains endroits quelques jours après un manque d'eau. En plein été, les périodes de sécheresse et les arrosages alternent rapidement : la culture en pot est difficile. On peut, pour y remédier, disposer le pot du bonsaï dans une coupelle d'eau la plus large possible, de telle sorte que le niveau dans la coupelle n'atteigne pas la limite du fond du pot (voir schémas questions 58 et 142). L'eau en s'évaporant de la

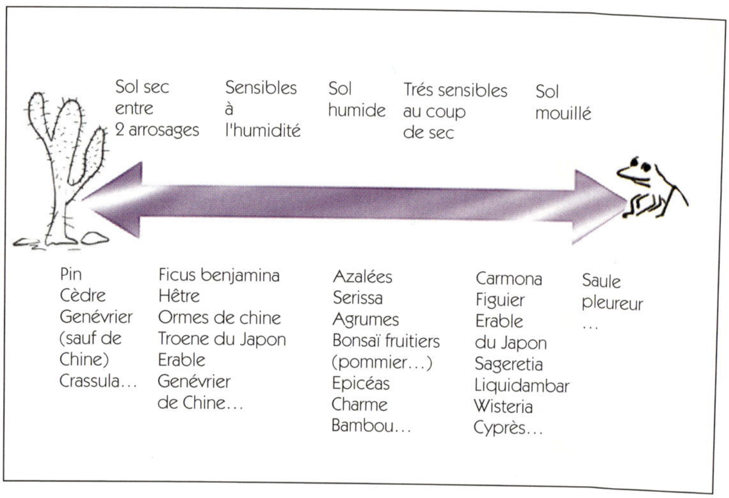

coupelle peut être absorbée par les feuilles. Les saules, les liquidambars, les wisterias, les cryptomerias et les cyprès préfèrent des arrosages plus fréquents, ils utilisent plus d'eau. Lors des journées estivales les plus chaudes, on peut les disposer "les pieds dans l'eau" (voir schéma 3 ci-contre). Les pins, les cèdres apprécient une légère sécheresse avant d'être à nouveau arrosés. De telles conditions stimulent les mycorhizes.

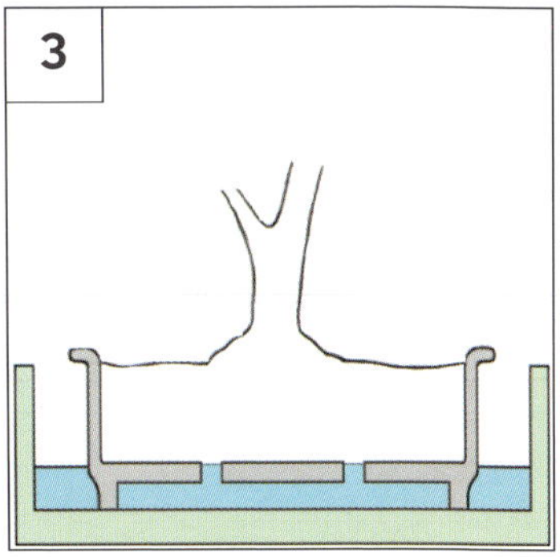

En résumé

On peut doser "scientifiquement" les quantités d'eau nécessaires à un bonsaï, mais rien ne remplace la connaissance intuitive acquise au fur et à mesure des soins et des observations, ainsi que le coup d'œil. Celui qui soigne bien son arbre sait quand il a soif mais ne peut dire quels en sont les signaux, il les sent sans vraiment les voir.

65. Comment conditionner les bonsaï avant une absence prolongée?

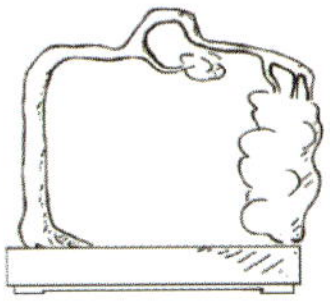

Les départs en vacances…

C'est un souci majeur sur lequel il faut se pencher bien avant l'arrivée des vacances. Pour qui possède de nombreux bonsaï d'origines différentes (climat tropical, tempéré…), les vacances semblent sérieusement compromises. La meilleure solution consiste à confier ses bonsaï à une personne compétente : un membre du club d'amateurs de bonsaï ou le voisin qui a la main verte. Ils s'occuperont correctement de vos arbres pendant votre absence. Néanmoins il est fortement conseillé de faire une fiche d'entretien par bonsaï. Rien ne remplace votre expérience, certaines particularités ne sont pas forcément visibles (surtout pour le voisin qui a la main verte) et deux précautions valent mieux qu'une.

Partie droite de la photo : hivernage à même le sol d'un bonsaï d'extérieur (hêtre). Il profite ainsi de l'humidité de la terre, et de la protection de la végétation environnante contre les fortes gelées.

1

Un sac en plastique
retient l'humidité de la terre…

2

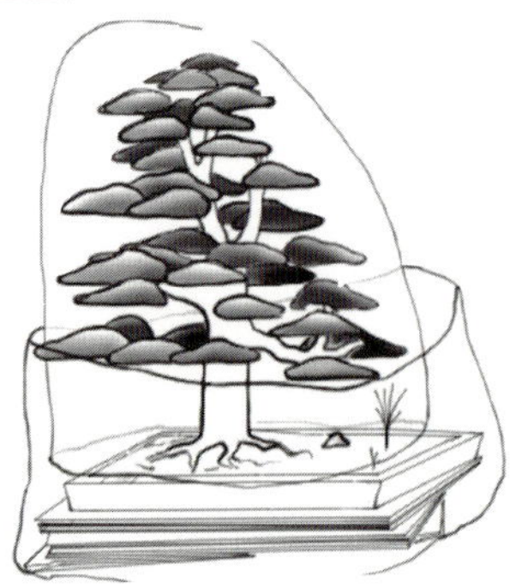

Un deuxième, celle de l'arbre

Si personne dans votre entourage ne se sent capable de s'occuper de vos arbres pendant votre absence, il reste une solution : conditionner votre bonsaï pour le rendre autonome suffisamment longtemps.

Par le biais des stratagèmes suivants, on peut s'absenter sans soucis.

En limitant l'évaporation

• On peut facilement réduire l'évaporation de l'ensemble du bonsaï à la seule transpiration de l'arbre en emballant le pot dans un sac en plastique dont le fond est garni d'une couche de quelques journaux, de torchons ou d'une couche de sable imbibée d'eau (schéma 1).

• Pour les tropicaux, on peut retenir la vapeur d'eau transpirée par le bonsaï pour créer une atmosphère humide (schéma 2).

En augmentant la réserve d'eau

On utilise le phénomène de capillarité* :

• On peut utiliser des fils de laine et un bol d'eau disposé à la même hauteur ou légèrement plus haut (schéma 3). Cette technique a fait ses preuves, mais sa fiabilité dépend de la qualité de la laine…

• Il existe des systèmes avec un embout en argile prolongé par un tuyau (schéma 4). Ce type d'installation est fiable si l'on nettoie l'embout pour conserver sa porosité entre chaque utilisation.

• La solution la plus esthétique pour une absence qui ne dépasse pas une semaine est proposée par la marque "Terre et eau" (schéma 5). Il s'agit d'une pot en céramique muni d'un double fond. La communication entre l'eau et la terre du bonsaï est assurée par un filtre poreux.

Les systèmes basés sur la capillarité permettent une autonomie d'une à trois semaines environ.

L'arrosage programmé

Un système de programmation électronique d'arrosage associée à une réserve de plusieurs litres d'eau est commercialisé par les marques Peugeot et Gardena (schéma 6). On peut arroser jusqu'à une dizaine de bonsaï en réglant pour chacun le débit (selon la taille du pot et les besoins de l'arbre). L'autonomie de ce système est de plusieurs mois… si vous ne coupez pas le courant en partant !

3

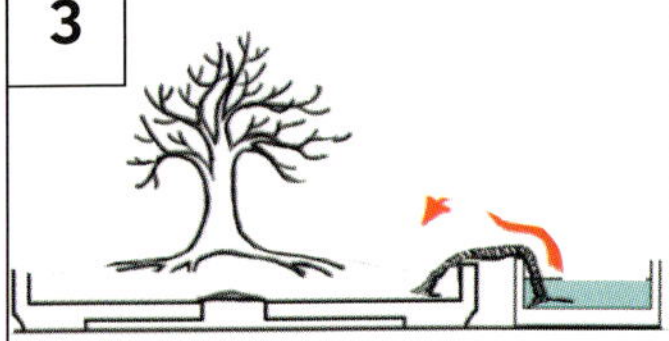

4

5

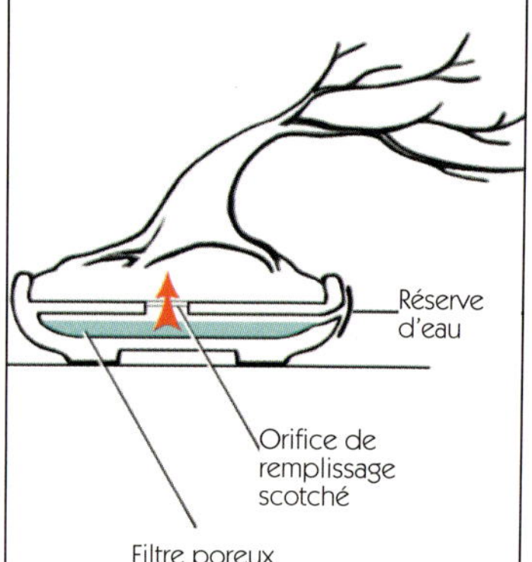

6

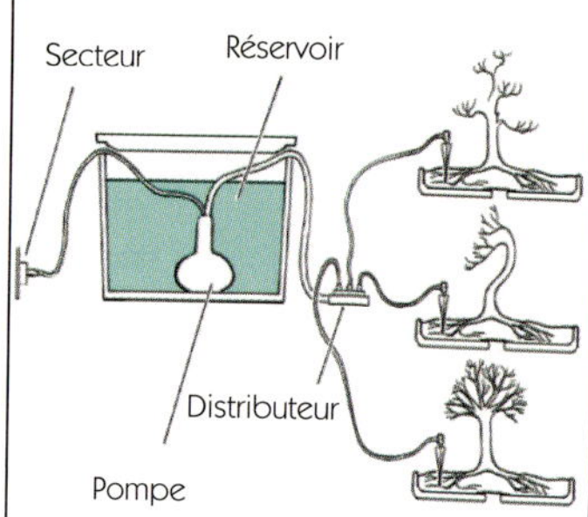

L'enterrement

Ce truc consiste à enterrer la coupe du bonsaï dans un bac rempli de terreau ou dans la terre de votre jardin. En arrosant copieusement le tout, votre arbre disposera d'une réserve d'eau importante et pourra patienter une semaine. On peut encore augmenter l'autonomie en couvrant l'ensemble avec une bâche en plastique transparent.

Quelques conseils généraux

• Les arbres doivent être en pleine lumière mais pas exposés au soleil, sauf si votre système est vraiment très fiable et que la durée de votre absence ne dépasse pas une semaine.

• Ne négligez pas un minimum d'aération : l'air doit circuler, le but à atteindre et de ralentir l'évaporation, non de la stopper. Sans quoi l'arbre peu pourrir.

• Si l'arbre est malade, surtout s'il s'agit d'une maladie cryptogamique*, optez pour la solution qui consiste à augmenter la réserve en eau en laissant les parties aériennes bien aérées. Si possible, traitez-le avant le départ.

• En hiver, ne coupez pas complètement le chauffage pour les bonsaï d'intérieur, un minimum de 15° est indispensable.

• Protégez-les de toute agression : un chat peut déterrer les embouts en argile, un oiseau peut bouger les goutte-à-goutte du système de micro-arrosage...

Attention !

Chaque système n'est qu'un bricolage dont l'efficacité est aléatoire. Quelques règles de bon sens éviteront bien des déconvenues :

• N'attendez pas votre absence pour tester un système. Le tribut à payer en cas d'échec serait bien trop lourd.

• Un système appliqué à un sujet donne telle autonomie, mais ne généralisez pas.

• La durée de l'autonomie d'un bonsaï dépend de deux facteurs : la quantité d'eau au départ et la vitesse de son évaporation (les paramètres de l'évaporation sont donnés dans la question 2). Le but de la manœuvre est donc de rendre le fonctionnement du bonsaï presque autarcique en augmentant au maximum le premier et en limitant le deuxième. Cela est plus efficace en hiver qu'en l'été car l'arbre est moins actif.

• Quel que soit le système utilisé, l'eau ne doit jamais stagner au contact des racines, mais dans un réservoir à part.

66. Doit-on brumiser, tremper ou arroser normalement ?

(Les modes d'arrosage et leur impact sur le bonsaï)

Une légende tenace veut que le bonsaï s'hydrate essentiellement par brumisation (vaporisation poétique). Si ce mode d'arrosage n'est pas complètement inefficace, il est important cependant de rappeler que les arbres ont des organes mieux adaptés que les feuilles pour absorber l'eau : les racines !

L'arrosage simple

Le bonsaï s'arrose comme n'importe quelle plante verte en pot. L'arrosage doit être important pour que toute la terre soit mouillée provisoirement. Un bonsaï ne s'arrose pas avec une dé à coudre sous prétexte qu'il n'est qu'un petit arbre (schéma 1). L'arrosage doit être important, les trous de drainage sous le pot sont prévus à cet effet : ils laissent échapper le surplus d'eau (schéma 2). Si les arrosages sont trop légers, les racines auront tendance à coloniser la zone juste sous la surface de la terre (schéma 3). Ceci est dommage, car tout le volume disponible (déjà pas bien grand) n'est pas utilisé, et en été, l'arbre risque de manquer d'eau car la zone qui sèche la première est proche de la surface de la terre (schéma 4). Si les racines sont mieux réparties, les racines en surface ne peuvent plus fonctionner, mais sont relayées par celles situées plus en profondeur.

1

Un dé à coudre ne suffit pas

2

Arroser abondamment

3

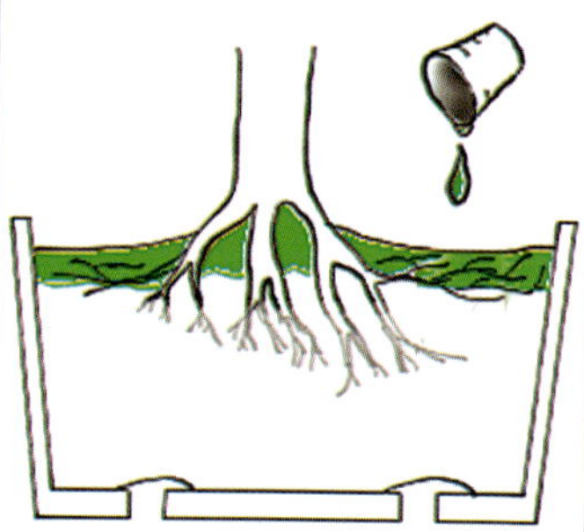

Ne pas se contenter
d'un arrosage léger

4

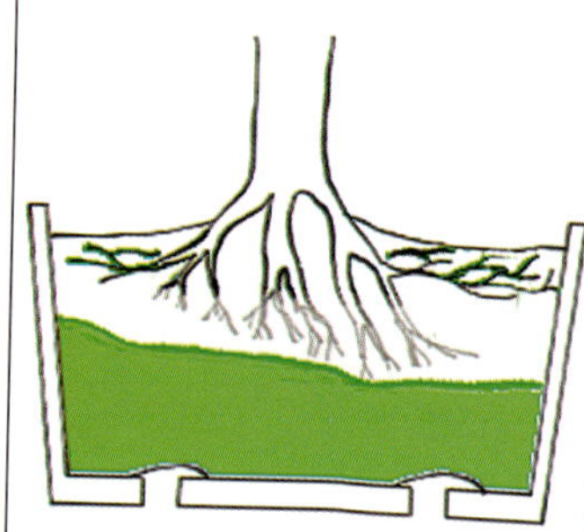

Le sol sèche rapidement
en surface

5

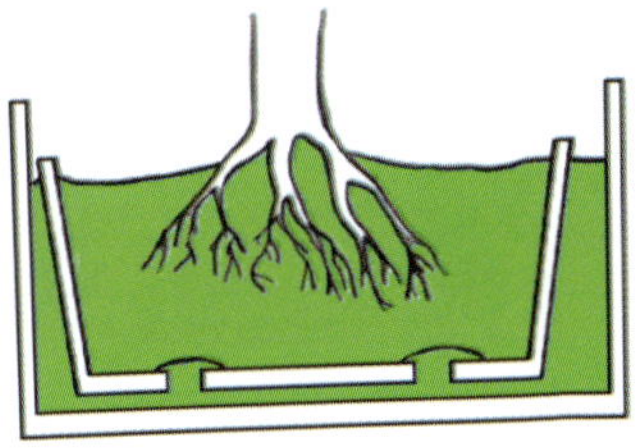

Trempage ou immersion

6

Ressuyage

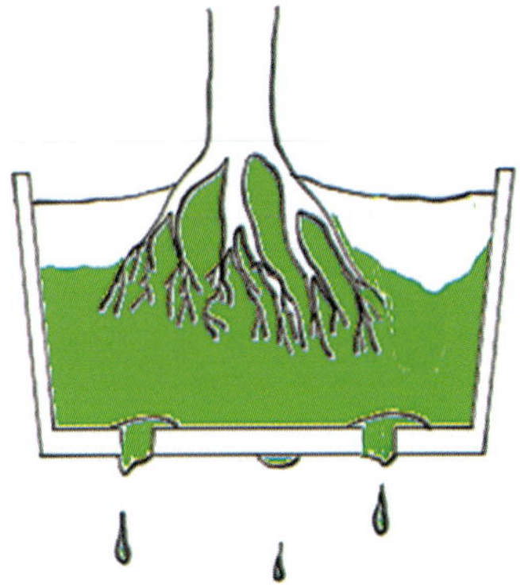

Le trempage

C'est sans doute le meilleur moyen d'arroser vos bonsaï. En effet le bassinage garantit un arrosage complet tout en préservant la sous-végétation (schémas 5 et 6). C'est un arrosage doux car il se fait par imprégnation. Le bassinage ne doit pas excéder une heure.

La brumisation

Contrairement aux idées reçues, cela n'est pas un arrosage. C'est un appoint, tout au plus (schémas 7 et 8). Les grands maîtres brumisent leurs arbres, mais ce que l'on ne précise que rarement, c'est qu'ils procèdent à un trempage auparavant. Dans certains cas, une brumisation peut déshydrater le bonsaï (voir question 133). Elle permet de nettoyer les feuilles de la poussière et de la pollution (cryptomeria et mélèzes y sont très sensibles). Elle induit une baisse de la température des feuilles (grâce à l'évaporation) et éloigne les “araignées” rouges (voir question 33).

7

Une brumisation…

8

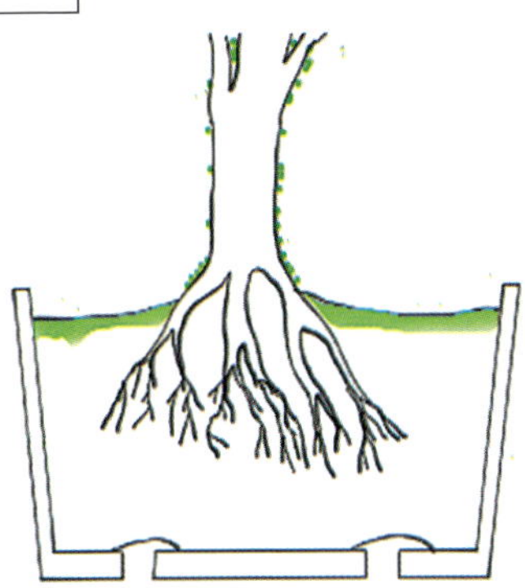

…ne suffit pas

67. Quel est le meilleur moment pour arroser son bonsaï?

Il n'y a pas réellement de contre-indication en ce qui concerne le moment de la journée où l'on arrose, par contre, certaines plages horaires sont plus adaptées que d'autres. Il faut, autant que possible, arroser avant les périodes de plus forte activité du bonsaï. Il est question ici d'arrosage classique de la terre et non des feuilles.

• En été, on arrosera préférentiellement à l'aube ou le soir. L'arbre doit être bien hydraté avant les heures les plus chaudes (schéma 1).

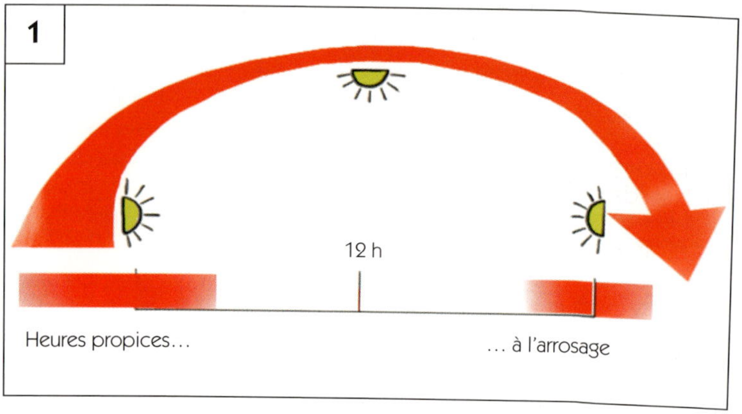

• En hiver, entre 10 et 11 heures du matin pour les bonsaï d'extérieur, ce qui correspond au début de la plage horaire la plus chaude de la journée. Il est important d'éviter le gel qui empêche l'arbre de s'hydrater et risque de craqueler le pot (schéma 2).

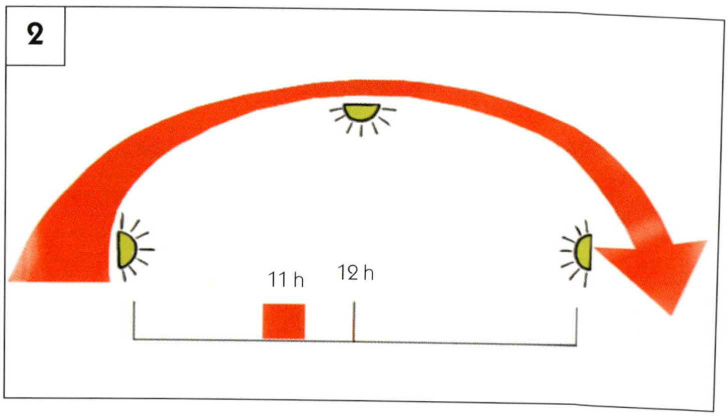

• En hiver, pour les bonsaï d'intérieur et de serre froide, l'activité est faible quelle que soit l'heure de la journée. L'arrosage peut avoir lieu n'importe quand.

68. La qualité de l'eau est-elle importante?

La qualité de l'eau est primordiale. L'arrosage ne doit pas changer brutalement les conditions de vie des racines, et encore moins les agresser.

Le chlore est nuisible aux racines

La pollution croissante des nappes phréatiques et des cours d'eau a conduit au traitement chimique des eaux destinées à l'utilisation domestique. L'utilisation du chlore est fréquente dans les grandes agglomérations. Si le chlore est extrêmement dangereux sous forme gazeuse, dissous dans l'eau, c'est un excellent désinfectant.

Malheureusement, il reste toxique sous sa forme dissoute autant pour l'homme que pour les plantes (le chlore abîme les racines).

Il y a un moyen extrêmement simple pour l'éliminer de l'eau : laisser reposer celle-ci à la lumière pendant une heure environ, le chlore redevient alors gazeux et disparaît donc de l'eau. Une alternative existe : utiliser de l'eau de pluie.

Exposer l'eau chlorée au soleil

La température de l'eau

Elle doit toujours être chambrée ou légèrement plus chaude que la température ambiante, les racines l'absorbent alors plus vite.

L'arrosage ne doit pas provoquer un choc thermique. Une variation brutale de la température peut détruire les racines instantanément ou fragiliser l'arbre. Par exemple, arroser un bonsaï d'extérieur en plein hiver par 0 °C avec de l'eau à 30 °C va agresser les racines et mettre l'arbre en danger.

L'acidité de l'eau et de la terre

Les termes "pH", "acidité", "neutre" sont souvent utilisés. Le pH est l'échelle de mesure de l'acidité. Cette échelle va de 0 à 14.

A la valeur 7 correspond un pH neutre : le liquide dont on mesure l'acidité n'est ni acide ni alcalin. Si le pH du liquide est inférieur à 7, celui-ci est

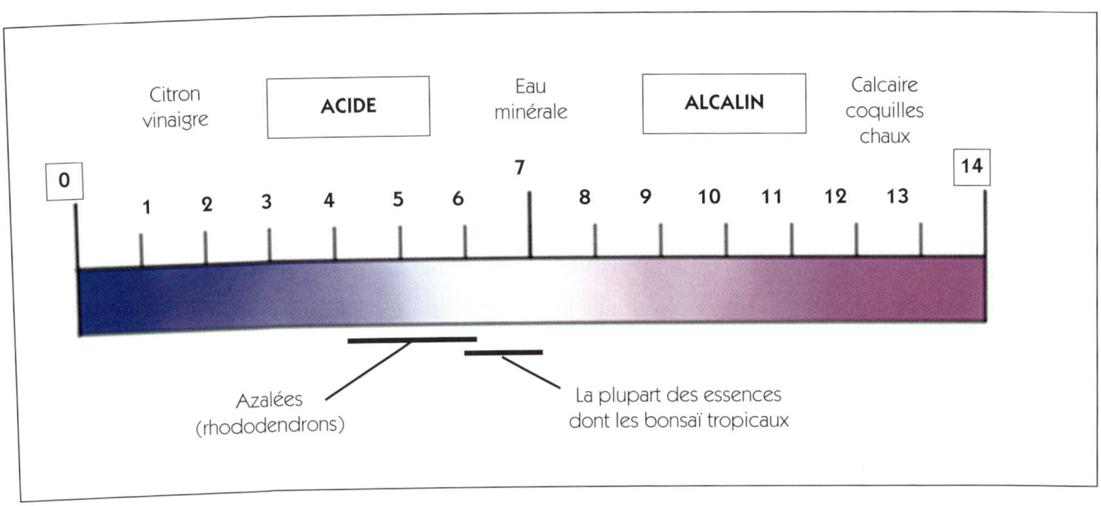

acide. Plus on se rapproche de 0, plus l'acidité est grande. Au contraire, au-dessus de 7, le liquide est basique ou alcalin.

Quand on mesure l'acidité de la terre, on mesure en fait l'acidité de l'eau qu'elle contient. On peut mesurer très facilement le pH en utilisant du papier pH disponible en pharmacie. Ce papier change de couleur en fonction du pH. A une couleur correspond une valeur du pH.

L'amendement involontaire

Si votre eau est calcaire, cela peut être gênant pour vos bonsaï. Par exemple, les azalées ou les camélias se plaisent dans un sol acide. En arrosant régulièrement avec de l'eau chargée en calcaire, le sol va perdre peu à peu son caractère acide au détriment du bonsaï. Pour acidifier l'eau on peut utiliser quelques gouttes de citron, de vinaigre, ou d'acide plus concentré (à doser avec prudence). La réacidification du sol doit être bien sûr progressive, jamais brutale.

Les bienfaits de l'eau de pluie

Elle est en générale très pure : cela sous-entend qu'elle contient beaucoup moins de minéraux que l'eau du robinet ou l'eau de source. Récupérer l'eau de pluie est intéressant car elle contient de petites quantités de magnésium, de soufre, de bore et de nitrates (l'eau de pluie en contient lors des orages, l'énergie libérée permet à l'azote atmosphérique de se transformer en nitrate ; même si c'est en petite quantité, c'est très profitable pour le bonsaï). Elle est aussi fortement oxygénée et à bonne température. De plus, elle nettoie l'arbre.

A signaler aussi que dans des régions fortement industrialisées, l'eau de pluie peut être acide et chargée de polluants. On a enregistré des pluies de pH 2 en Angleterre, ce qui correspond à l'acidité d'un citron ! Ceci peut avoir des conséquences très néfastes pour la santé de votre arbre, la surface des feuilles est formée de cire (cuticules), celle-ci est progressivement dissoute et la feuille ne peut plus garder son eau (voir question 133).

Comme pour les engrais, alterner les sources d'approvisionnement en eau prévient tout excès.

La nutrition

69. Quels sont les besoins nutritionnels du bonsaï?

Les bonsaï ont besoin de lumière et d'eau. Ils ont aussi besoin de minéraux qu'ils puisent dans la terre.

Il a été recensé plus d'une centaine d'éléments chimiques utiles à la plante. La liste n'en est pas achevée, d'autres restent certainement à découvrir. Parmi ces éléments, on distingue ceux dont la plante ne peut se passer (une vingtaine, le nombre étant variable selon les auteurs), et ceux qui sont utilisés mais qui ne sont pas indispensables.

On distingue deux catégories selon la quantité absorbée par le bonsaï :

• les **macro-éléments** ou **éléments plastiques** (ils servent surtout à la construction de la plante) : on les appelle macro-éléments, car ils forment plus de 99 % de la matière sèche* de la plante, les deux éléments les plus importants étant le carbone (40 à 50 %) et l'oxygène (42 à 44 %). Ces deux éléments sont fournis par l'air. Les autres éléments sont puisés dans le sol où ils se trouvent sous forme de sels minéraux. L'azote (N), le phosphore (P) et le potassium (K) sont appelés **éléments majeurs** car le bonsaï les utilise en quantité relativement importante. Le magnésium (Mg), le calcium (Ca) et le soufre (S) sont des **éléments secondaires** car les quantités nécessaires sont moindres.

• les **oligo-éléments** ou **micro-éléments** : ils ne représentent que 1 % du poids de la plante, ce qui n'empêche pas que la plupart d'entre eux lui sont absolument indispensables. Il y en a six : le fer (Fe), le manganèse (Mn), le bore (B), le zinc (Zn), le cuivre (Cu) et le molybdène (Mo). Ils sont tous fournis par le sol sous forme minérale.

N. B. : les chimistes ont donné un nom à chaque élément. Par exemple, le fer est référencé par Fe, l'azote, N, etc.

Le bonsaï et sa dépendance alimentaire

Le bonsaï pousse dans un volume de terre limité. Cette terre doit contenir ces minéraux indispensables à sa nutrition. Les substances nutritives étant présentes dans la terre sont en quantité limitée : elles sont donc assez vite épuisées. Il est donc important d'utiliser des engrais pour régénérer ces réserves régulièrement (voir question suivante).

70. Comment agissent les différents types d'engrais?

Principe, formulation et action sur tel ou tel caractère de l'arbre

Le principe de la fertilisation

Le peu de substances nutritives dont dispose le bonsaï s'épuise vite : une partie est absorbée par l'arbre, l'autre est emportée par l'eau d'arrosage superflue (qui traverse la terre et transporte ces éléments hors du pot). La fertilisation vise à apporter tous ces éléments dans des proportions adaptées. Les engrais sont donc dosés pour que chacun de ces éléments soit apporté en quantité suffisante. Le dosage juste est très important, car si un léger manque n'est pas préjudiciable à la plante, un excès peut, par contre, avoir des conséquences fâcheuses : chute des fleurs et des fruits, brûlure des racines, entre-nœuds de longueur exagérée, etc. (voir question 76).

Le dosage ou la formulation des engrais

Les engrais azotés, phosphatés et potassiques sont des **engrais simples** : ils ne contiennent qu'un élément fertilisant majeur. Pour les bonsaï on utilise des engrais composés qui sont sensés apporter tous les éléments indispensables. Le contenu des **engrais composés** est signalé par une formule, par exemple NPK 5/5/10 + 5 MgO. La formule est toujours indiquée sur l'emballage. Le premier nombre (N) indique la quantité d'azote ou nitrate, le deuxième (P) la quantité de phosphore ou phosphate, le troisième (K) de potassium ou "potasse". Ces nombres désignent la quantité en kg de chaque composant contenu dans 100 kg d'engrais : exemple : un sac d'engrais 14/12/5 de 100 kg contient 14 kg de nitrate, 12 de phosphate, 5 de potasse. Les élément fertilisants secondaires sont indiqués ensuite, exemple 5/5/10 + 5MgO. Remarque : on désigne par le mot équilibre les proportions ramenées à l'azote. Reprenons l'exemple précédent 5/5/10 → équilibre 1/1/2.

Les effets de chaque constituant

Les éléments nutritifs doivent tous être présents dans des proportions acceptables, chacun ayant un rôle particulier, voire plusieurs. Si chaque élément est bien présent au moment où il est demandé par la plante, celle-ci peut alors se développer correctement. Mais il est possible d'orienter le développement du bonsaï en utilisant un engrais dont la formulation a été modifiée en fonction du résultat désiré. Pour utiliser ces "engrais sur mesure", il est nécessaire de bien connaître l'utilité de chaque constituant des engrais.

Les trois éléments majeurs N, P et K

- **L'azote = développement des parties vertes**

Il favorise la croissance, c'est un des éléments le plus rapidement absorbé, il est très largement utilisé dans de nombreuses synthèses par les végétaux. L'azote exerce une action de choc sur la végétation, il peut empêcher ou diminuer la floraison s'il est donné en grande quantité au mauvais moment (concurrence entre la floraison et le développement des parties vertes).

• **Le phosphore = développement des racines et des fleurs**

C'est un élément constitutif de fonction (il sert dans la fabrication de "molécules outils", celles qui portent l'information génétique [ADN entre autres] et celles qui sont spécialisées dans le transport de l'énergie). Il favorise le développement des racines, des fleurs, des fruits et des bourgeons.

• **Le potassium ou potasse = développement des racines (avec le phosphore), des parties vertes (avec l'azote) et des fleurs**

Il favorise la qualité et la santé des bonsaï (résistance aux maladies cryptogamiques et aux basses températures), limite la transpiration (augmente donc la résistance à la sécheresse), améliore la croissance des cellules, il est indispensable à la floraison. Il joue un rôle très important dans la régulation de la croissance (associé à l'azote) : les parties jeunes en pleine croissance sont riches en potassium. Il intervient aussi dans la photosynthèse où il favorise la synthèse mais aussi la migration des substances élaborées. Il semblerait que la potasse optimise la photosynthèse lorsque la luminosité est faible. Cela est intéressant pour l'hivernage des bonsaï tropicaux. Associé au phosphore, il favorise le développement des racines. En élevant la teneur de la sève en sels minéraux, il augmente la résistance de la plante à la gelée.

Les 3 éléments secondaires

• **Le magnésium (Mg)** : il est indispensable à la formation de tous les pigments : chlorophylles, xanthophylles et caroténoïdes. Il stimule de nombreuses réactions chimiques, c'est un élément capital pour la photosynthèse, et donc la croissance. Il participe aussi à la mise en réserve.

• **Le calcium (Ca)** : il permet de modifier le pH de la terre (amendement), mais c'est aussi un aliment. Il est indispensable pour la vie de la plante, il assure une meilleur résistance des tissus végétaux et une bonne croissance des racines.

• **Le soufre (S)** : c'est un élément indispensable utilisé dans de nombreuses synthèses. Il intervient dans le contrôle de la croissance des organes.

Les oligo-éléments

• **Le fer (Fe)** : il stimule la production de chlorophylle et de beaucoup d'enzymes; il intervient donc dans la couleur des feuilles (les chlorophylles donnent aux feuilles leur teinte plus ou moins verte) et la croissance (en favorisant la photosynthèse).

• **Le zinc (Zn)** : il intervient dans la production des hormones de croissance, dans la dominance des bourgeons, dans les synthèses, notamment celle de la chlorophylle.

• **Le manganèse (Mn)** : il intervient notamment dans la multiplication cellulaire et la photosynthèse et favorise l'assimilation des nitrates.

• **Le bore (B)** : il intervient dans la rétention de l'eau par les cellules, dans le transport des sucres et des substances de croissance.

• **Le molybdène (Mo)** : il favorise l'assimilation des nitrates.

71. Quelle différence y a-t-il entre les engrais organiques et les engrais minéraux ? Entre les engrais liquides et les engrais solides ? Que deviennent les engrais dans le pot ?

Que l'engrais soit minéral ou organique n'a pas d'importance, l'engrais organique libère les mêmes substances dans le sol que l'engrais minéral. En effet, les engrais minéraux n'ont qu'à se dissoudre pour être utilisables par la plante alors que les engrais organiques doivent être décomposés par des micro-organismes. Les engrais organiques et les engrais minéraux ne sont donc pas à opposer du point de vue de la composition mais de celui du mode d'action.

La terrine du bonsaï est un filtre qui laisse passer les engrais plus ou moins rapidement. C'est ce que l'on appelle le lessivage.

Le lessivage d'un engrais va dépendre

- de la granulométrie du substrat,
- de la qualité de l'arrosage (fréquence et quantité d'eau à chaque arrosage),
- de sa solubilité dans l'eau.

Pour lutter contre le lessivage, les fabricants d'engrais ont recours à des conditionnements variés : les engrais sont plus ou moins "emballés". La vitesse à laquelle les engrais sont libérés dépend de ce conditionnement. Plus lente sera la libération, plus longtemps l'engrais profitera au bonsaï.

Les engrais minéraux

Les engrais purement minéraux sont immédiatement libérés dans la terre, ce qui provoque une action "coup de fouet", c'est-à-dire rapide, mais de courte durée. L'inconvénient majeur est qu'en cas de surdosage les zones d'absorption des racines et les mycorhizes sont rapidement brûlées. Ce type d'engrais peut être utilisé parcimonieusement pour un résultat à court terme, mais il peut aussi être utilisé en permanence à très faible dose, mélangé à l'eau d'arrosage.

Les trois étapes du lessivage d'un engrais liquide

Les engrais organiques

Ils sont vraiment adaptés à la culture en pot en général, et des bonsaï en particulier. Ce sont des **engrais de fond**. On les appelle ainsi parce qu'ils sont très progressivement libérés dans le sol. Alors que les engrais minéraux sont directement assimilables par la plante, les engrais organiques ont besoin d'être décomposés pour que la plante puisse les utiliser. Cette décomposition est réalisée grâce aux êtres vivants qui sont présents dans le terreau. Ces êtres vivants sont variés : champignons, levures, bactéries, insectes primitifs... Les traitements insecticides et fongicides agressifs les détruisent alors qu'ils sont bénéfiques pour l'arbre. Les éléments minéraux progressivement libérés sont mobiles et peuvent atteindre les racines en petites quantités sans danger pour le bonsaï.

Le terreau, un engrais de fond naturel

La fraction de terreau dans lequel pousse le bonsaï est la fraction vivante du mélange. Lorsqu'un bonsaï a besoin d'un rempotage, on constate que les racines occupent presque toute la place, la terre a presque disparu. En effet, le terreau est épuisé, il ne reste pratiquement que les particules minérales du mélange : le sable et l'argile. Les décomposeurs ont réduit progressivement le terreau en matières minérales.

Diffusion d'un engrais organique en boulettes (représentées en bleu)

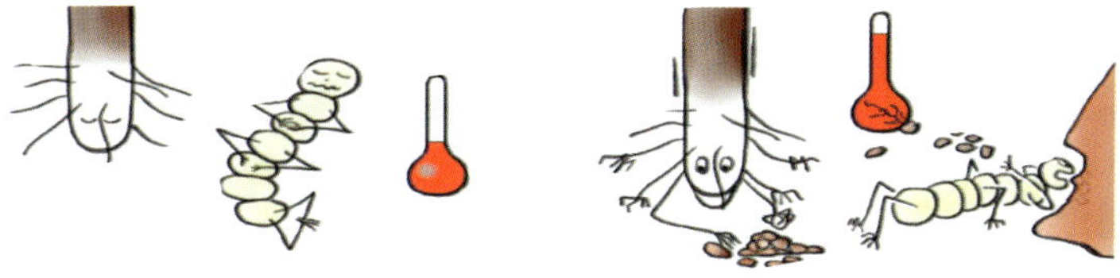

Les boulettes d'engrais organique

Elles sont faites d'agrégats de matières fertilisantes fermentées ou fermentescibles qui permettent l'entretien ou la reconstitution du stock de matières organiques du sol. Elle se décomposent lentement de la même façon que le terreau (schémas 4, 5 et 6). L'arrosage et la chaleur activent la décomposition ainsi que l'activité du bonsaï : le fonctionnement de l'arbre est en harmonie avec la vitesse de libération des minéraux par l'engrais. Comme ces engrais sont généralement à base de plantes, on retrouve après leur décomposition tous les éléments utiles au bonsaï dans de justes proportions.

Les engrais minéraux en granulés

Une confusion peut être faite entre ces engrais et les engrais organiques. La plupart des fertilisants sont vendus sous forme de granulés en sac de 5 kg, voire plus. Ce sont avant tout des engrais à diffusion rapide, les granulés fondent en deux ou trois arrosages (lorsqu'ils sont humides, ils se désagrègent très vite : schémas 7, 8 et 9).

Ces engrais sont à utiliser avec prudence au même titre que les engrais liquides. Une précaution supplémentaire s'impose : il faut faire attention aux concentrations excessives dues à l'accumulation involontaire des granulés (voir schéma 10), éviter tout contact direct avec le tronc ou une racine affleurante (schémas 10 et 11).

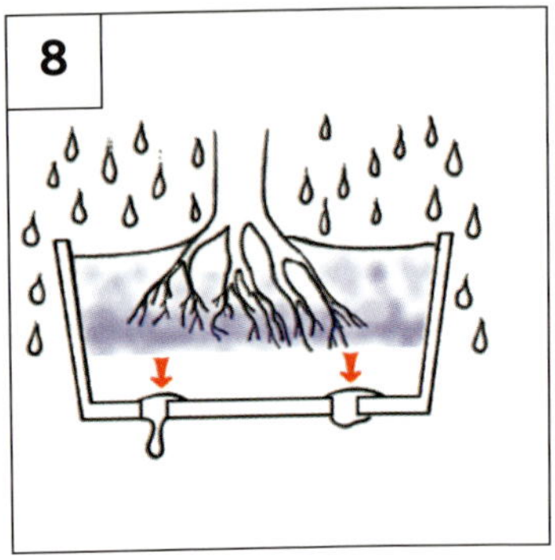

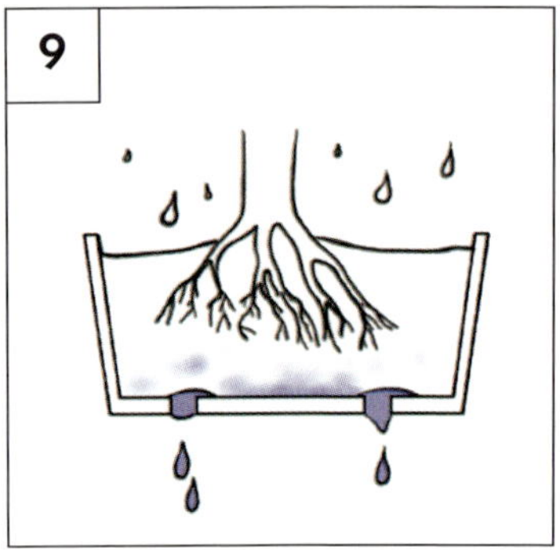

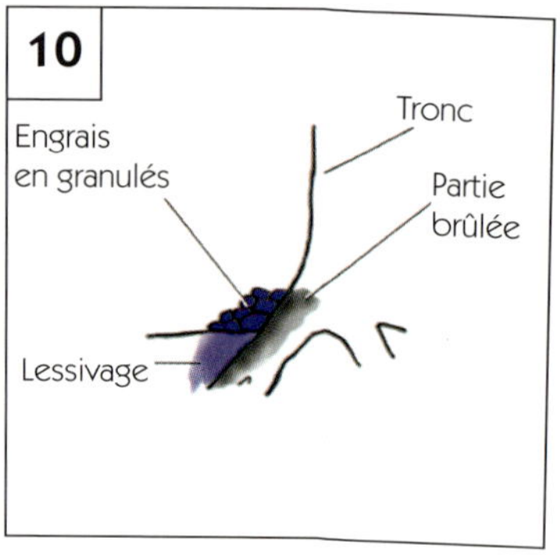

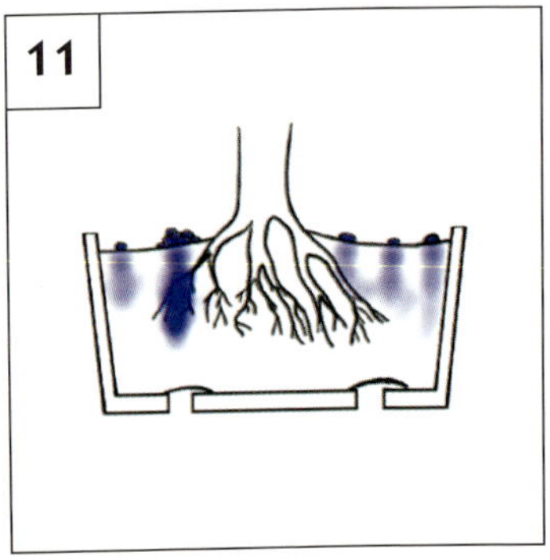

Les engrais à action programmée

Ce sont des engrais de fond minéraux. Ces engrais sont conditionnés dans une enveloppe dont la porosité varie en fonction de la température. La diffusion augmente donc en fonction de celle-ci. Ce type d'engrais ne convient pas pour les petits pots qui surchauffent facilement (la température peut y atteindre 50° en été au soleil), la quantité d'engrais libérée, notamment en azote, peut de ce fait être trop importante. L'arbre a alors des poussées de croissance peu esthétiques.

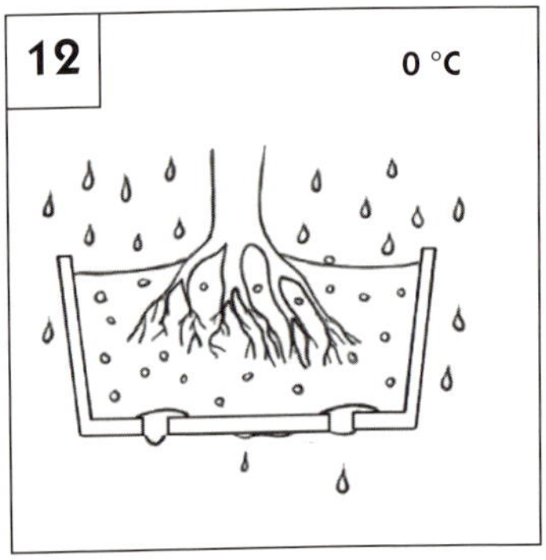

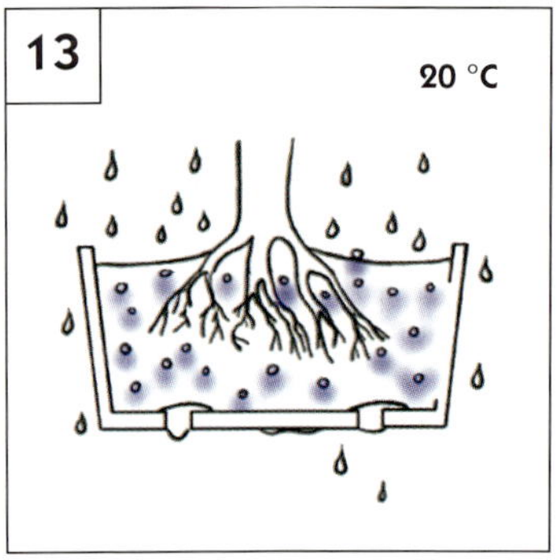

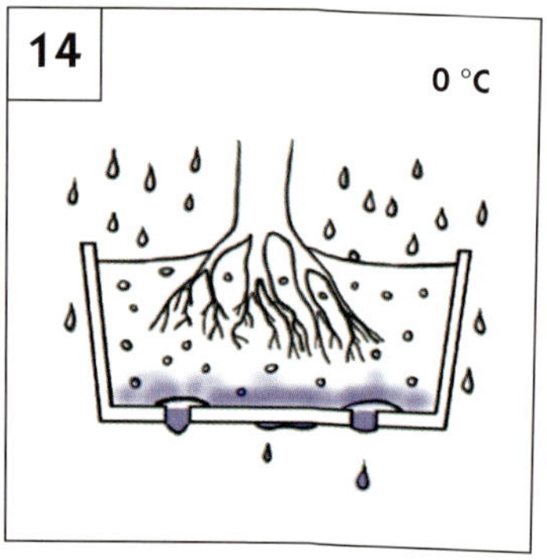

Quelques conseils importants

- Dans le doute, toujours sous-doser un engrais.
- Votre bonsaï présente des symptômes de déshydratation (feuilles vertes qui ternissent et se flétrissent) quelques heures après lui avoir donné de l'engrais, la terre étant encore bien humide. C'est le signe d'un excès : les racines sont brûlées par l'engrais et par conséquent l'arbre manque d'eau. Arrosez-le par trempage immédiatement afin d'éliminer l'engrais. Placez ensuite la plante à l'ombre et entretenez-la par des arrosages plus espacés et des vaporisations successives le temps que ses racines se régénèrent.
- Arrosez abondamment avant de donner de l'engrais, cela assure une meilleure diffusion et évite donc les brûlures.
- On peut réutiliser l'eau issue du lessivage pour l'arrosage suivant (cela permet de recycler l'engrais), mais pas en vaporisation (risque de brûlure des feuilles).
- Ne jamais fertiliser un arbre malade au niveau des racines, ou alors diluer fortement l'engrais.
- Trop d'eau gêne les microbes aérobies qui décomposent les engrais organiques.

72. Comment faire varier efficacement la quantité et la composition des engrais?

Lorsqu'on a bien compris ce qu'est un engrais, sa composition, son mode d'action, on peut alors réfléchir sur les nuances importantes d'un bonsaï à l'autre.

On peut distinguer deux critères :

- les variations de "l'appétit" du bonsaï en fonction de son âge, du volume du pot et de la saison, ainsi que les problèmes liés à un dosage inadéquat ;
- les variations de "l'appétit" du bonsaï en fonction des besoins de l'espèce à laquelle il appartient.

Les variations quantitatives de la demande

Selon l'âge

La demande du bonsaï augmente au fur et à mesure qu'il vieillit pour atteindre un seuil chez les très vieux sujets dont la forme est conservée.

Selon la taille du pot et la qualité de la terre

Le bonsaï doit trouver dans un espace parfois extrêmement réduit tous les éléments nécessaires à sa croissance et à son développement. L'air et l'eau y sont en quantité limitée, mais les quantités d'engrais peuvent être élevées grâce aux engrais de fond. L'excès d'engrais, celui qui brûle les racines, est une quantité qui varie selon les espèces. Il serait dangereux ici de donner ce genre de limite, mieux vaut être toujours largement en deçà, car à partir d'une certaine dose d'engrais l'efficacité n'augmente plus, contrairement aux risques. La quantité d'engrais directement assimilable dépend donc du volume de substrat et de sa capacité à garder l'eau.

1

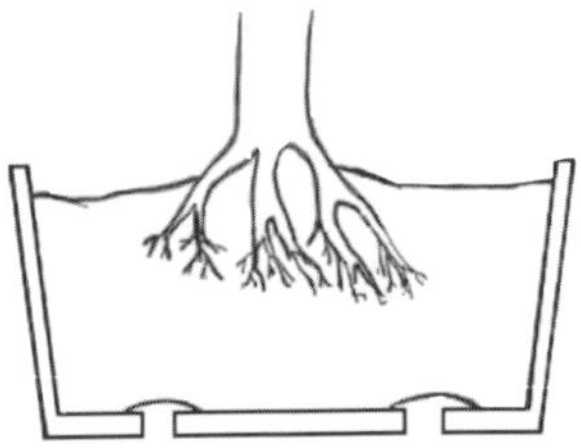

Une terre pauvre

2

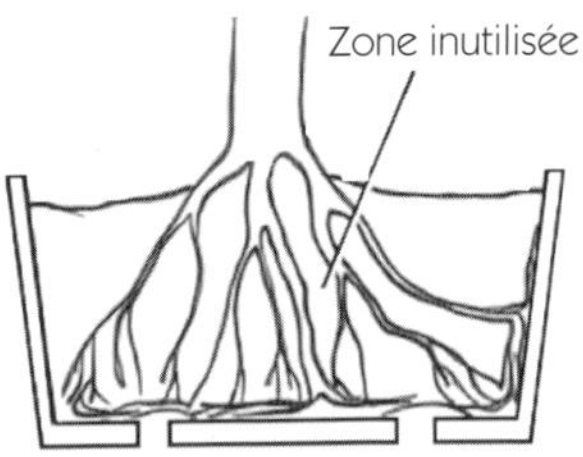

Une terre riche

Selon la saison

Les saisons propices à l'apport d'engrais sont l'automne et le printemps. En effet, les racines absorbent plus facilement l'engrais lorsque la température avoisine les 20 °C.

Le comportement des racines en cas de mauvais dosage

Les racines du bonsaï réagissent différemment selon la richesse du sol.

Un arbre planté en pleine terre va produire des racines vigoureuses si le sol est pauvre, et ceci, dans le but d'atteindre des zones profondes plus riches. Au contraire, si le sol est riche, il va développer des racines courtes.

Un bonsaï réagit différemment : si la terre est pauvre, il va émettre peu de racines (schéma 1), leur croissance étant ralentie, une grande partie de l'espace sera inutilisée par les racines ; si par contre la terre du bonsaï est riche, celui-ci va émettre de grosses racines très vigoureuses et longues qui essayeront de sortir du pot (schéma 2). Le problème, dans ce cas, est que toute la partie centrale du pot est inoccupée, les racines se concentrant rapidement à sa périphérie.

Un autre problème peut venir du fait que les racines poussent plus vite qu'elles ne "digèrent" du terreau. Cela s'observe souvent chez les plantes vendues en conteneur plastique, ce dernier est souvent fendu par la pression des racines. Les racines prennent de plus en plus de place et l'ensemble formé avec le mélange se comprime de plus en plus. Au pire, le sol devient imperméable à l'eau et à l'air et entraîne l'asphyxie des racines.

Les variations qualitatives de la demande

La demande varie, d'une part, d'une espèce à l'autre et, d'autre part, en fonction de l'orientation* désirée (croissance ou floraison). L'idéal serait de pouvoir proposer un calendrier par espèce d'arbre, ce qui n'est bien sûr pas possible, car des milliers d'espèces peuvent être formées en bonsaï. Toutefois, pour approcher au mieux les besoins de votre bonsaï, plusieurs groupes d'espèces dont les besoins sont similaires peuvent êtres distingués. Suivre les indications ci-dessous vous permettra d'éviter les grosses erreurs, à vous d'affiner les dosages à partir de votre propre expérience. Il faut bien insister sur le fait que chaque bonsaï est un cas particulier. Pourtant, donner de l'engrais à son bonsaï n'a rien d'un pari dangereux si l'on suit la méthode suivante :

1) Le bonsaï n'étant pas en danger de mort si on ne lui donne pas d'engrais, il est inutile, voire dangereux, de se précipiter sur la première fiole "Engrais spécial bonsaï" qui passe.

2) Lorsque l'on essaye un nouvel engrais, il est important de diviser la dose par deux et d'essayer d'évaluer l'effet sur le bonsaï. Si l'effet recherché est bien là, alors on peut progressivement augmenter la dose jusqu'à celle prescrite.

Les conifères

Exemple : 17/7/22/3 MgO au printemps 18/10/10, mise à fleur, mise à fruit et automne 5/7/9. Ils demandent un fort dosage en nitrate, ceci favorise la vigueur de la plante et l'apparition de nouveaux bourgeons. La potasse favorise les "bourgeons de racines".

Tout comme les vieux bonsaï, ils seront fertilisés moins souvent et avec des doses plus faibles pour ne pas détruire les mycorhizes, éviter des pousses trop vigoureuses ainsi que l'apparition de feuillage juvénile chez certaines espèces (voir question 126).

Les tropicaux

Exemple : 10/10/10.

Engrais classique pour arbre avec, en automne, un apport plus important en potasse et moins d'azote dès fin juillet ; en hiver, espacez les apports.

Les feuillus

Exemple : printemps standard 6/6/1, mise à fleur, mise à fruit et automne 0/10/10.

Engrais classique pour arbre avec, en automne, un apport plus important en potasse. En hiver, pas d'apport du tout (la température trop basse empêche toute assimilation).

Les subtropicaux

Exemple : 14/8/11/3 (engrais pour agrumes).

Engrais pour agrumes, diminuer les apports en nitrates dès le mois d'août. Pas d'apports en hiver ou très espacés (si la température est supérieure à 15 °C).

Les bonsaï fruitiers *

Engrais spécial pour arbre fruitier. Mise à fleur, mise à fruit et automne 5/7/9.

Les besoins varient beaucoup au cours de l'année, les fruitiers sont pour cette raison plus souvent sujets aux carences. De la préfloraison au fruit mûr, les besoins en azote sont supérieurs, mais tout excès sera sanctionné par la chute de ces organes. On utilisera donc un engrais de type 0/10/10. Les fruitiers ont aussi des besoins importants en magnésie (MgO). Après la mise à fruit, un apport mesuré en azote permet de préparer la saison suivante.

On peut utiliser un engrais adapté aux arbres fruitiers, en respectant les doses et les périodes de fertilisation.

73. Quand fertiliser?

Les deux saisons qui se prêtent à la fertilisation sont :

- le printemps, époque ou se forment les nouvelles branches et les nouvelles feuilles : on utilise alors des engrais relativement riches en nitrate;
- l'automne, où l'arbre termine de stocker les réserves pour l'hiver et fortifie ses racines et son tronc (cas des arbres de climat tempéré : mise en réserve). Les espèces qui fleurissent très tôt au printemps en tireront un avantage. On utilise alors des engrais riches en phosphate et en potassium (exemple : 5/7/10) ;
- fertiliser en été diminue l'absorption des racines alors que l'arbre évapore beaucoup d'eau (voir question 59) ;
- fertiliser en hiver est sans intérêt, l'arbre a des besoins extrêmement réduits à cette époque de l'année et il fait trop froid pour que les racines puissent absorber l'engrais. Pour les bonsaï d'intérieur, les apports seront très diminués, car l'énergie dont dispose l'arbre est beaucoup plus faible que durant la bonne saison. L'apport d'engrais régulier est primordial pour les bonsaï en petits pots et les bonsaï en attente d'être rempotés (ceux-ci disposent de très peu de terre).

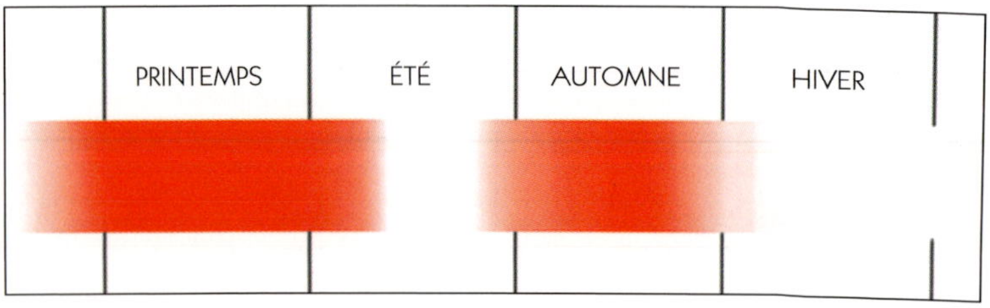

Il est toujours mieux de fertiliser souvent à petite dose que rarement à forte dose.

74. Puis-je préparer moi-même mes engrais ?

La nature fournit des engrais naturels "tout prêts" :

• les guanos et fientes séchées sont très riches en nitrates, ils sont très acides ;

• les crottes de moutons et de chèvres sont des boulettes d'engrais organiques, elles se décomposent un peu lentement mais ont l'avantage d'être sans odeur. Elles sont riches en azote à action rapide ;

• les cendres sont des engrais minéraux assez équilibrés ;

• le marc de café favorise certaines moisissures. On peut le comparer à la tourbe, car il forme une croûte qui se mouille difficilement. Pour éviter cela, il vaut mieux l'employer mélangé avec la terre. Avant de l'utiliser, il est préférable de le faire moisir ;

• le fumier ou la bouse de vache peuvent aussi être utilisés à condition d'avoir été bien reposés et aérés durant 6 mois, ce qui élimine une grande partie de l'acidité. Pour cela, il est nécessaire de retourner le fumier régulièrement car les bactéries qui le décomposent ont besoin d'oxygène pour vivre. S'il n'est pas retourné, il fermente (il se décompose sans oxygène) et devient impropre à l'utilisation à laquelle on le destine (son acidité augmente fortement).

• la poudre d'os est riche en phosphore et en vitamine B1 assimilable par les racines.

Les engrais liquides "spécial bonsaï"

Le bon usage des engrais pour les bonsaï est d'un exercice difficile. Chaque espèce d'arbre a des besoins différents qui varient au cours de l'année : vous conviendrez que proposer un type d'engrais pour tous les arbres toute l'année, c'est se moquer du monde. Les engrais sérieux sont préparés à la demande (dosage NPK) et adaptés à un type d'arbre (tropicaux ou conifères, par exemple).

Pour une fertilisation raisonnée

• Variez les apports (organiques divers, minéraux), cela prévient les carences.

• Préférez les engrais organiques naturels.

• Les apports doivent être réguliers : il faut tenir compte des vitesses de minéralisation, de l'action et du lessivage de chacun d'eux :

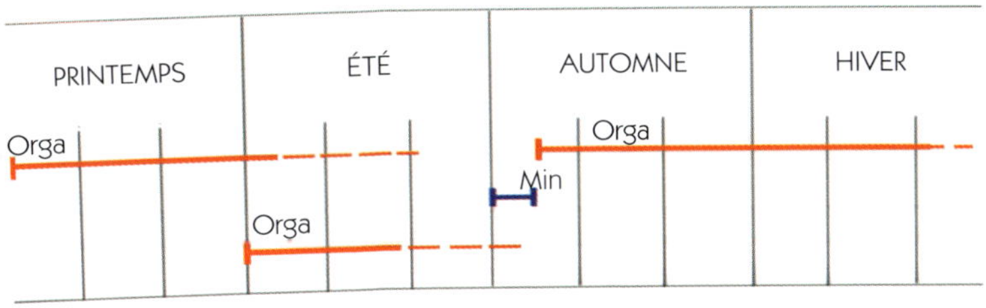

Les engrais organiques (Orga) sont représentés en rouge, les minéraux (Min) en bleu. Les barres verticales représentent le moment où l'engrais est donné. Les pointillés montrent une augmentation ou une diminution de l'efficacité de l'engrais.

Des apports ponctuels en engrais minéral s'ajoutent aux engrais organiques qui assurent "le rythme de croisière". L'engrais minéral, par son action rapide, permet d'accentuer momentanément une orientation* du développement du bonsaï. Exemple : un apport supplémentaire de Mn, P et K pour une meilleure floraison d'une azalée.

En matière de fertilisation, un oubli n'est jamais grave

Un bonsaï qui n'est jamais fertilisé a une croissance ralentie et se ramifie donc plus lentement, alors qu'un bonsaï fertilisé est beaucoup plus actif, il émet de nombreuses pousses (aériennes et racinaires). Par contre, l'arbre ne pardonnera pas la même "erreur" en matière d'arrosage : il est possible de manger peu, mais pas de boire moins...

75. Les différents composants des engrais ont-ils tous le même comportement par rapport au lessivage?

Certains constituants des engrais sont très mobiles alors que d'autres se fixent. Ceci peut entraîner des déséquilibres, même si au départ l'engrais est équilibré par rapport aux besoins du bonsaï.

Le lessivage

Un des problèmes de la fertilisation est que pour être assimilable par la plante, l'engrais doit être soluble. Or, plus il est soluble, plus il est entraîné facilement par les eaux d'arrosage (schéma 1).

Une fois libérés dans la terre, les éléments vont être lessivés plus ou moins rapidement. Un élément qui est lessivé très vite n'est plus disponible pour le bonsaï, mais il en est de même pour un élément insensible au lessivage, car cela veut dire qu'il n'est pas soluble et qu'il est donc difficilement assimilable par la plante.

Les pertes les plus abondantes concernent l'azote (les nitrates), le soufre (les sulfates). Pour les sulfates, les "fuites" lors des traitements fongicides (qui ne devraient pas atteindre la motte) préviennent tout manque. Le lessivage est important en cas de fortes pluies : cela justifie qu'on mette les bonsaï à l'abri.

1

Lessivage du substrat

2

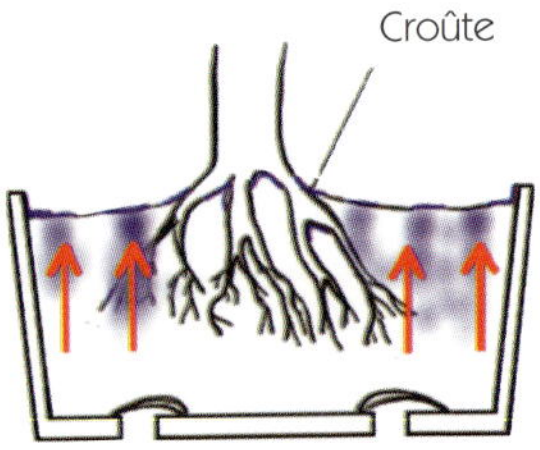

Évaporation entraînant
la formation d'un dépôt

Les remontées

Elles sont dues à l'évaporation combinée avec la capillarité. Au fur et à mesure de l'évaporation en surface, l'eau remonte, un peu comme l'alcool dans une mèche de lampe à pétrole. Il peut se former à la surface du sol (de la mousse) une croûte blanche (schéma 2). Cela arrive notamment lorsque le mélange est riche en argile (la capillarité est plus forte) et que l'eau est dure (riche en calcaire). Ces remontées de sels minéraux souvent calcaires peuvent détruire la mousse et se révéler inesthétiques mais elles n'ont aucun effet direct sur l'arbre.

Les éléments peu mobiles

Les constituants les moins mobiles sont le phosphore, la potasse et la magnésie. Ils se localisent essentiellement dans la fraction d'argile du mélange.

76. Qu'est-ce qu'une carence ? Comment combattre les carences ?

Un bonsaï qui ne dispose pas de tous les éléments nécessaires à son développement présente rapidement des symptômes révélateurs de dysfonctionnements physiologiques.

Ceux-ci sont de deux ordres :

• dérèglement de croissance ;

• apparence anormale de certains tissus (pigmentation et texture).

Bien que le dosage de chacun de ces éléments ne soit pas envisageable par l'amateur de bonsaï, il est utile de connaître les effets d'une carence ou au contraire d'un excès de chacun de ces composants ainsi que les liens qui existent entre l'acidité de la terre et la disponibilité de ces composants indispensables.

Les symptômes chez les bonsaï sont parfois difficiles à interpréter, la taille des racines et des branches supprimant par exemple les longueurs anormales. Par exemple, une carence en soufre se voit au niveau des racines car "les racines sont nombreuses et ramifiées". Pour un bonsaï, cette information semble difficilement appréciable.

Une carence "classique", la chlorose ferrique

Le problème le plus couramment rencontré en matière de carence est la chlorose ferrique. Le fer manque vraiment ou bien l'acidité de la terre est trop faible. L'augmentation du pH est souvent provoquée par l'apport de calcaire dans l'eau d'arrosage (voir question 68). On peut envisager deux solutions pour y remédier :

• utiliser de l'eau de pluie (sauf en cas de pollution reconnue) ;

• radoucir l'eau avec quelques gouttes de jus de citron ou de vinaigre (et laisser reposer une demi-heure).

Un pH trop élevé bloque aussi l'absorption des autres oligo-éléments, car il les rend aussi insolubles (ils se transforment en cristaux solides, voir question 62 schéma 3).

Le rempotage régulier des arbres accompagné d'un changement d'une partie de la terre empêche l'apparition de carences graves. Les carences peuvent toutefois apparaître chez les vieux arbres. Leur croissance étant plus lente, le rempotage a lieu moins souvent. Un déséquilibre peut donc apparaître entre-temps.

Le dosage des oligo-éléments, une technique inaccessible pour le particulier

La forte activité physiologique des oligo-éléments les rend rapidement nuisibles en excès. La marge de manœuvre est étroite, d'autant qu'avant de devenir toxique, l'excès gêne la plante au lieu de l'aider. On peut constater que, généralement, un excès ou une carence en oligo-éléments se traduisent par des chloroses.

- Les carences sont à traiter, mais il est déconseillé d'intervenir spécifiquement avant tout symptôme. **L'excès est plus dangereux que l'insuffisance**.
- Pour certains d'entre eux, le manque d'acidité les immobilise dans le sol (excepté le molybdène).

A partir d'un pH 5,5, le fer devient insoluble ; de 5 à 7, la solubilité des oligo-éléments diminue progressivement ; de 7 à 8, le bore reste légèrement soluble, le molybdène l'est totalement.

- Les ajouts alternés d'engrais minéraux et organiques assurent un apport diversifié en oligo-éléments.
- Les engrais organiques naturels sont riches en oligo-éléments et diffusent lentement.
- Des rempotages réguliers permettent de limiter le risque d'apparition de carences.

Les carences par excès

Il y a une concurrence très vive pour la potasse entre la plante et l'argile. En conséquence, plus la part d'argile est importante, plus la quantité de potasse doit être importante. Mais un excès d'éléments tels que le potassium (K^+) ou le calcium (Ca^{++}) accompagné d'acidité peut gêner l'absorption de magnésium (c'est ce que l'on appelle l'antagonisme des ions).

Les carences et excès en éléments fertilisants majeurs (d'après Penningsfeld *et al.*,1966 ; Bossard, 1960). PA : parties aériennes, R : racines.

L'AZOTE

Symptôme en cas de carence	*Symptôme en cas d'excès*
PA : Comme c'est un constituant important, sa carence se traduit par des branches grêles, un débourrement retardé et une chute des feuilles accélérée, des colorations de feuilles anormales (vert pâle, puis jaune ; si l'éclairement est fort, virement à l'orange puis au violacé). En bref, la végétation est insuffisante. Chute des fleurs (coulure) et des fruits. R : Les racines sont très longues et peu ramifiées.	PA : Mauvaise lignification (tissus tendres à paroi mince) et allongement exagéré des entre-nœuds. Chute des bourgeons floraux ou faible floraison (ne pas utiliser d'engrais liquide de coup de fouet en cette période). En cas d'excès important, chlorose des bords des feuilles jusqu'entre les nervures, tendant vers la nécrose et le dessèchement. Baisse de la turgescence des tissus qui entraîne un flétrissement. R : Nécrose des racines ou faible croissance.

LE PHOSPHORE

Symptôme en cas de carence	*Symptôme en cas d'excès*
PA : Nanisme de la plante ! Raccourcissement des entre-nœuds, vieillissement prématuré des feuilles, rougissement de la tige et du pétiole des feuilles, angle des nervures très aigu, fruit qui ne mûrit pas et floraison retardée. Certaines chloroses ferriques peuvent être la conséquence d'un manque de phosphore, car celui-ci intervient dans l'absorption et la fixation du fer.	PA : Jaunissement général, brunissement des extrémités du bord des feuilles suivi de nécrose. R : Ressemble à la carence potassique.

LA POTASSE OU OXYDE DE POTASSIUM

Symptôme en cas de carence	*Symptôme en cas d'excès*
PA : Les entre-nœuds sont anormalement courts, la fructification est médiocre, nécrose et mauvais aspect des feuilles. Chlorose puis brunissement des bords du limbe des feuilles pouvant s'étendre entre les nervures et évoluant vers la nécrose. Les jeunes feuilles sont plus ou moins enroulées et la croissance est limitée. R : Les racines sont jaunes, pâles et peu ramifiées.	La plante peut l'accumuler sans dommage mais en pure perte. Si les quantités sont vraiment trop importantes, les racines n'arrivent plus à pomper l'eau et la plante se flétrit. D'autre part, il existe un antagonisme entre le potassium et d'autres éléments (calcium et magnésium entre autres). Un excès de potassium peut donc provoquer des carences en magnésie ou d'autres oligo-éléments. R : Les racines peuvent se nécroser, leur croissance est ralentie.

Les carences et excès en éléments fertilisants secondaires

Le magnesium

Symptôme en cas de carence	Symptôme en cas d'excès
PA : Elaboration entravée de la chlorophylle, chlorose sur les premières feuilles (les plus âgées : en cas de manque, le Mg migre des vieilles feuilles vers les plus jeunes), en taches internervaires irrégulières d'abord le long des nervures, puis sur l'ensemble de la feuille. Des nécroses de couleurs variées (du jaune au brunâtre) peuvent apparaître ensuite. Le reste du limbe reste vert. Le sommet des feuilles a parfois tendance à s'enrouler. En cas de carence forte, des pulvérisations répétées de sulfate de magnésie (il peut être mélangé avec un fongicide de surface, du soufre en poudre, par exemple) à 2 % feront reverdir le feuillage. R : Racines longues et peu ramifiées.	PA : Provoque un déséquilibre par absorption insuffisante de potassium. Croissance des tiges exagérée, floraison difficile. Dans les cas graves, feuilles d'un vert sombre, plus petites, jeunes feuilles enroulées. Extrémités des tiges se flétrissent. R : Forte croissance des racines.

Le calcium

Symptôme en cas de carence	Symptôme en cas d'excès
PA : Feuilles d'un vert sombre tendant vers la chlorose des pointes et des bordures des feuilles jeunes, puis internervaire; nécrose possible, croissance faible, malformation des feuilles, bourgeons terminaux brunissants. R : Racines courtes très ramifiées, renflées au bout et mourant par la pointe.	PA : Effet indirect : utilisation insuffisante du fer et du manganèse : chlorose internervaire et taches nécrotiques, croissance diminuée et plante molle.

Le soufre

Symptôme en cas de carence	Symptôme en cas d'excès
PA : Plante entièrement chlorotique, surtout les jeunes feuilles. Les feuilles sont épaisses et dures, les tiges sont courtes et ligneuses. R : Les racines sont nombreuses et ramifiées.	PA : Les feuilles sont chlorotiques, plus petites, se courbant en dedans, pustules sur le bord, brunissement marginal. Tiges dures, jaunissement de l'extrémité. R : Très nombreuses racines blanches et rameuses.

Les carences et excès en oligo-éléments

Le fer

Symptôme en cas de carence	*Symptôme en cas d'excès*
PA : Chlorose internervaire évoluant vers le jaunissement général du limbe des jeunes feuilles, tiges minces. La chlorose ferrique est rarement due au manque de fer dans le sol, le plus souvent la faible acidité du sol empêche le fer de se solubiliser. Pour les fruitiers utiliser des produits "chelatés", composés organiques de fer où celui-ci garde son pouvoir tout en restant mobile.	PA : Excès rare, dans les cas graves chlorose générale. R : Nécrose racinaire.

Le cuivre

Symptôme en cas de carence	*Symptôme en cas d'excès*
Il intervient dans les mêmes processus que le fer, sa carence agit sur les feuilles qui restent petites et se colorent de vert-bleu. PA : Chlorose des jeunes feuilles, plante molle, séchant facilement.	PA : Chlorose des feuilles avec taches brunes, les nervures restent vertes.

Le zinc

Symptôme en cas de carence	*Symptôme en cas d'excès*
PA : Chlorose mouchetée des feuilles suivie de leur nécrose et de la chute. Raccourcissement des entre-nœuds. Blocage par chaulage ou trop de phosphore (antagonisme des ions).	PA : Chlorose surtout des jeunes feuilles y compris les nervures. Les vieilles feuilles ont les nervures rouges ou noires puis se dessèchent. Les bourgeons terminaux avortent.

Le manganèse

Symptôme en cas de carence	*Symptôme en cas d'excès*
PA : Chlorose internervaire des jeunes feuilles évoluant vers des taches nécrotiques brunes. Les nervures restent vertes.	PA : Dans les cas graves, aspects chlorotiques. Feuilles tordues et frisolées.

Le bore

Symptôme en cas de carence	*Symptôme en cas d'excès*
Les arbres fruitiers y sont sensibles. PA : Les feuilles deviennent vert clair. Souvent tache brune sur les tiges, l'apex dépérit, les pousses inférieures se développent. R : Racines jaunes ou brunes ridées qui pourrissent.	PA : Jaunissement du bord des feuilles gagnant toute la surface, laissant de grandes taches brunes sur les bords, puis chute des feuilles.

Le molybdène

Symptôme en cas de carence	*Symptôme en cas d'excès*
PA : Chlorose moucheté des feuilles suivi de leur nécrose et de la chute. Raccourcissement des entre-nœuds. Blocage par chaulage ou trop de phosphore (antagonisme des ions).	PA : Chlorose surtout des jeunes feuilles y compris les nervures. Les vieilles feuilles ont les nervures rouges ou noires puis se dessèchent. Les bourgeons terminaux avortent.

77. Peut-on cultiver un bonsaï en pleine terre ?

Oui, bien entendu, à condition de tailler les racines régulièrement et de l'assister par un arrosage très précis. Les bonsaï cultivés temporairement de cette façon sont même plus vigoureux.

La "pleine terre" donne un regain de vigueur

Si on installe définitivement l'arbre en laissant les racines se développer, l'arbre y gagnera progressivement en vigueur : ses entre-nœuds vont s'allonger, les feuilles vont reprendre une taille normale. L'arbre va perdre progressivement ses caractéristiques de petit arbre. Même avec une taille régulière, il va se déployer. Cet exemple montre que le contrôle des apports en eau et en fertilisants est la clef de la miniaturisation. La mise en pleine terre pendant quelques années est une technique utilisée par les producteurs de bonsaï, car **elle permet à l'arbre de s'épaissir beaucoup plus vite**.

1

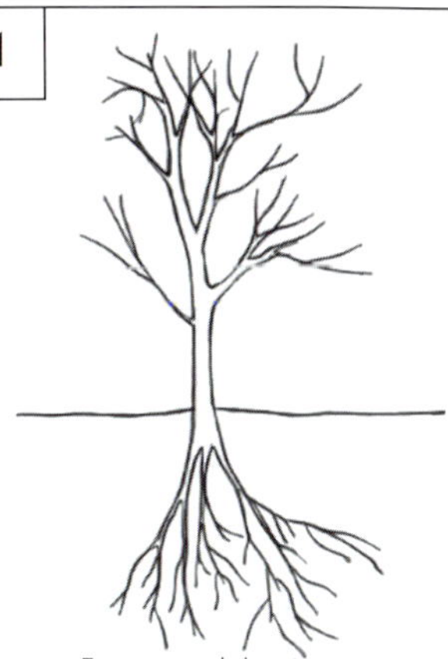

5 ans en pleine terre

2

Mise en pot

3

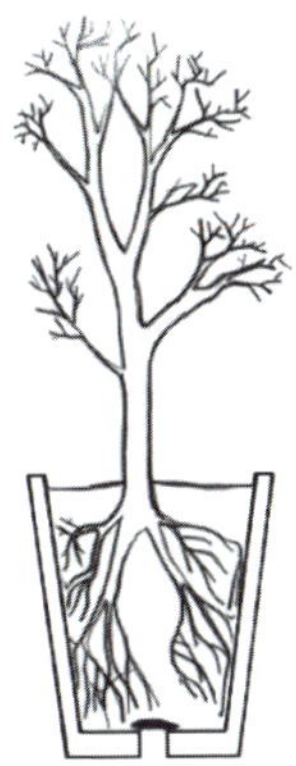

Après 3 ans en pot

4

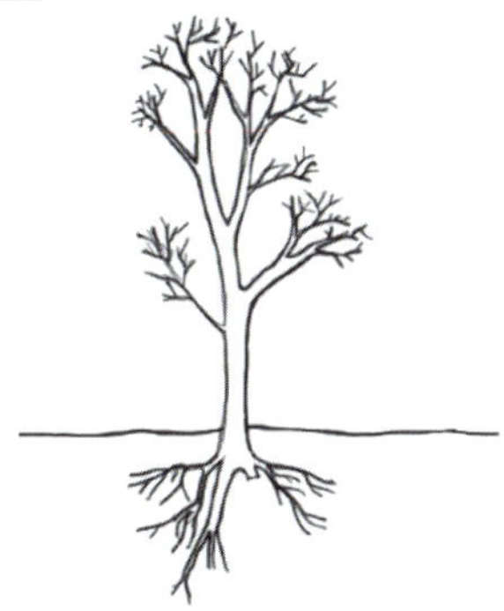

Mise en pleine terre

5

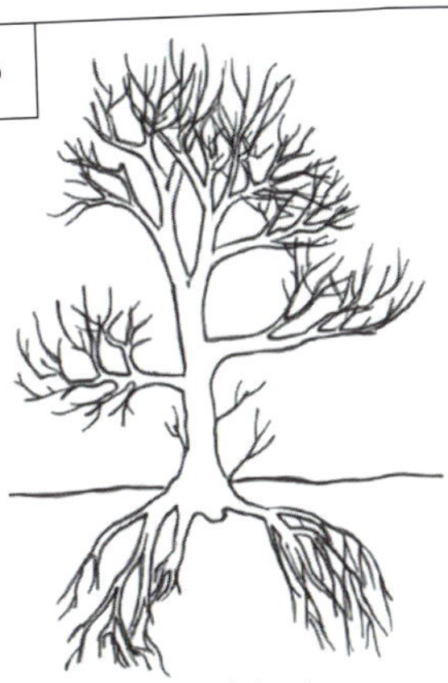

3 ans en pleine terre

6

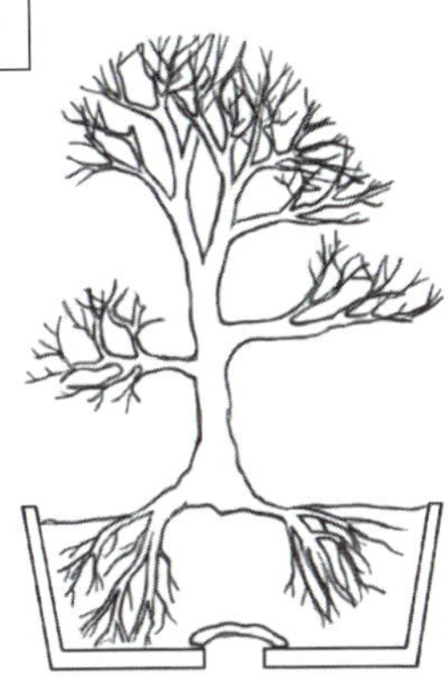

Remise en pot

7

Quelques années après

On procède de la façon suivante (schémas page précédente) :

Mise en pleine terre et culture (schémas 1, 4 et 5)

Elle permet d'accélérer la croissance du bonsaï (qui n'est d'ailleurs plus bonsaï, sans pot). Les tiges prennent rapidement de l'épaisseur, les entre-nœuds s'allongent, le système racinaire s'étend sans limites, les feuilles retrouvent une taille normale. L'arbre perd peu à peu ses caractéristiques d'arbre nain malgré une taille régulière des parties aériennes (on ne taille pas les racines pour que l'arbre se fortifie plus vite).

La mise en pot (schémas 2 et 6)

Elle s'accompagne d'une taille des racines et des parties aériennes.

La culture en pot (schémas 3, 6 et 7)

Elle permet d'affiner l'arbre. La croissance étant contrôlée (par l'arrosage et les apports en engrais), les nouveaux entre-nœuds sont plus courts, les feuilles plus petites. Par tailles fines successives, l'arbre se ramifie finement.

Cette technique est possible surtout avec des arbres acclimatés ou d'origine locale, mais aussi pour les tropicaux. Ces derniers devront être rempotés ou paillés avant l'hiver, avec les risques que cela comporte.

La "pseudo-pleine terre"

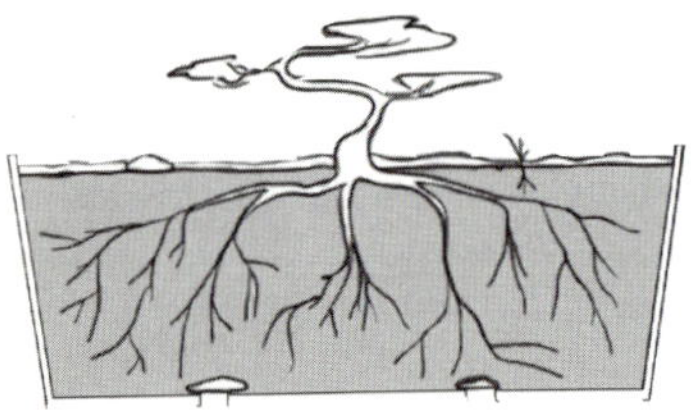

Il est possible de cultiver tous les bonsaï en "pseudo-pleine terre", c'est-à-dire dans un pot de taille disproportionnée, de telle sorte que les racines soient libres (leur croissance n'est pas limitée par la taille du pot) pendant plusieurs années. Cette méthode est employée pour régénérer les vieux bonsaï ; c'est aussi un stade intermédiaire lorsqu'on veut réduire progressivement les racines d'un arbre de pépinière avant d'installer celui-ci dans un pot plus esthétique.

Créer un paysage

Un compromis consiste à enterrer les terrines à ras de terre ce qui permet

• de créer des paysages miniatures et des perspectives (en rapportant des pans de mousse dont on peut recouvrir les intervalles entre les terrines et créer un paysage continu en associant plusieurs arbres). Il est important de ne pas mélanger des arbres dont les conditions de culture sont trop différentes (tropicaux et tempérés, par exemple), car l'arrosage de chaque arbre individuellement devient difficile à contrôler et surtout moins pratique (regrouper les arbres permet de tous les traiter en une fois).

• d'espacer les arrosages (les pots chauffent moins, et par capillarité l'humidité du sol remonte dedans). Pour les arbres à feuilles caduques, ce procédé permet presque d'arrêter les arrosages en hiver. Par contre, il favorise l'invasion de la terre des bonsaï, par les vers de terre, les cloportes, les fourmis, etc.

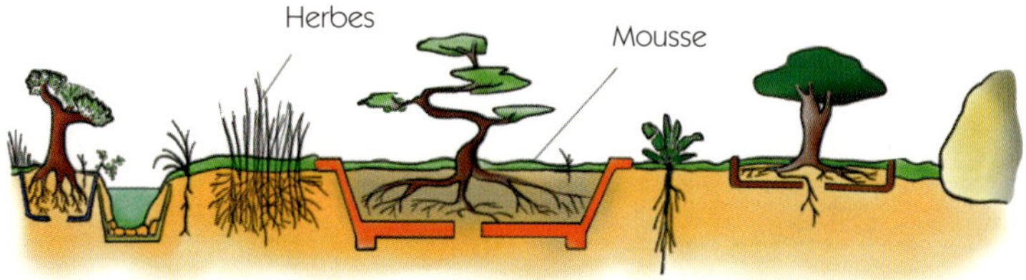

Lors du rempotage, on découpe la terre le long des cloisons pour séparer chaque arbre.

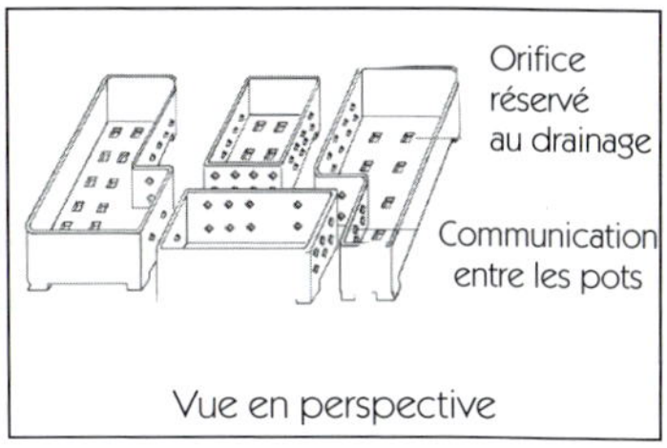

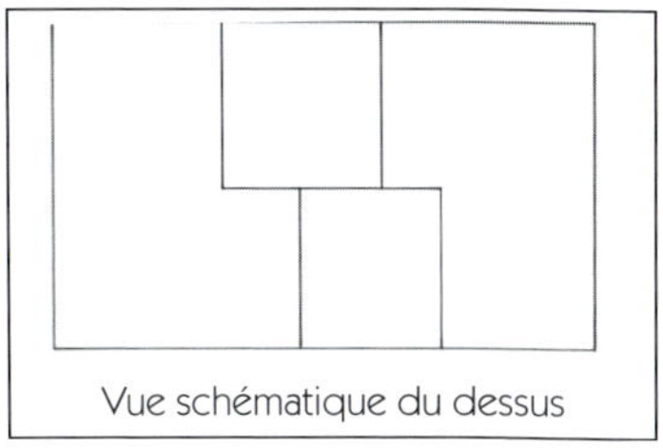

L'idéal, d'un point de vue esthétique, serait de réaliser en céramique un ensemble de "pots en puzzle".

Le paysage composite

Le paysage schématisé ci-dessus n'est pas d'un seul tenant. Les arbres étant déjà formés avant leur plantation en groupe, l'espace qui sépare les troncs est important. L'idée de les rempoter séparément s'impose, car la surface de l'ensemble fait presque un mètre carré.

Chaque système racinaire est séparé des autres par une cloison volontairement imparfaite : en effet les échanges d'eau, de minéraux, de mycorhize ou simplement le passage de petites racines d'un arbre à l'autre renforce l'équilibre.

Les plantations en groupe

Le développement des racines des formes forestières de bonsaï ne pose pas de problème particulier.

Lors du rempotage, on découpe la motte commune avec des ciseaux pour séparer les arbres les uns des autres. Chaque arbre est ensuite traité à part, puis l'ensemble est reconstitué. Les racines de chaque sujet vont progressivement se mélanger à nouveau.

La disposition des arbres peut à cette occasion être modifiée, c'est le cas montré par les trois schémas ci-dessous.

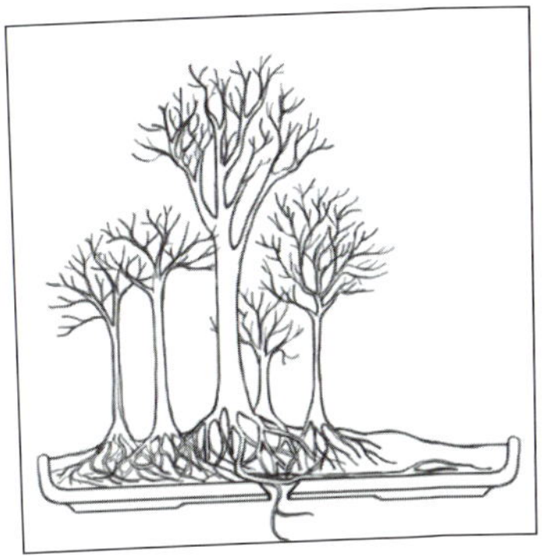

Parcours le long du tronc

Le changement de couleur d'un jeune tronc, l'apparition de l'écorce sont des signes de maturité qui donnent à la jeune pousse le statut de jeune arbre.

L'importance esthétique du tronc réside aussi dans son épaisseur, celle-ci lui confère une impression de force, elle est synonyme de "vieillesse vénérable". Elle en compte d'ailleurs les années : le tronc est la mémoire de l'arbre.

Apparemment inactif, le tronc porte des cicatrisations qui sont pourtant des plus spectaculaires, son écorce, plus ou moins crevassée, donne une identité "tactile" au bonsaï.

Si sa solidité est bien réelle, elle cache néanmoins une grande faiblesse qui menace les grands arbres mais qui est très utile dans l'art du bonsaï : le creusement du tronc, signe du vieillissement.

L'étude du tronc, véritable centre d'intérêt du bonsaï, est très riche en enseignements. Les formes de tronc les plus typiques peuvent s'expliquer, elles dépendent des conditions de vie de l'arbre. Quand à sa structure, elle permet de comprendre comment le bonsaï se fortifie et se laisse former ; en fait ce qui rend la pratique du bonsaï possible.

78. Est-ce que n'importe quel arbre peut devenir un bonsaï ?

Tout dépend de ce que l'on nomme arbre ! (voir question 17)

Les plantes au port arborescent

Les palmiers, les bambous ne peuvent pas être miniaturisés, car ils ne produisent pas de bois et très peu de liège. Ce sont des "herbes géantes", elles ont le port* arborescent, mais leur structure s'oppose à toute tentative de miniaturisation. En effet, la tige (le "tronc") a déjà sa largeur définitive lorsque la plante commence sa croissance vers le haut. La plante, au début en massif, va s'élargir jusqu'à atteindre une largeur définitive et ensuite seulement pousser en hauteur (schéma 1).

De plus, chez les palmiers, il n'y a qu'un bourgeon au sommet de la plante (schéma 2). Le couper entraîne la mort de celle-ci. Pour protéger ces plantes du gel, on protège cet unique bourgeon. Chez les bambous, on observe une légère ramification et des rejets à la base. Cela étant, seuls les bambous nains peuvent tenir dans une terrine ! Il s'agit d'une pratique très particulière du bonsaï.

1

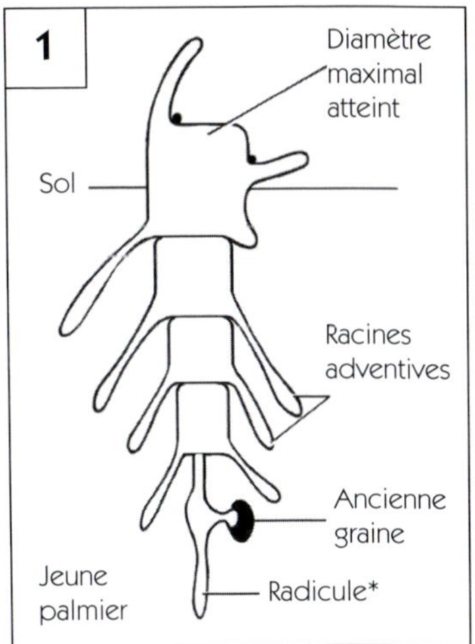

2

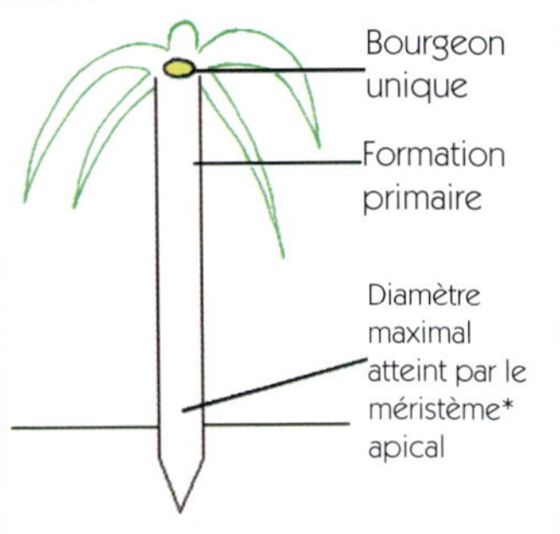

Beaucoup de monocotylédones* arborescentes (ici palmier)

Crassula en fleurs
Crassula arborescens
Taille : 57 cm
Cette espèce produit peu de bois. Le liège apparaît tardivement à la base du tronc.
Collection Bonsaï Méditerranée Association

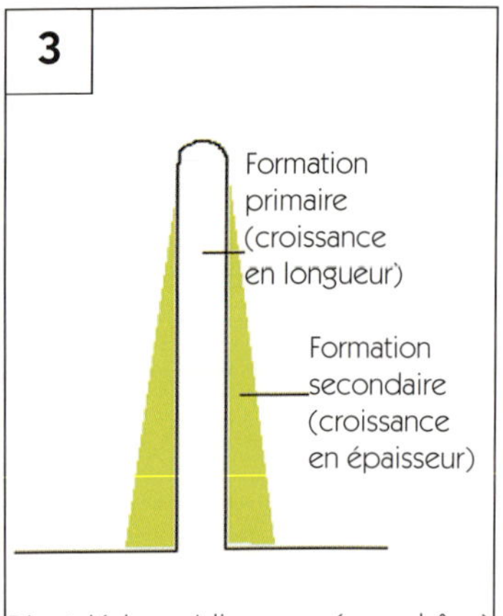

Dicotylédones* ligneuses (ex. : chêne)

Pour la plupart des arbres, comme les chênes et les sapins, le bois et le liège apparaissent dès la première année de vie de la plante, qui devient alors ligneuse. En se développant un peu plus chaque année, ces formations secondaires augmentent progressivement le diamètre du tronc et des branches.

Les parties les plus anciennes sont donc les plus épaisses et se situent logiquement à la base du tronc au niveau du collet*. On peut donc en conclure que toute plante ligneuse peut-être formée en bonsaï : des arbres, mais aussi des plantes grimpantes comme le lierre, la glycine ou encore de la vigne, ainsi que des plantes qui restent de petite taille comme les azalées et les buis. Pour des plantes non ligneuses, puisque leur structure interdit un contrôle précis de leur taille, il est impératif que celle-ci soit compatible avec la vie en pot. C'est le cas des bambous nains (*Bambusa multiplex*), de certaines crassulacées qui ressemblent à de petits arbres (*Crassula arborescens*), ainsi que de certaines euphorbes (*Euphorbia balsamifera*).

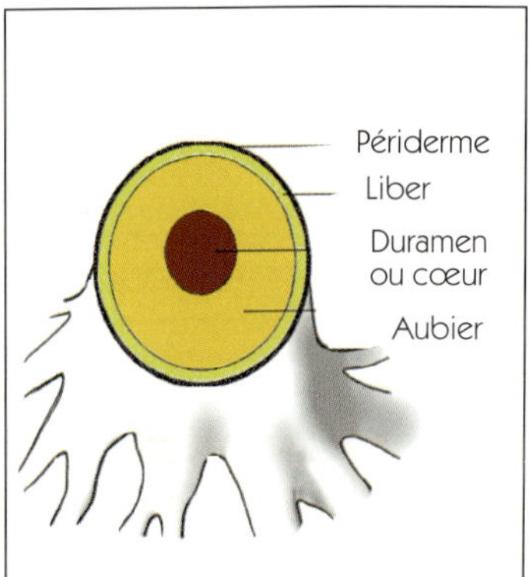

CT de tronc d'arbre

79. Un tronc, comment c'est fait?

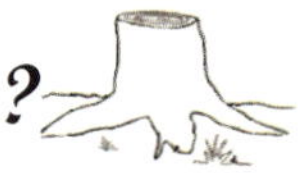

Cette question est très importante, elle constitue le pilier du chapitre. Scions le tronc d'un très vieux bonsaï...

... ou plutôt d'un arbre grandeur nature si l'on veut y voir plus clairement.

Il y a des zones qui se distinguent plus ou moins nettement :

— le cœur ou duramen est la partie la plus centrale et la plus dure.

— l'aubier, moins dense, présente des cernes que l'on peut compter et, en y regardant de plus près, on constate que ces cernes correspondent à une alternance de petits tubes de diamètres plus ou moins grands.

— le liber est une zone homogène.

— le périderme, c'est ce que l'on appelle couramment "l'écorce", il semble qu'il soit composé de plusieurs couches successives.

Chacune de ces différentes zones correspond à un tissu. Chacun de ces tissus joue un rôle dans la vie de l'arbre.

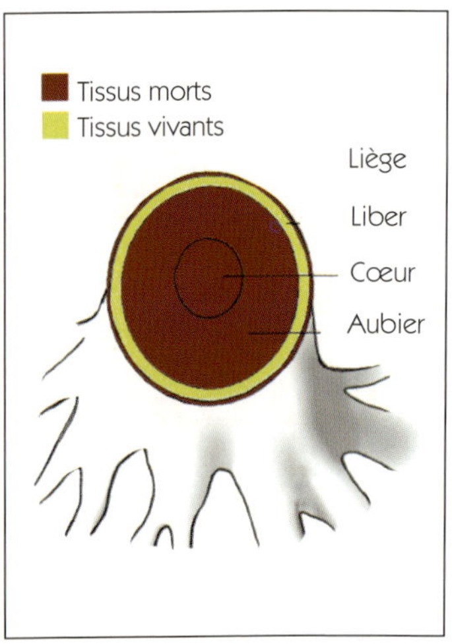

80. Quelles sont les parties vivantes et les parties mortes du tronc?

Un bonsaï n'est pas constitué que de tissus vivants, loin de là. Une partie relativement faible des organes ligneux est réellement vivante. Cette caractéristique rend l'arbre plus fragile, malgré les apparences.

Les tissus vivants

Ils forment un manchon relativement fin. Ces tissus regroupent les fonctions suivantes : la conduction de la sève, la mise en réserve.

Les tissus morts

Ils forment un cylindre central et un manchon externe appelé communément "écorce".

Cette "écorce" peut être continue : elle assure alors une protection contre les agressions extérieures (ex. : le chêne-liège).

Chez d'autres espèces, comme les eucalyptus ou les platanes, elle est discontinue mais se renouvelle plus rapidement. Elle peut être absente (ex. : le hêtre, *Fagus sylvatica*).

Les tissus vivants sont relativement exposés. Si le gel détruit facilement les feuilles, il peut aussi causer des dégâts en faisant éclater le tronc qui se fissure en longueur.

Une des fonctions de ces tissus étant de conduire la sève des branches jusqu'aux racines, on évitera de provoquer des blessures transversales en croisant des ligatures (voir question 91) ou par scarification (voir question 86).

Ci-contre :
Orme (détail)
Ulmus parvifolia
Le bois découvert a été traité

Ci-dessous :
Erable champêtre (détail)
Acer campestre
Taille : 50 cm Ø 32 cm

81. Quelle est la fonction principale de chaque tissu ?

Chaque tissu remplit un rôle.

Les tissus morts

• Le duramen a un rôle de soutien, renforcé par l'aubier ; il assure le port* du végétal, un peu comme un squelette.

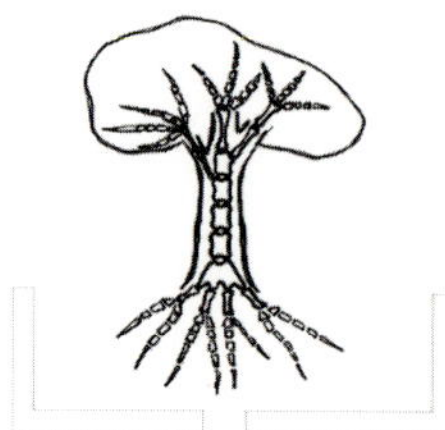

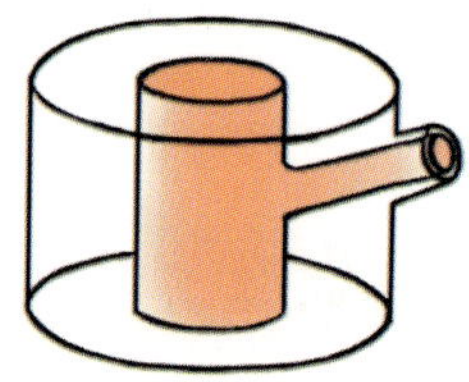

• Le liège assure la protection contre les insectes, les champignons, le feu (chez le chêne-liège) et contre le gel.

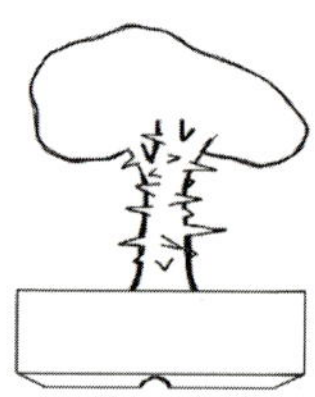

• L'aubier assure la conduction de la sève brute qui monte des racines jusqu'aux feuilles. Une partie des cellules de l'aubier sont mortes, car pour former des tubes dans lesquels va monter la sève brute, elles se sont alignées et vidées de leur contenu. Les tubes ainsi formés communiquent latéralement entre eux (voir schémas questions 87 et 131).

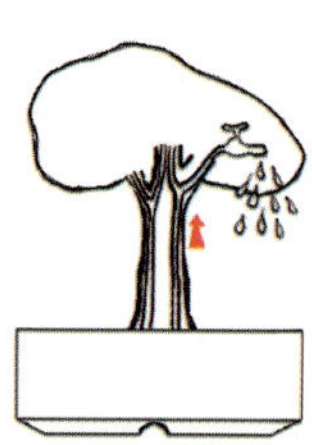

Olivier
Olea europaea
Taille : 52 cm
Ce bonsaï est planté sur une pierre de saffre qui a été creusée,
et percée pour permettre le drainage.
Il présente un défaut de conicité qui pourra être corrigé par la suite.
Collection Bonsaï Méditerranée Association

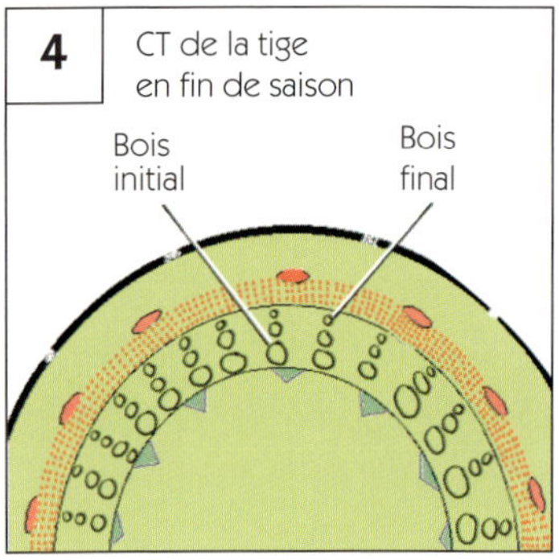

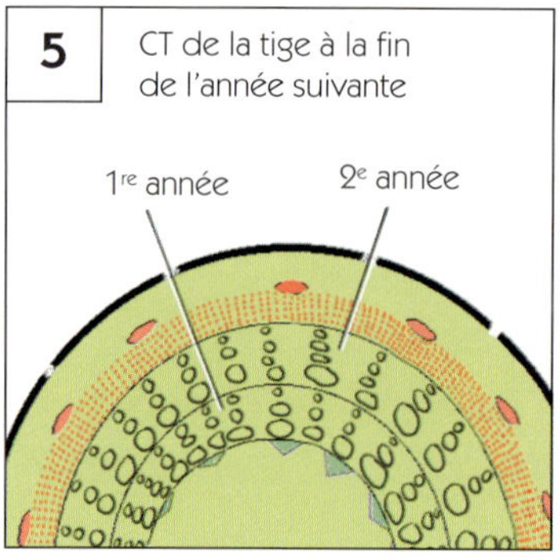

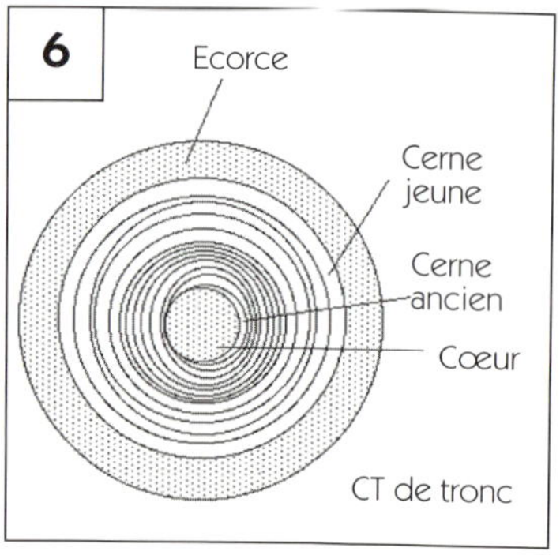

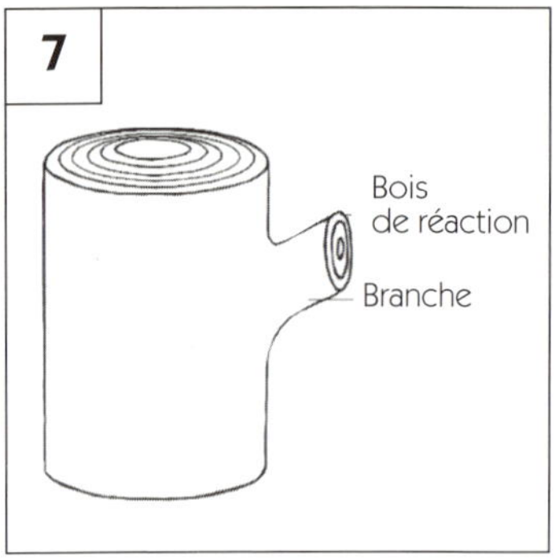

Les épaisseurs sont fonction de la croissance (schéma 4). Ainsi, au sein même d'un cerne, on peut parfois distinguer une perturbation climatique qui a ralenti l'activité de l'arbre : le tronc du bonsaï est en quelque sorte sa mémoire. Le liège et le liber montrent aussi ces mêmes variations, mais ils sont souvent en couches trop fines et trop désordonnées pour que les limites entre les années soient bien nettes.

Le schéma 5 représente la même tige à la fin de l'année suivante : un deuxième cerne s'est formé. Les cernes les plus jeunes sont les plus externes.

Remarque : si les cernes du tronc sont à peu près concentriques (schéma 6), ceux des branches ne le sont pas toujours : cela varie notamment en fonction de l'espèce et des tensions qui règnent entre les différents tissus (schémas 7, 8 et 9).

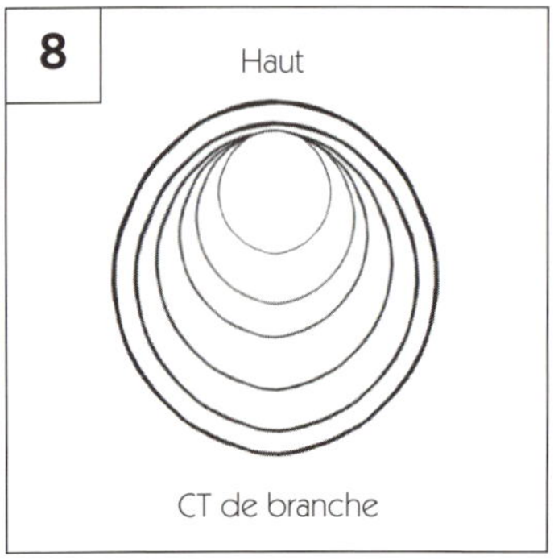

2 variantes

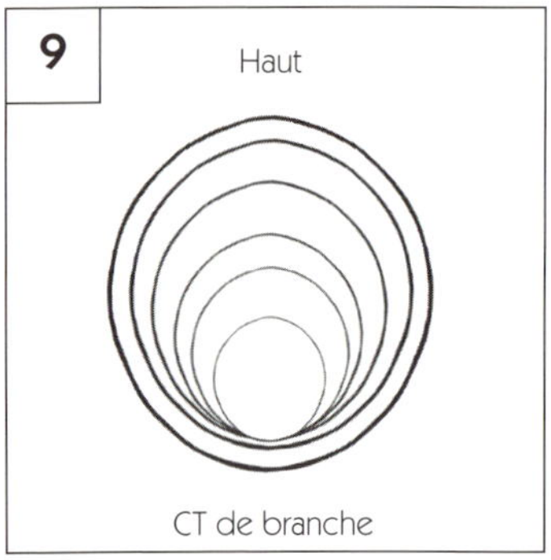

Souche de **platane** montrant des cernes bien distincts.

84. Comment se forme l'écorce?

On désigne couramment par écorce la partie superficielle du tronc qui tombe en lambeaux de façon saisonnière. Il ne s'agit en fait que du liège. Écorce est un terme employé par les botanistes pour désigner non seulement le liège, mais aussi les couches plus profondes, jusqu'au cambium (voir questions précédentes).

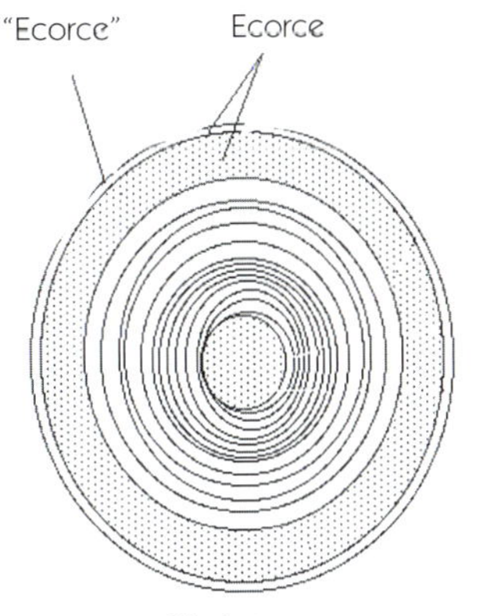

CT de tronc

L'écorce, "empreinte digitale" de l'arbre

Chaque essence a une écorce caractéristique qui permet de la reconnaître.

Quel intérêt pour un bonsaï?

L'écorce bien formée, le liège apparent tout comme l'épaisseur du tronc sont des caractères d'arbre. L'apparition de l'écorce sur le tronc des jeunes bonsaï les rend plus "respectables". Elle les fait passer du statut de jeune plante à celui d'arbre. L'apparition de cette écorce est plus ou moins précoce. Cela dépend de l'espèce. Certaines n'ont pas ou n'ont que très peu de liège (*Fagus sylvatica*, le hêtre), d'autres en produisent beaucoup (*Quercus suber*, le chêne-liège). On peut constater des variations importantes d'un individu à un autre et suivant les conditions de culture. L'apparition de l'écorce est donc assez imprévisible. Elle peut être précipitée par un apport en engrais adapté en automne ou une scarification.

Les propriétés de l'écorce

La formation de l'écorce se traduit par un changement de couleur et de structure : de vert lisse, le tronc devient marron ou gris, rugueux et crevassé. La surface de l'écorce est formée de liège. Ce liège provient du phellogène* (voir question 82). Le phellogène est une couche de cellule très fine : son épaisseur est d'une cellule seulement. Ces cellules se divisent activement en cellules qui se transforment ensuite en cellules de liège (voir schéma ci-dessous). Les cellules du liège meurent très vite, car leur paroi s'imperméabilise rapidement. Elles sont donc asphyxiées et se vident de leur contenu.

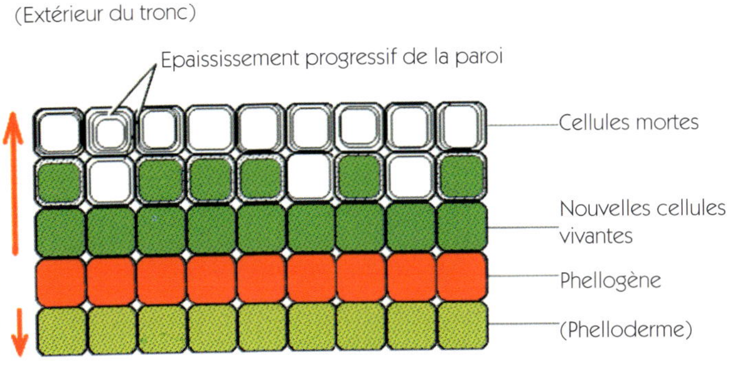

Fonctionnement du phellogène

(ph : phellogène - c : cambium)

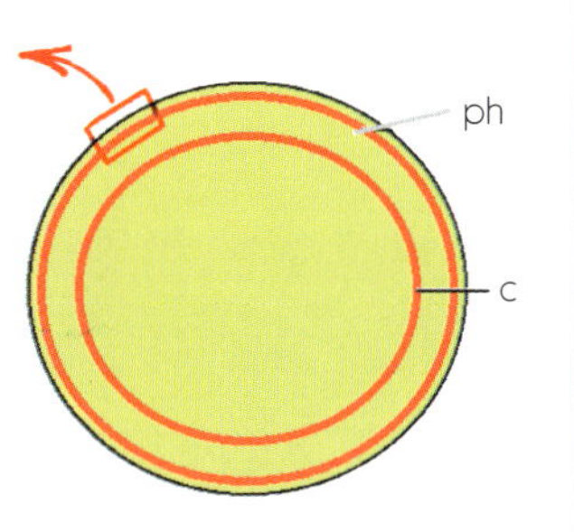

CT de tronc

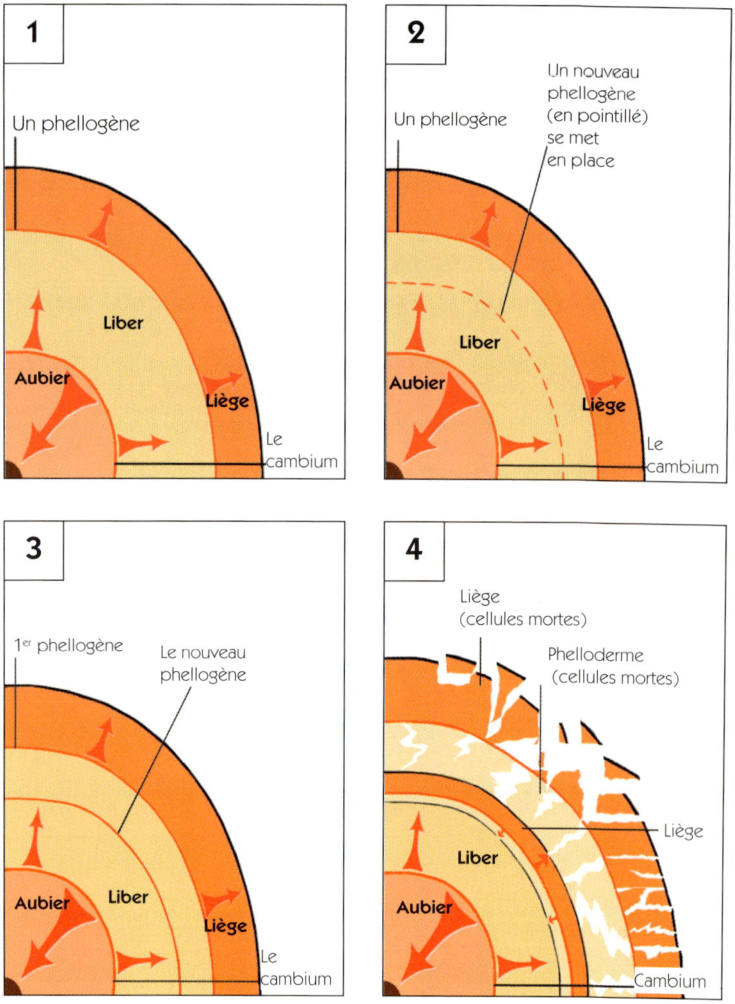

Les grandes lignes du fonctionnement de l'écorce

Schéma 1 : les deux zones de croissance que sont le cambium et le phellogène sont représentées en traits gras. On retrouve le déséquilibre de croissance entre aubier - liber.

Schéma 2 : un nouveau phellogène apparaît sous le premier.

Schéma 3 : le nouveau phellogène s'est mis en place mais n'a pas encore commencé à fonctionner.

Schéma 4 : le nouveau phellogène fonctionne. Sa production de liège a isolé l'ancien phellogène et les tissus dont il est l'origine. Cet ensemble, isolé du reste de la plante, meurt et se craquelle et tombe par plaques plus ou moins rapidement.

Remarque : dans les schémas 1 à 4, le liber a une épaisseur volontairement exagérée.

85. Pourquoi les troncs ne sont-ils pas lisses?

Dans la question précédente, nous avons vu comment, à partir du phellogène, le liège se forme. S'il n'y avait qu'un seul phellogène bien régulier, tous les troncs auraient une écorce bien régulière. Il y a, en fait, souvent plusieurs phellogènes, comme l'indiquent les schémas ci-contre.

Le fonctionnement cyclique des phellogènes

Schéma 1 : les cellules du liège meurent rapidement (couleur grise). En se vidant, elles deviennent très isolantes. L'imperméabilisation des parois des cellules asphyxie celles-ci en les privant de sève, mais aussi tous les tissus qui se trouvent à la périphérie, c'est-à-dire entre la couche de liège et l'extérieur. Le liège protège efficacement le tronc des agressions extérieures.

Schéma 2 : d'autres phellogènes apparaissent plus à l'intérieur.

Schéma 3 : lorsque ces assises se mettent à fonctionner, elles isolent les zones plus extérieures. Les tissus de ces zones ainsi isolés meurent rapidement par asphyxie. Ils sont à leur tour rejetés plus à l'extérieur.

Les tissus morts extériorisés forment chez les arbres d'un certain âge le **rhytidome**. C'est le nom donné aux plaques qui peuvent se décoller (chez le platane, par exemple) et qui donnent l'allure de l'écorce : sa forme mais aussi les variations de sa couleur (une plaque fraîchement tombée laisse une empreinte plus claire).

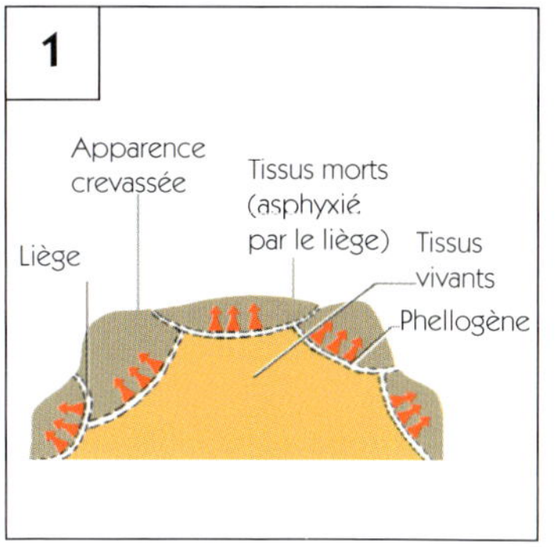

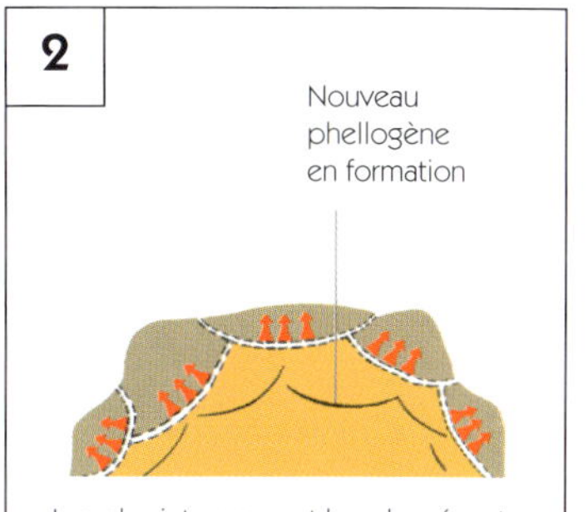

Les plus internes sont les plus récents

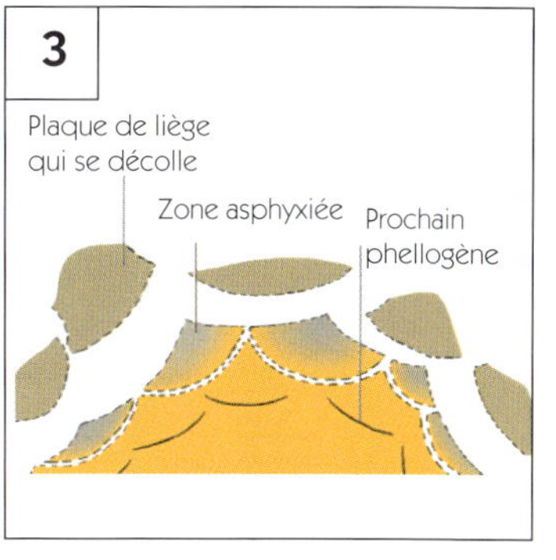

Aspect caractéristique d'un tronc de **grenadier** (***Punica granatum***)

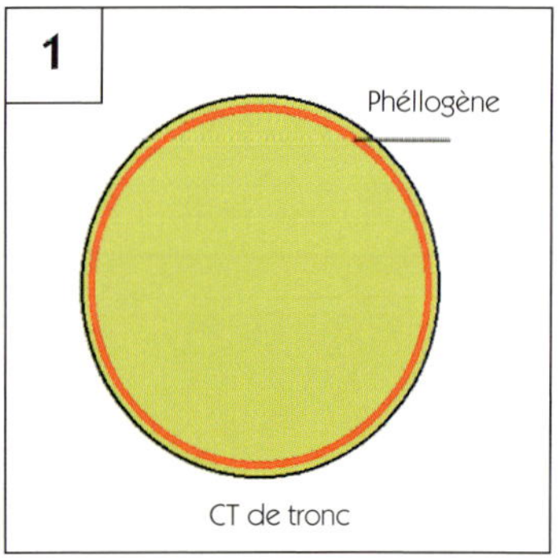

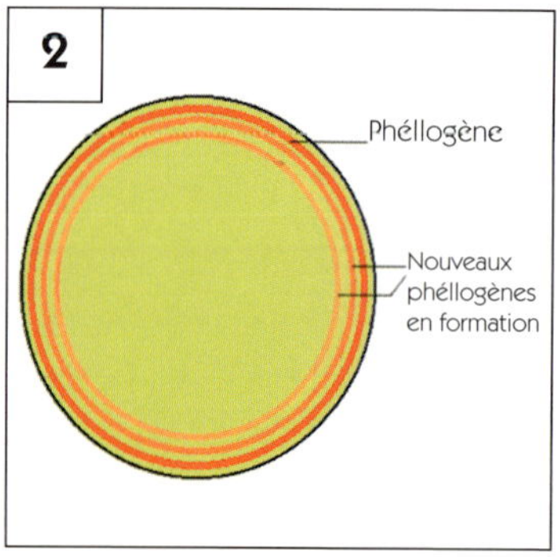

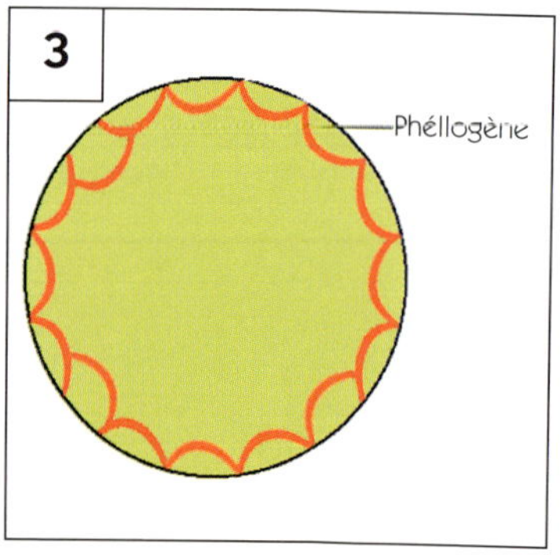

Les trois variantes de fonctionnement

Elles aboutissent à des morphologies différentes du liège.

• Arbre ne formant qu'un phellogène. Le périderme reste peu épais (voir question 79). Le rhytidome est lisse : par exemple, les hêtres, les charmes. Dans certains cas, plusieurs phellogènes se succèdent, mais un seul reste fonctionnel durant toute la vie de l'arbre, le rhytidome se crevasse légèrement et tardivement : par exemple, les tilleuls (schéma 1).

• La formation de plusieurs phellogènes successifs et concentriques de plus en plus profonds aboutit à un périderme crevassé ; dans ce cas, les morphologies sont variées. Le rhytidome peut se détacher par plaques : exemple les vignes (schéma 2).

• De nombreux phellodermes en arc de cercle apparaissent successivement. Le rhytidome est alors écailleux. Il persiste : exemple, le robinier faux acacia. Il se détache : exemple, le pommier commun (schéma 3).

86. En quoi consiste la scarification du tronc?

On utilise dans l'art du bonsaï de nombreux artifices pour faire paraître le bonsaï plus vieux qu'il ne l'est en réalité. Les jeunes arbres ont un tronc encore vert et lisse. En effet, le premier phellogène qui va donner le liège, et donc l'aspect ligneux de l'arbre, n'est pas encore apparu.

Il est possible de provoquer l'apparition précoce d'un ou plusieurs phellogènes en scarifiant le tronc.

La scarification consiste à réaliser de fines entailles avec une lame de rasoir ou de cutter. On incise le tronc dans le sens de la longueur sur une profondeur d'un millimètre environ. Ces entailles se font le long du tronc, jamais en travers pour ne pas entraver la circulation de la sève.

Cette opération doit être réalisée avec une lame très propre et par temps sec uniquement pour limiter les risques d'infestation de l'arbre par un champignon ou un autre germe pathogène. Elle peut être répétée, mais à un an d'intervalle, car l'arbre a besoin de temps

• pour cicatriser (réaction superficielle),
• pour modifier ses tissus en profondeur (réaction plus lente).

Scarification à l'aide d'un cutter

Il doit aussi et surtout rester en bonne santé. La scarification aura donc lieu **avant l'été**, lors de la phase de végétation la plus active (les processus sont alors très rapides), et non pas en fin d'été ou en automne : l'arbre est plus lent à réagir à cette période et surtout manquerait de temps pour cicatriser correctement avant l'hiver.

Remarque : les mêmes résultats sont obtenus en tapant légèrement le tronc avec un marteau.

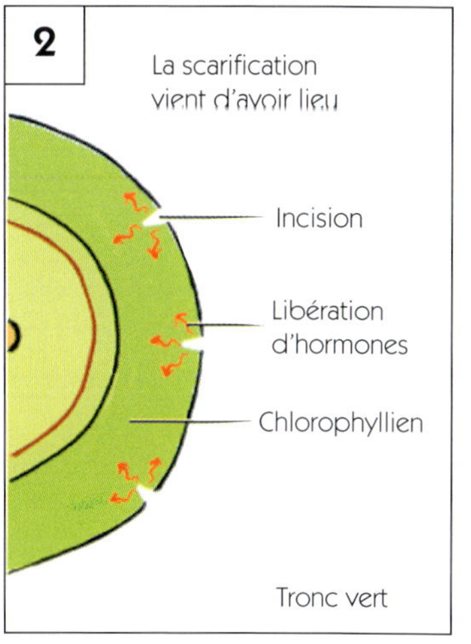

Le processus histologique

• L'incision provoque la libération d'hormones par les tissus abîmés. Ces hormones vont diffuser dans la sève vers l'intérieur du tronc (schéma 2).

• L'arbre réagit d'abord par la formation de liège cicatriciel : c'est la cicatrisation (schéma 3). Cette formation de liège protège l'arbre des agents pathogènes en isolant les cellules du milieu extérieur. Mais la scarification provoque aussi une modification de tissus en profondeur. Sous l'influence des hormones libérées par les tissus lésés, un phellogène apparaît : certaines

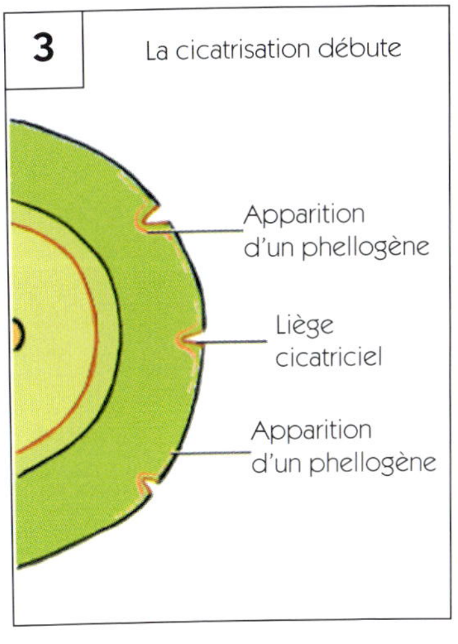

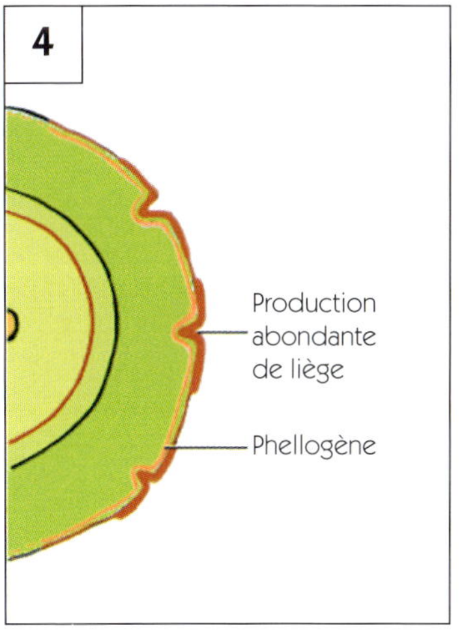

cellules chlorophylliennes ont perdu leur chlorophylle, elles ont rajeuni et peuvent à nouveau se diviser. Ces cellules sont redevenues méristématiques (voir question 3).

• Le phellogène commence à fonctionner en produisant du liège plus ou moins abondamment selon les espèces et le métabolisme de l'arbre (schéma 4). Certains arbres vont produire rapidement du liège sur l'ensemble de la surface du tronc, alors que pour d'autres il faudra scarifier le tronc à nouveau l'année suivante pour accélérer le processus.

• D'autres phellogènes vont se former durant les années suivantes, entraînant chez la plupart des espèces la chute périodique des plaques de lièges les plus externes ; le tronc a maintenant un aspect ligneux qui vieillit artificiellement le bonsaï (schéma 5).

En scarifiant le tronc, on accélère un processus naturel par un moyen artificiel. On peut noter ici que l'utilisation d'un engrais adapté en automne (riche en phosphore et en potasse) accélère aussi le vieillissement apparent du tronc. On peut aussi laisser faire la nature et le temps…

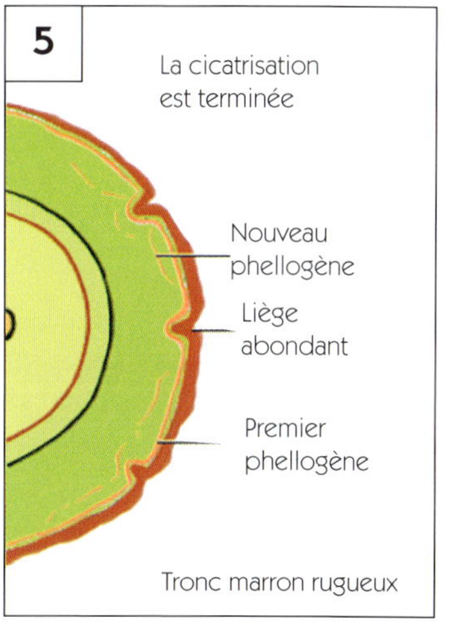

87. Où circule la sève?

Comment l'arbre peut-il alimenter toutes ses cellules, des racines jusqu'aux feuilles ?

Les arbres ont un système d'irrigation de leurs cellules qui rappelle la circulation sanguine des vertébrés. Ce système est basé sur le même principe : des tissus spécialisés sont chargés de conduire l'eau et les éléments nutritifs (schéma 1). Le moyen de transport utilisé est le même : c'est l'eau dans laquelle les éléments nutritifs sont dissous qui transporte ces derniers.

Un autre problème se pose : l'arbre prélève les substances dont il a besoin, les transforme et les utilise. Comment transporter et distribuer efficacement ces substances ?

Les arbres ont deux appareils conducteurs séparés qui transportent ces deux types de sève (voir schéma 2).

1

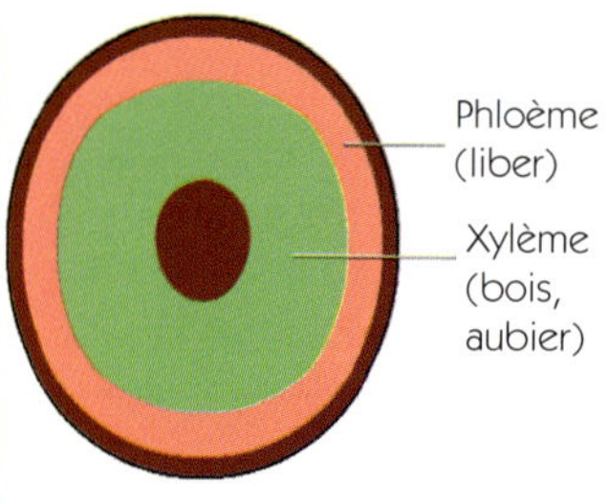

CT de tronc d'arbre
montrant les deux tissus conducteurs

2

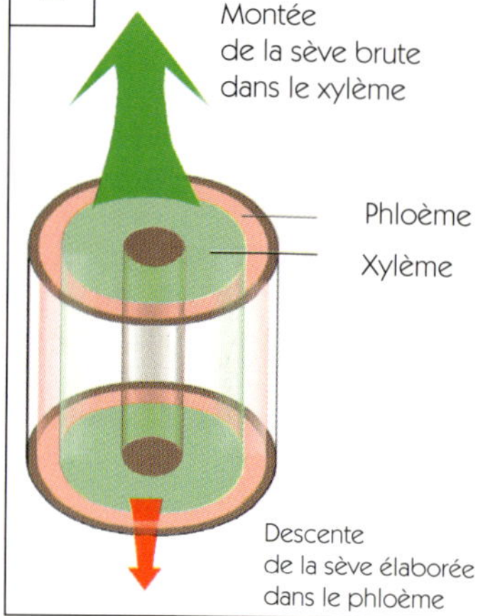

• La première sève est constituée par l'eau et les sels minéraux, c'est la sève brute, aussi appelée sève minérale. Puisée par les racines, elle monte jusqu'aux feuilles (sève ascendante). Elle est véhiculée par un tissu spécialisé appelé xylème (ce xylème est lignifié*, c'est pourquoi il est aussi appelé bois). La sève brute est très diluée. Elle amène aux feuilles des matériaux nécessaires à la photosynthèse. Elle est sous tension.

• Les produits de la photosynthèse, c'est-à-dire les sucres, sont conduits par la sève élaborée via le phloème. La sève élaborée est concentrée en matériaux de synthèse nécessaires à l'entretien de toute la plante et à son développement.

Le **xylème** est constitué de milliers de vaisseaux qui sont d'anciennes cellules mises bout à bout et vidées de leur contenu. La sève brute passe dans ces vaisseaux. Des communications entre ces vaisseaux permettent à la sève brute de circuler latéralement : si l'un d'eux venait à s'obstruer, la sève conduite par celui-ci pourrait s'écouler par les vaisseaux adjacents (voir question 131). Les hormones et les autres substances actives qui circulent via la sève brute peuvent aussi diffuser dans l'ensemble du xylème. Ces vaisseaux amènent la sève brute des racines jusqu'aux feuilles.

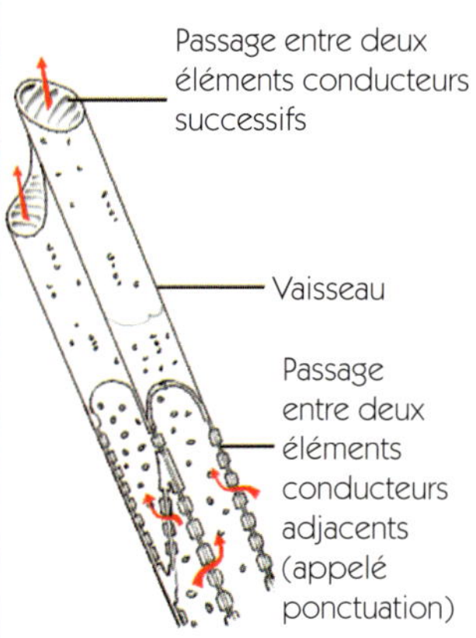

Vaisseaux du xylème

Le **phloème** est aussi constitué de cellules mises bout à bout. A la différence du xylème, les cellules qui constituent le phloème sont vivantes. Une cellule constitutive d'un vaisseau peut être remplacée au cas où elle viendrait à se boucher. Ceci, grâce à une cellule compagne adjacente qui, en se divisant, la remplace. Le phloème reste vivant.

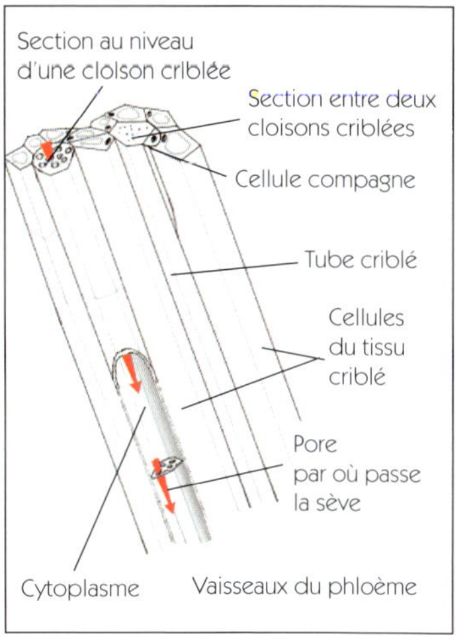

88. Pourquoi creuse-t-on parfois le tronc des bonsaï?

Dans la nature, les vieux arbres sont parfois creux. On peut le constater plus particulièrement chez certaines espèces : les vieux mûriers du Midi de la France sont souvent de véritables sculptures tortueuses et vivantes.

Comme nous l'avons vu dans les questions précédentes, le tronc est constitué de tissus morts et de tissus vivants. Comme le rappelle le schéma 1 page suivante, la partie centrale, appelée cœur, est constituée par de vieux tissus rejetés par la croissance de l'aubier. La partie la plus ancienne de l'aubier n'est plus fonctionnelle. Elle s'intègre progressivement dans ce cœur.

On peut remarquer que le cœur est d'une relative petite taille alors que l'aubier occupe une grande partie du tronc. Lorsqu'un tronc est attaqué, le cœur est détruit ainsi que l'aubier. Or, ces parties centrales ne peuvent pas se régénérer.

Frêne
Fraxinus excelsior
Taille : 124 cm Ø 17 cm
La partie haute du fût a été creusée au niveau de l'insertion d'une grosse branche. Le même procédé appliqué aux racines semble moins naturel.
Collection Bonsaï Méditerranée Association

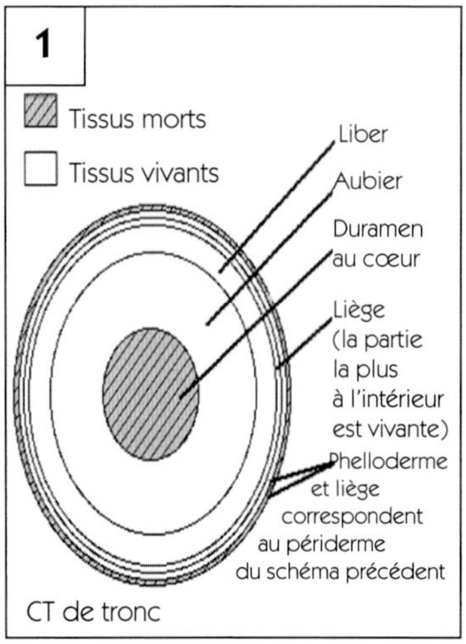

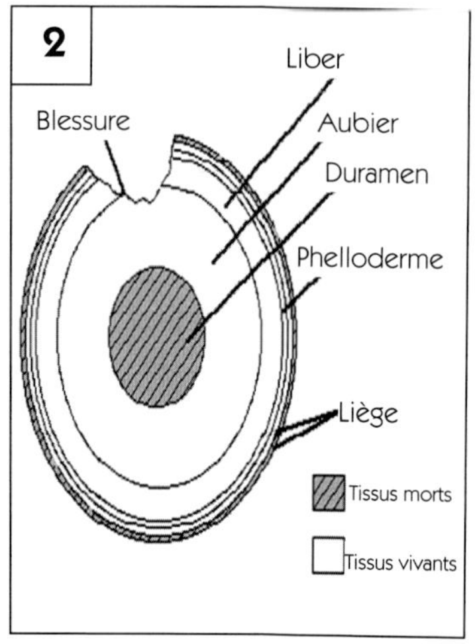

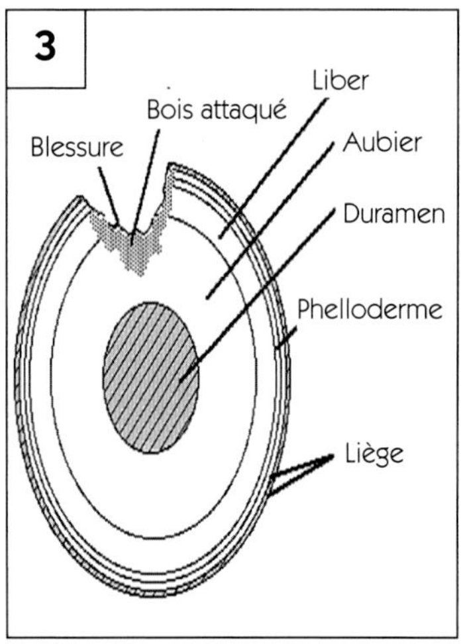

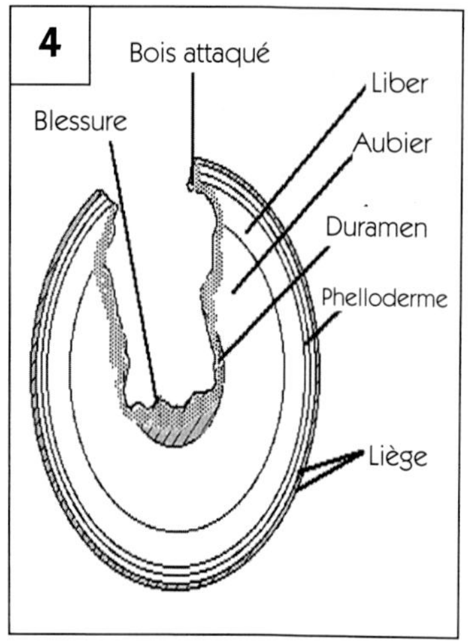

Le tronc : une forteresse à prendre

Tant que l'ensemble des tissus vivants forme un cylindre parfait, les tissus morts du milieu du tronc sont protégés des xylophages (mangeurs de bois). Mais à la faveur d'une branche arrachée qui emporte avec elle un pan de l'écorce protectrice, une ouverture peut se faire. Or avec l'écorce disparaissent les deux méristèmes secondaires : le cambium et le phellogène. Le pouvoir de régénération disparaît localement car le bois ne se régénère pas. Sous l'action des parasites, il disparaît progressivement, ainsi que le duramen : l'arbre se creuse irrémédiablement (voir schémas 1, 2 et 3). Ceci a peu de chance d'arriver à un bonsaï dans la mesure où il est surveillé et soigné.

Les moyens de défense

La couverture de liège

L'arbre se protège des agressions grâce au liège de son écorce qui se renouvelle ou s'accumule chaque année (voir question 84). Le liège est une formation remarquable, c'est une substance imputrescible et "immangeable" (voir photo ci-contre)! Lors d'une taille, les tissus sont mis à nu sur toute l'épaisseur des branches coupées, sans défenses. Lorsque le bois (xylème secondaire) est découvert, il ne peut pas se régénérer. Il existe chez les arbres des mécanismes particuliers leur permettant de lutter efficacement contre les invasions de germes pathogènes (voir question 97).

Le liège protégeant le **chêne-liège** est imputrescible. Il reste intact longtemps après que les autres parties de l'arbre se soient décomposées.

Les sécrétions, barrières "externes"

Certaines essences sont rarement attaquées, simplement parce qu'il y a peu de "clients" intéressés par le bois du duramen : par exemple, les eucalyptus, originaires d'Australie, n'ont, d'une part, pas les parasites qu'ils rencontrent là-bas, d'autre part, ils produisent une essence à forte odeur, puissant répulsif ; les conifères sécrètent de la résine. La plupart des arbres fruitiers sécrètent de la gomme imputrescible qui englue immédiatement l'intrus. Ces répulsifs sont des moyens de faire face aux agressions extérieures en attendant que la brèche soit refermée. Mais dans certains cas, la cicatrisation est difficile, les tissus du tronc n'étant localement pas très actifs ; dans d'autres cas, la raison est matérielle : un reste de branche morte s'y oppose (voir question 95).

Les barrières internes

Dans le meilleur des cas, un bonsaï dont l'écorce a été arrachée devra attendre plusieurs mois, voire plusieurs années avant que l'étanchéité ne soit restaurée. C'est un laps de temps largement suffisant pour les envahisseurs.

L'arbre, pour se défendre, doit isoler la partie lésée par des cloisons infranchissables. A proximité de la blessure, des barrières internes se mettent rapidement en place car les cellules du bois réagissent vite, de cette vitesse de réaction dépend la survie du sujet tout entier. Des cellules vont sécréter des substances inhibitrices, renforcer leurs parois. Il y a création d'un périmètre de sécurité infranchissable pour les agents pathogènes (champignons, virus, bactéries...). Ces moyens de défense sont évoqués question 97.

Les bonsaï au tronc creusé

C'est une technique qui consiste à créer artificiellement un creux dans le tronc de l'arbre à partir de la coupe d'une branche ou du tronc afin de lui donner ce caractère de vieil arbre.

On peut avoir intérêt à garder une grosse branche pour augmenter l'épaisseur d'une partie du tronc (voir 3 schémas ci-dessous).

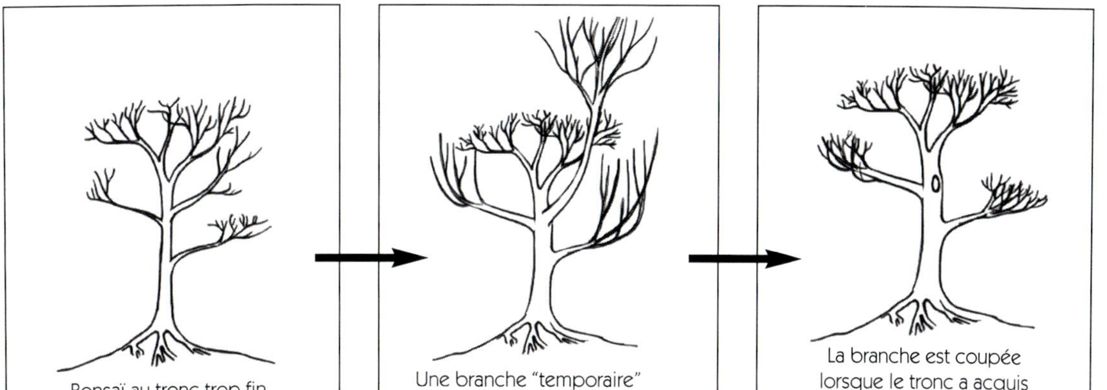

Bonsaï au tronc trop fin

Une branche "temporaire" est laissée sans taille

La branche est coupée lorsque le tronc a acquis l'épaisseur voulue

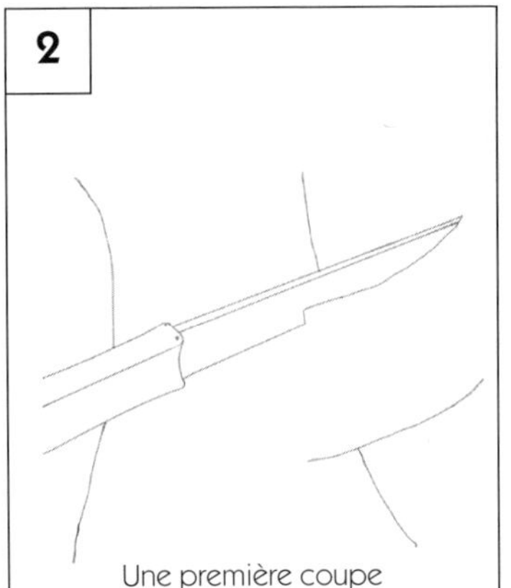

Une première coupe
est réalisée à quelques centimètres
de l'axe porteur

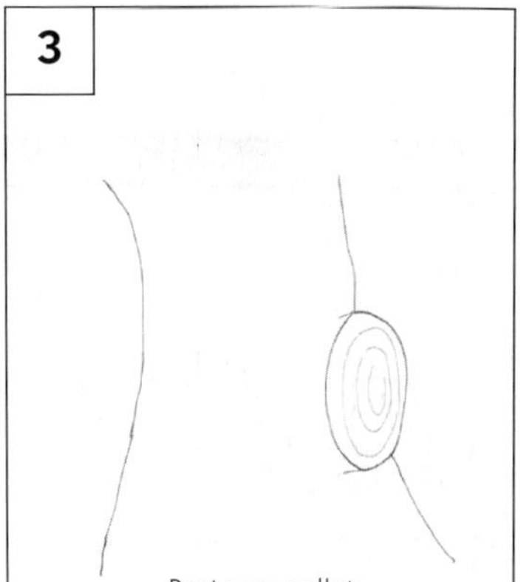

Reste un collet
de branche inesthétique

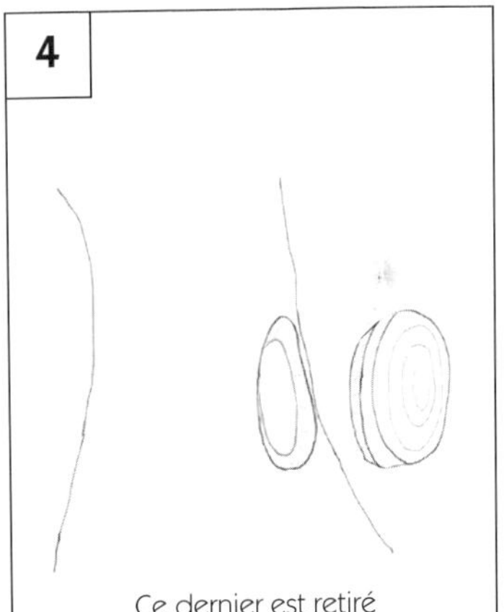

Ce dernier est retiré
à l'aide d'une pince concave

La branche est coupée à l'aide d'une pince concave. L'écorce est enlevée au ciseau à bois et le tronc est creusé.

Le dessin 1 ci-dessus montre un bonsaï avec un gros départ de branche inesthétique.

La coupure de la branche peut laisser une cicatrice importante.

La technique consiste à transformer ce défaut en un trait de caractère. A l'aide d'une pince concave et d'un ciseau à bois, l'ouverture est creusée et plus ou moins arrondie (schémas 4 et 5). On choisira une forme ronde ou plus ou moins ovale, de préférence dans le sens de la longueur du tronc. On s'efforcera ensuite de garder l'ouverture "au sec" durant les premiers mois pour éviter toute contamination par un champignon parasite. On peut aussi mastiquer discrètement la cavité ou la badigeonner de goudron de Norvège. Une préparation pour bois mort peut aussi faire l'affaire.

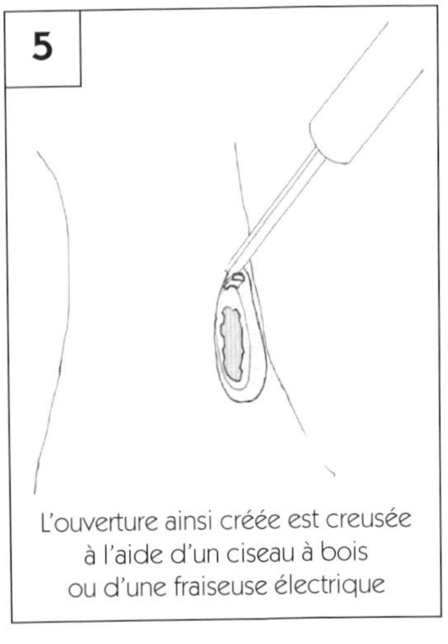

L'ouverture ainsi créée est creusée
à l'aide d'un ciseau à bois
ou d'une fraiseuse électrique

Outils utilisés

- une petite scie (grosse branche)
- une pince concave
- un ciseau à bois fin
- une fraiseuse
- du mastic à greffer

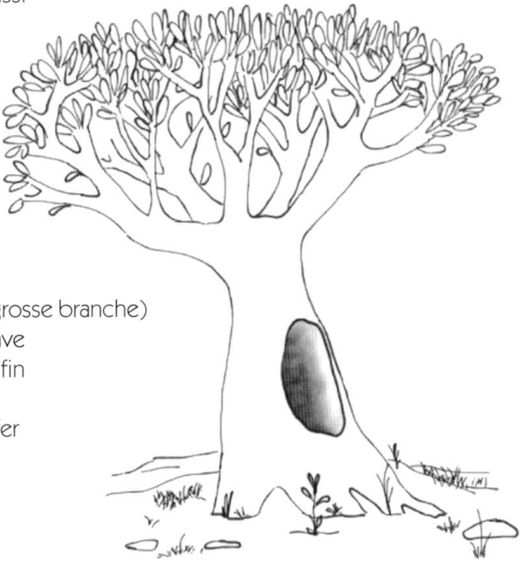

Gingko biloba
Musée Arboretum du Bonsaï, Biot

Branche basse cassée et laissée en l'état (écorçage local).

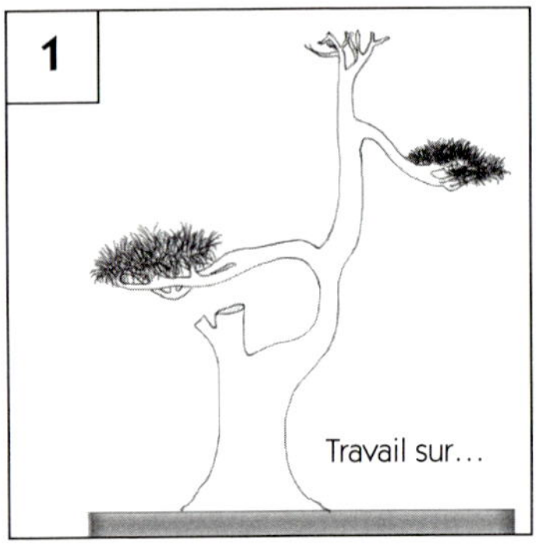

Bois morts et écorçages

Ces techniques consistent à maintenir les branches cassées et mortes dans l'aspect général de l'arbre (bois mort) ou à arracher un lambeau d'écorce de racine, de tronc ou de branche (écorçage). Au lieu de couper ces branches, on les écorce : la partie enlevée va du cambium jusqu'au liège (schémas 3 et 4). On enlève donc les deux zones responsables de la croissance en épaisseur : le cambium et le phellogène. Les tissus restants sont incapables de se régénérer.

La coupe doit être bien nette et réalisée par temps sec. On peut mastiquer ses bords, mais on évitera, pour un feuillu, de la mastiquer complètement, elle risquerait fort de se refermer !

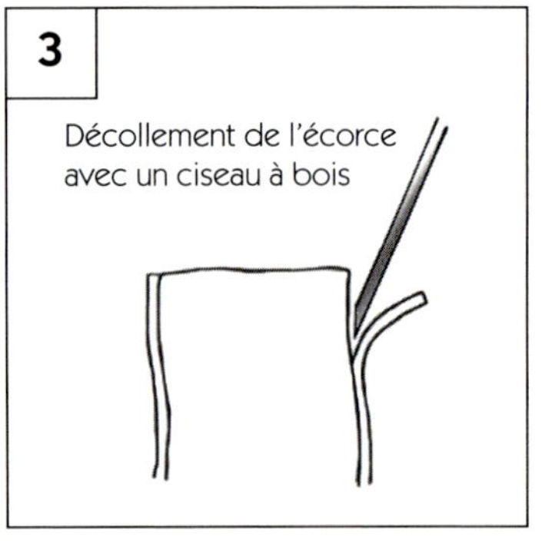

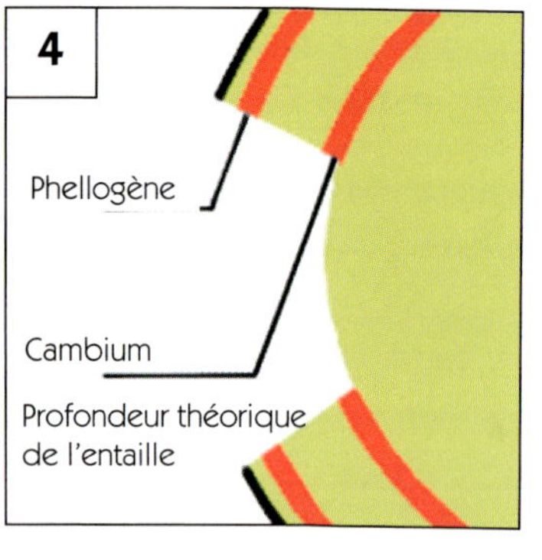

Les bonsaï sont isolés des autres arbres et étroitement surveillés. Ainsi, les arbres creusés artificiellement ne sont pas en danger. Il faut toutefois éviter que les parties travaillées ne soient en contact direct avec le sol et ses moisissures et que l'eau de pluie ou d'arrosage n'y stagne.

Il faut protéger le bois découvert

On peut utiliser de l'acide citrique pour protéger les parties découvertes ; celles-ci étant incapables de se régénérer, elles sont une cible facile pour les xylophages. Il existe des produits "spécial jin" adaptés au traitement des bois morts. On évitera d'utiliser du produit de traitement pour meuble qui risque, au moindre contact, d'attaquer les tissus vivants du bonsaï.

Quel que soit le produit utilisé, il est important de traiter le bois avec précision sans toucher aux tissus vivants particulièrement sensibles.

1

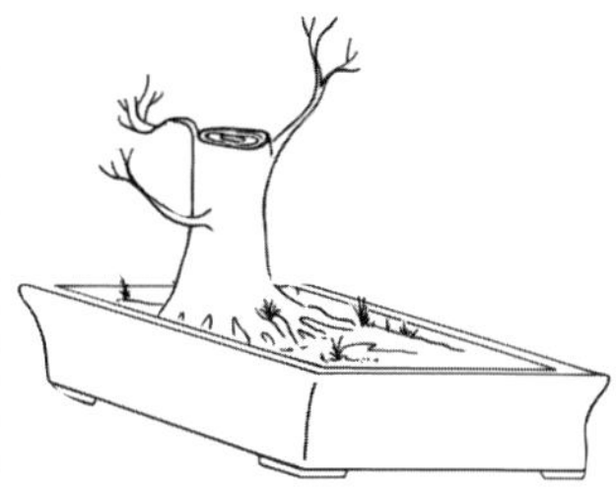

Coupe sévère peu naturelle

2

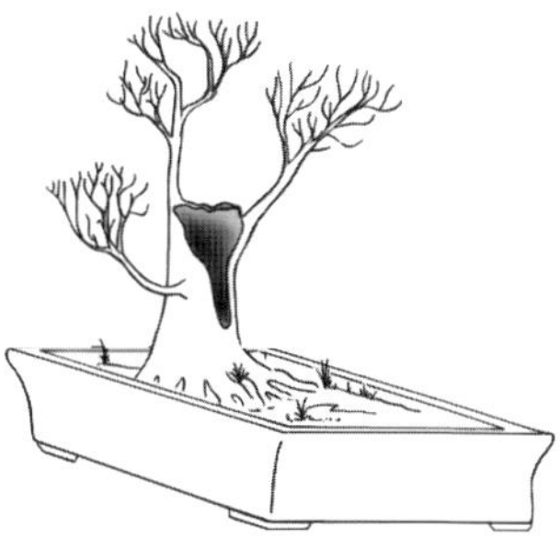

Après le creusement de la section de la coupe

89. Quelles peuvent être les causes naturelles des différentes formes de tronc ?

On trouve différents cas de figure dans la nature en ce qui concerne le port des arbres. Deux éléments interviennent.

L'expression de facteurs génétiques typiques de l'espèce

— Le grenadier est un petit arbre (taille inférieure à 6 mètres de hauteur) quelles que soient les conditions de culture.

— Le chêne-liège a un ensemble tronc-ramure très compact.

Les conditions externes et accidentelles

Chaque arbre a une histoire, le rythme des saisons est imprimé dans son bois. La forme du tronc n'est pas anodine.

• Les arbres à plusieurs troncs : ils correspondent à un ancien taillis qui a évolué en arbre "adulte". L'arbre est parfois abîmé très jeune (par un herbivore, un piétinement, etc.) (schémas 1, 2 et 3). La formation d'un tronc solide ne supprime pourtant pas tous les risques. Dans certaines contrées, les arbres qui bordent les champs ont très souvent plusieurs troncs. Ils ont

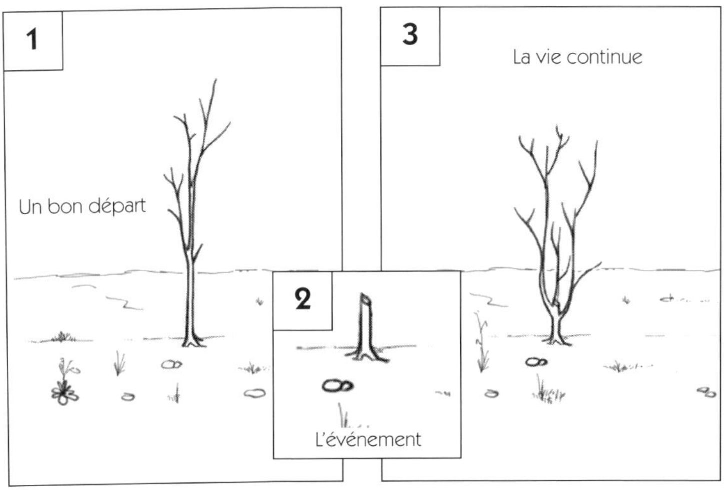

subi un incendie (écobuages* réguliers ou incendie de forêt). L'exploitation de la forêt par la technique du taillis* peut aussi en être à l'origine. Plusieurs arbres distincts peuvent évoluer en un arbre unique lorsqu'ils poussent côte à côte. Et enfin, certaines espèces d'arbre, comme le troène du Japon, présentent fréquemment des rejets à leur base.

• Les arbres à tronc penché : le cas le plus intéressant est celui des déformations de la silhouette de l'arbre sous l'effet du vent. Lorsqu'un arbre est régulièrement battu par un vent qui souffle toujours dans la même direction (exemples : tramontane dans les Pyrénées-Orientales, le cers à Narbonne, le mistral en Provence), il prend peu à peu un profil en drapeau : toutes les branches vont dans le même sens, celui du vent dominant (voir question 90).

Anémomorphose

• Les arbres en cascade : le cas le plus courant est celui de l'arbre en bordure de falaise. En l'absence de toute pression humaine, la nature est exubérante, les végétaux en quête de lumière occupent au mieux l'espace disponible. Les arbres en bordure de falaise n'ont pas de concurrents sur un de leurs côtés. L'attirance qu'ont les jeunes pousses pour la lumière les conduit naturellement à se développer du côté falaise. Progressivement, au fur et à mesure de son développement, le poids des organes aériens affaisse l'arbre.

Figuier en hiver
Ficus carica
Sujet de 7 ans en cours de formation (rejet d'un an récolté en 1991)
Collection de l'auteur

• Les arbres à tronc creusé : certains vieux arbres sont creux.

En général, l'ouverture du tronc résulte de la chute d'une grosse branche sous le poids de la neige ou du vent (certains orages sont très dévastateurs). Certaines espèces y sont plus sujettes que d'autres. Les vieux mûriers forment ainsi de véritables sculptures vivantes.

Formation naturelle…

…d'un bois mort

• Les arbres à bois morts : les arbres foudroyés et ceux dont les branches basses meurent naturellement ou sont cassées (neige, vent) gardent souvent des parties mortes. Chez les conifères, ces "sculptures sur bois" ne sont pas rares, car, contrairement à la plupart des feuillus, leur bois reste longtemps protégé des xylophages par la résine qu'il contient, associée à un climat sec contrasté du point de vue de la température.

Visite au cœur des branches et des bourgeons

L'art du bonsaï consiste à évoquer des formes naturelles.

Si la beauté d'un arbre en tant que telle ne s'explique pas, on s'aperçoit que l'harmonie et l'équilibre général que dégage un bonsaï ou un arbre isolé découlent logiquement de contraintes physiques, notamment liées à la croissance. Ainsi, le bonsaï est d'abord affaire d'observation et de sensibilité.

Mais l'harmonie peut aussi s'exprimer à l'intérieur de la couronne formée par le feuillage. Le travail sur les branches et les bourgeons permet de ramifier finement les bonsaï. Ce travail nécessite beaucoup de patience et d'observation. En effet, la taille doit se faire en accord avec les caractéristiques propres à l'espèce, car tous les arbres ne se ramifient pas de la même manière.

Il est aussi important de savoir conserver un bonsaï dans sa forme actuelle que de savoir comment le faire évoluer. En effet, la conservation totale est un leurre. Le bonsaï est vivant, il se développe, la ramure se densifie, à défaut de prendre plus de volume. Il faut savoir remettre son organisation en question lorsque, par accident, une branche meurt ou lorsqu'un déséquilibre dans la croissance s'installe. Il est fréquent de voir des bonsaï complètement déséquilibrés que leur propriétaire conserve en l'état par ignorance ou par crainte de briser une harmonie pourtant disparue.

C'est peut-être un paradoxe, mais l'art millénaire du bonsaï n'est pas une discipline conservatrice. C'est un art de remise en question et d'évolution permanentes.

Hêtre
Fagus sylvatica
Ce bonsaï avec ligaturage évoque un arbre battu par les vents - *Collection José Manuel Otzarreta*

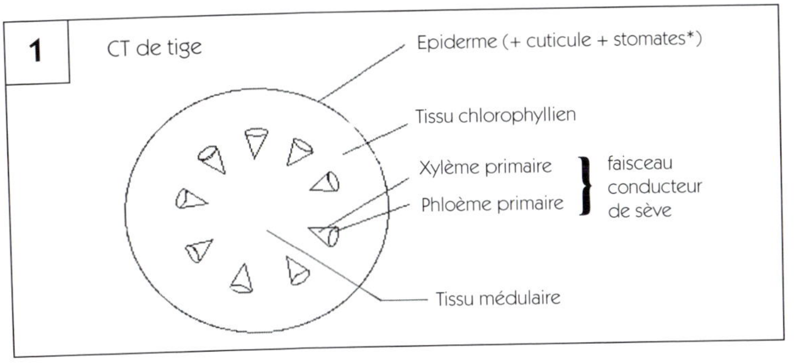

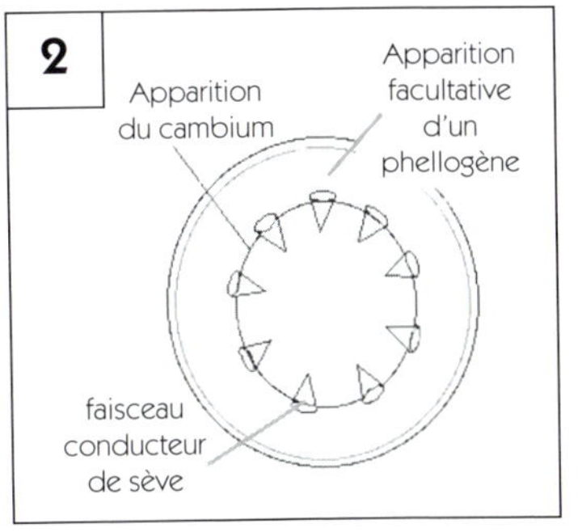

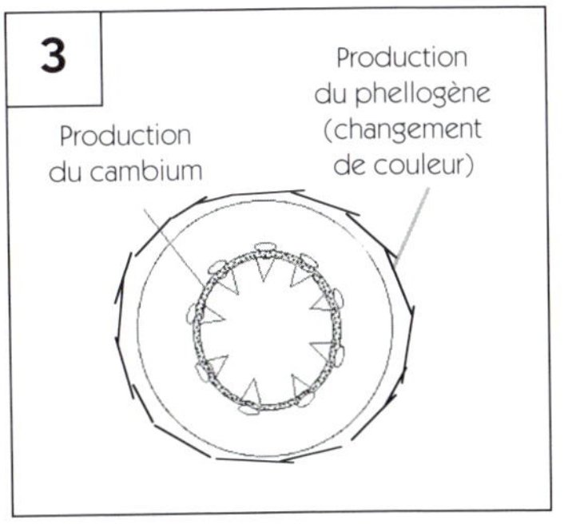

90. Pourquoi, fin août, les rameaux deviennent-ils ligneux ?

Les signes du changement

Les rameaux de l'année ainsi que la tige issue de la graine changent de couleur juste avant l'automne chez de nombreuses espèces de feuillus ou de conifères.

Ce changement indique que l'intérieur des jeunes tiges est le siège de transformations importantes pour l'arbre, essentielles pour l'amateur de bonsaï.

Ces transformations, qui ont lieu généralement au mois d'août, sont désignées par le terme d'aoûtement.

Les modifications progressives de la structure du rameau

La tige est verte et très souple. Elle est composée uniquement de tissus primaires. Au cours du mois d'août, des transformations vont se réaliser : le cambium* apparaît et donne naissance à deux nouveaux tissus : le phloème secondaire* et le xylème secondaire* (schémas 4 et 5).

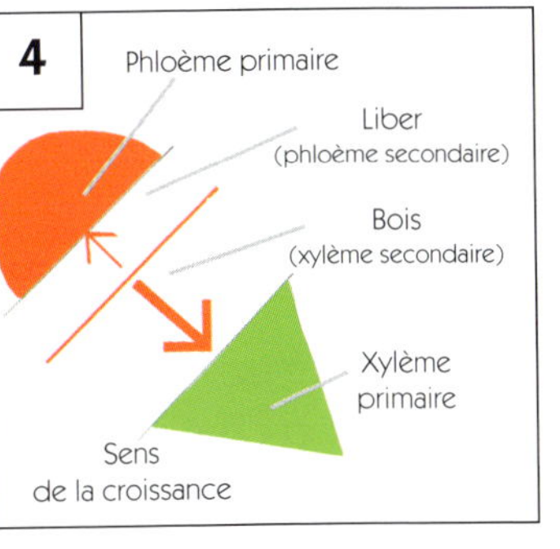

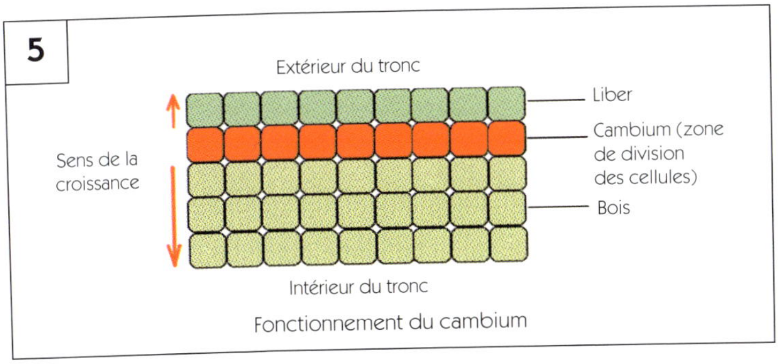

Fonctionnement du cambium

Un autre tissu peut apparaître à la surface de la tige. C'est le liège. Il provoque le changement de couleur de celle-ci, qui perd définitivement son caractère chlorophyllien. Le liège est produit par un phellogène qui n'apparaît que lorsque le cambium a déjà commencé à fonctionner (voir questions 82). Les schémas 1, 2 et 3 représentent l'évolution d'une coupe transversale* d'une jeune tige de chêne pendant l'aoûtement.

La modification des propriétés physiques

C'est l'apparition du bois qui modifie de façon importante les propriétés physiques de la branche : toute croissance en longueur devient exclue, les entre-nœuds ont une longueur définitive, car le bois joue un rôle de soutien, comme un squelette. Le rameau se fige définitivement, il mémorise sa position.

L'apparition de nouvelles aptitudes

Cet endurcissement permet de protéger les nouveaux rameaux vis-à-vis des conditions hivernales. Il leur donne aussi une nouvelle aptitude : ils sont capables de stocker des réserves dans le bois. La nouvelle structure mise en place permettra aussi d'augmenter le flux de sève en vue de la croissance ultérieure.

L'aoûtement est une préparation à la mauvaise saison pour les arbres de climat tempéré.

Le changement de couleur est facultatif

Le changement de couleur caractéristique ne fait qu'accompagner ces modifications : chez les agrumes (citronnier, oranger, pomelos...) ou encore le hêtre (*Fagus sylvatica*), la couleur des rameaux ne change pas avant plusieurs années alors que l'aoûtement a bien lieu à la fin de l'été de la première année d'existence des tiges (on peut représenter l'évolution de la structure de leur tige en ignorant le phellogène et le liège sur les schémas 1, 2 et 3). En effet, la lignification concerne des zones en profondeur puisqu'il s'agit de l'apparition du xylème secondaire.

L'aoûtement et les ligatures

Il est conseillé de ligaturer à ce moment (mois d'août) les jeunes tiges à former. La souplesse avant ou pendant le début de la lignification rend la tâche plus facile, la mise en place du xylème secondaire permet de garder rapidement la forme désirée (on peut retirer la ligature au printemps suivant).

Le rameau peut être ligaturé avant l'aoûtement, sa très grande souplesse est un avantage non négligeable, mais sa fragilité impose que l'on utilise du fil* très fin. La ligature peut être supprimée au printemps suivant.

L'aoûtement et les boutures

Pour les boutures, il est souvent conseillé d'utiliser ces rameaux aoûtés, car, d'une part, le xylème contient des réserves nécessaires à la reprise, et, d'autre part, la petite épaisseur de la tige ne s'oppose pas trop à l'apparition des racines adventives* dont l'origine se situe dans la profondeur de ses tissus (voir question 57).

L'aoûtement et la silhouette de l'arbre

Deux figures de style du bonsaï, le port en drapeau et la figure dite "du lettré", sont inspirées de l'action du vent sur les arbres.

Les arbres en apparence si solides sont sensibles au vent qui peut modifier progressivement le port d'un végétal. Il est probable que le vent qui souffle le plus souvent dans la même direction torde ou casse les jeunes rameaux en cours d'aoûtement lorsque ceux-ci poussent dans le sens contraire ; par contre, ceux qui poussent dans le sens du vent sont indemnes.

A gauche : figure "du lettré"
A droite : port en drapeau

91. En quoi consiste le ligaturage? Quelles sont les erreurs à éviter pour ne pas gêner l'arbre?

Le ligaturage consiste à orienter une branche ou un jeune rameau en l'entourant étroitement d'un fil métallique. Ce fil maintient la branche dans une nouvelle position. Après quelques mois, la branche adopte définitivement sa nouvelle position : la ligature peut être ôtée.

Du fil d'aluminium

Pourquoi utilise-t-on généralement du fil d'aluminium ?

On utilise du fil d'aluminium teinté de telle sorte qu'il ait l'aspect de fil de cuivre, sinon le fil serait trop voyant.

L'aluminium a des propriétés intéressantes : il est flexible mais il garde sa nouvelle position. De plus, l'oxyde d'aluminium est sans danger pour la sous-végétation (ce qui n'est pas le cas pour le cuivre).

Quel est le diamètre le mieux adapté ?

Le diamètre du fil utilisé doit être en rapport avec la taille de la branche à ligaturer. Un fil de diamètre trop petit ne retient pas la branche dans sa nouvelle position, alors qu'un fil de diamètre trop important gêne la pose de la ligature car il est plus difficile à tordre (on ne peut pas s'appuyer sur la branche lors de la ligature sans risquer de l'écraser).

La ligature et la croissance du bonsaï

La technique de la ligature demande de la dextérité et de la précision dans la manipulation des bonsaï : le fil ne doit pas trop contrecarrer les flux de sève. Il suffit de connaître les quelques principes simples et un peu d'entraînement pour ligaturer correctement.

Afin d'éviter d'étrangler l'arbre, il est important d'espacer suffisamment les spires les unes des autres. Toutes les parties vivantes sont en perpétuelle évolution. L'hydratation changeante des tissus au cours de la journée fait constamment varier leur volume. Ainsi une branche ligaturée trop étroitement (les spirales étant trop rapprochées) ne peut pas "respirer" et risque de sécher précocement (schéma 1).

Mais les spires ne doivent pas être trop espacées tout de même, sinon la ligature ne retiendra pas suffisamment la branche (schéma 2). Un angle de 45° est idéal (schéma 3).

1

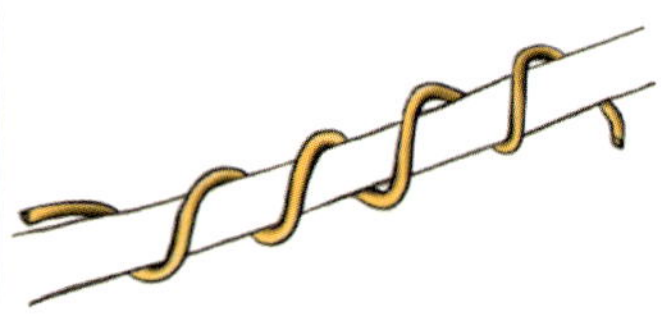

Spires trop rapprochées

2

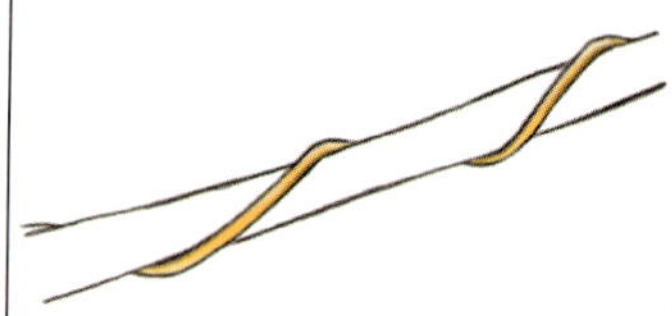

Spires trop éloignées

3

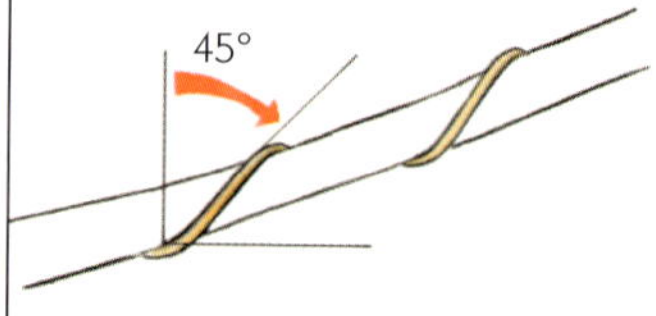

Un angle de 45° est idéal

4

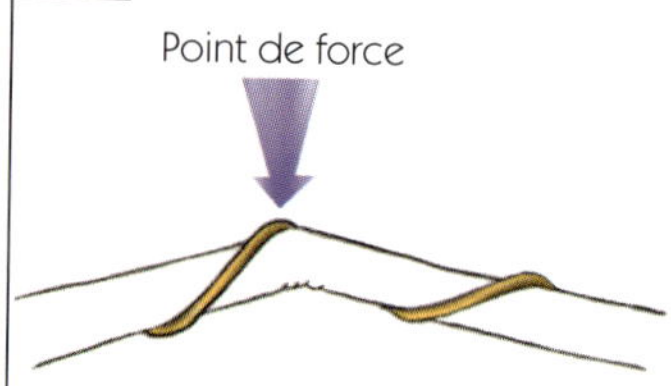

Toute torsion doit être réalisée à l'appui d'une spire

Le schéma 1 montre une très mauvaise ligature. Plusieurs erreurs y sont réunies :

- les spires sont trop rapprochées ;
- certaines spires ne sont pas en contact avec la branche : elles n'ont donc aucune utilité ;
- les deux extrémités de la ligature sont libres alors que les extrémités doivent être dans le prolongement de la branche pour que la ligature soit plus discrète, ou prendre appui sur le tronc ou la branche porteuse si la correction se fait par rapport à ces derniers (schémas 5 et 6).

Toute torsion doit être réalisée à l'appui d'une spire (schéma 4).

Le ligaturage ne s'oppose pas trop à la croissance en épaisseur, car il est disposé en hélice autour de la branche (schéma 9). Il faut absolument éviter de croiser deux spires afin de ne pas gêner les flux de sève (schéma 10) et de ne pas trop marquer le bonsaï (la spire recouverte s'enfoncerait sous la pression de la seconde).

5

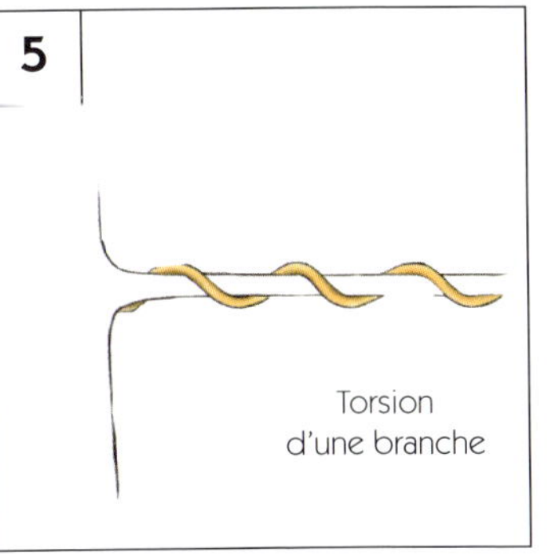

Torsion d'une branche

6

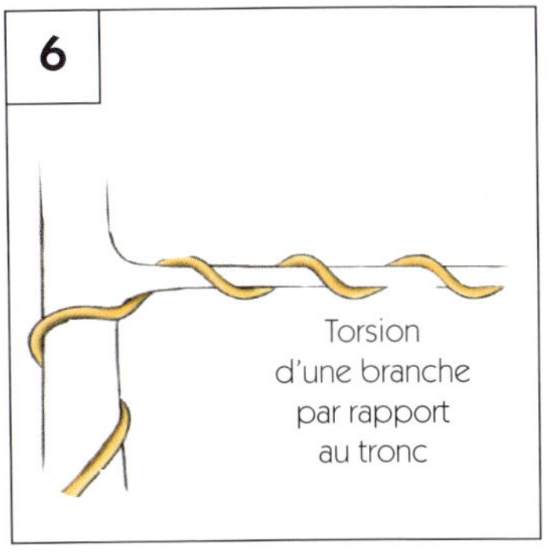

Torsion d'une branche par rapport au tronc

La ligature et les feuilles du bonsaï

La ligature est un peu plus délicate à poser sur des parties feuillues. Il n'est pas nécessaire de sacrifier les feuilles pour autant. Le fil ne doit pas abîmer les feuilles ni modifier leur inclinaison par rapport à la brindille qui les porte (schéma 7). Une bonne ligature doit être le plus discrète possible (schéma 8). On ligature plus facilement les bonsaï à feuillage décidu lorsqu'ils ont perdu leurs feuilles.

7

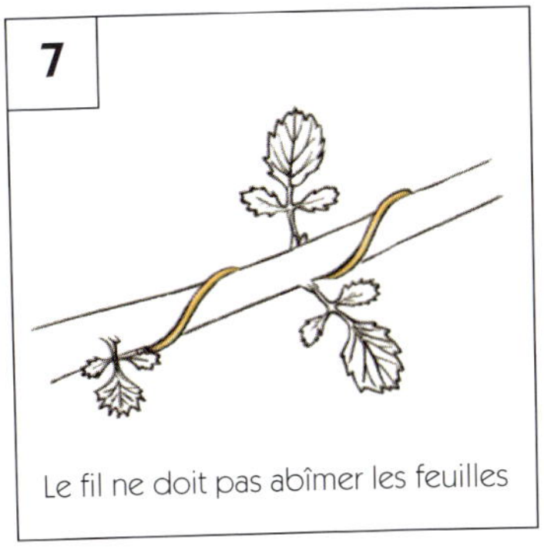

Le fil ne doit pas abîmer les feuilles

8

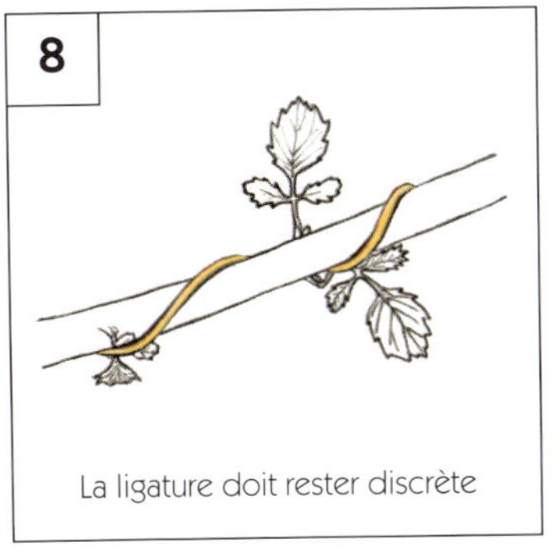

La ligature doit rester discrète

9

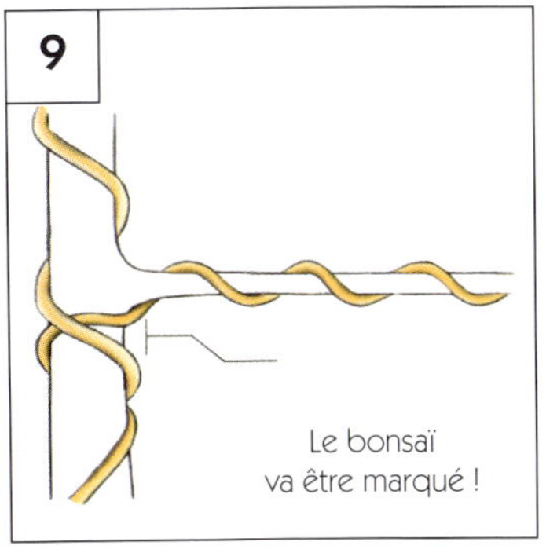

Le bonsaï va être marqué !

Les ligatures pour débuter

Un bonsaï destiné à une exposition ne peut être ligaturé de façon approximative. En revanche, pour débuter, on peut tolérer quelques imperfections de contact et garder des fils trop longs. Ceux-ci seront plus faciles à retirer et pourront être réutilisés pour d'autres ligatures.

Mais quel que soit votre niveau :

- n'oubliez pas de retirer les ligatures… avant qu'elles ne marquent l'arbre. L'écorce des conifères, avec leur faible pouvoir de régénération, en garderait très longtemps le souvenir ;
- ne vous trompez pas de diamètre.

En utilisant le haubanage, on peut limiter l'emploi des ligatures (voir question 114).

10

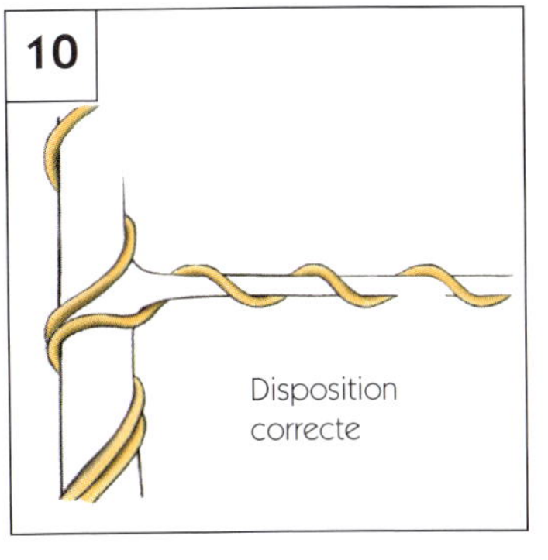

Disposition correcte

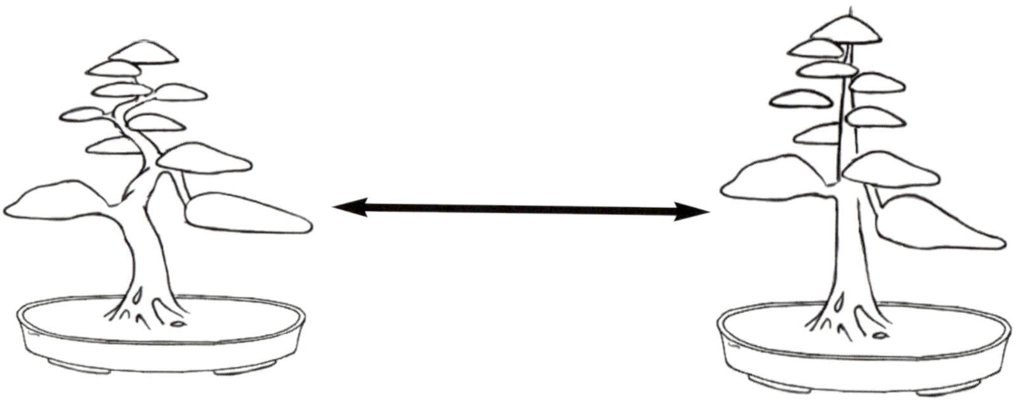

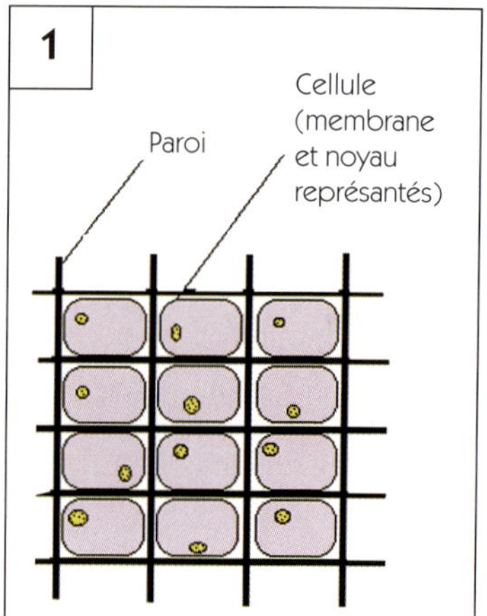

Tissu de cellules végétales

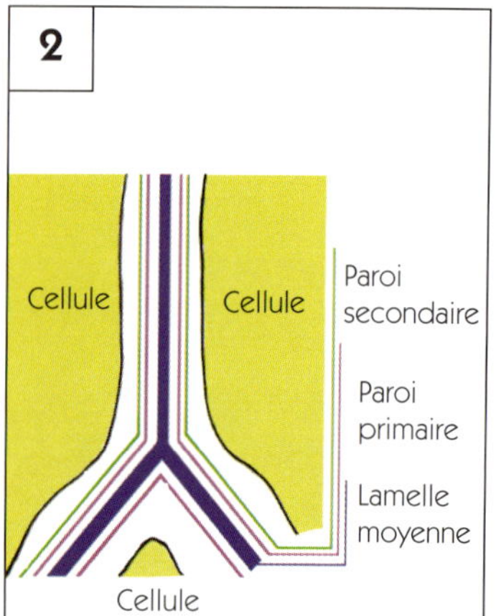

Les composantes de la paroi

92. Pourquoi le bonsaï garde-t-il la forme que lui a donnée le ligaturage?

Le ligaturage permet d'orienter *définitivement* une branche ou un jeune rameau. Pourquoi la branche se fige-t-elle au bout de quelques mois dans la position qu'on lui a imposée ? Par quelles transformations internes la branche enregistre-t-elle cette nouvelle forme ?

Le squelette des tissus

Les cellules, pour maintenir leur cohésion au sein d'un tissu*, ont besoin de s'appuyer sur des structures faites de longues molécules enchevêtrées, un peu comme un tricot. Ces structures forment un ensemble d'alvéoles dans lesquelles se trouvent les cellules (schéma 1).

Ce sont les cellules elles-mêmes qui édifient entre elles cette paroi (voir question 3). Cette paroi est en fait constituée de trois couches distinctes, ces trois couches n'ont pas la même composition chimique, elles ont aussi des propriétés différentes.

- La partie centrale (appelée lamelle moyenne) sert de ciment entre les cellules et assure leur cohésion (schéma 2). Lorsque cette paroi se transforme en gelée, cette cohésion disparaît. Par exemple, les fruits charnus bien mûrs se ramollissent, il deviennent gélatineux. Un autre exemple traité dans la question 122 concerne les feuilles dont la base du pétiole se gélifie, ce qui entraîne leur chute. Les cellules flottent alors dans une gelée et ne sont plus cohérentes.
- La deuxième épaisseur (appelée paroi primaire) est très souple. Sous l'influence de l'auxine* et lorsque la cellule est gonflée d'eau, cette paroi se distend et peut accueillir de nouveaux éléments pour sa construction : elle peut ainsi s'agrandir dans toutes les directions. Elle est alors réorganisée. Cette paroi accompagne la cellule dans sa croissance.
- La troisième couche (appelée paroi secondaire) n'existe que pour les cellules spécialisées* : elle est faite de couches successives dont le nombre est variable. La cellulose y est très abondante, elle est organisée en

filaments parallèles entre eux et dont l'orientation change d'une strate à l'autre (schéma 3 ci-contre).

Selon la disposition des filaments, l'élasticité est plus ou moins marquée. Lorsque vous ligaturez une branche, en la tordant, vous jouez sur cette élasticité. Si la torsion est trop forte, la rupture de cette paroi entraîne la déchirure du tissu.

Cette paroi s'accroît par apposition par l'ajout d'éléments supplémentaires en feuillets. Dans la plupart des cas, les cellules ne s'agrandissent que légèrement et pendant une courte période. Il reste toutefois une légère élasticité en rapport avec l'orientation : il y a des variations de volume en rapport avec les variations de la quantité d'eau contenue dans la cellule.

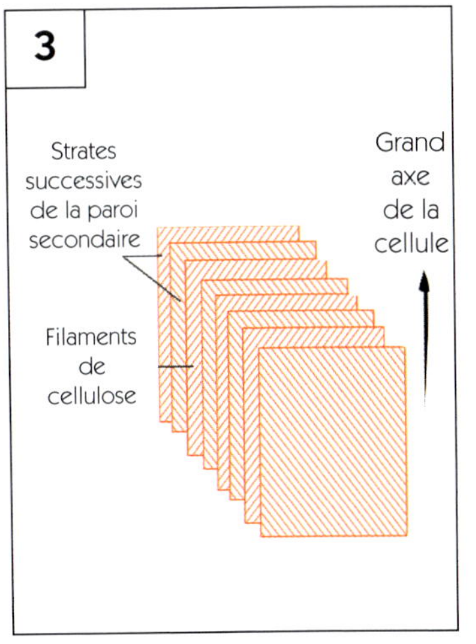

La chronologie de la formation de la paroi

La lamelle moyenne est la première à se former, elle peut être suivie par la formation de la paroi primaire et ensuite de la paroi secondaire, mais cela dépend du stade de spécialisation plus ou moins avancé qu'atteint la cellule (tous les matériaux sont fournis par les trois cellules adjacentes).

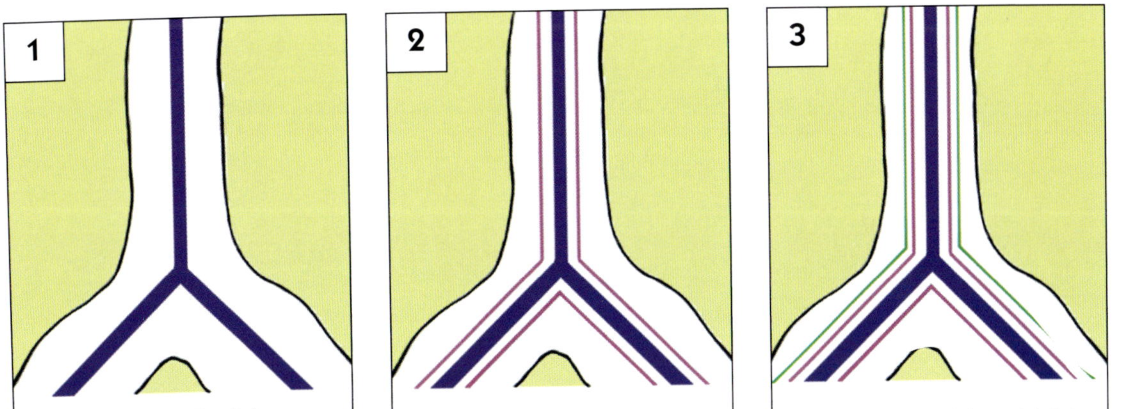

Parois entre 3 cellules méristématiques (lamelle moyenne)

Cellules en cours de croissance (LM + paroi primaire)

Parois séparant 3 cellules spécialisées (LM + PP + parois secondaires)

La paroi peut être extrêmement fine, pour les cellules méristématiques, à très épaisse, pour les cellules de soutien (cellules du bois) ou de protection (cellules du liège), car elle est alors composée des trois couches (lamelle moyenne, parois primaire et secondaire), mais en plus la paroi secondaire se transforme.

La lignification

C'est une modification chimique de la paroi. Les cellules du bois sont lignifiées : elles participent efficacement au soutien du bonsaï.

La rigidité du bois augmente au fur et à mesure que la paroi secondaire s'imprègne de lignine*. Cela solidifie le tissu qui acquiert une grande résistance aux pressions et aux étirements, ainsi qu'une diminution de l'élasticité et de la perméabilité. Les cellules lignifiées meurent souvent ensuite.

C'est grâce à cette paroi végétale et à sa lignification dans le xylème qui la rendent rigide que les arbres peuvent se dresser et tenir debout. Les tissus restent toutefois relativement souples, le vent plie les petites branches sans les casser et fait bouger les plus grosses.

La branche, grâce à ce squelette, conserve sa forme quelle que soit la quantité d'eau présente dans les cellules qui la composent : alors qu'un pissenlit s'affaisse dès qu'il manque d'eau, la branche de l'arbre reste dans la même position. Seules les feuilles baissent la garde. Les feuilles du bonsaï, mais aussi de la végétation qui l'accompagne, sont des indices de la déshydratation (voir question 136).

Ce squelette est en perpétuel remaniement dans tous les tissus vivants. Il se répare, se complète sans arrêt. C'est pourquoi le ligaturage est efficace : il oblige le bois à se réorganiser.

Lorsque le ligaturage a lieu avant la lignification

Le rameau vert, dépourvu de tissu ligneux, se plie facilement. Le bois, formation nouvelle, fixe la forme de la branche (voir question 90).

Lorsque le ligaturage a lieu après la lignification

Les fibres les plus rigides de la paroi secondaire lignifiée se rompent de place en place. Des craquements se font souvent entendre lors de la ligature. Ils signalent que la flexibilité maximale de la branche est atteinte.

Les tissus ainsi pliés se réparent ensuite : les voiles de fibres distendus ou déchirés sont complétés progressivement. La vitesse de la réparation dépend de la vivacité du bonsaï. Elle se réalise rapidement durant l'aoûtement (les tissus sont consolidés à cette époque de l'année), elle peut également se réaliser en automne si l'engrais approprié est apporté en fin d'été (voir question 72).

Un bémol...

• Chez certaines espèces, on constate que les branches ligaturées reviennent progressivement en place ! Il faut s'y reprendre à plusieurs fois pour fixer définitivement une branche. Une seule ligature ne suffit pas, car la fixation définitive ne se réalisant que sur 2 ou 3 ans, la branche serait marquée ou étranglée avant d'être fixée dans sa nouvelle position.

• Certaines espèces ne se ligaturent pas : *Crassula arborescens*, bambou nain (*Bambusa gracilis*). La raison en est extrêmement simple : ils n'ont pas de bois (xylème secondaire) bien développé. En d'autres termes, ils n'ont pas de "squelette".

Si la branche se rompt durant le ligaturage...

Une torsion excessive lors du ligaturage (ou d'un haubanage) peut provoquer une cassure nette de la branche (schéma 1). Cette situation n'est pas

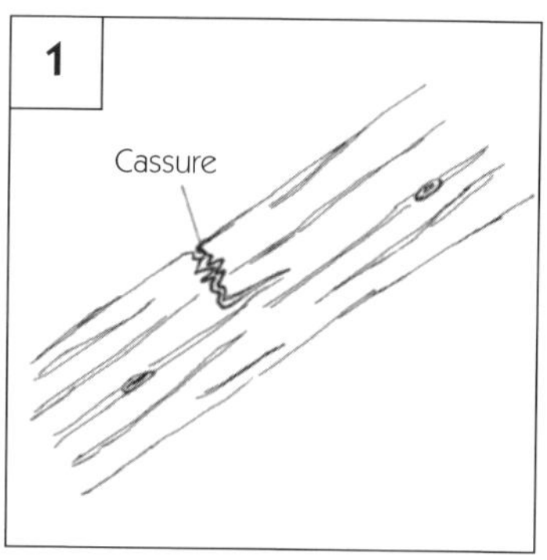

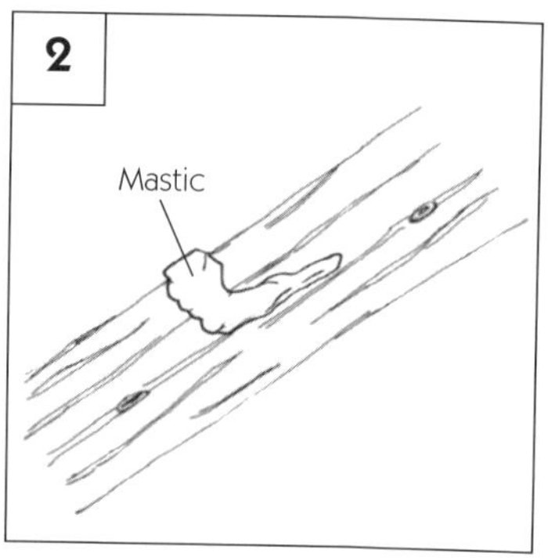

dramatique, car dans la majorité des cas, la branche reste en vie même si aucun soin n'est prodigué. En effet, la sève continue à circuler par la partie non déchirée. Si la déchirure est discrète, on peut mastiquer la branche en l'état (schéma 2). Si la cassure est plus prononcée et que la branche est "en V", on peut employer un tuteur afin de la maintenir dans son état initial (schéma 3). La branche doit alors être immédiatement remise en place, mastiquée sur les bords de la déchirure.

La cassure peut être beaucoup plus nette (schéma 4). On peut alors être tenté de conserver la fracture en la mastiquant sans redresser la branche (schémas 5 et 6). Cette technique donne à l'arbre un aspect tourmenté (voir question 88).

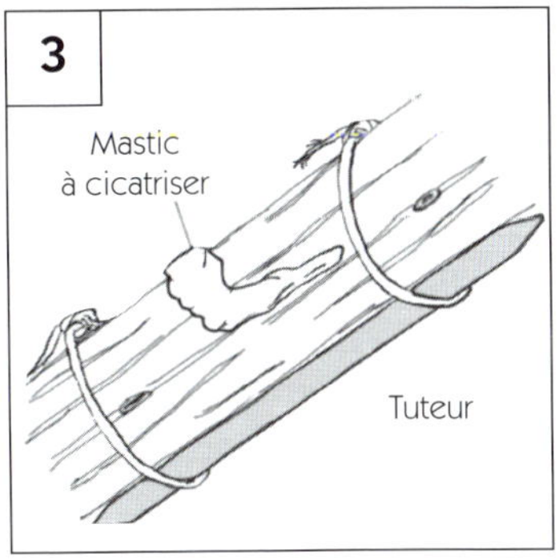

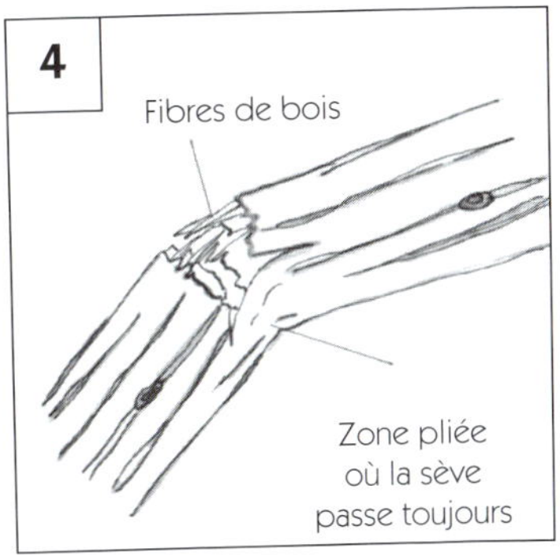

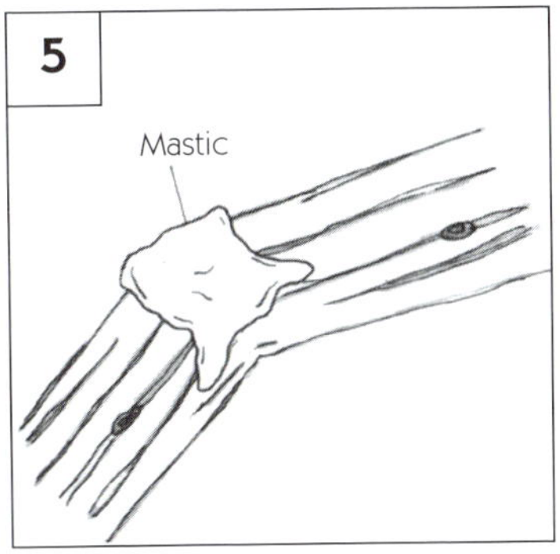

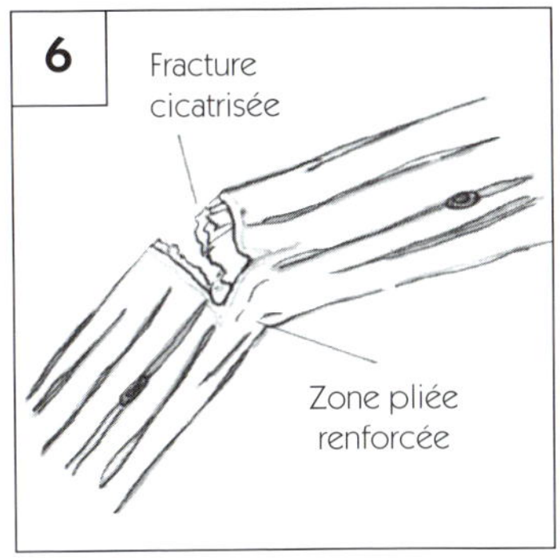

Le bonsaï apparaît comme un merveilleux édifice patiemment étayé, construit et renforcé jour après jour. Les engrais sont les matières premières de l'édifice, les soins prodigués l'assurance du bon déroulement de tous les processus de construction.

93. Pourquoi les branches ligaturées grossissent-elles plus vite?

Les ligatures ont pour but premier d'imposer à la branche une orientation et une forme. Un autre intérêt des ligatures, moins connu, est l'augmentation plus rapide de l'épaisseur de la branche.

La "contact-réaction"

Lorsque la branche est ligaturée, elle est en contact sur toute sa longueur avec le fil d'alliage utilisé. Bien que ce contact ne soit localisé qu'au niveau du fil, c'est toute la branche qui va réagir.

Au début, la ligature ne s'oppose que très peu au transit de la sève. Mais peu à peu, alors que la branche grossit ou augmente de volume sous l'effet de l'hydratation (schéma 1), le fil étrangle un peu plus la branche. Cet étranglement accumule de la sève dont bénéficient les tissus locaux. La ligature joue donc un rôle de barrage filtrant qui profite à la branche.

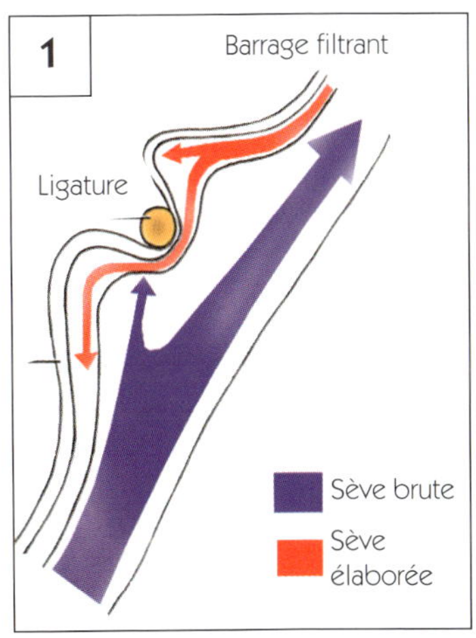

2

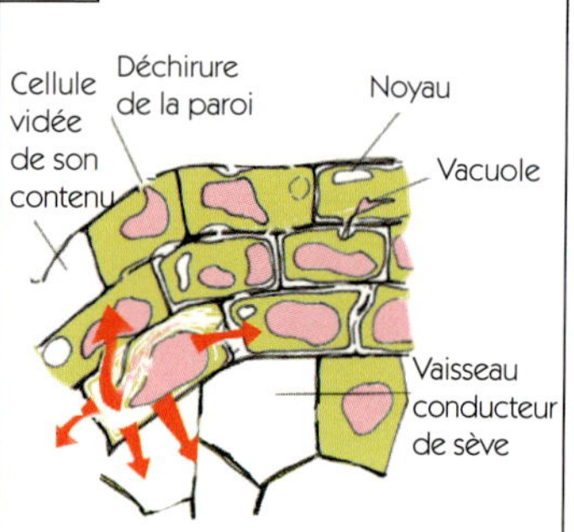

La "torsion-réaction"

Lorsqu'un tissu est endommagé, les cellules détruites ou malmenées laissent échapper de nombreuses substances. Parmi ces substances se trouvent des messagers qui vont voyager dans les tissus et agir sur certaines cellules cibles. Ces messagers sont des hormones.

En effet, lors de la torsion d'une branche, il se produit, au niveau cellulaire, un véritable "cataclysme" : des milliers de cellules sont froissées, pliées ou complètement écrasées les unes contre les autres (schéma 2). Certaines cellules écrasées se vident de leur contenu, les parois déchirées laissent passer des molécules qui étaient auparavant retenues activement à l'intérieur des cellules, et qui donc ne se trouvent que très rarement en dehors des cellules. La torsion ou la cassure provoque un déséquilibre important et local.

Certains messagers libérés par ce désordre vont se fixer sur des cellules des tissus proches et stimuler leur activité : alors que l'arbre pourrait se séparer de la branche, il favorise au contraire la régénération des tissus endommagés pour conserver cette branche. D'autres messagers vont voyager en transitant par le phloème et atteindre des tissus bien plus lointains, comme ceux des racines (schéma 3).

3

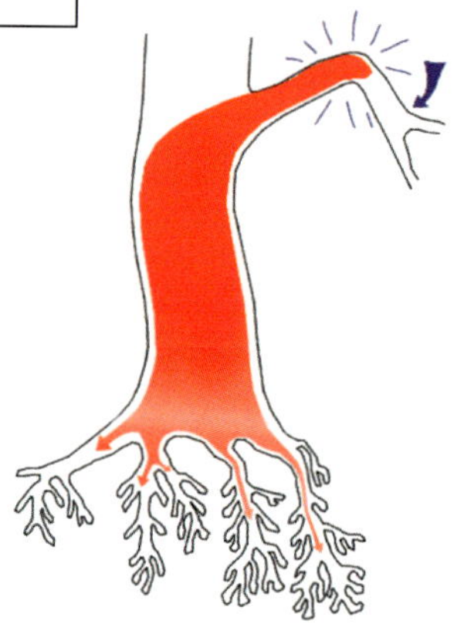

4

Certains tissus des racines répondent au message en sécrétant à leur tour des messagers destinés aux tissus abîmés. Ces hormones provenant des racines s'accumulent au niveau des tissus lésés (leur concentration est 5 fois plus élevée que la normale) dont elles vont favoriser la réparation et le renfort (schéma 4).

5

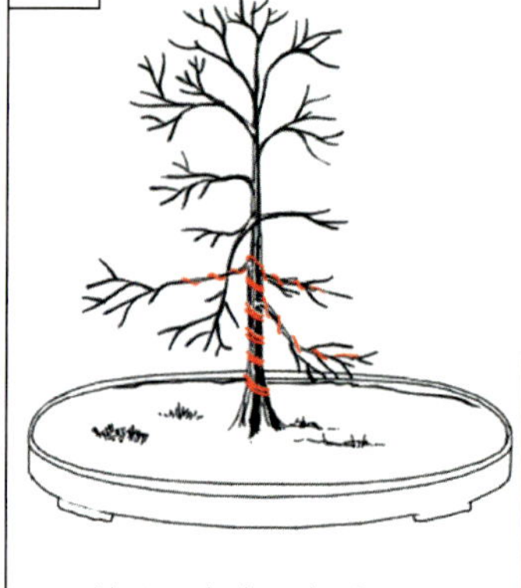

Ligature des branches basses

Le rééquilibrage des flux de sève par la ligature

Ces processus sont très intéressants pour les branches basses et les branches dirigées vers le bas, celles-ci poussant moins vite que les autres.

Cette technique est très souvent utilisée chez les conifères. Les branches, bien que correctement orientées, sont régulièrement ligaturées chez les vieux sujets (schéma 5).

94. Taille d'hiver ou taille de printemps ?

Doit-on tailler les bonsaï en cours de végétation ou pendant le repos hivernal ?

Deux types de taille des arbres sont applicables aux bonsaï. La taille d'hiver, lorsque la végétation est arrêtée, et la taille en cours de végétation, appelée taille en vert.

Appliquer l'une ou l'autre entraîne des répercussions sur la ramure, ainsi que sur la mise à fleur des bonsaï fruitiers.

La taille en vert

Cette taille s'effectue en cours de végétation. Tous les bonsaï doivent être taillés au cours des saisons de croissance. Les conifères à écailles sont pincés sans relâche. Les autres bonsaï sont taillés généralement lorsque les rejets atteignent 5 nœuds et plus, ces derniers sont rabattus à 3 ou 4 nœuds.

Les cicatrisations sont rapides, les bonsaï les plus vigoureux peuvent réaliser jusqu'à quatre ramifications dans l'année. Ce type de taille permet de contrôler le développement. Il permet d'éviter que des déséquilibres ne s'installent. Selon la sévérité de la taille, on peut conserver ou faire évoluer les volumes du feuillage.

La taille d'hiver

Ce type de taille peut s'appliquer à tous les bonsaï sauf aux conifères et aux tropicaux. La plupart des bonsaï fruitiers (famille de *Rosaceae*) doivent impérativement être taillés à cette époque pour favoriser la mise à fleur (voir question 127). L'absence de feuilles permet de bien visualiser les ramifications chez les arbres à feuillage caduc, elle rend la taille beaucoup plus simple et attractive.

Remarque :

- L'emploi de mastic de cicatrisation est fortement conseillé ; par ailleurs, la taille ne doit pas se faire par temps humide.
- Les bois morts doivent être coupés de telle sorte que la cicatrisation puisse se faire (voir question 95). Ils peuvent aussi être traités en *jin* (voir question 88). En effet, certains xylophages peuvent profiter d'une branche morte non traitée pour attaquer le bonsaï.

1

Bonsaï en été

2

Bonsaï en hiver

Cicatrisation et soudure

1

95. Comment et en combien de temps un arbre cicatrise-t-il ?

La taille est une partie importante du travail d'entretien d'un bonsaï. C'est aussi un moment crucial où l'on va décider d'une orientation ou d'une conservation de forme : c'est la concrétisation d'un choix.

C'est aussi l'occasion pour les agents pathogènes d'envahir tout ou partie de l'arbre par les brèches plus ou moins grandes opérées en fonction des corrections apportées ainsi que du soin (lame propre, masticage). La taille de grosses branches laisse des cicatrices que l'arbre met plus de temps à "réparer". Que cette réparation soit possible ou non dépend de l'importance de la coupe et de l'espèce à laquelle appartient le bonsaï (certaines espèces étant plus rapides que d'autres), mais elle dépend aussi du soin dans la coupe (schéma 1 : l'écorce protège l'arbre).

La cicatrisation, deux sens possibles :

- la cicatrisation des tissus (quelques jours) ;
- la reconstitution du manchon de tissus vivants du tronc (quelques mois à plusieurs années).

La cicatrisation des tissus

Lorsque les tissus sont lésés, il y a un risque de contamination par un virus, une bactérie ou un champignon pathogène qui, en voyageant dans la sève, peut envahir toute la plante et causer la mort du bonsaï assez rapidement.

D'où les précautions suivantes :

- tailler par temps sec, temps peu propice aux champignons ;
- tailler en cours de végétation ou en fin de dormance pour que l'arbre soit physiologiquement apte à réagir vite ;

2

3

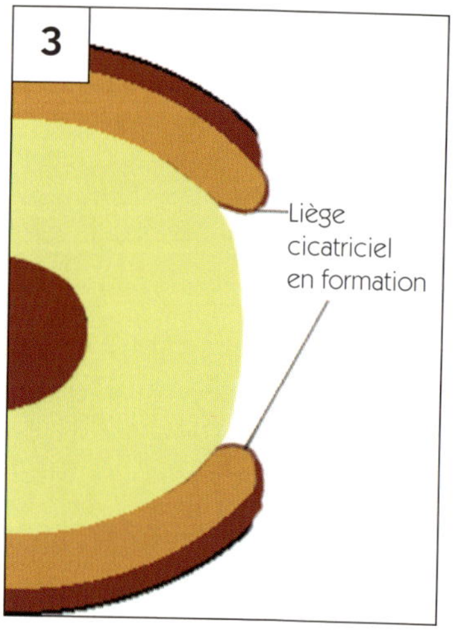

• tailler avec des outils propres et nettoyés à l'alcool entre chaque taille. Les arbres doivent être taillés séparément pour ne pas propager un éventuel parasite d'un arbre à l'autre ;

• des outils mal affûtés ou des arrachages causent de gros dégâts : arracher les feuilles plutôt que de les couper nettement au niveau du pétiole crée autant de blessures qui fragilisent inutilement l'arbre. Ne pas utiliser de sécateur pour les petites branches, car la contre-lame écrase les tissus.

La réaction de l'arbre abîmé est rapide, elle se traduit par l'apparition d'une couche continue de liège cicatriciel qui isole les tissus de l'extérieur.

La reconstitution du manchon vivant du tronc

L'aubier et le duramen sont produits vers l'intérieur, ce sont des tissus incapables de se régénérer. La partie vivante forme une couche qui protège ce cœur des xylophages, l'écorce est renouvelée et sa chute permet d'éliminer activement des intrus cherchant à la percer. A la faveur d'une branche coupée ou d'une blessure, la couche vivante est trouée et le cœur de l'arbre est sans protection. Les champignons et autres mangeurs de bois

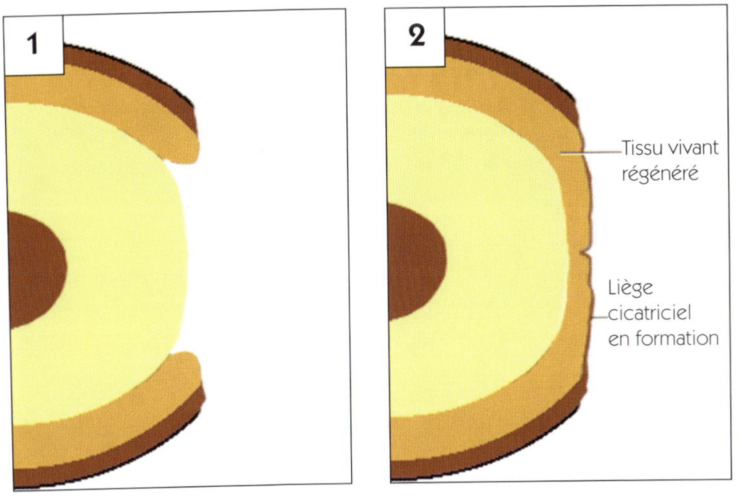

(xylophages) ne tardent pas à s'y attaquer selon l'opportunité, la proximité du sol (riche en décomposeurs), la dureté du bois et l'absence de répulsifs, telle la résine. Les champignons sont favorisés si de l'eau stagne régulièrement dans l'ouverture. La fermeture des tissus vivants est assez longue, elle peut durer plusieurs années. Elle va dépendre de la rapidité de croissance de l'arbre qui dépend elle-même de l'essence* (le chêne vert pousse moins vite que le peuplier noir), ainsi que de sa santé (un arbre affaibli a une croissance plus lente).

Dans certains cas, cette cicatrisation est impossible

Laisser un début de branche, surtout lorsque celle-ci est de grande taille, est réflexe courant… et malheureux. On n'ose pas couper trop au ras du tronc, pensant que cela peut mettre la vie de l'arbre en danger. Or, laisser un début de branche contrecarre totalement la “cicatrisation”. En effet, le bois (l'aubier) et le duramen restent en place et les autres tissus, qui eux seuls peuvent assurer la cicatrisation, forment un bourrelet.

3

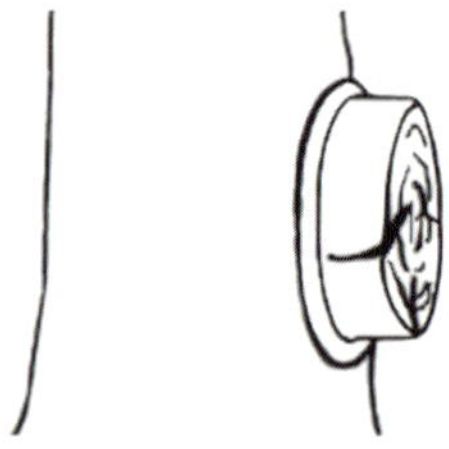

Laisser un départ de branche…

4

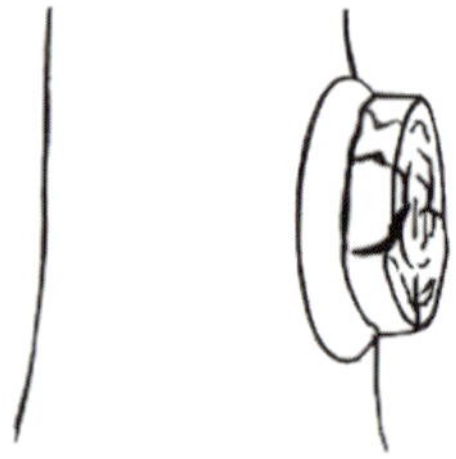

…rend la cicatrisation plus difficile

5

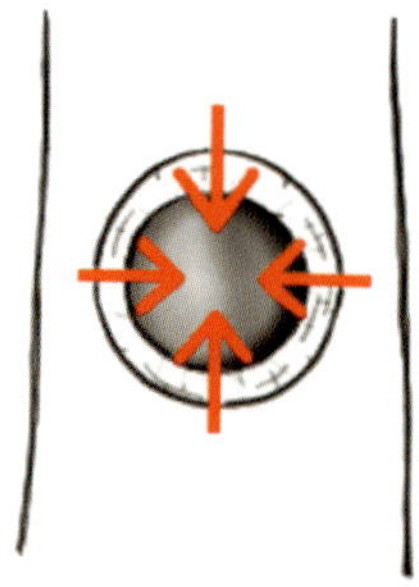

L'écorce se referme ainsi

6

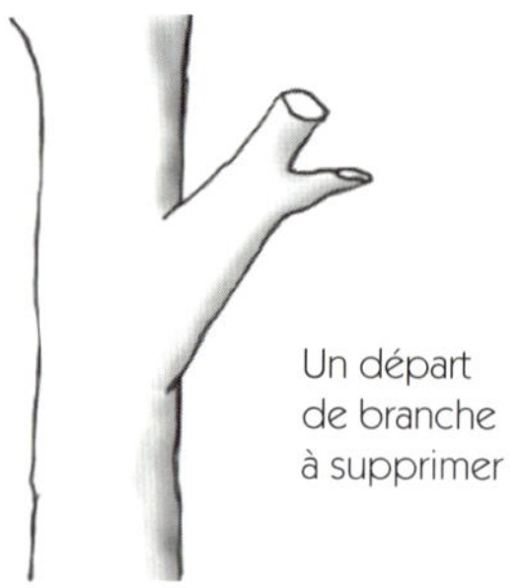

La partie centrale (aubier + duramen) empêche les bords du cal (bourrelet cicatriciel circulaire) de se rejoindre, celui-ci s'arrête de fonctionner (schéma 4), la cicatrisation est alors impossible.

Dans certains cas, lorsque la coupe a été faite avec une lame mal aiguisée, les tissus qui vont donner le cal se rétractent : la cicatrisation est impossible dans ces conditions.

La taille concave

Si la taille laisse une encoche concave dans le tronc, alors un cal régulier se forme (le cambium est coupé net et le bord est en bon état). Le bois se nécrose localement, il s'enfonce, surtout si la plaie est importante, ralentissant la cicatrisation. La seule parade est de mastiquer systématiquement les plaies importantes.

On peut ajouter que les vieilles cicatrices ou départs de branches sont toujours rattrapables, il suffit de rafraîchir la plaie et de la mastiquer (schémas 7 à 11).

7

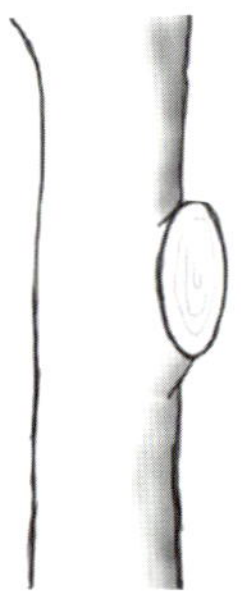

La cicatrisation peut être ralentie…

8

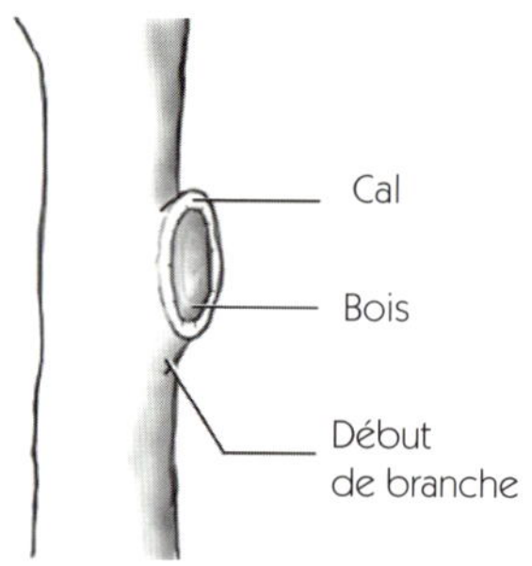

…par le dessèchement du bois…

9

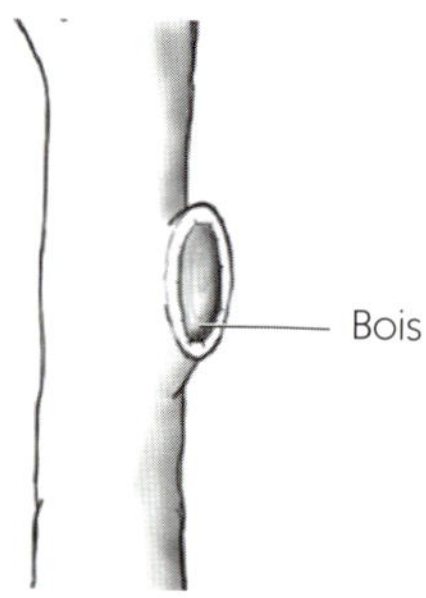

…qui se rétracte

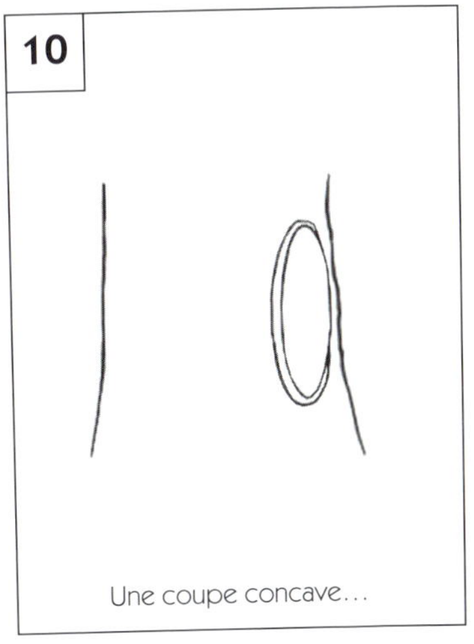

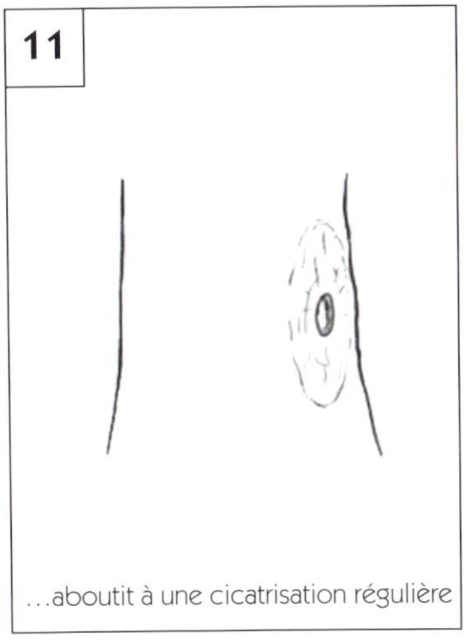

Érable Trident (*Acer buergerianum*)
Cicatrisation achevée.
La couche de tissus vivants est reconstituée. La trace de la coupe va peu à peu disparaître.

Une fois la cicatrisation terminée, la naissance de bourgeons adventifs sera limitée (voir question 105). Une scarification peut effacer les traces de la cicatrisation plus rapidement.

Lorsque la cicatrisation est terminée, le cylindre de tissus vivants protège le cœur de l'arbre.

D'éventuel intrus sont neutralisés par asphyxie et écrasement.

Tilleul (détail)
Cal de cicatrisation

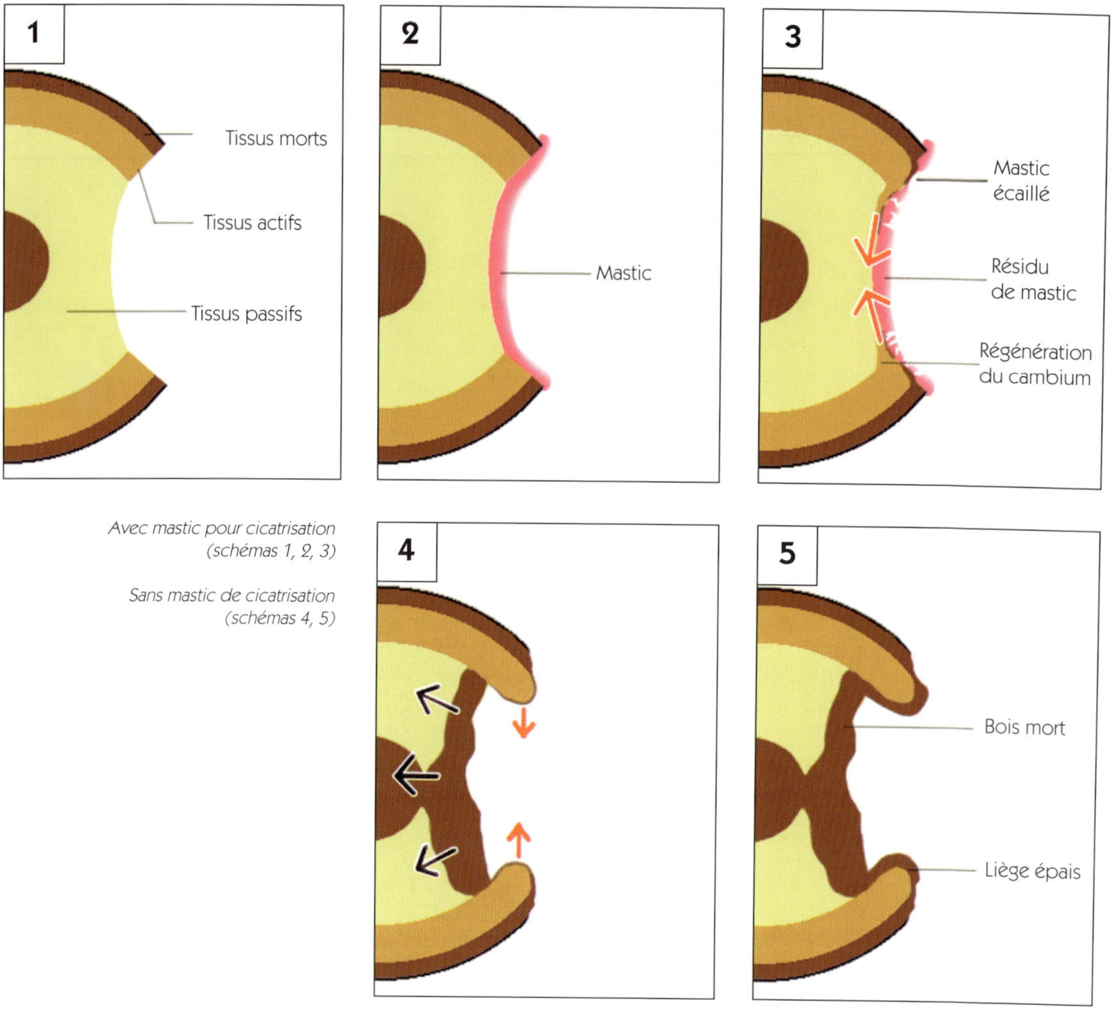

Avec mastic pour cicatrisation (schémas 1, 2, 3)

Sans mastic de cicatrisation (schémas 4, 5)

Les sécrétions de l'arbre et le rôle du mastic

Le mastic est composé de résine de pin, il remplace les sécrétions naturelles, comme un pansement. Un mastic **spécial cicatrisation** doit être employé, car il reste mou et n'empêche donc pas la cicatrice de se refermer, contrairement au mastic utilisé pour greffer (schéma 3).

Certains mastics ont une action fongicide qui aide à neutraliser les agents pathogènes déjà présents lors de l'application. En l'absence de mastic, les plaies de diamètre important ne se referment pas, ou très difficilement : le xylème sous-jacent s'affaisse probablement par nécrose locale, compliquant la cicatrisation. Lorsque la cicatrisation est finie, le mastic tombe tout seul : il est extériorisé, comme le liège de l'écorce dont il a assuré temporairement la fonction.

Une exception de taille : les conifères

On peut rappeler ici que chez les conifères, les coupes de grosses branches peuvent être maquillées en bois morts, zones écorcées ou creusées (voir question 88), ou encore par du feuillage. Une alternative consiste à couper la branche à ras du tronc et bien sûr, comme pour toutes les coupes sévères, la mastiquer. Quelques années après, la couleur de la coupe se confond avec celle de l'écorce. Il serait possible aussi de réaliser à cet endroit une greffe, mais cette technique est tellement difficile qu'elle est à réserver aux spécialistes (voir question 51). Ne vous y essayez pas sur votre arbre préféré !

96. Pourquoi une branche meurt-elle ? Est-ce normal ?

Une des contrariétés les plus courantes dans la culture du bonsaï est la mort inexpliquée d'une ou plusieurs branches. Ceci peut affecter l'harmonie générale de la plante (voir question 109) et remettre tout en question quant à sa formation (schéma 1).

La mort d'une branche est anormale, sauf dans quelques cas particuliers.

La plupart des conifères (vieux pins) se dégarnissent progressivement à leur base naturellement. Certains feuillus, comme le peuplier d'Italie (*Populus nigra* var. *italica*), perdent leurs basses branches avec l'âge.

Le figuier du Midi (*Ficus carica*) constitue une exception : une branche effeuillée, même munie d'un gros bourgeon terminal, meurt facilement (voir question 101).

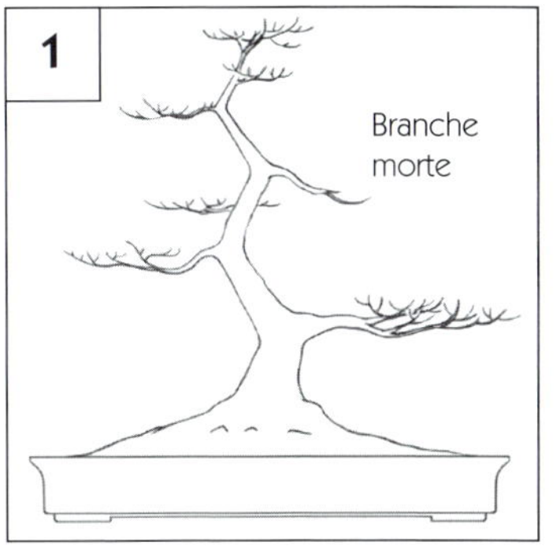

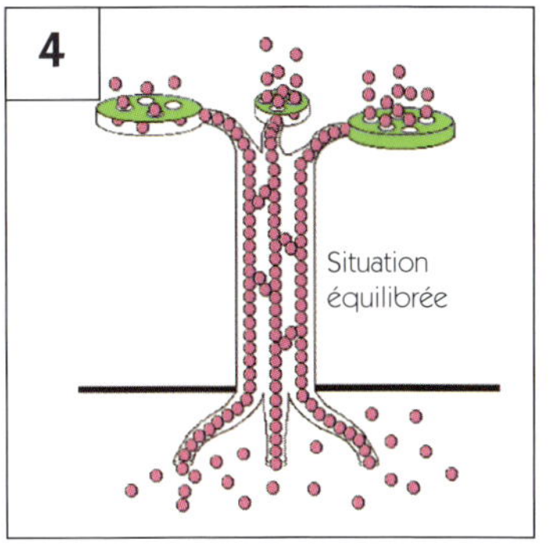

Une des principales causes est le manque d'eau

Une sécheresse temporaire peut en être la cause, même si apparemment l'arbre a bien récupéré. Les causes sont internes : la branche s'est "déconnectée", le cordon de sève (brute) s'étant rompu (voir question 131).

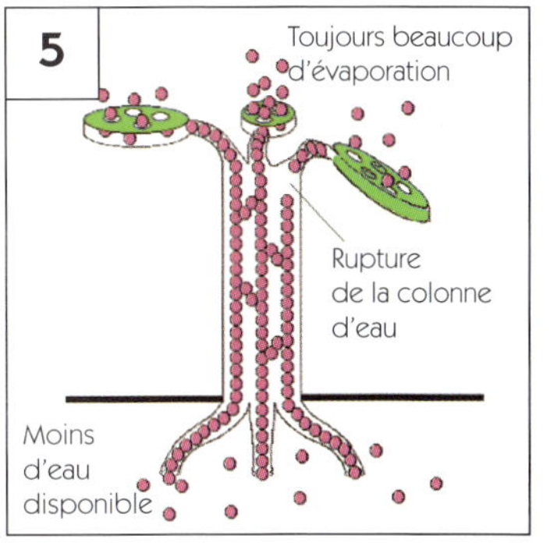

Les brûlures

Elles peuvent être occasionnées par le soleil, mais aussi par des embruns salés, le contact direct avec de l'engrais (seuls les engrais foliaires sont adaptés au contact des parties aériennes), et toutes sortes de produits versés accidentellement (lait, soda, café, etc.). Dans la plupart des cas,

6

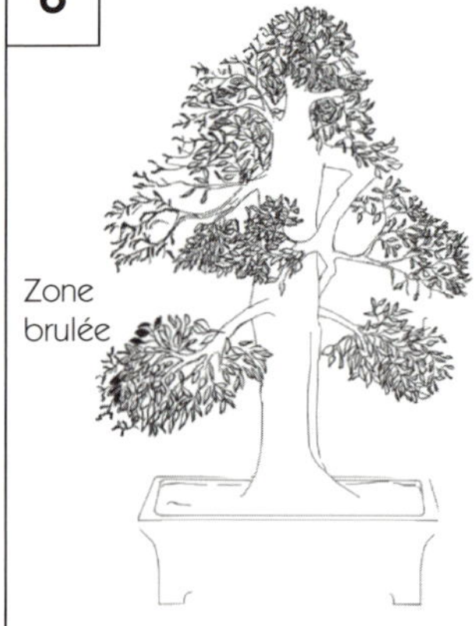

seules les feuilles et les parties vertes seront détruites. Les brûlures se reconnaissent facilement, une partie de la ramure est détruite mais la zone atteinte ne se réduit pas à une branche bien précise (schéma 6).

La vieillesse

Ce cas est rare et ne concerne que les très très vieux sujets (plusieurs centaines d'années). La mort, sans raison apparente, d'une branche importante a pour origine la même cause physiologique que le cas de sécheresse. Cela aussi est dû au mauvais entretien des faisceaux conducteurs de sève du xylème. Comment le xylème se renouvelle-t-il ?

Rappelons que le xylème est incapable de se régénérer. Le xylème est composé de cellules vides (et donc mortes) assemblées en tubes. Plus l'activité de la branche est grande, plus le cambium produit du xylème jeune parfaitement opérationnel (schémas 7). Par contre, le xylème le plus ancien (situé près du centre de la branche) devient progressivement non fonctionnel, il peut aussi se boucher accidentellement (schémas 8 et 9).

7 8 9

10

Lorsque les feuilles sont peu éclairées, que la compétition entre branches est défavorable, la branche devient sénescente : les tissus se renouvellent très peu. Les flux de sève sont faibles. Or, le xylème subit des dommages progressifs, les tubes peuvent s'obstruer. Cette perte en pouvoir conducteur n'est plus compensée (schéma 10).

Ce xylème peut accidentellement devenir non fonctionnel par cavitation, et la branche meurt.

Certains champignons microscopiques colmatent le xylème. C'est le cas de la graphiose de l'orme.

La mort d'une grosse racine

Certains arbres sont composés d'unités bien distinctes, un peu comme s'ils résultaient de la fusion de plusieurs individus. C'est le cas de *Serissa foetida*.

La mort d'un groupe de racines va donc entraîner celle de la branche maîtresse correspondante.

Une parade consiste à fusionner un autre sujet en remplacement, mais cela n'est pas très facile à mettre en œuvre, d'autant moins facile que la partie du tronc à remplacer n'est pas très évidente.

Lorsque la partie du tronc impliquée s'est desséchée, l'ensemble de la branche morte et cette partie du tronc peut être traité en bois mort. Le départ des racines mortes doit aussi être conservé afin d'éviter un déséquilibre de l'enracinement. On peut aussi disposer une pierre contre le tronc pour remplacer visuellement cette racine.

D'autres espèces sont concernées, mais il n'y a pas de règle en la matière. Ce phénomène est encore très mal connu (les Pins, les Azalées).

On peut facilement mettre cette compartimentation en évidence chez les *Serissa* : on sélectionne une grosse racine lors du rempotage. On rempote l'arbre dans deux terrines séparées (on isole cette racine). En procédant à des arrosages décalés, on peut aisément déterminer quelle partie de l'arbre dépend de la racine isolée. En jouant sur la composition des engrais, on peut faire fleurir une seule branche !

En isolant successivement chaque racine, on peut "cartographier" son arbre !

97. Quels sont les moyens de défense d'un bonsaï qui ne cicatrise pas (ou en attendant la cicatrisation complète) ?

Le bonsaï n'est pas totalement désarmé face aux agressions extérieures lorsqu'une brèche est ouverte dans son écorce. Heureusement, car un bonsaï dont l'écorce a été arrachée devra attendre plusieurs années avant que l'étanchéité ne soit parfaitement restaurée.

En attendant, le bonsaï a la possibilité d'isoler la partie endommagée par des cloisons étanches. A proximité de la blessure, des barrières internes se mettent en place, les cellules du bois réagissent très vite. Elles sécrètent

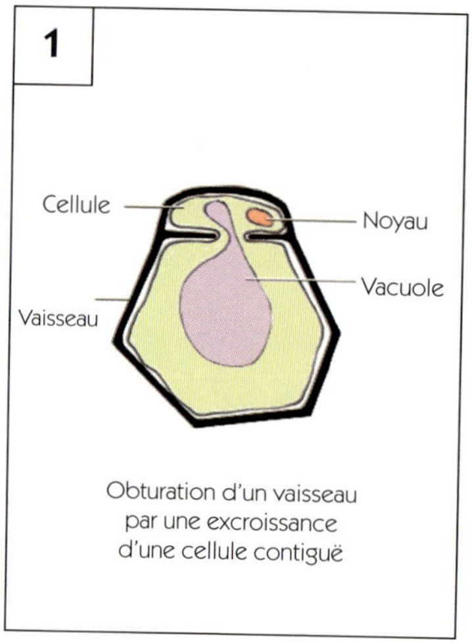

Obturation d'un vaisseau par une excroissance d'une cellule contiguë

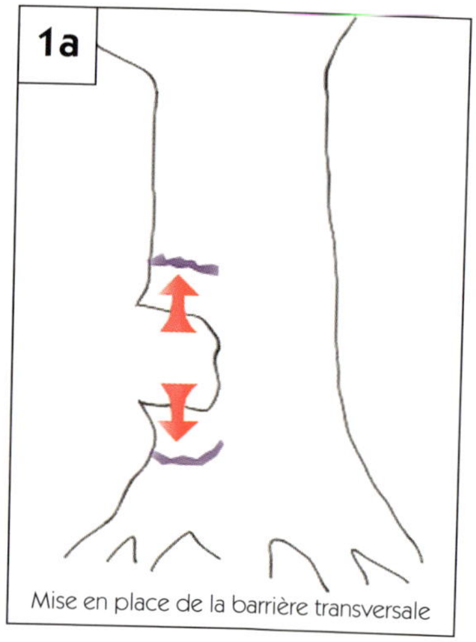

Mise en place de la barrière transversale

des substances inhibitrices, renforcent leurs parois, qui sont rapidement infranchissables pour les agents pathogènes. C'est un périmètre de sécurité qui se met rapidement en place.

Les processus de compartimentation sont de plusieurs ordres :

• une barrière transversale empêche une propagation vers le haut (par la sève brute du bois) par obturation des canaux, grâce aux cellules contiguës qui émettent des excroissances qui bouchent le passage dans le vaisseau (schéma 1). Les vaisseaux conducteurs sont dangereux car ils peuvent rapidement propager des intrus dans toute la plante. Il en est de même pour les vaisseaux du phloème qui se bouchent au niveau des parois criblées (voir question 87).

• une barrière frontale s'installe au niveau des cernes de croissance annuels (voir question 83) : les tissus se durcissent, se chargent de tanins et de substances inhibitrices. Cette barrière est plus efficace que la barrière évoquée précédemment (schéma 1a).

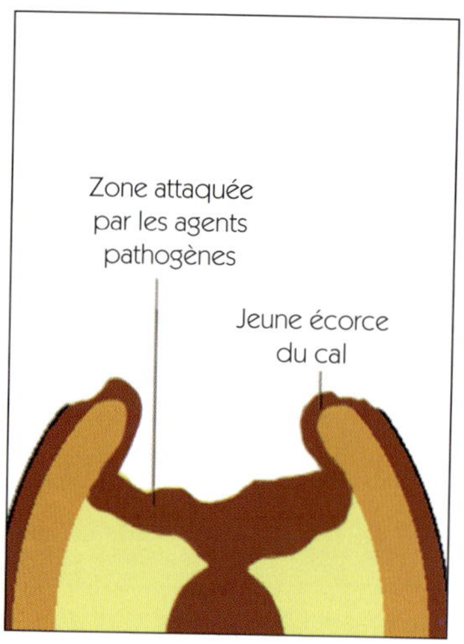

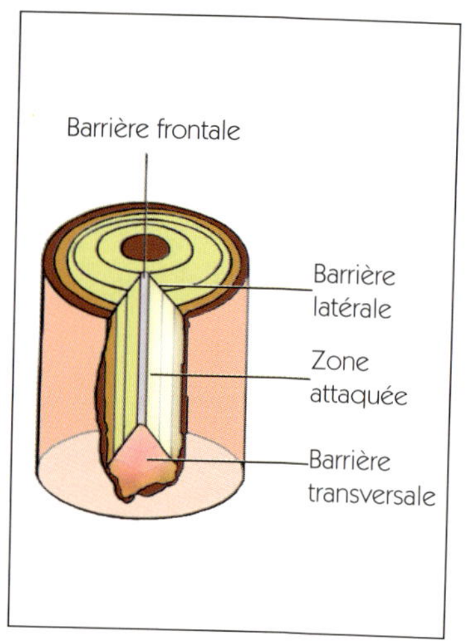

• une barrière latérale (niveau des rayons médulaires) apparaît, les tissus se durcissent de la même façon (schéma 2 ci-contre).

• il existe un autre dispositif, non dans le bois existant avant la blessure, mais dans celui qui se forme juste après : le cambium fabrique un tissu particulièrement résistant à l'infection, bourré de substances inhibitrices et qui isole le nouveau xylème ou bois formé de la partie la plus ancienne (schéma 3).

Les tissus sécréteurs : leur rôle est la répulsion ou la neutralisation des parasites.

Ils sécrètent :

• des essences (*Citrus, Eucalyptus*),
• des résines (les résineux), les gommes (les fruitiers),
• du latex (*Ficus*).

Les mastics sont des résines : ils sont imputrescibles, non toxiques pour le bonsaï, ils sèchent très lentement et tombent en s'écaillant.

Les mastics de cicatrisation sont plus tendres que les mastics destinés aux greffes. En effet, lors d'une greffe, les tissus à souder sont directement en contact alors que pour une cicatrisation, le mastic à cicatriser doit progressivement laisser place aux tissus qui se régénèrent.

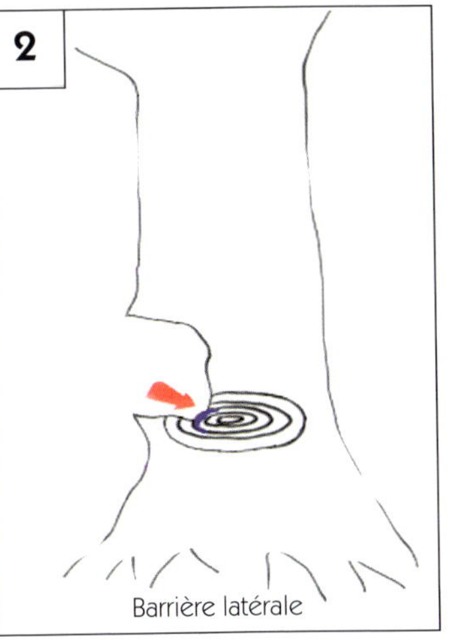

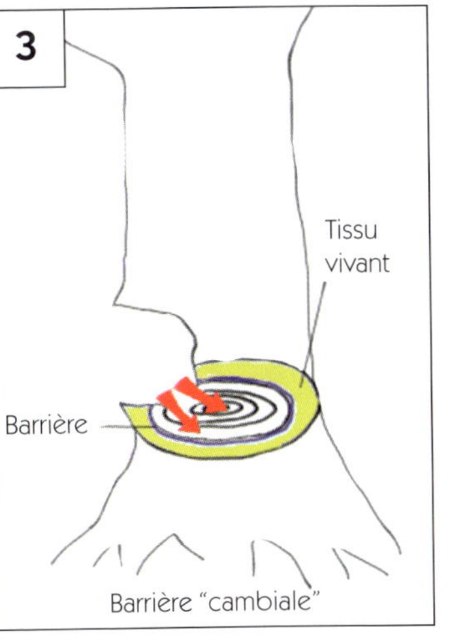

98. Comment réaliser des soudures et les accélérer?

Il est fréquent de voir plusieurs arbres côte à côte soudés les uns aux autres. Plusieurs arbres jeunes se sont progressivement soudés pour ne plus faire qu'un (schémas 1 et 2 ci-dessous). On constate aussi que seuls des arbres de même espèce peuvent ainsi fusionner. Les soudures affectent aussi bien le tronc et les branches que les vieilles racines.

En effet, la structure de ses organes est similaire (voir questions 61 et 82). Les soudures ont de nombreux points communs avec les phénomènes de cicatrisation, car il ne s'agit ni plus ni moins que d'une cicatrisation commune à plusieurs arbres ou au sein du même arbre.

3

4

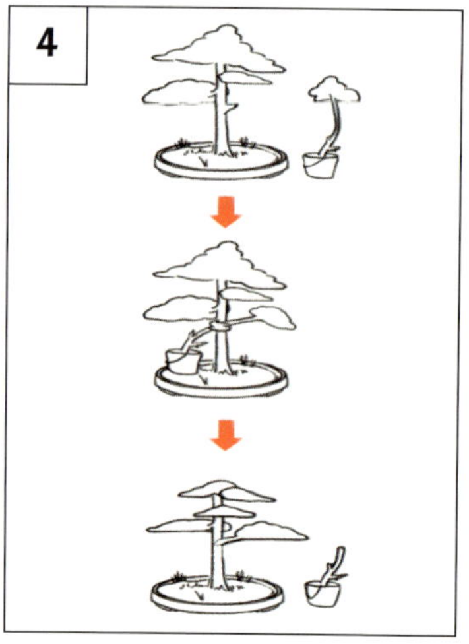

5

Elles sont extrêmement utiles à la pratique du bonsaï, car elles permettent de créer des bonsaï à plusieurs troncs [3], de corriger des défauts (rajout d'une branche [4]), rajout de racines (exemple, ajout de racines aériennes chez les ficus), création de tronc tressés (technique courante avec les *Ficus benjamina* dont la souplesse du tronc se prête bien aux torsions [5]) ; les chances de succès sont proches de 100 %.

Il faut cependant respecter quelques règles.

Les périodes les plus favorables

Les soudures doivent être envisagées avant ou pendant les périodes d'activité la plus intense pour le tronc et les branches. Ces périodes s'étendent du début du printemps jusqu'à la fin de l'automne, mais cela varie considérablement en fonction du lieu considéré et des années plus ou moins douces (voir schéma ci-dessous).

Il est donc conseillé de pratiquer les soudures au moins deux mois avant la baisse d'activité. Deux mois sont nécessaires pour que les organes soient suffisamment solidaires. Le meilleur moment reste le début du printemps, car l'arbre dispose de réserves et l'activité est très importante lors du débourrement.

En rouge : périodes (confondues) d'activité intense (tronc-grosses branches-grosses racines)
En bleu : période privilégiée pour les soudures

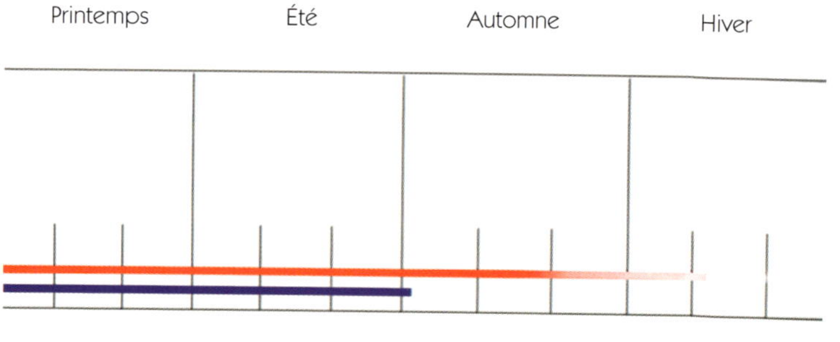

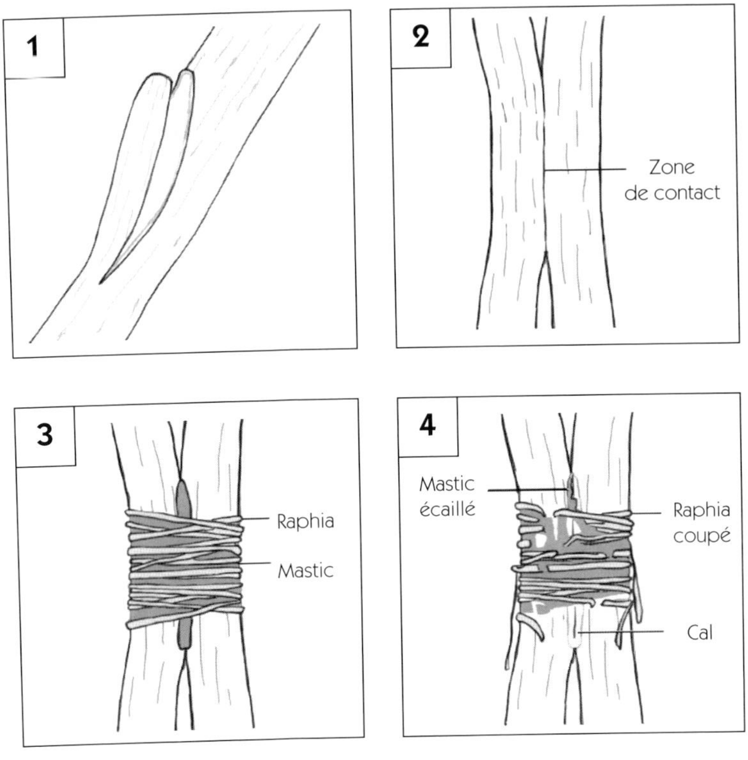

La marche à suivre

• Bien préparer les zones à mettre en contact : les sections doivent être bien nettes, en méplats (schéma 1).

• Les deux méplats sont immédiatement mis en contact avant qu'ils ne sèchent (schéma 2).

• Une ligature forte et immédiate (schéma 3). La ligature doit être serrée. On peut se servir de raphia (ou de corde, le diamètre de la corde doit être en rapport avec la taille des organes à mettre en commun). Pour plus d'efficacité, on peut mastiquer le contour de la zone de contact avec du mastic à greffer.

• Lorsque la soudure semble effective, on coupe le raphia sans l'enlever. Il tombera avec le mastic, rejeté par la croissance en épaisseur du tronc (schéma 4).

Les bonsaï ne doivent pas manquer d'eau pour que la sève circule en abondance, notamment à travers les entailles.

Le mécanisme physiologique

Il est très simple, il s'apparente à une cicatrisation classique. Il n'y a pas de problème de rejet entre deux arbres de la même espèce, car les végétaux n'ont pas un système immunitaire très développé. Les cambium des deux arbres se raccordent pour ne plus faire qu'un. Les tissus engendrés par celui-ci sont ensuite produits en continu : la structure s'homogénéise. Au niveau de la soudure, sous le liège cicatriciel, apparaissent de nouveaux phellogènes : les deux troncs du départ ne forment plus qu'un.

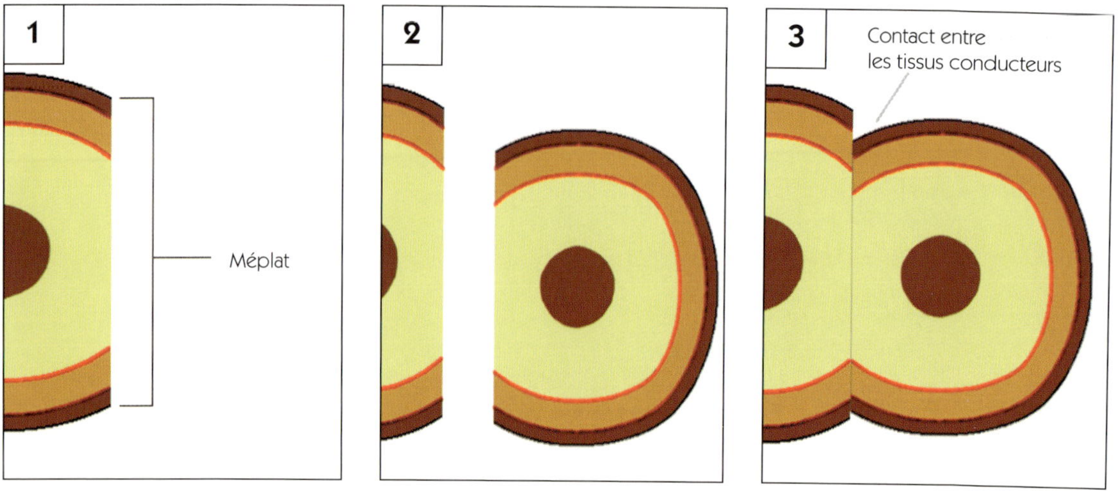

Les tissus représentés sur les CT ci-dessus
— en marron, sont morts
— en jaune, sont vivants mais incapables de se régénérer
— en orange, sont vivants et capables de se régénérer
— en rouge, les assises génératrices : le cambium et le phellogène.

L'accélération et les limites du processus

A l'instar des greffes et des cicatrisations, l'accélération d'une soudure est obtenue par une augmentation de l'activité des tissus constitutifs du tronc et des branches.

Il suffit :

• d'augmenter la fréquence d'arrosage et l'ensoleillement (dans les limites acceptables pour le bonsaï);

• de nourrir le bonsaï avec un engrais approprié qui profite aux tissus (riche en N, K).

Le cas de *Serissa foetida* : chez certaines espèces la soudure n'est que formelle : les sèves ne se mélangent pas ou se mélangent très peu (voir question 96).

Bourgeon et ramification

99. Qu'est-ce qu'un bourgeon?

Les bourgeons ne sont pas des organes qui "donnent naissance" aux nouveaux rameaux (ou à des fleurs). Ce sont en fait déjà des rameaux, sous une forme embryonnaire, le débourrement* n'étant qu'une étape dans le développement du rameau.

Remarque : dans ce chapitre, il est uniquement question des organes végétatifs, les organes reproducteurs (fleurs, fruits) sont abordés dans le chapitre suivant qui concerne les organes saisonniers.

Les différents bourgeons

On distingue plusieurs catégories, selon leur disposition sur la tige :

• **le bourgeon axillaire** : il se situe à l'aisselle des feuilles, donc au niveau d'un nœud;

• **le bourgeon terminal ou apical** : il se situe à l'extrémité des rameaux;

• **le bourgeon adventif** : il apparaît à la suite d'une blessure (taille d'une branche, par exemple). Il correspond à un rajeunissement des tissus en profondeur ; avant la blessure, il n'y avait aucun bourgeon en attente (voir question 3).

Les bourgeons sont généralement assez volumineux chez les "feuillus" (schéma 1) ; par contre, chez les conifères, les bourgeons peuvent être très discrets : chez le pins (pinacées) seuls les bourgeons terminaux sont bien visibles (schéma 2), chez les cyprès (cupressacées) les bourgeons sont verts, comme les feuilles qui de plus ont une forme en écaille : à première vue rien ne les distingue mais ils sont bien présents.

La structure d'un bourgeon

Si on coupe un bourgeon de hêtre longitudinalement (schéma 3), on peut distinguer une petite tige qui porte à la base des écailles protectrices et au sommet de toutes petites feuilles, les très jeunes feuilles déjà en place sur les nœuds ; les entre-nœuds sont très resserrés. Les écailles sont considérées par la plupart des botanistes comme des petites feuilles modifiées.

1

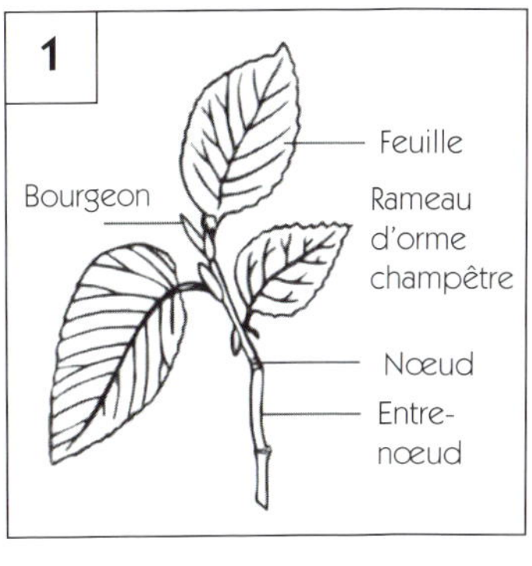

2

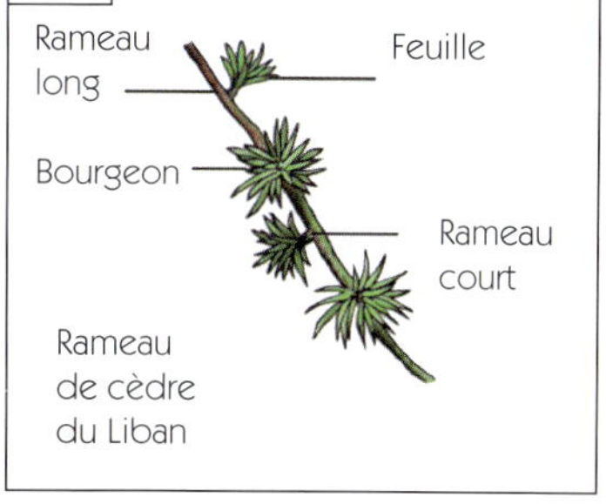

3

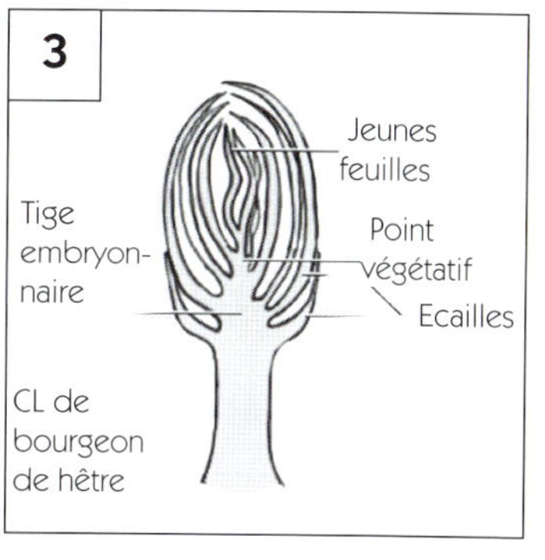

Tilleul
Photographié en décembre, couvert de bourgeons.

Toutes ces feuilles sont très rapprochées les unes des autres et jouent un rôle de protection du jeune rameau très fragile.

100. Pourquoi la taille de certains bourgeons augmente-t-elle ?

L'augmentation progressive de la taille d'un bourgeon est liée à son activité. Cela ne veut pas dire pour autant que l'éclosion soit imminente.

Chez les arbres à feuilles caduques, les bourgeons qui assureront les nouveaux "départs" au printemps suivant grossissent au fur et à mesure que la belle saison avance (ci-dessous, trois étapes de la croissance du bourgeon de hêtre) :

La croissance en longueur se fait en deux étapes (exemple du hêtre) :

• au cours de l'été, la tige embryonnaire s'allonge sous les écailles par le phénomène de multiplication des cellules (mérèse). Les entre-nœuds, très courts, sont mis en place, ainsi que les ébauches foliaires. Le bourgeon grossit et s'allonge jusqu'à l'automne. Il reste en attente durant la mauvaise saison (schémas 1, 2 et 3) ;

1

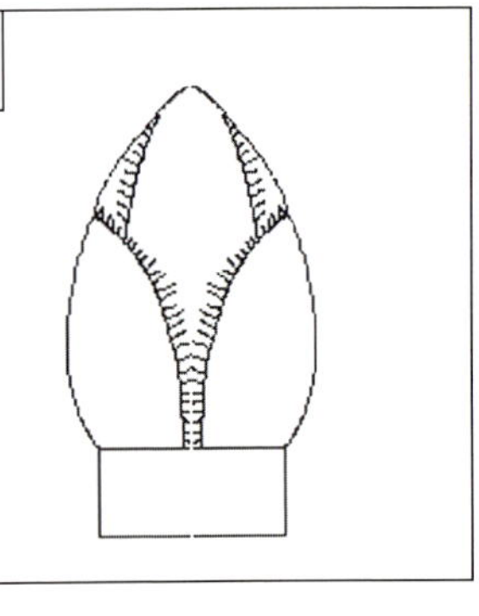

2

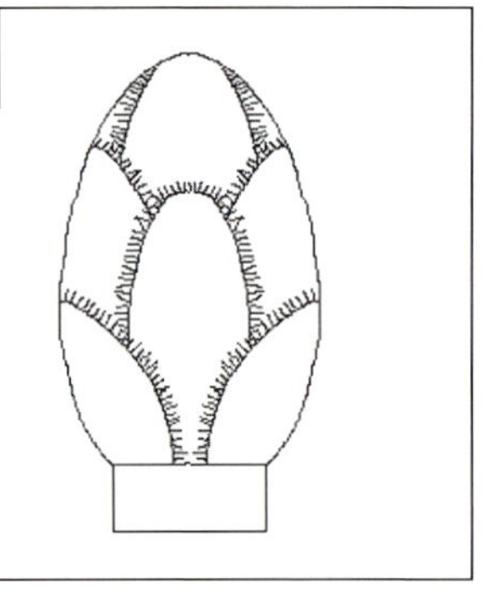

3

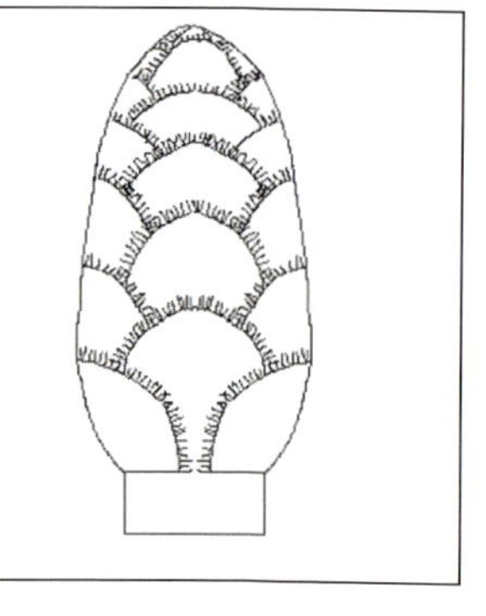

• au printemps suivant, les bourgeons "éclatent", c'est le **débourrement**. La tige embryonnaire s'allonge et les écailles qui la protégeaient s'écartent et tombent en laissant des cicatrices (schéma 4). La base où elles étaient implantées ne grandit pas, les cicatrices restent rapprochées. Il s'ensuit l'allongement des entre-nœuds qui séparaient les jeunes feuilles ; c'est l'auxèse* (allongement des cellules et non leur multiplication) intercalaire. Elle sera d'autant plus importante que l'arrosage sera abondant (optimisation du métabolisme, notamment de la photosynthèse). Les entre-nœuds les plus bas sont les premiers à s'allonger, il faut donc veiller à ne pas trop arroser au début du développement (les 3 ou 4 premiers entre-nœuds sont conservés lors de la taille). Lorsque le bourgeon s'ouvre, la tige ne fait que terminer sa croissance. La forme et la disposition des bourgeons sont une des caractéristiques propres à une espèce.

4

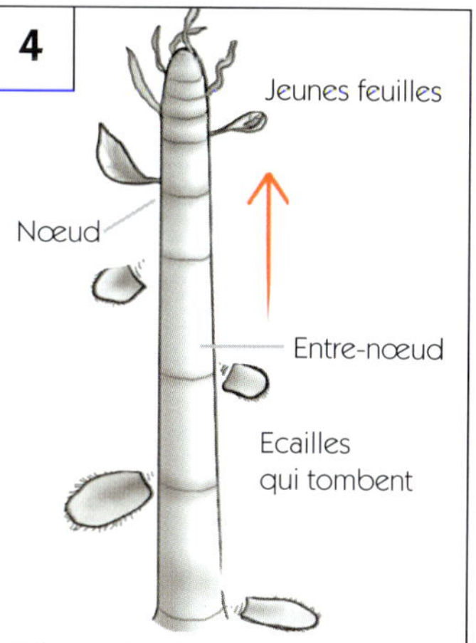

Débourrement

101. Pourquoi faut-il éviter de couper un bourgeon sur une branche totalement effeuillée?

Le rôle des tire-sève

Les feuilles et les bourgeons ont un rôle de "tire-sève". De leur forte activité résulte un besoin en sève important. Ils émettent des hormones, telle que l'auxine*, qui activent les tissus environnants. Ce sont donc les garants de l'activité du rameau :

• les feuilles sont extrêmement avides de sève brute qui passe en grande quantité dans le rameau ;

• les bourgeons en activité vont donner des fleurs ou un rameau dans l'année, ou préparent un rameau pour l'année suivante. Ces bourgeons demandent de la sève brute, mais aussi et surtout de la sève élaborée qui transporte l'énergie utilisée par les cellules méristématiques pour se multiplier et ainsi construire les nouveaux organes.

En coupant feuilles et bourgeons (voir schéma 1), on supprime en fait les organes les plus actifs de la branche. Les flux de sève sont considérablement amoindris. Ce déséquilibre peut être fatal au rameau.

1

A éviter :
pincement des feuilles
et du bourgeon apical

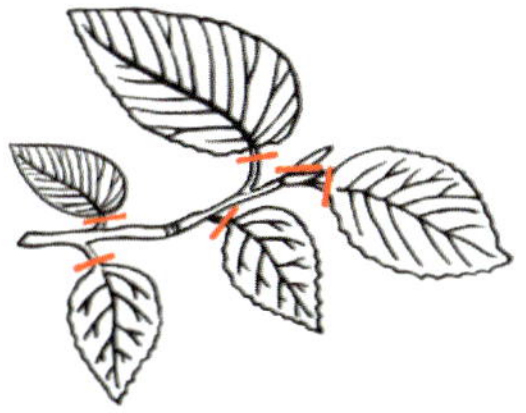

2

Pincement des feuilles
et du bourgeon apical,
le tiers de la feuille
terminale
est conservée

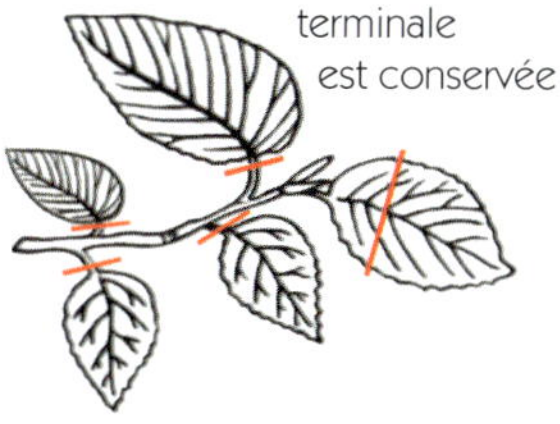

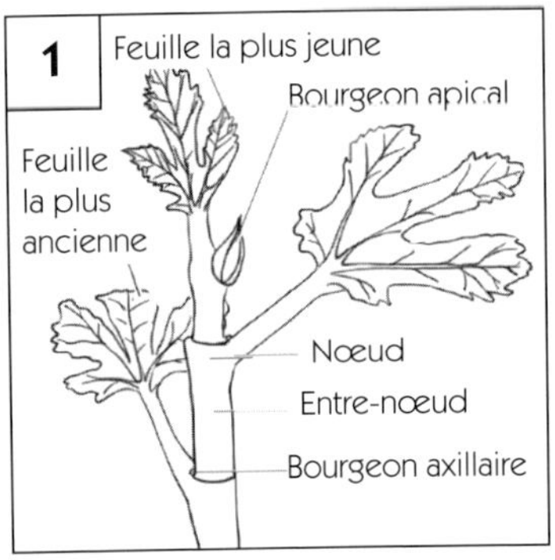

Une taille respectueuse

Pour la taille des feuillus, on laisse temporairement un tiers de la dernière feuille (schéma 2 page précédente) : on évite ainsi le risque de voir le rameau se dessécher. Dès que les bourgeons commenceront à s'ouvrir, on pourra supprimer ce tiers de limbe peu esthétique.

• Sur les rameaux, couper toujours les feuilles les plus anciennes (schéma 2). En effet, les feuilles étant le siège principal de l'évapotranspiration, elles tirent la sève brute à elles. Les feuilles les plus jeunes n'ayant pas terminé leur croissance, celle-ci va se réaliser en fonction de la disponibilité en eau. Le manque d'eau, dans le cas présent, va conduire à l'arrêt de cette croissance.

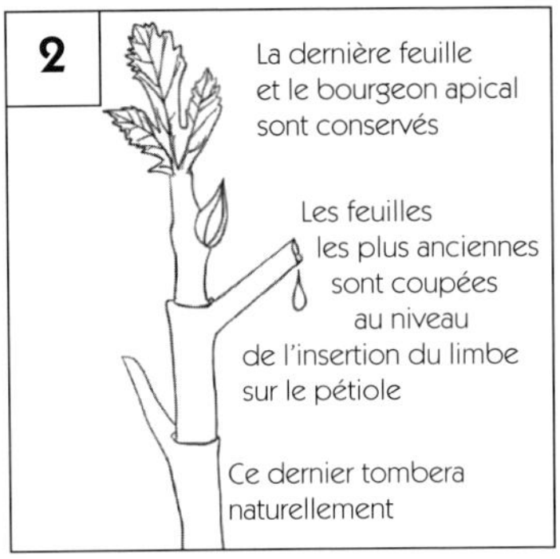

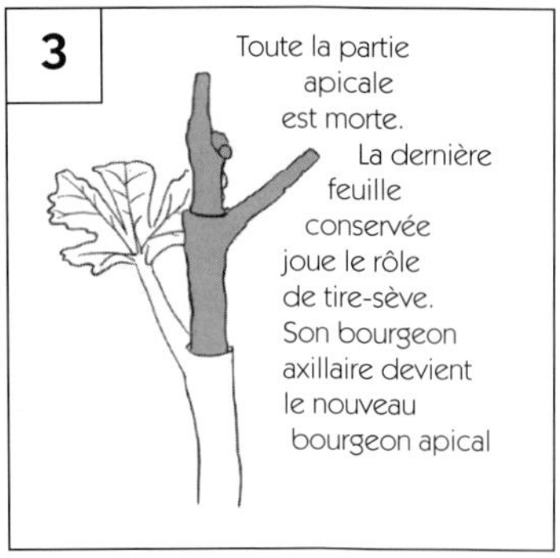

• En revanche, si vous coupez les dernières feuilles du rameau et le bourgeon terminal, vous risquez de court-circuiter le bout de la branche. Ceci est très gênant chez le figuier (*Ficus carica*), car ses branches se dessèchent facilement (schéma 3).

En ce qui concerne les conifères, les bourgeons ont une importance au moins égale à celle des feuilles, qui, du fait de leur réduction plus ou moins forte, ont un rôle de tire-sève relativement moins marqué. Lors des tailles, on veillera donc à laisser chez les conifères à aiguilles un ensemble de bourgeons et d'aiguilles aux extrémités des branches.

Toujours couper à l'aisselle d'un rameau ou d'une branche

102. Que veut dire "pincer un bourgeon" ?

Le pincement est un terme assez vague qui équivaut à l'ablation partielle ou complète d'un bourgeon par pincement entre le pouce et l'index (schéma 1 page suivante) ou avec de petits ciseaux, mais aussi, dans certains cas, à l'ablation de la partie terminale d'un rameau jeune.

Il s'agit la plupart du temps du bourgeon terminal. L'ôter permet d'arrêter momentanément la croissance en longueur du rameau qui le porte (voir question suivante) et de provoquer de nouvelles ramifications. Le but est donc de contrôler la croissance du bonsaï en provoquant l'émission de nouveaux rameaux.

Cela permet aussi d'empêcher le développement d'un rameau mal placé avant qu'il ne se développe (voir question suivante).

Ce travail est long chez les conifères à feuilles réduites en écailles (genévrier, cyprès) car le nombre de bourgeons par arbre est élevé et ils sont de très petite taille.

Chez les feuillus, les pincements sont plus échelonnés dans le temps, il n'est pas nécessaire de passer l'arbre en revue, les bourgeons apicaux sont pincés le plus précocement possible, dès qu'ils sont suffisamment distincts.

Les techniques de pincement

Le pincement est un geste extrêmement simple et facile, toutefois il demande une grande précision. Dans la plupart des cas, il s'agira d'ôter précisément le bourgeon sans toucher aux feuilles. Un pincement maladroit peut provoquer la mort du rameau ou d'un ensemble de rameaux.

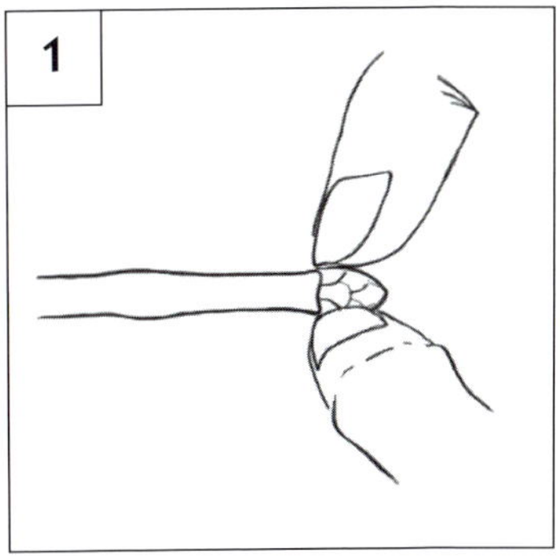

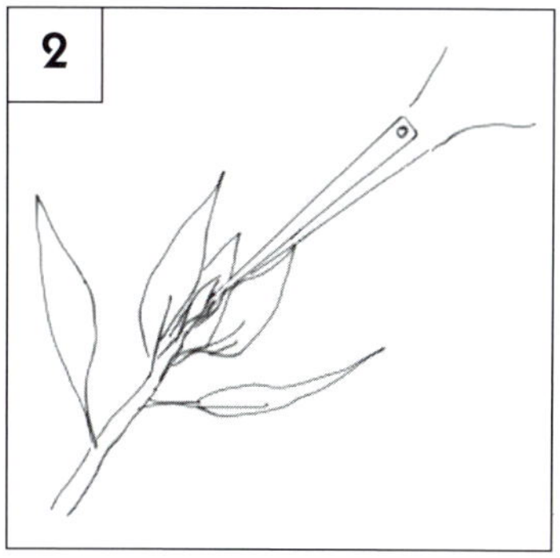

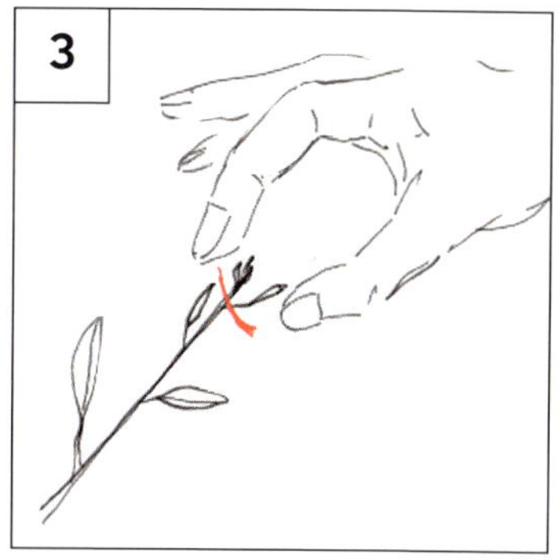

Variantes pour les feuillus

• Les gros bourgeons peuvent être vrillés et cassés. Exemple : le figuier (*Ficus carica*), les hêtres (*Fagus sylvatica*) (schéma 1).

• Les petits bourgeons difficilement accessibles avec les doigts sont retirés avec une pince ou une paire de ciseaux fins (schéma 2). Exemple : les agrumes, *Serissa*, troènes, carmona, ormes, *Ficus benjamina*…

• On peut aussi, pour ces dernières espèces, pincer avec les doigts et supprimer en une fois le bourgeon terminal et les dernières feuilles encore petites (schéma 3).

Les bonsaï à fleurs ne seront pincés qu'après la floraison (les bourgeons floraux font partie de ceux qui sont le plus exposés).

Variantes pour les conifères

Les conifères cultivés en bonsaï exigent des attentions particulières. C'est aussi le cas pour les pincements.

• Les conifères à aiguilles (à l'exception des pins) (schéma 4). Ce sont les épicéas, les ifs, les genévriers (sauf genévrier de Chine), les mélèzes, les cèdres et les cryptomérias. Les pousses de plus de 2 cm de long seront réduites de moitié. Chez ces espèces, les pousses ne se développent que durant une période assez courte. On peut dire que les bourgeons sont relativement rares par rapport aux conifères à feuilles en écailles. Leurs bourgeons ont un pouvoir de tire-sève extrêmement fort. On évitera donc de les couper si l'arbre n'est pas très actif. D'autre part, une vaporisation, des arrosages soutenus et une exposition ombragée sont souhaitables après le pincement. Cela limite les risques de voir des rameaux se dessécher (voir question précédente).

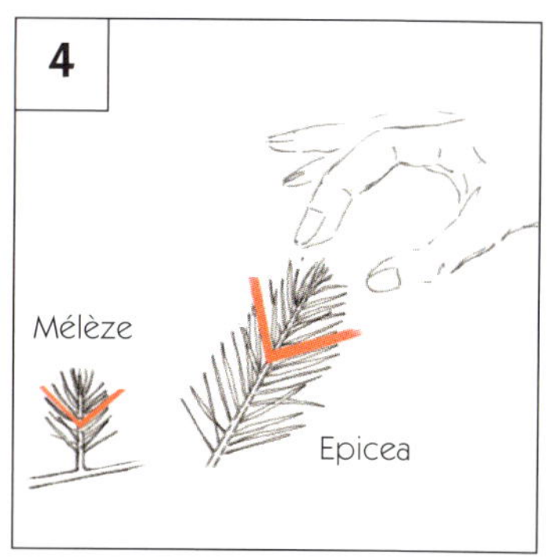

5

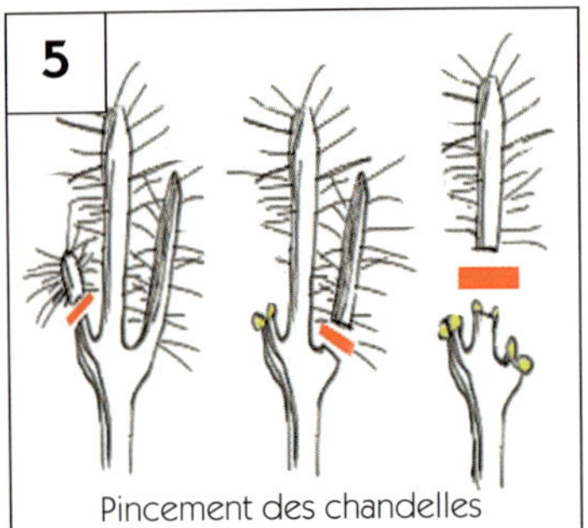

Pincement des chandelles du pin blanc

6

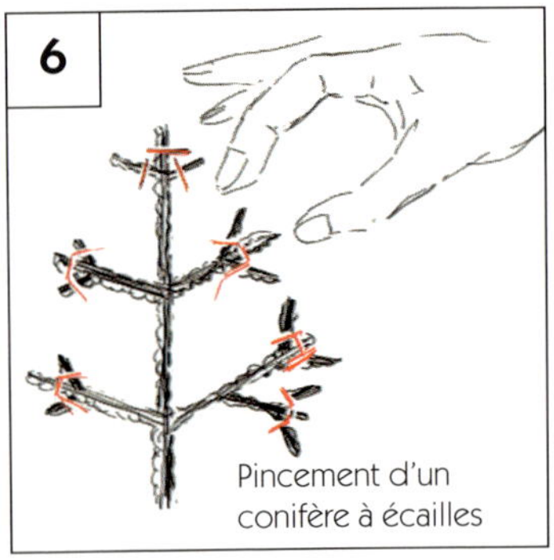

Pincement d'un conifère à écailles

• Les pins (schéma 5) : les bourgeons sont souvent groupés. En les pinçant tous en même temps, on a de fortes chances de voir le rameau qui les porte se dessécher. En effet, les bourgeons ont, comme chez les autres conifères à aiguilles, un pouvoir de tire-sève essentiel. Dans chaque groupe de bourgeons, les plus centraux sont en général plus volumineux. Ils sont plus avancés dans leur développement. Pincer ces bourgeons en premier serait un réflexe malheureux, car puisque l'on doit attendre qu'ils se régénèrent en un ou plusieurs bourgeons avant de tailler les autres, il est préférable de conserver leur précocité par rapport à ces derniers. En taillant d'abord les bourgeons les moins avancés, on leur donne une longueur d'avance sur les bourgeons les plus gros. Par conséquent, la répartition des forces de l'arbre dans chacun des rameaux est meilleure.

Le pin blanc (*Pinus pentaphylla*) du Japon produit un nombre relativement important de bourgeons que l'on peut pincer précocement d'un à deux tiers juste avant leur éclosion. On peut même les enlever complètement sans risque pour le rameau qui les porte. On égalisera les bourgeons, qui poussent à des vitesses différentes pendant la bonne saison. Le pin blanc du Japon est, parmi les pins, le bonsaï le plus facile à former.

• Les conifères à écailles : citons comme exemple les cyprès, le genévrier de Chine et les chamaecyparis. Ces bonsaï produisent des pousses courtes à foison, y compris sur le tronc et les grosses branches. Il faut donc les pincer très régulièrement (schéma 6). Toutes les pousses "parasites" apparaissant sur les parties les plus anciennes doivent être éborgnées au plus tôt. Les pousses intéressantes seront fortement raccourcies si l'on veut obtenir un feuillage dense. Le pincement stimule la croissance.

La taille des branches

Chez tous les pins, la taille des branches aura lieu en octobre. Pour les autres conifères, elle aura lieu avant la pousse de printemps. Elle nécessite l'emploi de ciseaux bien affûtés.

L'importance des tire-sève chez les conifères est certainement en rapport avec les quantités de sève brute, plus faibles. Les conifères "travaillent à flux tendu". Bien que certains d'entre eux se plaisent en milieu relativement sec et bien drainant (les pins, les cèdres, par exemple), leur tolérance vis-à-vis de la taille et du "coup de sec" est très faible. Ce sont des bonsaï vraiment très exigeants.

Pincement à la main ou aux ciseaux ?

Les feuillus

Les parties les plus jeunes sont les plus tendres : elles sont très faciles à couper avec l'ongle du pouce. Pour les parties déjà coriaces, on utilisera des ciseaux fins pour une coupe bien nette. Les bourgeons peuvent être supprimés même lorsqu'ils ont commencé à s'ouvrir.

Les conifères

A part les pousses de pins qui nécessitent l'emploi de ciseaux, tous les pincements se font avec la pulpe du pouce et de l'index. On saisit la partie à enlever et on tire légèrement tout en vrillant le rameau. Celui-ci se détache en laissant une section bien nette.

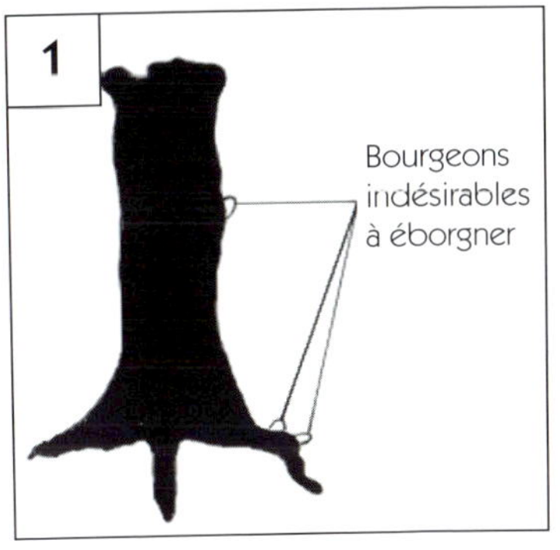

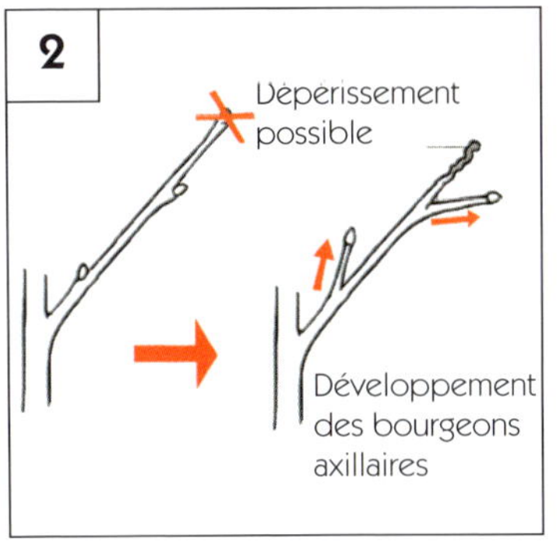

103. Pourquoi pincer un bourgeon?

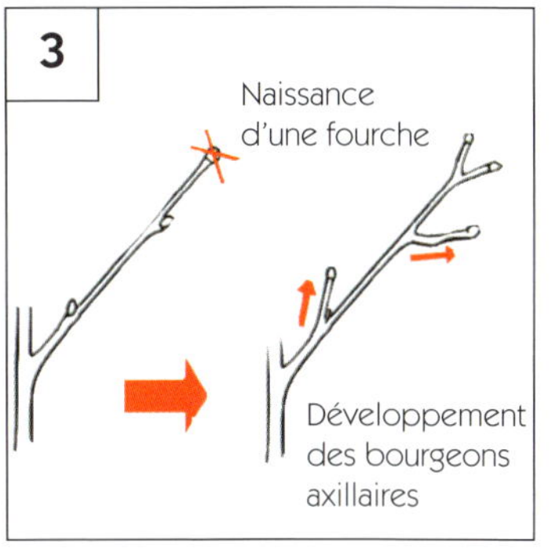

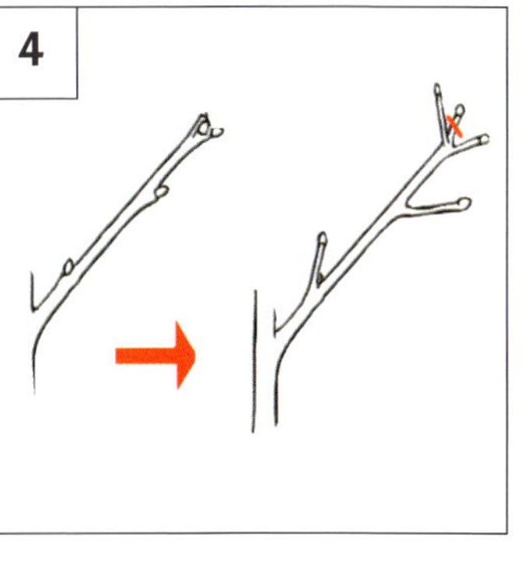

Plusieurs raisons peuvent justifier la suppression d'un bourgeon.

• Celui-ci est mal placé. Des bourgeons adventifs* apparaissent régulièrement, généralement sous des cicatrices (cicatrisées ou non), voire sur les plus grosses racines et sur la base du tronc (schéma 1). La formation d'une branche basse ou de rejets n'est généralement pas souhaitée. On peut ajouter que ce bourgeonnement est un signe de bonne santé de l'arbre, car ce sont les bourgeons les plus hauts qui profitent d'abord de la force du bonsaï. Les bourgeons plus bas sont servis ensuite, si le bonsaï est suffisamment vigoureux. L'apparition de bourgeons supplémentaires montre donc que l'arbre est en pleine activité et dispose de beaucoup d'énergie.

• La longueur du rameau est suffisante et l'on souhaite provoquer une ramification en dessous : la forme de l'arbre est conservée et sa ramure s'affine. C'est un travail régulier qui s'effectue sur chaque départ (schéma 2). Le dépérissement éventuel du sommet de la pousse est uniquement dû à l'absence de tire-sève (voir question 101, le figuier) ou à un arrosage insuffisant.

• La longueur du rameau est suffisante et le bourgeon est bien placé. Le pincement peut provoquer une ramification en fourche par division ou la naissance de bourgeons adventifs (schémas 3 et 4). Ceci est assez aléatoire tant il est vrai que les pincements sont peu précis. Le plus souvent, un autre bourgeon se reformera ou bien le dernier entre-nœud séchera (cas précédent).

• A l'extrémité de vieux rameaux, plusieurs bourgeons peuvent se former spontanément (schéma 4). On peut, par pincement, sélectionner le ou les bourgeons qui assureront la croissance en longueur. Toutefois, il est plus prudent d'attendre que les rameaux se développent un peu avant d'opérer la sélection.

104. Quel est l'intérêt de pincer les bourgeons précocement?

Chaque bourgeon contient un point végétatif unique aussi appelé méristème primaire : c'est l'endroit où les cellules se multiplient très activement. Ce point végétatif, au fur et à mesure de la maturation du bourgeon, est de plus en plus protégé car les écailles protectrices du bourgeon se solidifient.

1

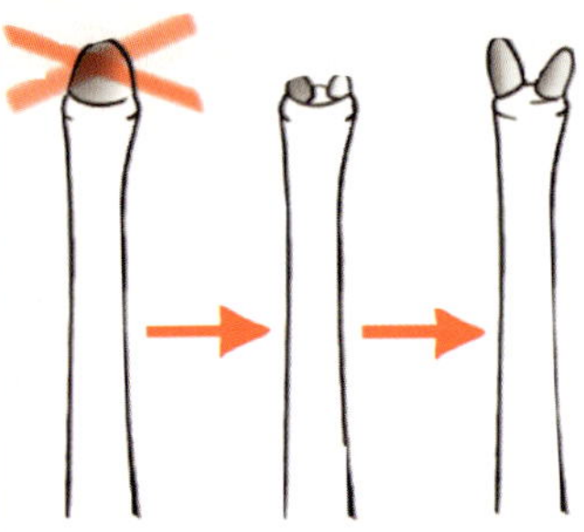

Pincement aboutissant
à la division du bourgeaon

2

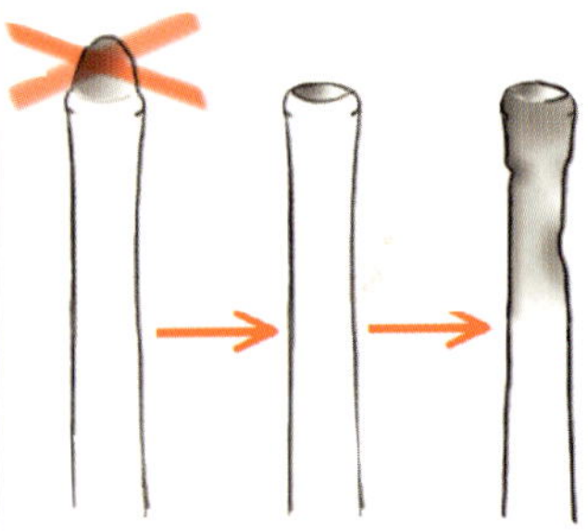

Pincement provoquant la perte
du pouvoir de tire-sève

D'autre part, l'assise du bourgeon se renforce. Lorsque le bourgeon est jeune (les écailles sont encore tendres), le pincement peut donner naissance soit à plusieurs petits bourgeons par division de l'amas de cellules méristématiques, soit à plusieurs bourgeons adventifs pour les rameaux déjà aoûtés (schéma 1).

Lorsque, au contraire, le bourgeon est bien formé, le pincement enlève le point végétatif au complet : un ou plusieurs nouveaux points végétatifs peuvent réapparaître à partir d'un rajeunissement de cellules situées au sommet de la tige, mais l'absence momentanée de tire-sève peut aussi aboutir à la nécrose du sommet de la tige (voir question 101, schéma 2).

On peut ajouter que plus un bourgeon est pincé précocement, plus la ramification sera

• rapide, car l'arbre mettra ses forces dans les (autres) nouveaux bourgeons plus tôt au lieu de "perdre son temps" à les mobiliser pour un bourgeon "inutile" ;

• fine, car la taille des rameaux est en rapport avec la force des tire-sève qu'il porte (rappel : les tire-sève sont les bourgeons et les feuilles). On peut donc pincer un rameau en cours de formation lorsque les jeunes feuilles n'ont pas encore atteint leur taille finale.

Remarque : "pincer" est la taille la plus douce qui soit, elle ne mettra jamais la vie de votre arbre en danger.

105. Les bourgeons sont-ils indépendants les uns des autres?

Non, bien que relativement éloignés les uns des autres, les bourgeons ne sont pas indépendants. Heureusement, car si tel était le cas, la croissance en longueur de nos bonsaï serait incontrôlable. Chez les arbres, cette croissance en longueur est extrêmement importante : elle permet aux arbres en groupe d'atteindre la lumière et d'échapper aux herbivores.

La dominance

Le système de contrôle de la croissance mis en place chez les plantes telles que les arbres est extrêmement simple dans son principe : les bourgeons placés au sommet des rameaux contrôlent les autres, ils empêchent leur éclosion. Ces **bourgeons maîtres** sont dits **dominants**

… et c'est en jouant sur cette propriété des relations entre bourgeons par la taille que l'on forme un bonsaï.

La compétition alimentaire

Chaque bourgeon demande, pour débourrer*, beaucoup de sève. Il y a une lutte entre les différents bourgeons pour des quantités de sève limitées : les bourgeons les mieux servis s'ouvrent, alors que les autres doivent attendre. Les nouveaux rameaux très actifs détournent le flux de sève à leur profit si bien qu'il peut en résulter un déséquilibre : les bourgeons "endormis" ont de moins en moins de sève, ils ne risquent pas de se développer si rien n'est fait. Certains rameaux restent grêles et sans croissance. C'est parfois le cas pour les rameaux les plus bas ou les moins bien exposés

Frêne
Fraxinus excelsior
Taille : 47 cm - Le pincement des bourgeons
permet de ramifier l'ensemble des branches de l'arbre.
Collection Bonsaï Méditerranée Association

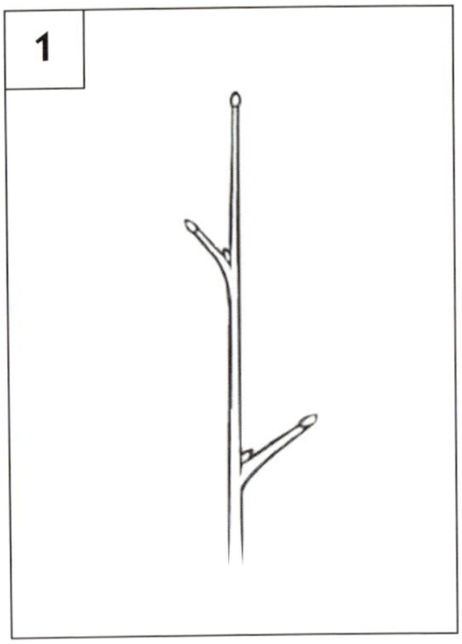

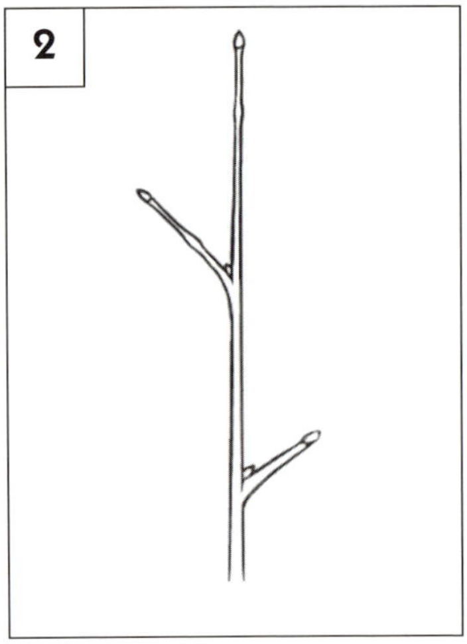

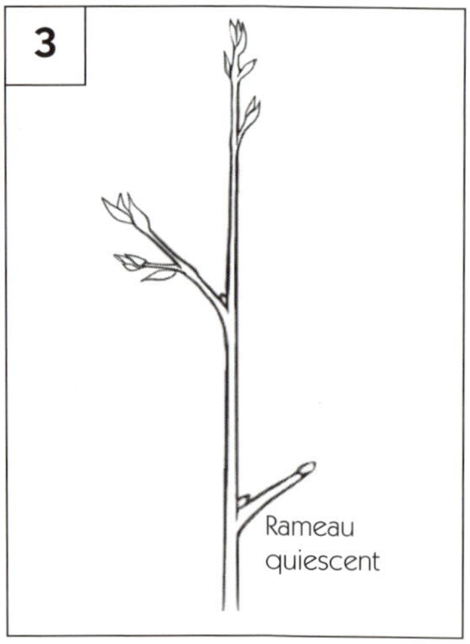

(sous la couronne, par exemple). Les schémas 1, 2 et 3 montrent ce type de déséquilibre : le rameau frêle situé le plus bas ne profite pas de la vitalité de l'arbre. Les bourgeons supérieurs détournent la plus grande partie de la sève à leur profit.

La dominance des bourgeons est un comportement qui se retrouve chez le bonsaï. Afin que cette croissance en longueur soit favorisée, c'est le bourgeon le plus haut qui généralement domine plus ou moins fortement les autres. Comprendre les interactions entre bourgeons d'un même rameau est une des clés de la maîtrise de la ramification. Lors de la formation des bonsaï, on sectionne régulièrement certains bourgeons par "pincement" pour limiter la croissance de l'arbre et favoriser la ramification fine (schéma 4) ; lorsque la dominance est faible, toutes les branches se développent de la même façon, l'arbre se ramifie de façon homogène, ce qui donne un port en "balai" (forme en boule).

Lorsque, au contraire, cette dominance est forte (schéma 5), il y a prédominance de la flèche. C'est le cas des conifères (cèdres, sapins, épicéa,

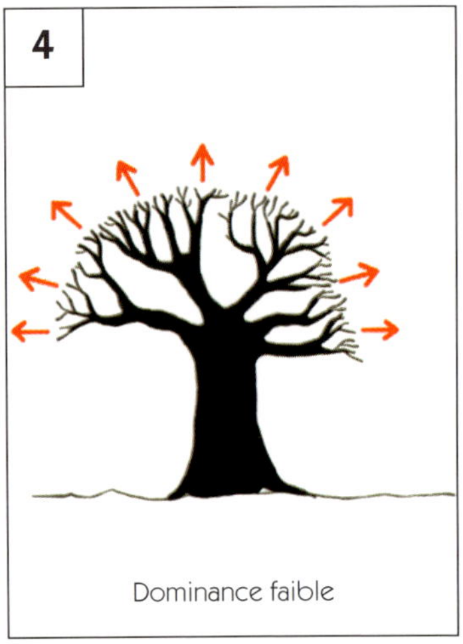

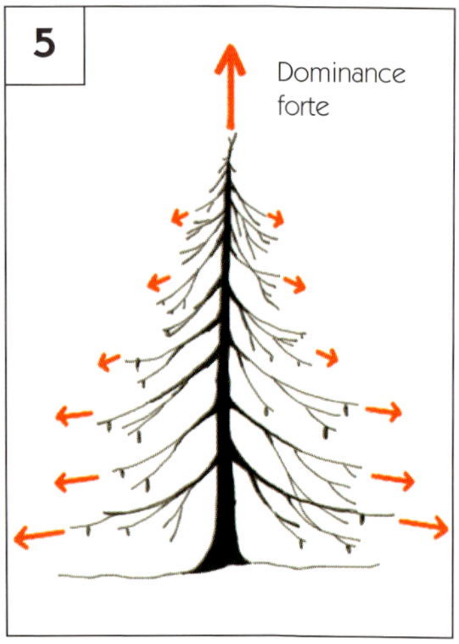

séquoia, etc.). Par pincement, on conserve artificiellement la forme naturelle de ces arbres.

Remarque : chez certaines espèces de conifères telles que les cèdres, le bourgeon apical inhibe les autres, mais il est aussi responsable de la disposition horizontale des rameaux qui en sont issus. Couper la flèche, et donc le bourgeon le plus haut, provoque la naissance d'autres flèches.

Les relations entre bourgeons

Il y a deux types de bourgeons : ceux qui évoluent en rameau (notés [+] sur les schémas), ceux qui sont en attente (notés [-]). La destruction d'un bourgeon apical libère de son emprise les bourgeons axillaires immédiatement inférieurs ainsi que les bourgeons apicaux des branches voisines. L'influence des bourgeons entre eux joue, ainsi que la nutrition : les bourgeons sont en compétition pour la répartition de la sève. Les bourgeons actifs inhibent les autres en produisant des hormones inhibitrices qui transitent dans la plante essentiellement par la sève élaborée (schéma 1).

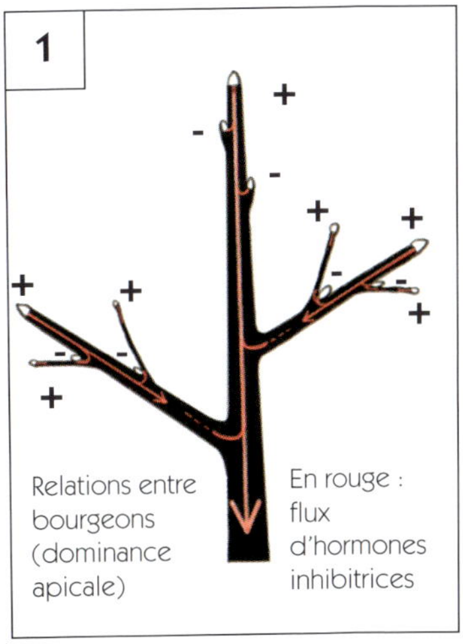

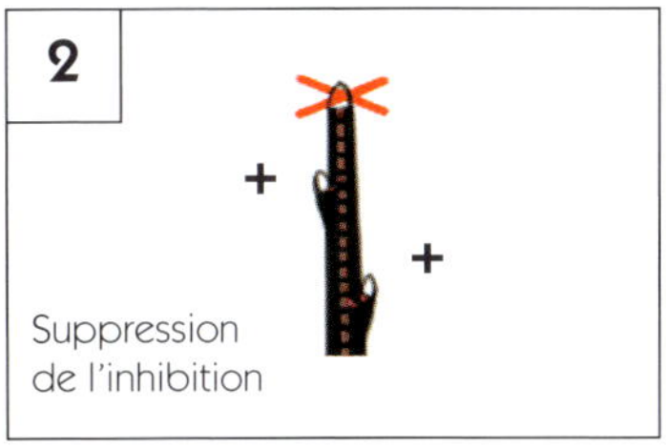

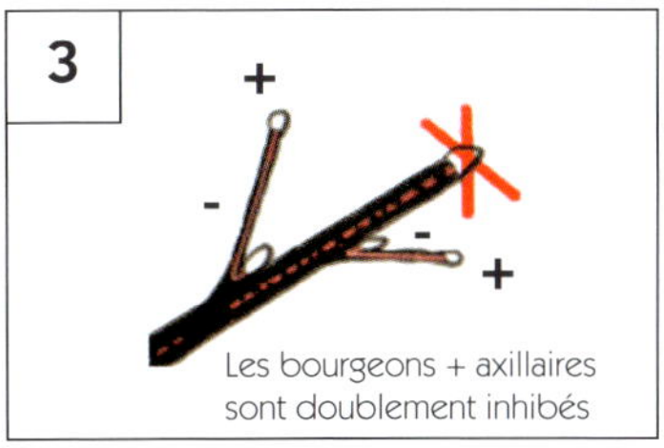

La suppression d'un bourgeon apical fait disparaître son action inhibitrice sur les bourgeons voisins (schéma 2). Ces derniers ne tardent généralement pas à se réveiller (voir question 112 pour les exceptions).

Les bourgeons axillaires sont inhibés par plusieurs bourgeons, celui du rameau adjacent surtout. Supprimer le bourgeon de la branche principale est sans effet (schéma 3).

On peut contrôler les bourgeons dans la mesure où ceux-ci veulent bien s'ouvrir au bon moment ! Ce “pouvoir” doit s'accompagner de maîtrise et d'humilité ; en effet, l'arbre sous votre contrôle a ses exigences et ses facéties, le sujet… reste en fait le maître !

Les bourgeons indépendants

Les bourgeons éloignés

La quantité d'hormones inhibitrices atteignant la base de l'arbre est très faible, si bien que des rejets peuvent apparaître facilement chez certaines

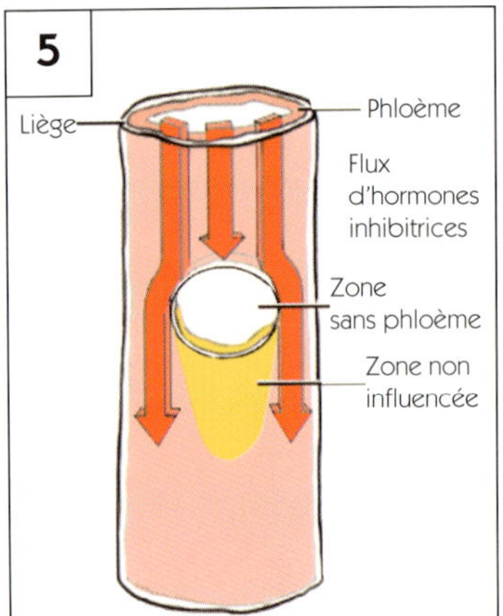

Détournement de l'influence inhibitrice des bourgeons

espèces. Les bourgeons situés à ce niveau échappent au contrôle des bourgeons apicaux, car les hormones inhibitrices se sont fortement diluées avant de les atteindre (schéma 4).

Les bourgeons "cachés"

C'est le phloème qui transporte ces hormones. Lorsqu'une branche importante est sectionnée, des bourgeons adventifs apparaissent de façon répétitive sous l'entaille (l'ablation de ces bourgeons entraîne l'apparition d'autres). En effet, à cet endroit précis, les hormones inhibitrices provenant des bourgeons apicaux sont déviées par la section car le phloème est localement absent (schéma 5). Cette zone est donc peu influencée par le ou les bourgeons dominants. Lorsque la branche était présente, ce sont des hormones provenant de cette branche qui inhibaient la formation de bourgeons.

On peut utiliser cette propriété pour essayer de réveiller un bourgeon situé sur le tronc ou sur une grosse branche.

Remarque : l'orientation et la ramification des branches participent au port* général de la plante à l'état naturel. L'amateur de bonsaï utilise ces caractéristiques pour imiter le port naturel de la plante.

106. Comment se forme une ramification? Comment utiliser le "comportement" naturel d'un bonsaï?

Une des clés de la miniaturisation est la maîtrise de la croissance en hauteur et la provocation de la ramification.

Le tronc porte des ramifications de 1er, 2e, 3e... ordre (schéma 1 et question 4).

Ces ramifications sont issues de bourgeons axillaires qui donnent naissance à de nouveaux rameaux.

Le développement de ces bourgeons en rameaux se fait dans un ordre bien particulier qui dépend de l'espèce considérée. Il existe deux variantes :

• les bourgeons situés à la base des rameaux se développent les premiers (schéma 2);

• les bourgeons situés à l'extrémité des rameaux se développent les premiers.

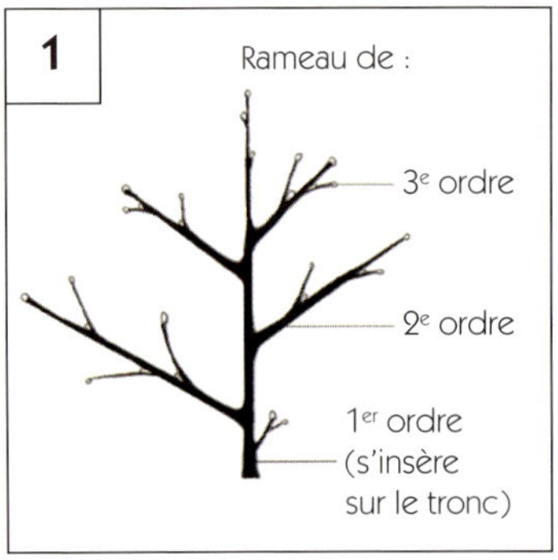

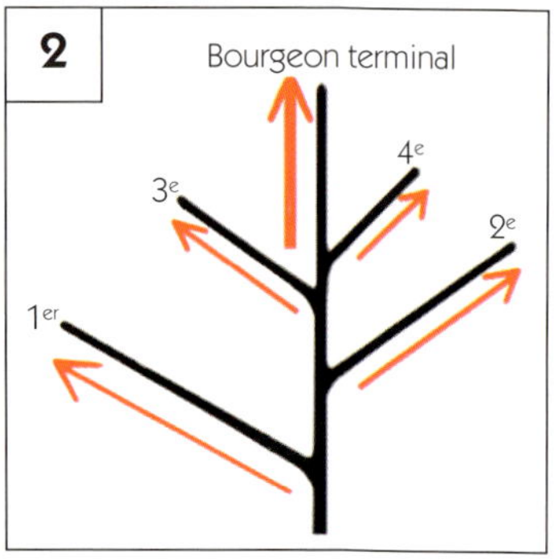

Les différents types de ramification

La ramification en grappe ou monopodiale

La croissance du bourgeon apical est in(dé)finie ; ou il disparaît par avortement, épuisement ou à la suite de la formation d'une fleur ou d'une inflorescence (groupement de fleur). Dans le second cas, au printemps suivant, c'est un bourgeon latéral qui produira un rameau à peu près dans le prolongement de l'axe initial (schéma 3). Les bourgeons axillaires et rameaux secondaires sont dominés (épicéa, chêne).

La ramification en cyme ou sympodiale

Le bourgeon terminal s'épuise en fin de saison. Les bourgeons axillaires immédiatement inférieurs prennent le relais.

Si l'axe secondaire croît dans le prolongement de l'axe principal et poursuit sa croissance, il se forme une cyme unipare (schéma 4).

Les **cymes unipares** sont produites chez les arbres à feuilles alternes*, comme le saule (*Salix babylonica*), le tilleul (*Tilia*), le noisetier (*Corylus*), l'orme (*Ulmus campestris*), le hêtre (*Fagus sylvatica*)...

Si les deux bourgeons opposés se développent simultanément, les deux nouvelles pousses prolongeant l'axe principal, on obtient une **cyme bipare** (schéma 5). Les **cymes bipares** se forment sur des arbres à feuilles opposées, comme le lilas (*Syringa vulgaris*), le troène du Japon (*Ligustrum japonicum*), le frêne (*Fraxinus excelsior*). Ce cas est beaucoup moins fréquent.

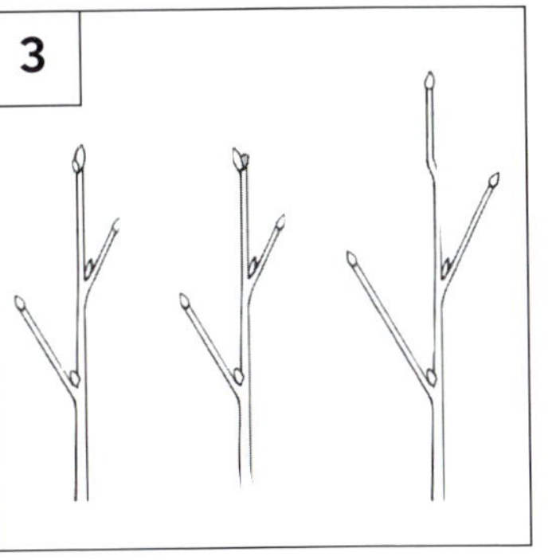

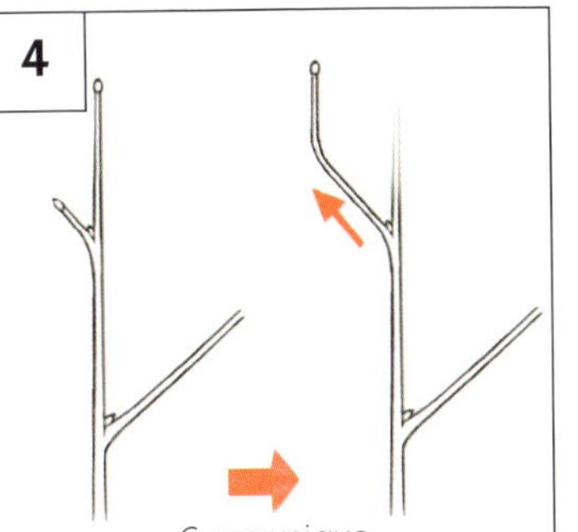

Cyme unique

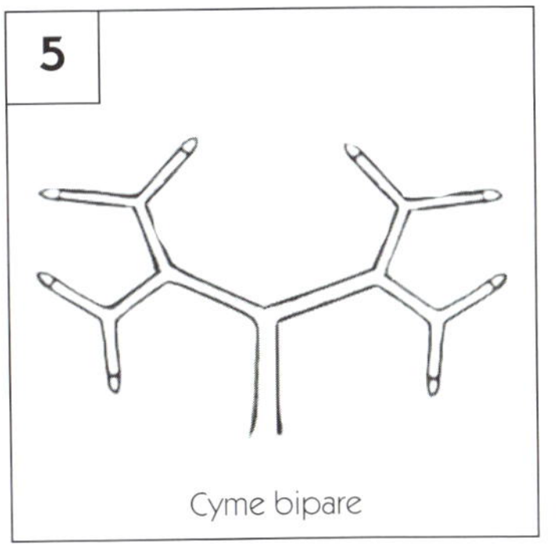

Cyme bipare

Exemple de développement :
le rameau de **hêtre** (Fagus sylvatica)
- *1 : bourgeon terminal*
- *2 : bourgeon axillaire*
- *3 : stipules*
- *4 : cicatrice d'une feuille*

Hiver :
- *5 : cicatrices des écailles du bourgeon terminal*
- *6 : cicatrices des écailles d'un bourgeon axillaire.*

Printemps 1995

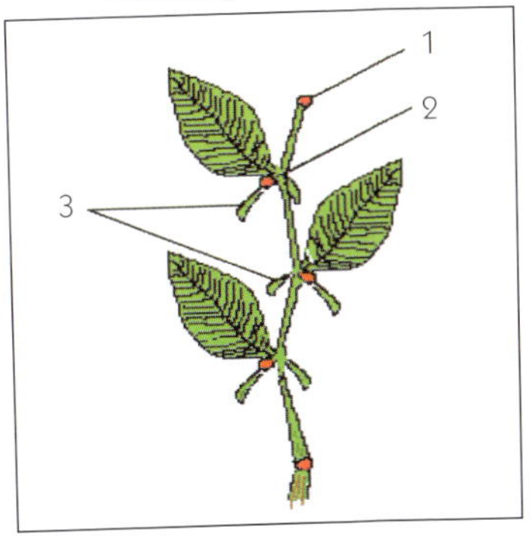

Hiver 1995

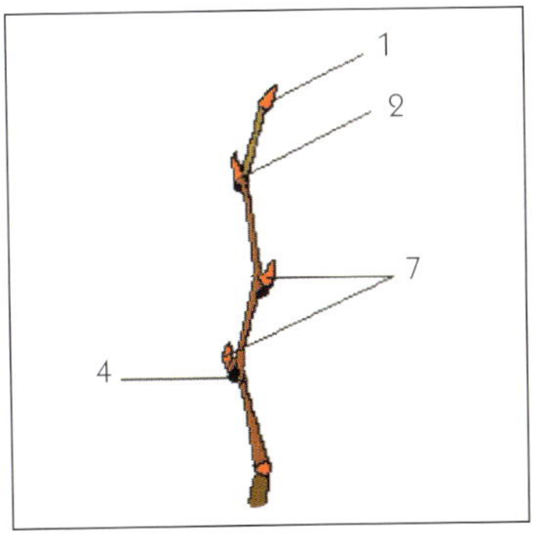

Printemps 1996

Architecture et équilibre

107. Comment utiliser les types d'architecture des arbres dans l'art du bonsaï?

Bien que l'esthétique du bonsaï ne soit pas à priori l'objet du présent ouvrage, il n'est pas envisageable d'en faire l'impasse, car, d'une part, l'esthétique et l'harmonie sont les buts recherchés dans la pratique du bonsaï, d'autre part, elles sont logiquement issues du développement de l'arbre.

Si l'esthétique d'un bonsaï est le résultat de nombreux facteurs, il n'en demeure pas moins qu'elle ne peut être réglementée. L'art du bonsaï n'est pas un art figé, il est en constante évolution. Plusieurs "courants" coexistent, citons les bonsaï chinois ou japonais, les formes animalières, les formes en lettres. Chacune de ces disciplines a des règles qui lui sont propres.

La tendance qui prévaut généralement aujourd'hui est l'évocation du naturel, de l'expression de l'arbre tel qu'il est, seul ou en groupe, associé ou non à d'autres éléments de son environnement. L'évocation de la nature, tendance actuelle du bonsaï, est l'objet du présent ouvrage.

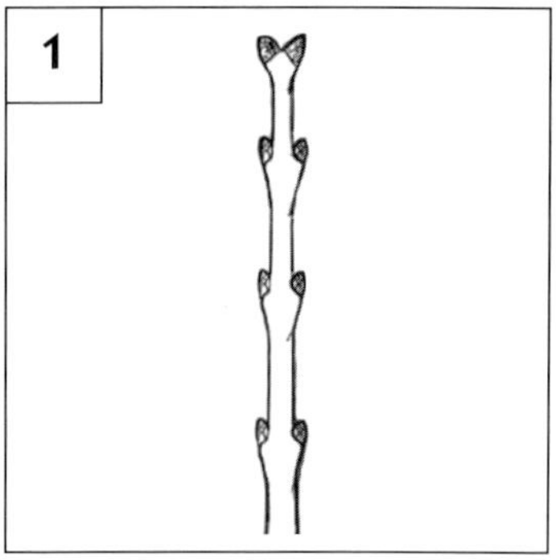

L'identité architecturale de l'arbre

Lors de la taille, il est utile de connaître le "comportement" de ramification propre à l'espèce. Celui-ci doit être utilisé et non contrecarré.

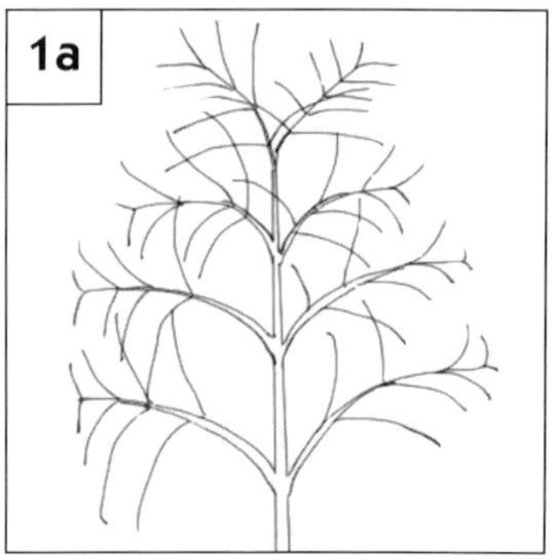

L'architecture fait partie de l'identité de l'arbre

Lorsque l'on regarde attentivement les arbres et leur façon d'occuper librement l'espace, on se rend rapidement compte que chaque arbre a sa façon de disposer ses branches et ses feuilles. Ainsi, le figuier (*Ficus carica*) a des branches arquées caractéristiques dont le développement semble assez fantaisiste. Les mélèzes (*Larix*) sont plus "rigides" dans leur développement, leurs branches sont rectilignes et légèrement inclinées vers le sol. Chaque espèce a une architecture qui lui est propre, mais on remarque aisément des ressemblances fortes d'une espèce à l'autre. En fait, l'architecture est propre à des groupes assez importants : par exemple, tous les pins ont la même architecture.

Savoir observer et reproduire ces caractéristiques est une des clés de la pratique du bonsaï.

La notion d'architecture pour le bonsaï est fondamentale : chacun tentera de ramifier ses bonsaï de la façon la plus naturelle et la plus fine qui soit.

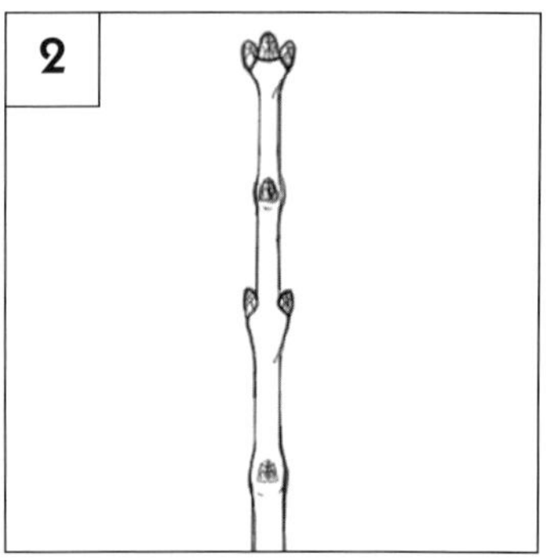

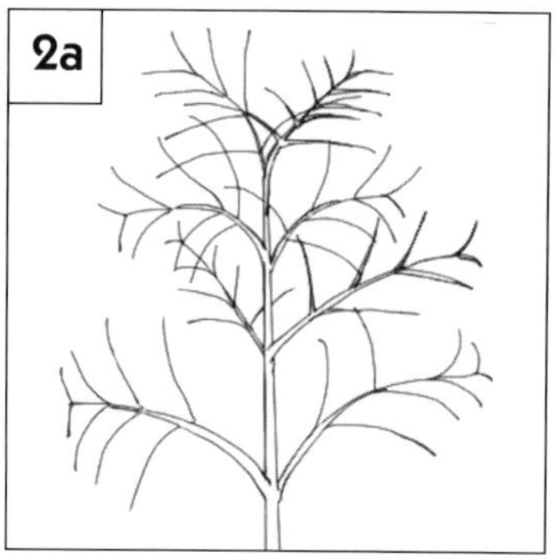

Hêtre
Fagus Sylvatica
La distribution des branches et des rameaux est typique de l'espèce – *Collection José Manuel Otzarreta*

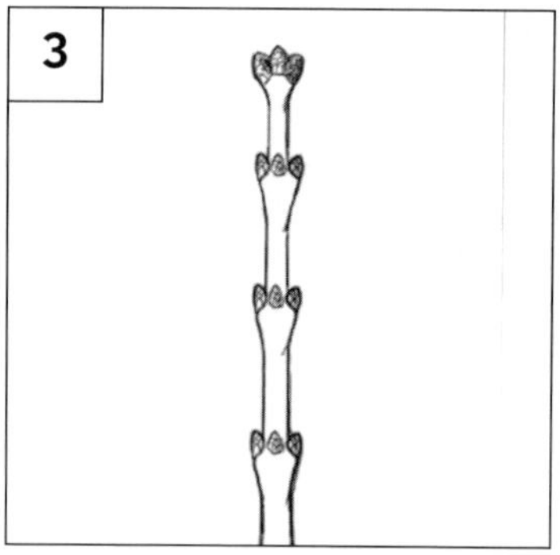

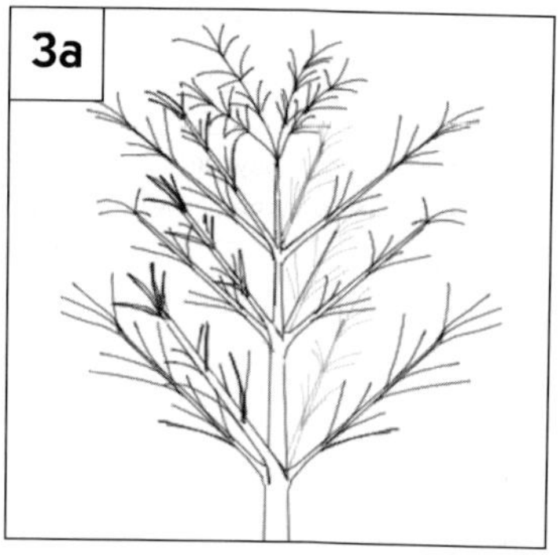

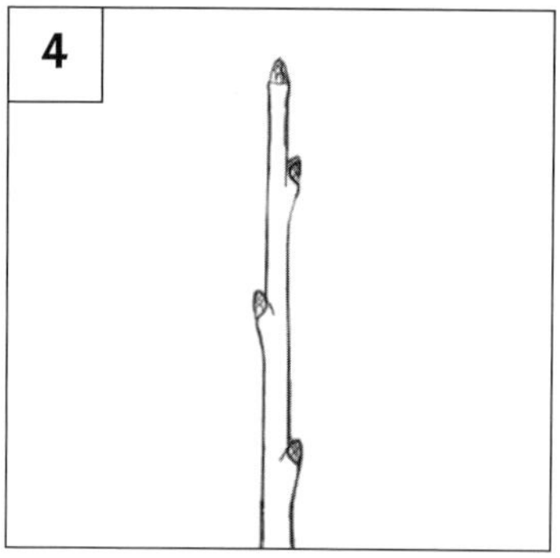

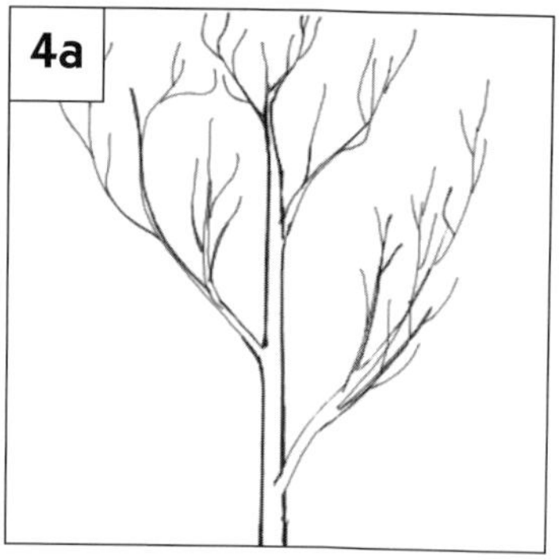

Les principaux types architecturaux

Ils sont le résultat du fonctionnement des bourgeons ainsi que de leur croissance rythmique ou continue.

C'est en étudiant le développement de jeunes plants ou des rameaux les plus récents que l'on peut mieux comprendre la morphologie d'un ligneux et les possibilités de ramification qu'il offre. En fonction de la disposition des bourgeons sur le rameau, on distingue quatre groupes de bonsaï :

- les bourgeons sont opposés (schémas 1 et 1a);
- les bourgeons sont opposés décussés (schémas 2 et 2a);
- les bourgeons sont disposés en verticilles (schémas 3 et 3a);
- les bourgeons sont disposés en spirale (schémas 4 et 4a).

Le travail de taille et le pincement des bourgeons varient en fonction de l'implantation des bourgeons. Bien que l'on puisse obtenir n'importe quel volume avec chacune de ces architectures, certaines formes seront forcément artificielles. Certaines espèces ont des formes assez variables, c'est très souvent le cas chez les feuillus. Mais la silhouette de certains conifères est typique : il ne viendrait pas à l'idée de former un séquoia en boule.

L'expression artistique doit s'inscrire dans le respect de l'identité de l'arbre.

La recherche de l'asymétrie

Si certains arbres gardent une symétrie assez longtemps (on peut citer les araucarias, les mélèzes), des déséquilibres provoquent rapidement des variations. Les causes peuvent être externes (éclairage, vent, destructions...) ou internes. Ainsi, la disposition assez régulière des bourgeons (voir schémas 1-1a, 2-2a, 3-3a, 4-4a) est vite altérée.

La plante devient asymétrique en quelques années.

L'amateur de bonsaï va provoquer chez ses sujets une asymétrie précoce dans les longueurs des rameaux et modifier leur position dans l'espace. En effet, l'asymétrie se renforçant au fur et à mesure que l'arbre prend de l'âge, les grosses branches ne sont que rarement symétriques ou parallèles chez les arbres âgés. L'art du bonsaï restitue la représentation de ces variations naturelles.

Plusieurs méthodes permettent de provoquer des variations sur de jeunes rameaux trop réguliers :

- couper certains entre-nœuds dans une ramification trop régulière (schéma 1 et 1a);
- pincer certains bourgeons;

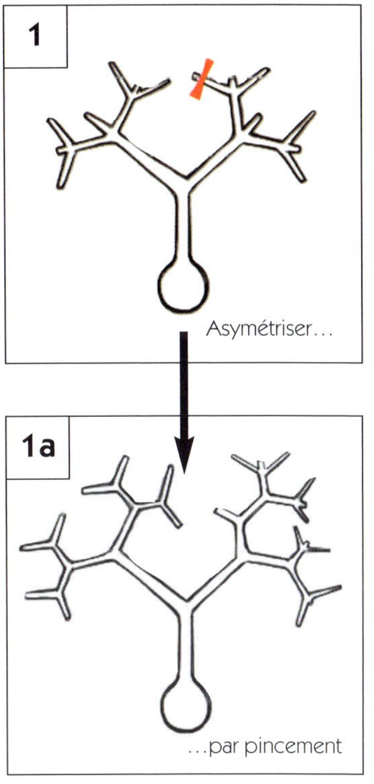

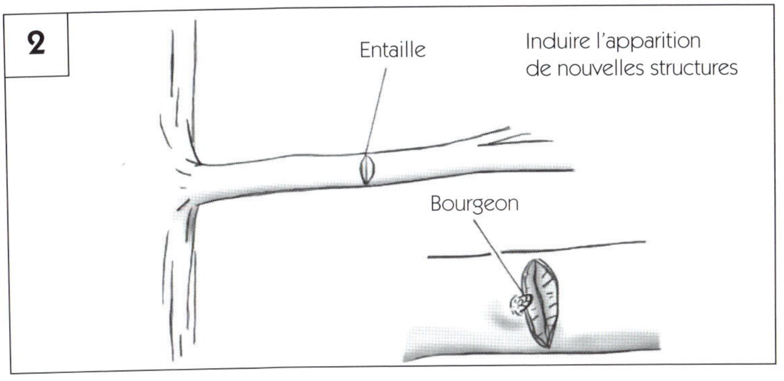

- induire l'apparition d'un bourgeon par une entaille (inefficace chez les conifères à aiguilles). La nouvelle branche, en se développant, fera disparaître l'entaille (schéma 2) ;

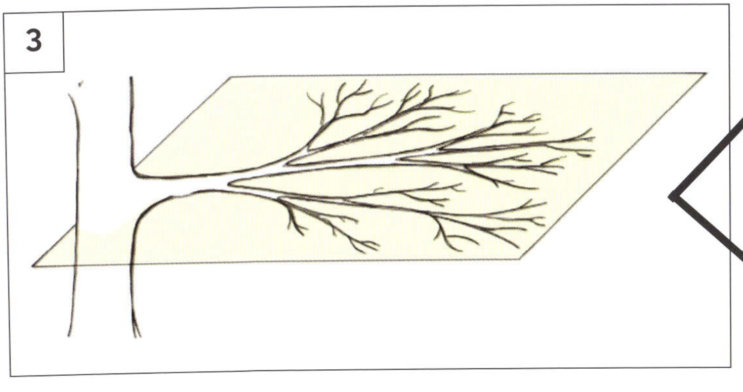

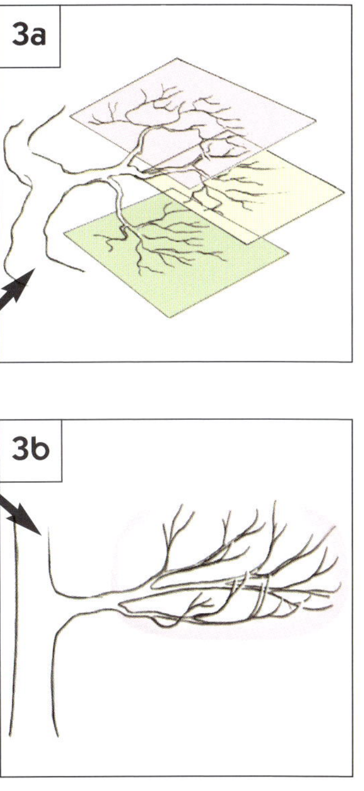

- réorienter par ligaturage ou haubanage pour donner du volume. On peut garder une structure en strates successives ou bien chercher à créer un volume (schéma 3, 3a et 3b) ;

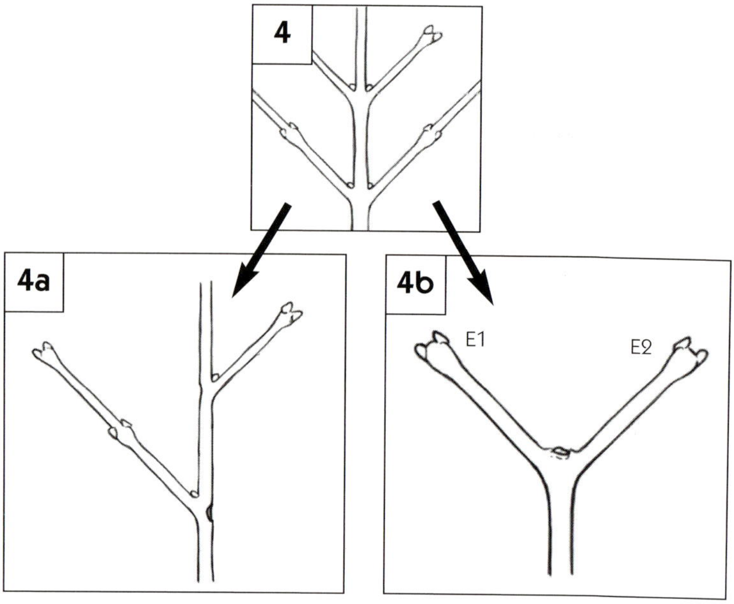

• éliminer systématiquement les branches opposées ou créer une fourche. Les deux ensembles E1 et E2 issus de chaque extrémité de la fourche seront ensuite taillés différemment (schémas 4, 4a et 4b);

• restaurer des ramifications perdues : on peut compenser la perte d'un des deux rameaux composant une ramification de deux façons :

— induire la naissance d'un nouveau rameau par une entaille ou une coupe concave (gros diamètre), si la partie terminale mérite d'être conservée (voir question 105, "Les bourgeons cachés").

— rabattre l'ensemble à un degré inférieur en coupant le(s) rameau(x) restant(s) (schéma 5, 5a et 5b).

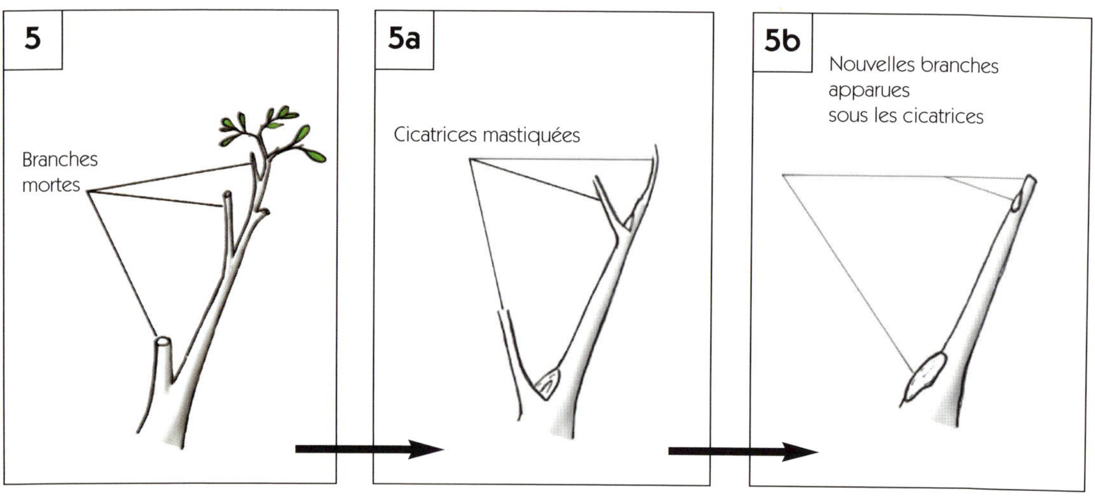

108. Quels principes doit-on observer lors de la formation du tronc et des ramifications?

Le tronc, ligne de force

Le terme "ligne de force" rappelle que le bonsaï est symbole de force. Le tronc concentre cette force en donnant une impression de stabilité et de solidité.

La ligne de force n'est généralement pas contenue dans un plan (schéma 1). Les formes dites "en balai" et "rigoureusement droites" font exception à la règle.

1

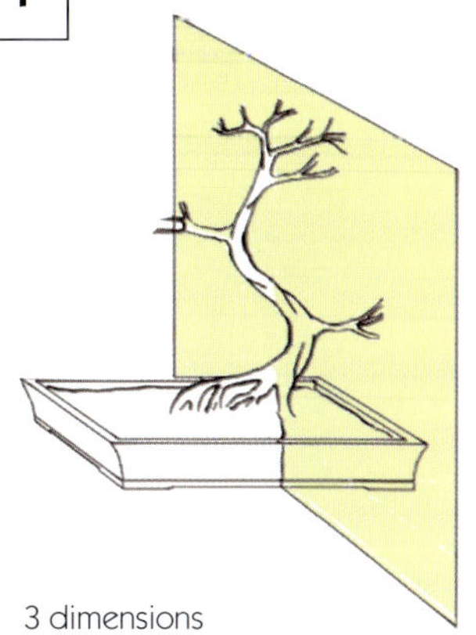

3 dimensions

2

Un tronc

3

Deux troncs ?

4

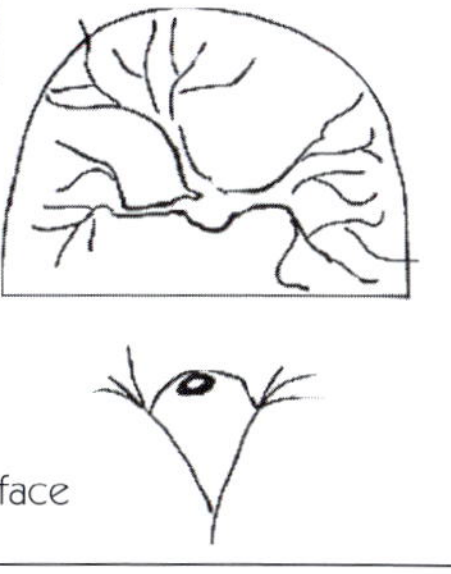

1 face

5

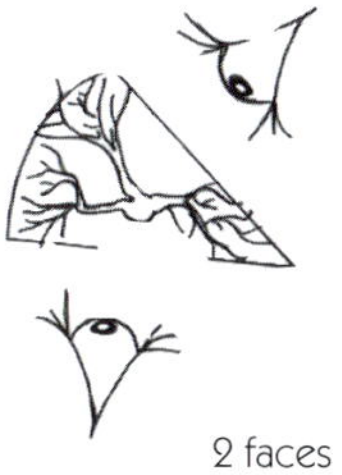

2 faces

Par convention, la ligne de force reste indivisible jusqu'à la cime du bonsaï, la forme en balai fait exception (schéma 2). Le dessin 3 représente un bonsaï dont la ligne de force se divise en trois. L'impression rendue n'est pas la force et la cohésion, mais plutôt la division et l'instabilité.

La face du bonsaï

La mise en valeur de ce symbole de l'arbre qu'est le tronc a une implication pratique. Pour que le tronc soit bien visible des racines jusqu'à la cime, on évite d'orienter les branches vers le spectateur. En effet, une branche orientée dans sa propre direction ne dévoile pas de perspectives. Le bonsaï a donc une, deux ou, ce qui est plus exceptionnel, trois faces (schémas 4, 5 et 6). D'un point de vue plus personnel, on peut déterminer la face d'un bonsaï par l'angle sous lequel ses qualités esthétiques ressortent le mieux. La notion de face a des implications dans le choix de la coupe ou du pot (voir question 147).

6

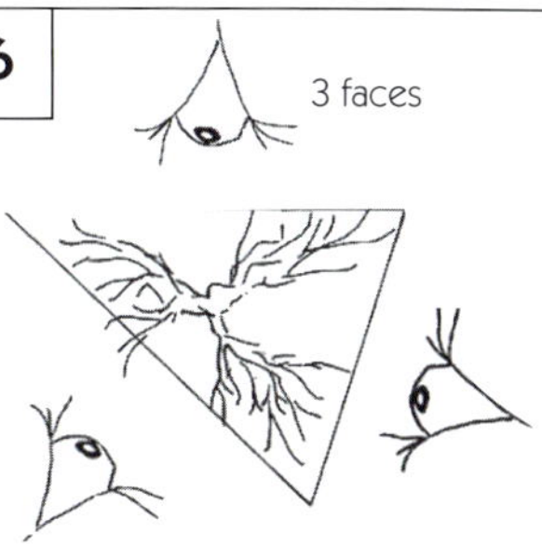

3 faces

Prunus sp.
Taille : 16 cm
Photographié en vue plongeante

L'implantation des branches

Par rapport aux courbes

Les branches, quel que soit leur degré, sont généralement implantées sur un tronc droit (ou une branche droite) ou à l'extérieur de ses courbes.

Une courbure peut se former lorsque la branche provient d'une ramification où l'autre rameau devient le prolongement du tronc ou de la branche porteuse (schémas 7 et 8).

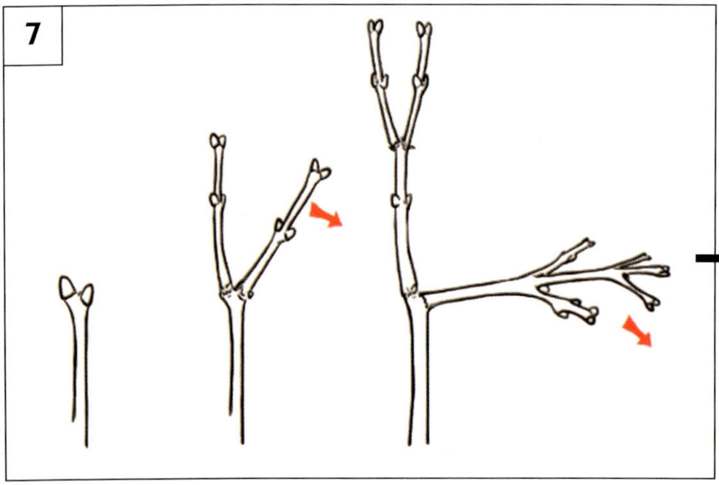

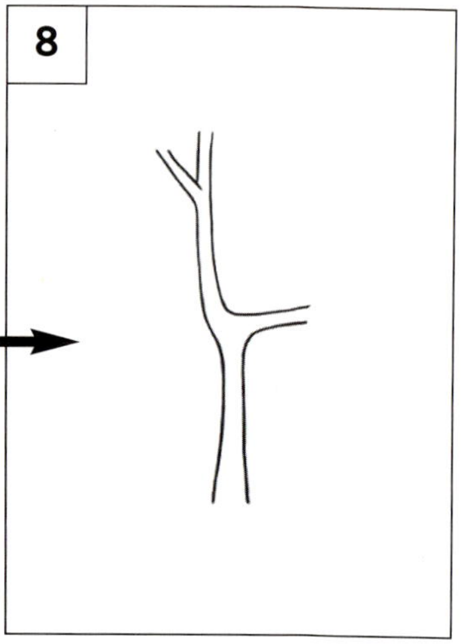

Myrte
Myrtus communis
Taille : 65 cm - Les branches sont insérées à l'extérieur des courbes – *Collection Bonsaï Méditerranée Association*

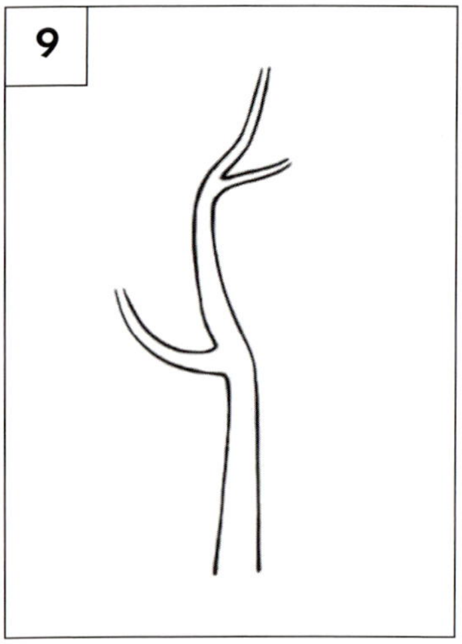

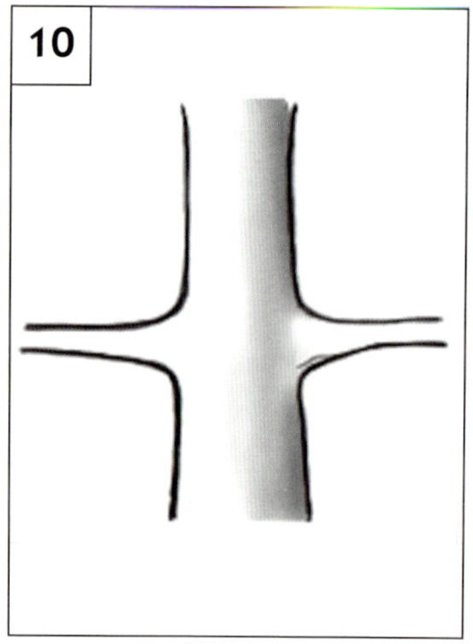

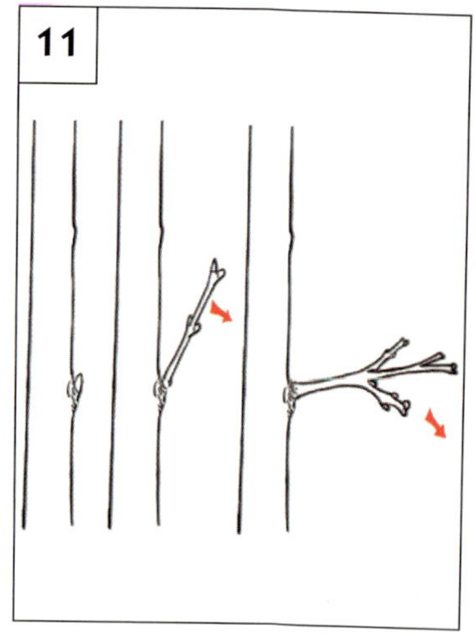

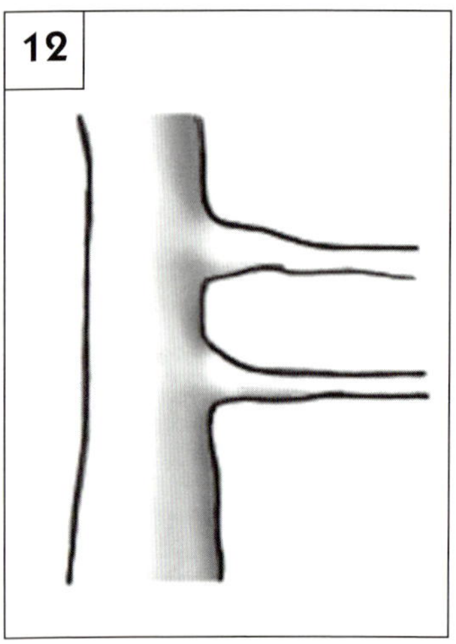

Le schéma 9 montre un contre-exemple, les deux départs de branches étant dans les concavités.

On évite aussi de laisser deux branches rigoureusement opposées (schéma 10).

La branche peut se développer sur un tronc ou une branche qui garde sa forme initiale (schéma 11).

Mais il est relativement rare que deux branches naissent ainsi l'une au-dessus de l'autre. On évitera donc de laisser deux branches parallèles sur le même axe (schéma 12).

Les unes par rapport aux autres

La répartition des branches le long du tronc est aléatoire. Les branches s'élaguent progressivement au court de la vie de l'arbre (schéma 13). Certaines se développent et se renforcent aux dépens des autres, les branches les plus courtes étant désavantagées en lumière (1). Plus on remonte vers la cime, plus l'issue de la compétition entre les branches est indécise, elles sont de plus en plus fines, de plus en plus proches les unes des autres (2). Au sommet de l'arbre se trouve une touffe de jeunes branches, dont celle qui prolongera le tronc (3).

On évitera donc de conserver une petite branche enserrée entre deux autres (schéma 14).

On évitera aussi qu'une branche basse ait un diamètre plus petit que les branches supérieures (schéma 15).

Les branches doivent se diriger sans détour vers la lumière, il faut éviter les retours vers le tronc, ainsi que les croisements des branches principales (schéma 16).

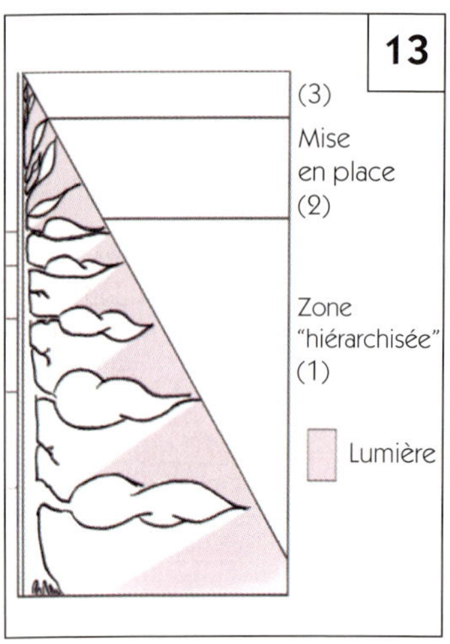

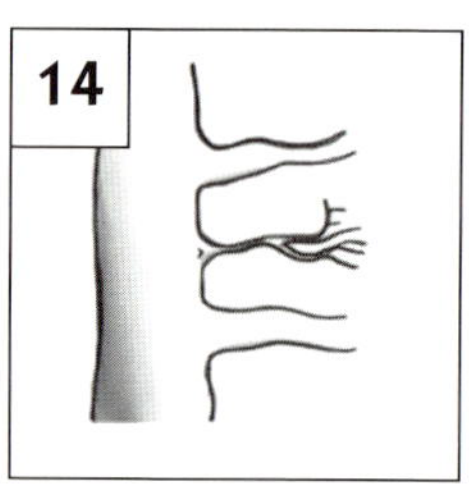

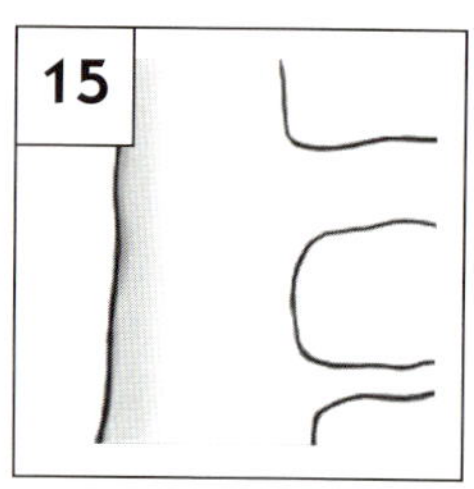

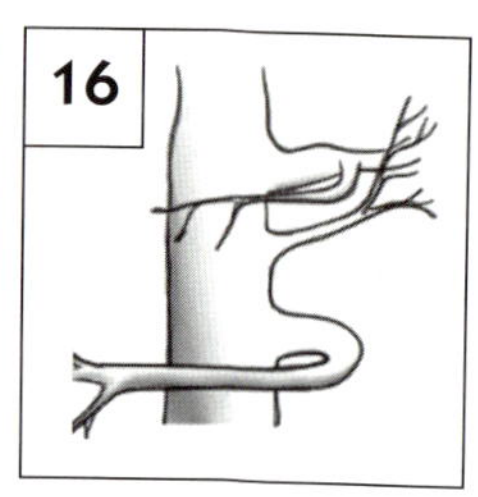

109. Comment équilibrer un bonsaï?

Un bonsaï bien équilibré évoque harmonie et équilibre.

Équilibrer un bonsaï n'est pas chose évidente a priori. Pour expliquer les règles essentielles qui permettent d'équilibrer un sujet, de choisir de couper une branche de premier degré plutôt qu'une autre, il est nécessaire d'observer les arbres dans la nature. Le bonsaï évoque l'arbre dans sa maturité, ce sont donc les vieux arbres qui nous intéressent plus particulièrement.

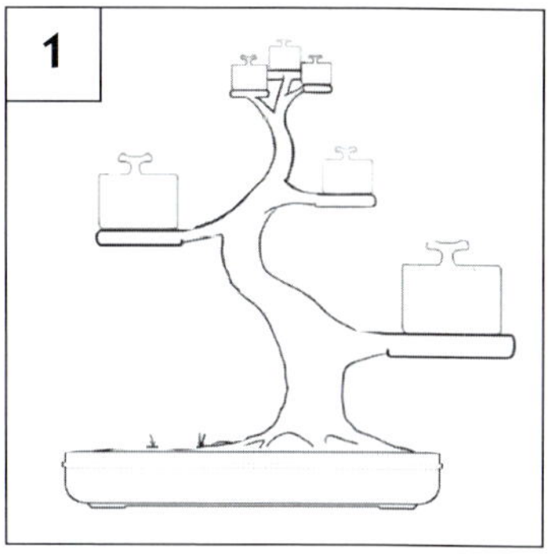

La nécessité d'un équilibre

Comme nous l'avons vu précédemment, certaines branches vont naturellement prendre plus d'importance et se développer aux dépens des autres. Mais un facteur non négligeable intervient assez rapidement : les masses de feuillage et de branches sont très importantes chez les grands arbres âgés. Ceci impose des limites dans le développement : un arbre qui croît verticalement s'équilibre progressivement de par la disposition régulière de ses branches et de ses racines. Un arbre dont les parties aériennes sont déséquilibrées est condamné à tomber si son système racinaire ne s'est pas développé en conséquence pour le maintenir.

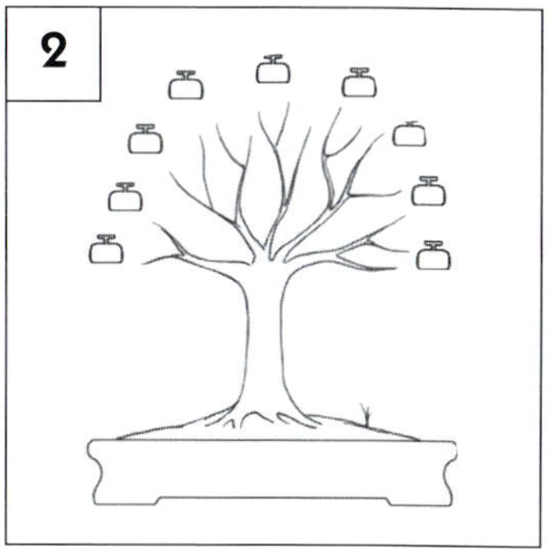

Un port renforcé

Le diamètre des branches de premier degré décroît du collet au sommet de l'arbre. Les parties les plus anciennes sont celles proches du collet. Cette caractéristique participe fortement à la stabilité de l'édifice que constitue l'arbre.

L'art du bonsaï, reflet fidèle de ces évidences

L'art du bonsaï fait plus qu'intégrer ces évidences, il les accentue. Cela renforce d'autant plus le caractère. Des parties aériennes fortes, bien "campées" et renforcées par un enracinement puissant, confèrent au bonsaï un effet de concentration et de force. Cet effet est renforcé par sa petite taille. La cime affinée contraste avec la base et suggère la subtilité et la nuance.

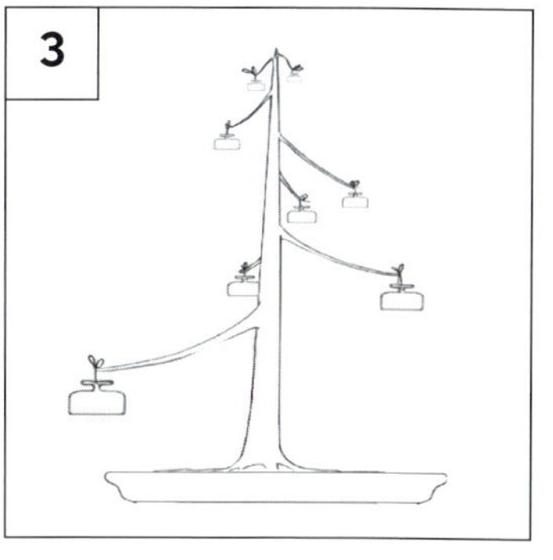

Cohérence de l'ensemble : ***la répartition des masses***

Un moyen bien pratique d'apprécier les qualités d'un bonsaï du point de vue de l'équilibre général consiste à imaginer, à la place des masses foliaires, des poids de tailles proportionnelles.

On obtient les schémas suivants :

- le schéma 1 montre une forme très classique où l'harmonie des courbes s'associe avec la répartition des "masses foliaires";
- la forme "en balai" (schéma 2) suggère une répartition homogène des "masses foliaires" à partir d'un point unique. On aurait aussi pu représenter cette forme à l'aide d'un seul poids disposé au sommet du tronc.
- le schéma 3 représente une forme "rigoureusement verticale" typique de nombreux conifères. La répartition des masses se fait de part et d'autre du tronc comme pour le cas 1. Chez certains conifères, comme les épicéas, les masses ne semblent pas supportées, mais plutôt suspendues;
- le schéma 4 nous montre un bonsaï apparemment déséquilibré, puisque toutes les masses se portent du même côté. Il n'en est rien, car l'enracinement très apparent suggère un système racinaire qui contrebalance les parties aériennes. Ce cas révèle l'importance fondamentale du pot : il agit au niveau

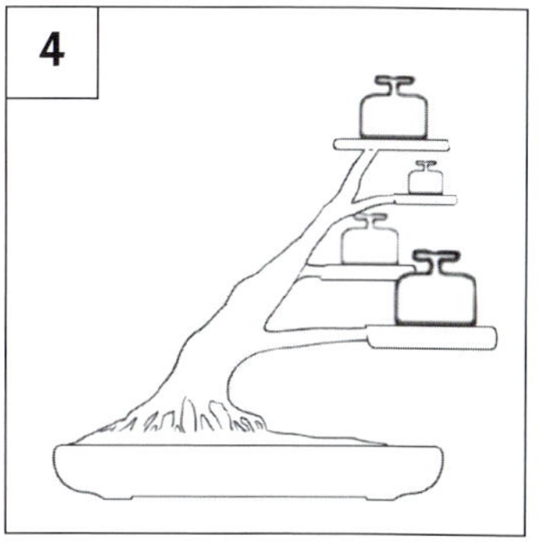

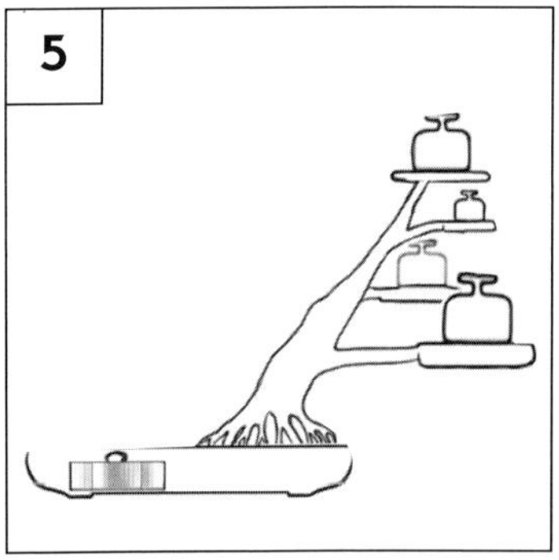

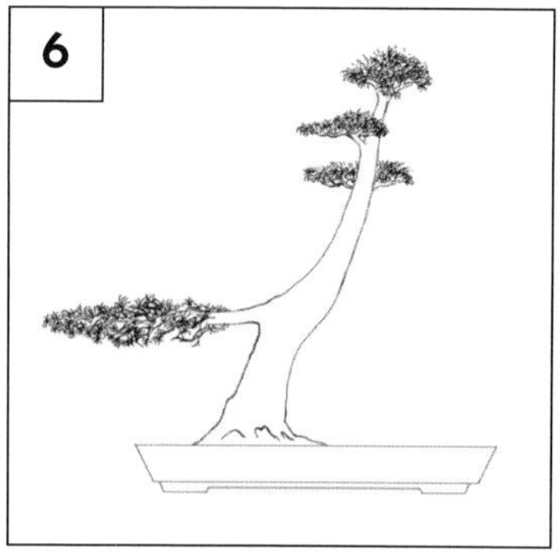

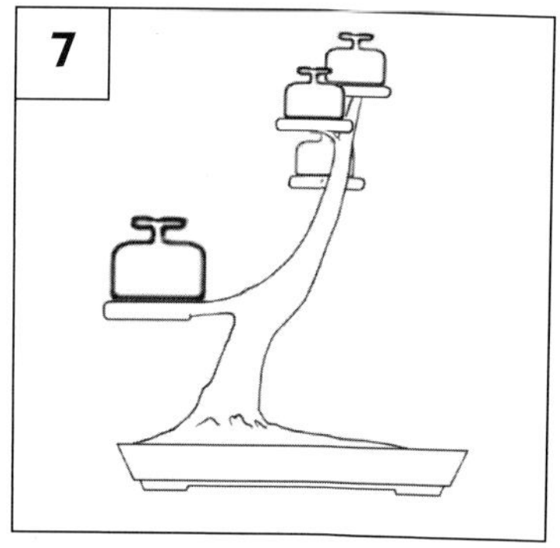

de **l'équilibre visuel et symbolique**. Il ne suggère pas la répartition des racines dans le sol, car si tel était le cas le schéma 5 serait plus adapté !

Si l'insertion des branches sur le tronc participe à l'équilibre du bonsaï, la répartition des masses tient aussi compte de la longueur des branches et du tronc lorsque celui-ci est incliné. Ceux-ci forment des **bras de levier**.

Le schéma 6 montre comment une grosse branche située à la base est compensée par plusieurs petites branches situées au sommet du bonsaï. Ce bonsaï est équilibré, car les petits poids sont portés par un tronc relativement long, alors que la branche qui porte le contre-poids le plus important est très courte (schéma 7).

Si le tronc avait été plus court, les trois poids auraient dû être logiquement plus importants (schémas 8 et 9).

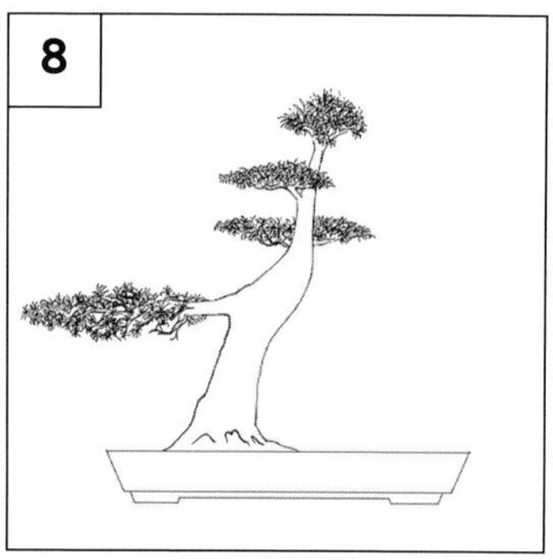

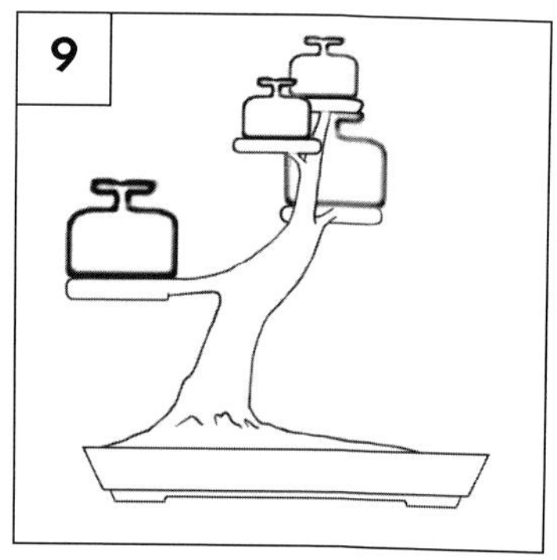

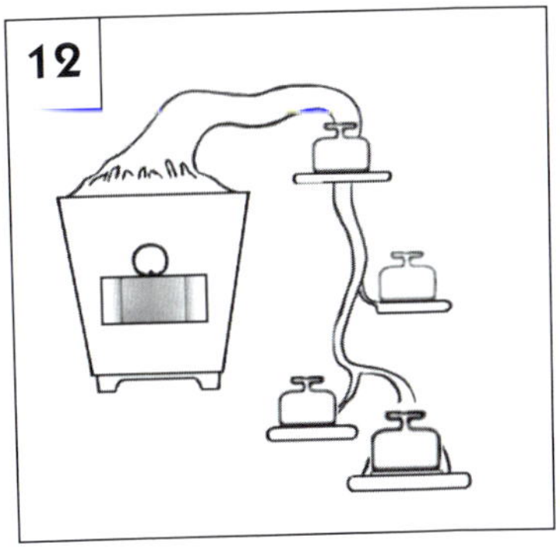

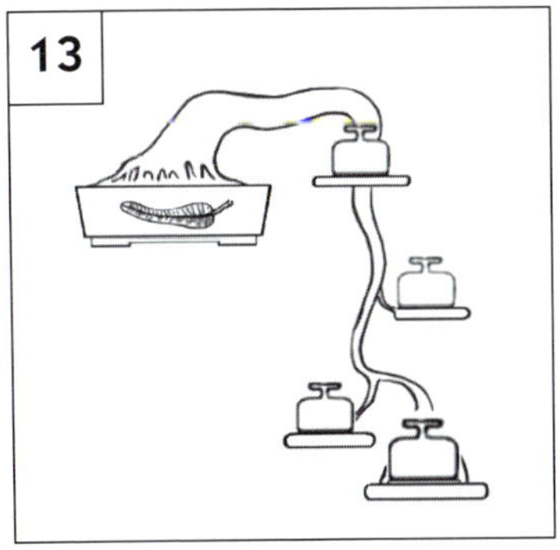

Les schémas 10 et 11 montrent des bonsaï légèrement déséquilibrés. A vous de trouver leur défaut à la lumière des exemples précédents.

Dans les formes en cascade, ou semi-cascade, le pot joue un rôle de contre-poids. L'impact visuel du pot, massif et haut, contrebalance la disposition du tronc et du feuillage (schéma 12). Le schéma 13 montre qu'un pot léger et plat ne convient pas à l'arbre qui l'occupe.

Cet exemple ainsi que celui illustré par le schéma 4 montrent que dans l'art du bonsaï la taille du pot et sa forme n'ont pas de rapport avec un quelconque impératif de culture. Le pot, en tant que volume, n'est justifié que par son impact visuel.

110. Comment rectifier les volumes de feuillage ?

Il est toujours possible d'augmenter assez rapidement (en quelques années tout de même) la taille d'une branche en laissant se développer un maximum de rameaux sans les tailler (3 schémas ci-contre). Le nombre des tire-sève augmente rapidement, le volume de sève s'accroît parallèlement,

le diamètre des branches suit. Une taille permet de rectifier le volume lorsque les branches sont assez fortes.

Chez les conifères, cette méthode est à employer avec prudence : en effet, s'il est facile d'obtenir un allongement de la branche, il est cependant pratiquement impossible de provoquer l'apparition de nouveaux rameaux du côté du tronc (schémas 2 page précédente). Une branche trop longue ne peut être raccourcie ! (sans avoir recours à une greffe, technique extrêmement difficile).

En s'allongeant, la branche risque de se dégarnir définitivement du côté du tronc... et il est hors de question de faire revenir des branches vers le tronc pour cacher ce défaut, ce serait provoquer un défaut pour en cacher un autre ! (voir question 108).

Cette réserve justifie un choix méticuleux des plants de pépinière que l'on destine à la pratique du bonsaï. Seuls les plants dont le feuillage est suffisamment condensé et dont les branches sont correctement agencées peuvent devenir des bonsaï bien équilibrés.

N'importe quel arbre de petite taille ne peut prétendre à devenir un bonsaï !

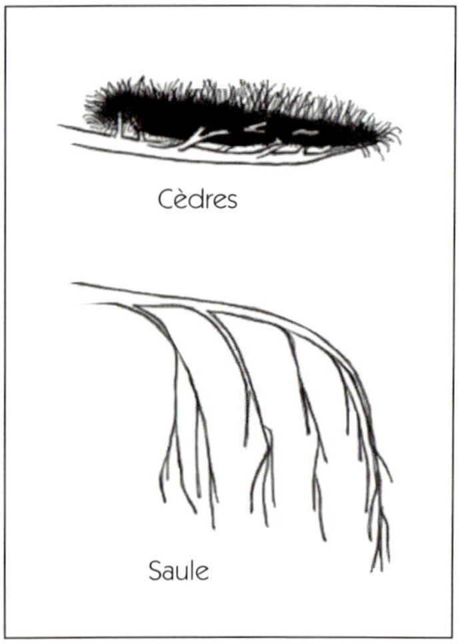

Cèdres

Saule

L'inclinaison des branches principales

On retrouve la sensation de poids en inclinant artificiellement les branches d'un bonsaï. Cette inclinaison est plus ou moins marquée chez certaines espèces, la dureté du bois, la vitesse de croissance étant variables. Ainsi les chênes, espèces à bois dur et à croissance relativement lente (notamment dans le Midi) présentent-ils des branches peu inclinées. Chez certaines espèces, les branches s'inclinent très tôt. C'est le cas de nombreux conifères, même ceux dont la croissance est relativement lente, comme les cèdres.

Certaines espèces particulières ont une courbure inverse, vers le sol (le saule pleureur par exemple).

La cohérence de l'ensemble : hiérarchie et polyarchie

Selon que la dominance des bourgeons apicaux est plus ou moins forte (les bourgeons les plus hauts ralentissent le développement des autres bourgeons), la silhouette est plus ou moins en flèche ou en boule (voir « Les bourgeons sont-ils indépendants les uns des autres ? » (voir question 105).

En boule

En flèche

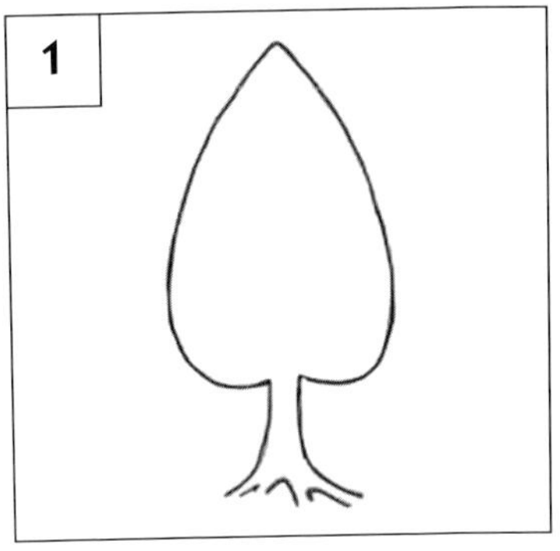

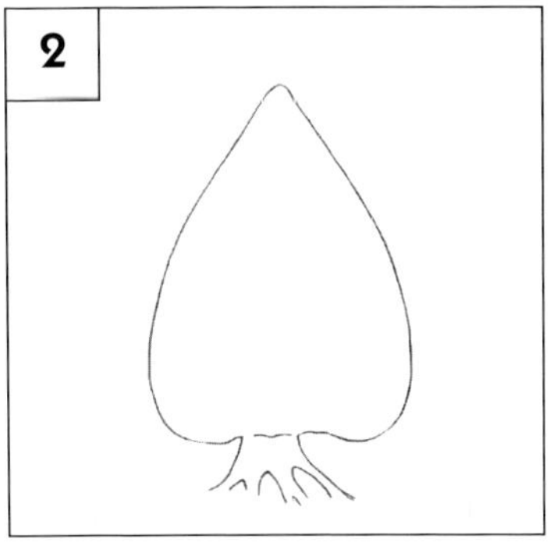

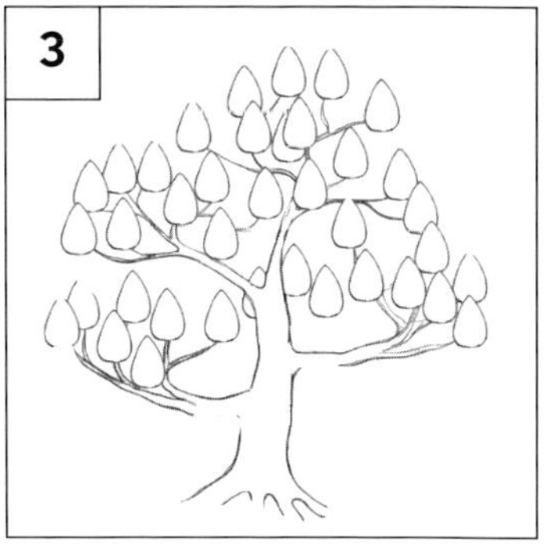

Le modèle hiérarchique

Chez les conifères à cime en flèche, cette dominance est exercée par les bourgeons apicaux de la cime de l'arbre (schémas 1 et 2).

Le modèle polyarchique

On peut observer assez couramment que la plupart des feuillus montrent des sous-ensembles distincts à l'intérieur d'une ramure plus ou moins sphérique (schéma 3). Les branches d'ordre supérieur (voir question 4) forment un ou plusieurs ensembles homogènes harmonieusement répartis. La dominance des bourgeons se manifeste à l'intérieur de ces sous-ensembles, qui sont, de ce point de vue, relativement indépendants. Chaque sous-ensemble s'approprie autant de sève que possible en fonction de sa situation par rapport à la lumière et à sa hauteur (la sève brute doit monter à sa hauteur).

Ces modèles permettent de simplifier la formation des bonsaï. L'application du modèle hiérarchique entraîne une taille et des pincements homogènes sur l'ensemble du bonsaï, avec un plus au sommet pour ralentir sa croissance en hauteur.

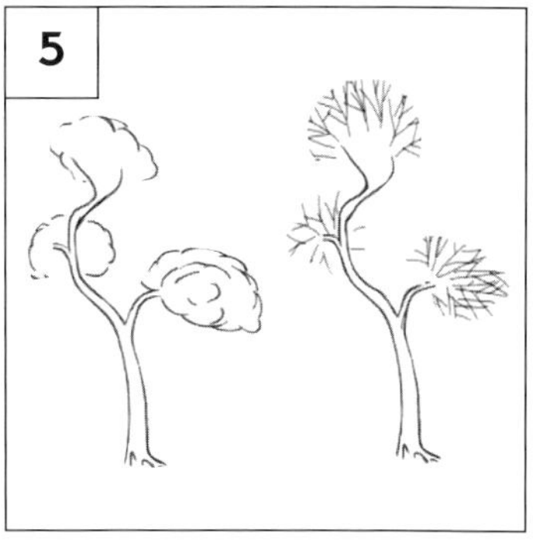

L'application du modèle polyarchique impose une vision différente de la couronne : celle-ci est un ensemble de petites couronnes indépendantes qui seront taillées une par une. Cette vision “composée” de la couronne permet de maintenir dans le feuillage des fenêtres qui laissent passer suffisamment de lumière pour les sous-ensembles situés à l'intérieur de la couronne (voir question 114). Cette vision diminue aussi l'appréhension légitime de l'amateur devant une couronne imposante et apparemment complexe.

La notion de rayonnement

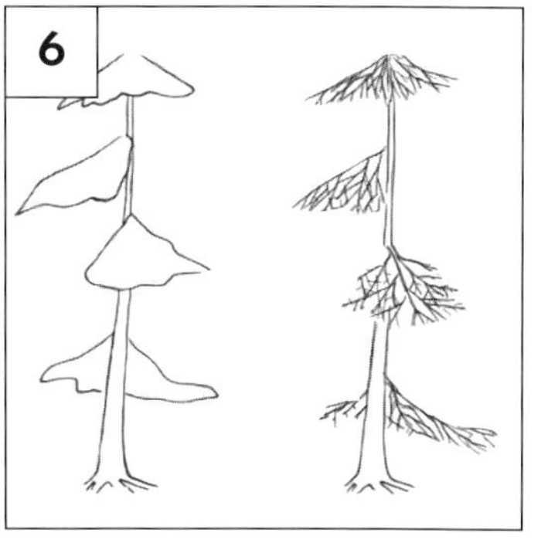

Si on remplaçait chaque branche par une ligne droite, les feuillus ressembleraient à des soleils (schéma 4).

Chez les conifères (schémas 5 et 6), il y a plusieurs “profils” en fonction du redressement des branches, plus ou moins marqué selon les espèces. A l'exception des pins, les ensembles de feuillage sont souvent aplatis et légèrement inclinés.

Quoi qu'il en soit, une branche ne se dirige jamais vers le tronc. De telles branches fourchues doivent être taillées.

La notion de rayonnement est très utile pour composer des ensembles forestiers (voir question suivante).

111. Quels principes élémentaires peut-on appliquer aux bonsaï à plusieurs troncs, aux forêts et aux paysages ?

Pour les bonsaï à plusieurs troncs, la ramure permet de restituer l'unité de l'ensemble. Dans les schémas suivants, un bonsaï est décliné de un à trois troncs. La structure de l'ensemble ne change pas.

La couronne des arbres en groupe

Par contre, un arbre vivant au sein d'un groupe a un port différent des arbres solitaires. Les contraintes liées à l'exposition ne sont pas les mêmes. La croissance en groupe défavorise les branches basses dirigées vers l'intérieur du groupe. En effet, les branches bien pourvues en lumière prennent le dessus sur les branches situées totalement à l'intérieur de la couronne, plus à l'ombre (voir question 114).

Que la couronne soit celle de un ou plusieurs arbres revient au même (schémas 1, 2, 3). Ce constat impose de planter ensemble le plus rapidement possible des arbres destinés à être unis pour former une forêt. Cela permet d'éliminer les branches situées du futur côté intérieur.

D'autre part, on évitera toute symétrie entre différentes couronnes (schéma 4), car il est extrêmement rare, dans la nature, d'observer un groupe d'arbres symétrique.

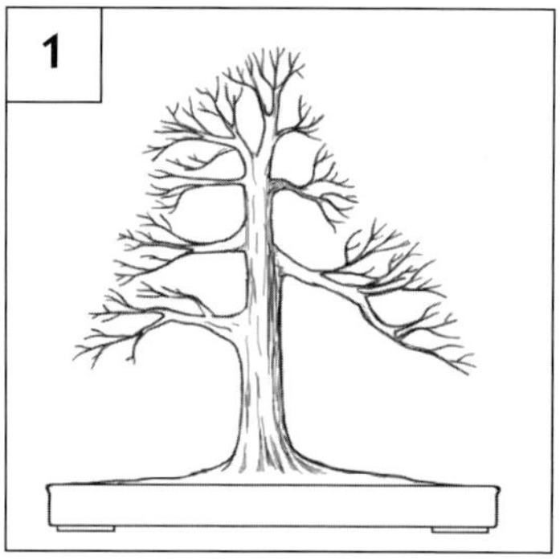

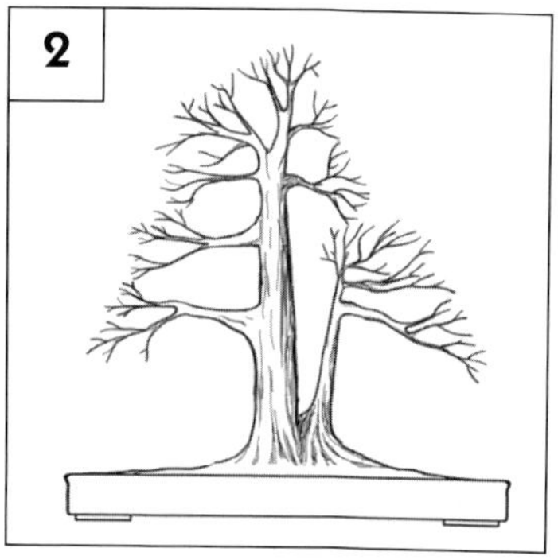

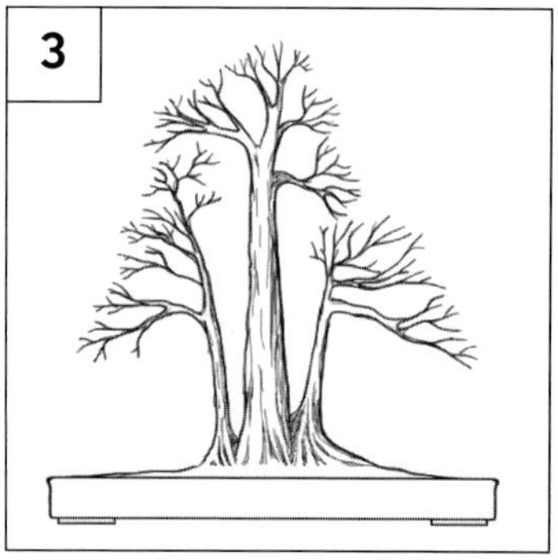

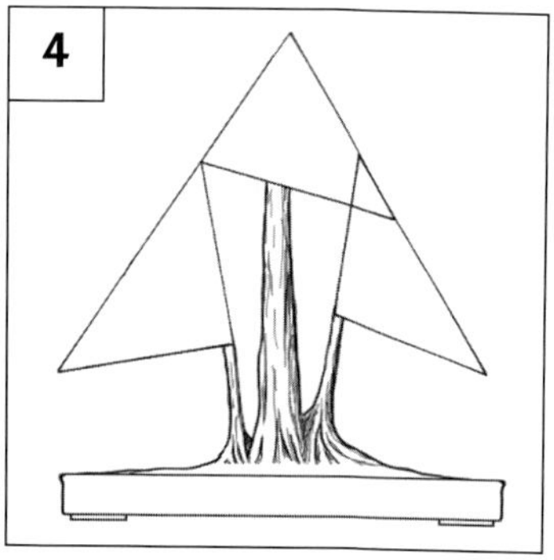

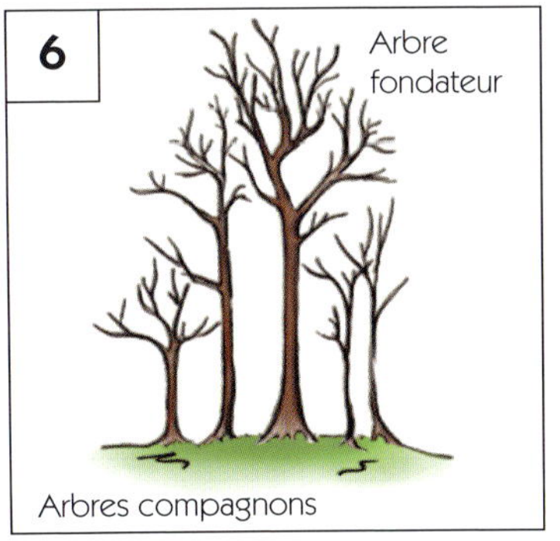

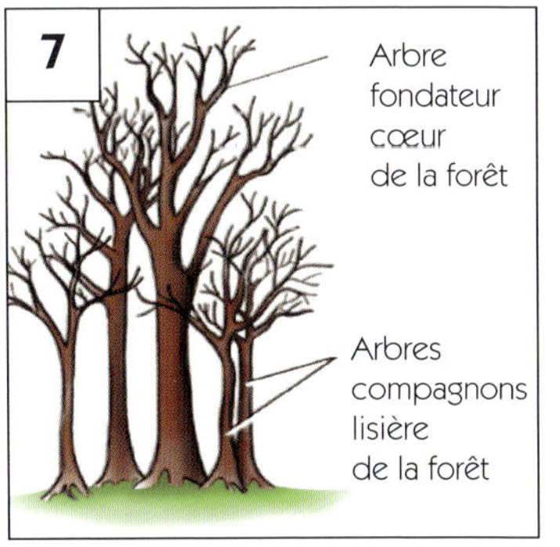

Les formes forestières

Ces bonsaï sont des ensembles cohérents disposés en un ou plusieurs bosquets.

L'évocation d'une dynamique

Ces bonsaï évoquent la dynamique de développement d'une population à partir de un ou de plusieurs arbres isolés (schémas 5, 6 et 7).

Cet arbre fondateur donne naissance à un petit ensemble d'arbres autour de lui. Ces petits arbres forment une lisière. L'arbre fondateur est bien entendu le plus ancien. Les autres sont disposés de façon aléatoire autour de lui (jamais en ligne droite !), les plus vieux sujets sont proches de l'arbre fondateur, ils ont des tailles légèrement inférieures. C'est la partie la plus ancienne de la forêt.

On évitera de planter des arbres de même taille. Un ensemble d'arbres de même taille et de même âge, qui plus est, alignés, ferait penser à un champ d'arbres de culture où tous les arbres ont été plantés en même temps.

La cohésion des formes

A l'instar des autres bonsaï à plusieurs troncs, les ramures des sujets doivent être harmonieusement intégrées les unes aux autres. Il ne doit pas y avoir de décrochage excessif d'un arbre à l'autre. Le schéma 8 montre un écart acceptable entre l'arbre le plus grand et les autres. Ce n'est pas le cas du schéma 9 où cet écart brise le naturel. Comme il s'agit d'arbres de même espèce et de tailles voisines, la surface des couronnes doit être assez homogène.

L'intégration des structures

Les branches d'un sujet ne doivent pas s'opposer aux troncs des autres sujets (schéma 10). On peut comparer les “bonsaï forêts” aux bonsaï à plusieurs troncs : pratiquement toutes les branches sont dirigées vers l'extérieur de la couronne, là où la lumière est maximale. Cette disposition des branches est naturelle, les branches qui bénéficient d'un bon apport en lumière prennent le dessus sur les branches cachées à l'intérieur de la couronne. Le dessin 10 montre schématiquement les directions prises par les branches au niveau de la coupe. Pratiquement aucune branche ne se trouve enfermée entre les troncs. On retrouve ici la notion de rayonnement d'un ensemble. Celui-ci est comparable à celui d'un individu unique et isolé.

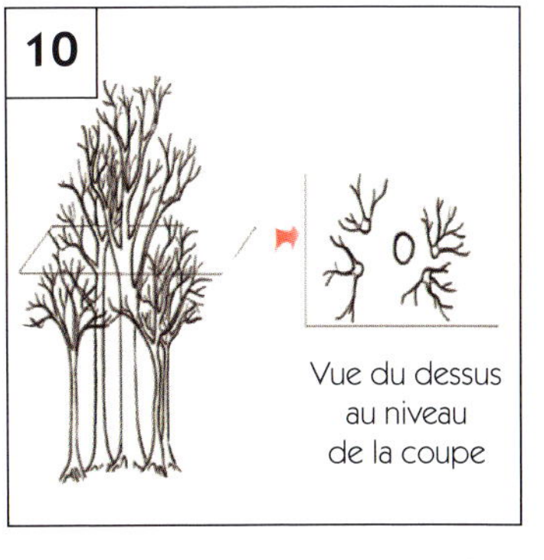

Forêt composite

Les forêts composites

Il s'agit de forêts composées de plusieurs espèces d'arbres. On ne devrait associer que des espèces qui croissent ensemble dans la nature. Ceci permet de donner des conditions de vie compatibles aux deux espèces. On regroupe généralement chaque espèce au sein de sous-ensembles distincts. Cette tendance s'observe souvent dans la nature.

En associant plusieurs essences avec des plantes typiques du milieu où se rencontre une telle association, le bonsaï prend une dimension d'éco-système bien réelle.

Paysage

Les paysages

Ce sont des formations composées de plusieurs arbres peu intégrés les uns aux autres : c'est une association d'arbres solitaires.

112. Pourquoi certains bourgeons restent-ils inertes ?

Un bourgeon bien placé peut refuser de débourrer. Cette situation est très fréquente. Quels sont les mécanismes physiologiques mis en jeu qui empêchent ce bourgeon de donner un rameau ?

Au printemps, deux types de bourgeons ne débourrent pas : **les inhibés et les dormants**.

— **Pour les inhibés,** il suffit de pincer le bourgeon apical, car c'est lui le responsable : il empêche les autres bourgeons de se développer car il produit une hormone qui, passant dans la sève élaborée va agir à distance (c'est le propre des hormones) sur les autres bourgeons (voir question 105). Cette propriété justifie le pincement. Certains bourgeons ne se développent qu'après une longue période d'attente qui peut atteindre plusieurs années. Ce sont **les bourgeons dormants.** La levée de dormance peut aussi être la conséquence de la disparition du bourgeon apical : le bourgeon apical exerce un pouvoir d'inhibition sur le développement des autres bourgeons, pouvoir qui s'amenuise au fur et à mesure qu'ils s'en éloignent. Cette dominance est en partie responsable du port des arbres. Mais il y a aussi d'autres causes :

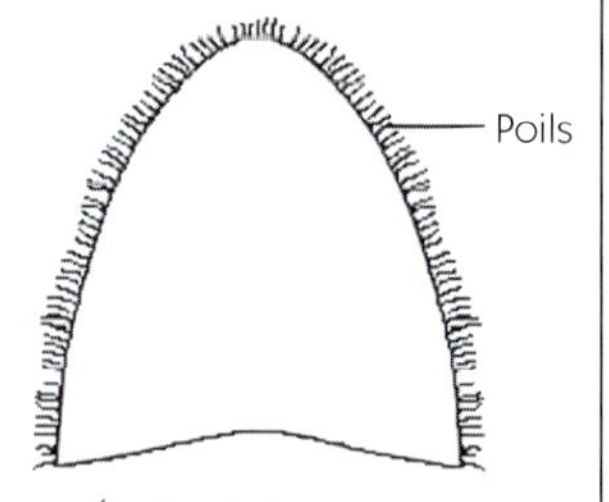

Écaille de bourgeon

• Les facteurs externes sont les plus courants : ce sont le raccourcissement de la longueur des jours à la fin de l'été, la réduction de l'éclairement, la sécheresse et le manque d'engrais.

• La dormance automnale : elle ne dépend pas des facteurs externes ; par exemple, chez le lilas, un rameau qui a atteint de quatre à dix entrenœuds met ses bourgeons en dormance. La dormance des bougeons est un état de vie ralentie profonde (durant un temps assez long).

• L'inhibition prolongée : un bourgeon longtemps inhibé par le bourgeon apical finit par entrer en dormance.

Les remèdes :

• C'est le froid ; un début d'automne froid peut lever la dormance et s'il s'ensuit quelques belles journées, les bourgeons éclosent. Il vaut mieux les protéger alors, car une gelée d'hiver risque de détruire les jeunes rameaux.

• La dessiccation lève la dormance. Un automne très sec suivi de fortes pluies, et les bourgeons des pommiers, marronniers débourrent. Les débourrements en automne sont à éviter, car ils utilisent inutilement les réserves qui seront nécessaires au printemps.

• Les bourgeons du hêtre sont sensibles aux jours longs. L'augmentation de la durée des jours les réveille.

• Il y aussi des moyens artificiels appelés **forçage** facilement utilisables pour les bonsaï : le froid, ou au contraire un bain d'eau chaude (dans des limites de température acceptables !). On peut éventuellement utiliser des vapeurs d'éther ou de chloroforme (mettre l'arbre et un coton imbibé dans un sac plastique).

Pour la plupart des bonsaï de climat tempéré, l'entrée en dormance a lieu en fin d'été et durant une grande partie de l'hiver. La levée de la dormance se situe en février-mars. Les mauvaises conditions climatiques empêchant le débourrement, la levée de dormance varie en fonction de l'exposition et de la région.

Les bourgeons hivernants ou en dormance sont protégés par des écailles brunâtres (feuilles modifiées), dures, étroitement serrées les unes contre les autres. Ces écailles sont recouvertes de résine (ou propolis, cette substance est utilisée par les abeilles pour construire leurs rayons : donc ne pas traiter les bourgeons !) et de poils. Les écailles sont imperméables et résistantes, bien serrées les unes contre les autres. Les poils abondants protègent le bourgeon des gelées. Le schéma ci-dessus montre une écaille de bourgeon hivernant.

113. Comment rééquilibrer un bonsaï pratiquement sans taille ?

Rappel de quelques règles d'équilibre

Un bonsaï doit avoir une harmonie générale ; les proportions entre les masses de feuillage, leur répartition instaurent un équilibre.

Quelques règles élémentaires se retrouvent quel que soit le style du bonsaï :

Le tronc s'effile de bas en haut soit de façon rigoureusement droite, soit avec des courbures. Les branches naissent toujours à l'extérieur des courbures (schémas 1, 7, 8, question 108). Le nombre des branches est relativement réduit : le bonsaï est avant tout une représentation simplifiée de l'arbre. La première branche pousse vers la droite, la deuxième vers l'arrière, la troisième vers la gauche. Deux branches ne doivent pas se trouver à la même hauteur, encore moins l'une en face de l'autre (les effets de symétrie ne donnent pas une impression de naturel). De même, aucune branche ne doit être parallèle à une autre ou encore la recouvrir. D'autre part, les branches sont souvent disposées en étages, caractère qui se retrouve à l'état naturel (tous ces points sont justifiés question 108).

Les causes de déséquilibre

• La timidité dans les tailles : lorsque l'on débute, on n'ose pas parfois tailler suffisamment son premier bonsaï. Il n'est pas rare de rencontrer de nouveaux adeptes qui ignorent la nécessité de la taille !

• Les accidents : un chat, une chute, une brûlure peuvent abîmer les branches de dernier degré* du bonsaï. Il faut alors régénérer cette partie en maintenant les branches intactes dans leur forme actuelle.

• Les déséquilibres naturels progressifs : dans la compétition qui oppose les différentes branches entre elles, certaines prennent le dessus, se renforcent et appauvrissent les autres malgré une taille uniforme et régulière. Les branches les plus basses et celles cachées dans la couronne ne tardent pas à dépérir par manque de lumière et de sève (voir effet tire-sève* question 101). De nombreuses espèces posent problème, car la dominance des bourgeons apicaux y est forte : les bourgeons les plus précoces endorment les autres. Ainsi, au sein d'une fourche, seul un des deux bourgeons évolue en branche. Si rien n'est fait, la ramification est perdue. L'olivier (*Olea europaea*), le frêne (*Fraxinus excelsior*) sont dans ce cas.

Utiliser les pincements et l'effeuillage pour rétablir l'équilibre perdu

L'élimination des tire-sève réduit l'activité de la brindille ou de la zone traitée.

1

2

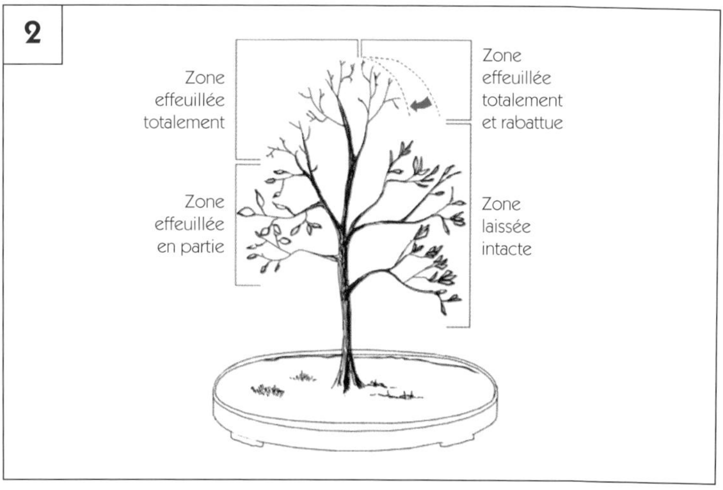

On peut donc utiliser une taille douce, mais aussi recourir aux tire-sève pour réduire l'activité de certaines parties hypertrophiées du bonsaï. On élimine ces tire-sève par pincements et effeuillages localisés aux parties trop actives du bonsaï (schémas 1 et 2 page précédente).

Augmenter la hauteur du bonsaï

Si l'on désire augmenter de façon importante la hauteur du bonsaï, il faut souvent remettre plus ou moins son organisation en question. En effet, d'un point de vue esthétique, les volumes de feuillage ne sont pas indépendants les uns des autres (voir question 109). Les transformations sont limitées par l'implantation des branches sur le tronc.

Laisser un rejet s'échapper dans le prolongement du tronc

Le rejet destiné à devenir la partie supérieure du tronc va déparer le bonsaï. Pendant plusieurs années, celui-ci ne sera pas présentable.

Il peut être dans le prolongement naturel du tronc. L'organisation des branches existantes est alors peu perturbée. La disposition et le volume des

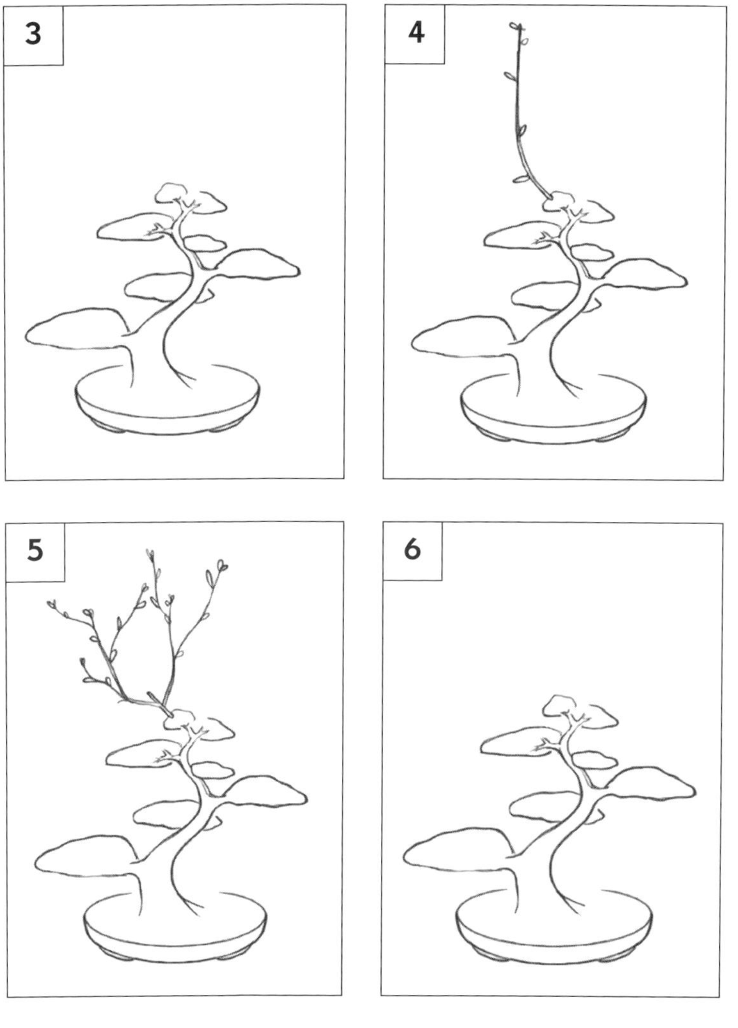

7

8

9

10

nouvelles masses de feuillage doivent être cohérentes avec celles déjà en place. Une augmentation progressive du volume de ces dernières est souvent nécessaire pour intégrer les nouveaux volumes (schémas 3, 4, 5 et 6).

Si le rejet n'est pas dans le prolongement du tronc, les conséquences sur la disposition des branches existantes sont généralement très importantes. L'ex-sommet de l'arbre est rejeté progressivement sur le côté pour devenir branche (schémas 7 et 8). Le bonsaï doit être plus ou moins réorganisé, des impossibilités peuvent se présenter.

Il est essentiel de bien choisir l'implantation du rejet et d'évaluer l'impact de cette nouveauté sur l'équilibre général de l'arbre.

Le rejet sera coupé une première fois pour induire des ramifications à la hauteur désirée.

Augmenter les volumes de feuillage

L'augmentation d'une des masses du feuillage entraîne souvent une augmentation proportionnelle des autres parties. En fait, le bonsaï devient plus massif (schémas 9 et 10).

Si sa taille augmente sensiblement, visuellement, il semble, paradoxalement, de plus petite taille !

Un bon rééquilibrage demande du temps

Rééquilibrer un bonsaï ou faire évoluer sa structure prend plusieurs années. Durant celles-ci, le bonsaï est peu présentable. Plus le déséquilibre est important, plus il faudra de temps pour le récupérer. Chaque année, la partie "en retard" ou nouvelle sera taillée moins souvent que les autres. L'homogénéité globale de la ramure du bonsaï se rétablit progressivement. Un rattrapage trop pressé conduira inévitablement à une ramure grossièrement ramifiée dans la partie régénérée, contrastant avec celle des parties en attente.

114. Pourquoi les ramifications sont-elles finement réparties?

La finesse de la ramification des branches et de la répartition de celle-ci constitue un critère de beauté pour un bonsaï. La ramure doit être équilibrée, tant pour les branches que pour les feuilles.

Dans la nature, les branches se répartissent naturellement les unes par rapport aux autres, car les rameaux s'orientent naturellement vers la lumière au cours de leur croissance.

Ils évitent donc naturellement de se superposer. Le but pour l'arbre est de disposer au mieux ses feuilles afin de capter un maximum d'énergie lumineuse.

Ce phénomène naturel a une grande importance dans l'art du bonsaï : une disposition homogène des branches et du feuillage est conforme au comportement de l'arbre dans la nature.

Suppression de feuilles

Lorsque des feuilles sont cachées par la couronne, on peut éclaircir celle-ci pour que la lumière parvienne au centre du volume. Les feuilles sous-exposées sont plus foncées. Elles sont plus riches en chlorophylle pour compenser le manque de lumière.

Si la couronne n'est pas éclaircie, les branches dont la plupart des feuilles sont cachées perdent de leur vigueur et ne tardent pas à dépérir au profit des branches mieux pourvues en lumière (chaque branche est en compétition par le biais des tire-sève).

On éclaircira donc les couronnes des feuillus durant toute la période de végétation (schémas 1 et 2).

De même, en octobre, on supprimera les aiguilles les plus anciennes chez les pins (voir schéma 3, ci-dessous). On ne laisse que les six paires d'aiguilles les plus récentes. Les rameaux peuvent être raccourcis à cette époque. On veillera toujours à laisser des bourgeons et des feuilles (tire-sève) aux extrémités des rameaux.

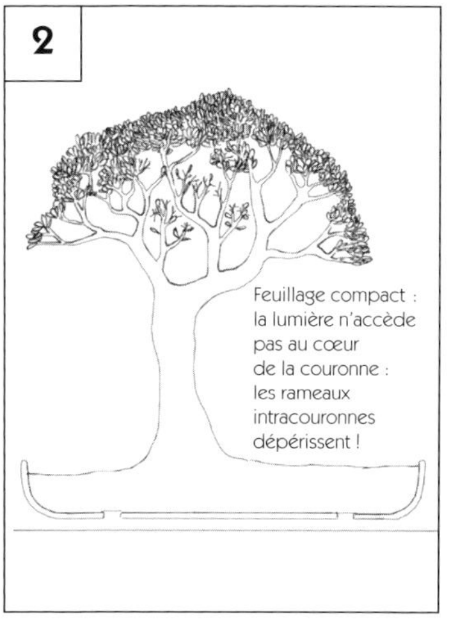

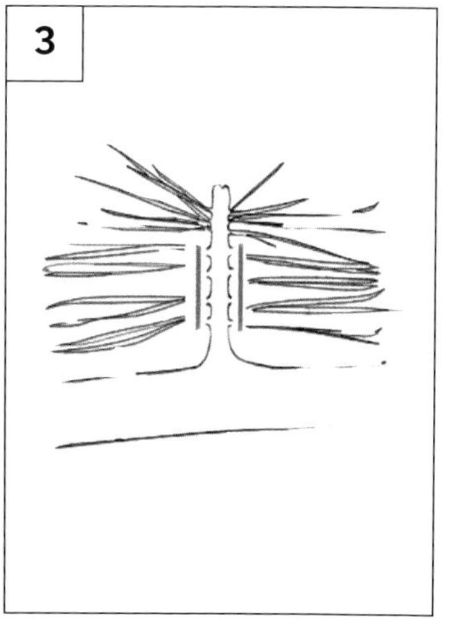

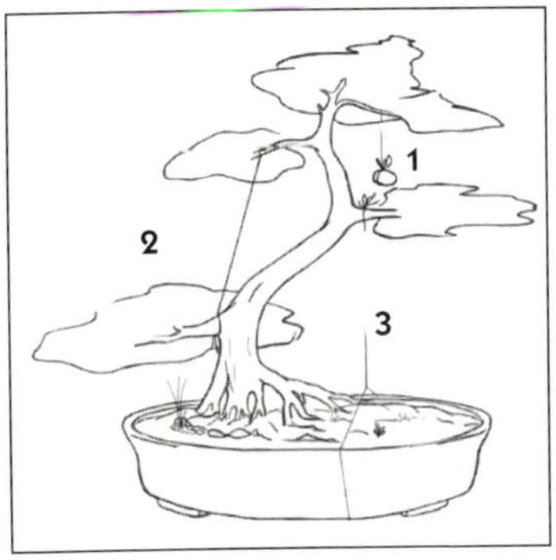

Le haubanage des branches mal orientées

Les branches dont l'insertion est satisfaisante mais dont l'orientation n'est pas bonne peuvent être orientées par ligaturage ou haubanage.

Le haubanage est une technique très simple.

On peut utiliser un poids (1) ou la base d'une grosse branche (2) ou encore le pot du bonsaï (3).

On évitera de se servir d'un point d'appui ne faisant pas partie du bonsaï !

La technique de ligaturage fait l'objet de la question 91.

Olivier
Olea europaea
Taille : 37 cm
Collection Bonsaï Méditerranée Association

Petit symposium concernant les feuilles

L'un des charmes des bonsaï, c'est la miniaturisation des feuilles. Cette miniaturisation, vous pourrez constater qu'elle n'est pas si mystérieuse que cela et que certaines espèces d'arbres ne sont pas très performantes en la matière.

Le caractère éphémère, sous nos latitudes, de ces organes saisonniers apporte quelque chose d'apaisant. Il donne un sens relatif au temps qui passe. Leurs modifications très spectaculaires chez les feuillus incitent beaucoup à l'observation.

Le printemps annoncé par l'éclosion des bourgeons annonce une nouvelle année d'activité pour les bonsaï. Lors de cet événement, les bonsaï de climat tempéré sont vraiment très harmonieux. C'est, pour les bonsaï tropicaux, le retour d'une lumière et d'une chaleur beaucoup plus propice à leur développement. Le cap difficile est passé.

L'automne est une saison aussi grandiose que le printemps pour les arbres à feuillage caduc. Les changements de couleur sont toujours très attendus. Certaines espèces connaissent un grand succès, en tant que bonsaï, uniquement grâce à ces changements dont le processus est d'une grande fragilité. La chute des feuilles, tout aussi spectaculaire, dévoile la beauté cachée des bonsaï caducifoliés, leur ramure, leur parure d'hiver.

Les feuilles sont des organes fragiles. Leur rôle de capteur de la lumière est fondamental : c'est la seule source en énergie pour le bonsaï. Lors de l'éclosion des bourgeons, elles se déchirent facilement. Elles peuvent aussi être brûlées si l'on expose imprudemment le bonsaï.

115. Qu'est-ce qu'une feuille?

Question incontournable qui va nous permettre de définir le vocabulaire. La feuille des arbres est généralement un organe aplati sauf chez certains conifères où elles sont réduites à des écailles (cyprès...) ou à des aiguilles (mélèzes, pins, cèdres, sapins). Heureusement, les Podocarpus ont des feuilles peu transformées.

La feuille est composée de deux parties distinctes chez les feuillus* :

• **le limbe** est la partie aplatie, son rôle est d'assurer la photosynthèse (rôle assimilateur) mais aussi une grande partie des échanges gazeux. Dans la grande majorité des cas, il est pigmenté de vert par la chlorophylle, mais chez certaines plantes, comme le *Ficus benjamina* 'Starlight', certaines parties sont diversement colorées (les feuilles sont dites **panachées**) ou totalement colorées, comme chez le très célèbre *Acer palmatum* 'Deshojo' ou érable du Japon avec ses feuilles rouges (dans ce cas, d'autres pigments interviennent).

• **le pétiole** relie le limbe au rameau. Le rôle du pétiole se réduit généralement au transport de substances issues de la photosynthèse (la sève élaborée) de la feuille vers le reste de la plante et de substances issues des racines vers la feuille (la sève brute).

Il est plat (ailé) chez les agrumes (exemple, le citronnier).

Les stipules sont deux petites lames vertes et foliacées disposées de part et d'autre de la base du pétiole au niveau du nœud. De nombreuses plantes en sont dépourvues. Quand elles existent, leur développement est très variable : elles peuvent être persistantes ou caduques, notamment chez certains saules (Salix), elles peuvent se transformer en aiguilles (robinier faux-acacia).

Ces organes sont à peu près horizontaux : on peut donc distinguer la face inférieure de la face supérieure, d'autant qu'elles ont souvent un aspect différent :

• la face **adaxiale** (**d** comme **dos**) est la face supérieure, elle est orientée vers l'entre-nœud supérieur,

• la face **abaxiale** (**b** comme **bas**) est la face inférieure.

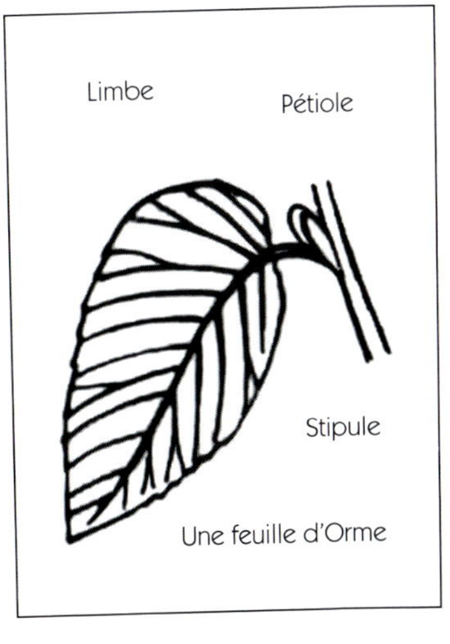

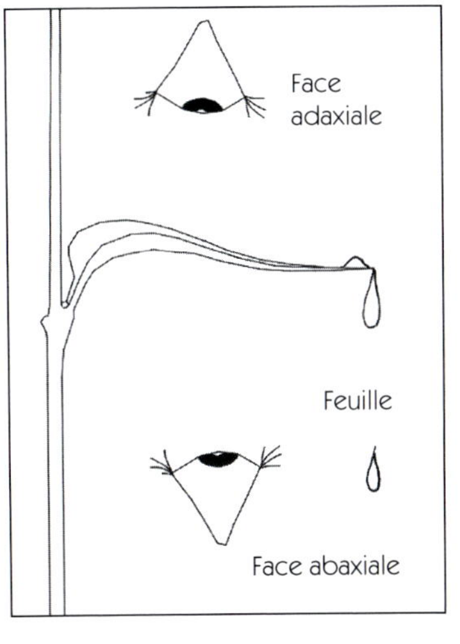

Les différents types de nervation des feuilles

Les feuilles sont nervées : les nervures sont des moyens de communication qui permettent de distribuer efficacement la sève brute dans toute la feuille, de collecter efficacement les substances élaborées par la photosynthèse. Ces nervures sont prolongées par un réseau vasculaire* très fin entre les nervures secondaires qui assure une bonne répartition. La densité de la nervation est la preuve du flux intense de sève qui règne au sein des feuilles.

La nervation offre des variations dont voici quelques exemples :

Nervation pennée (cerisier, châtaignier)

Nervation palmée (lierre, érable)

Nervation pédalée (platane)

Les variations de la forme du limbe

Elle est aussi assez variable :

Limbe entier (hêtre)

Limbe denté (cerisier)

Limbe lobé (chêne)

Limbe composé (robinier)

La disposition des feuilles sur le rameau

Les feuilles ne sont pas disposées au hasard. Elles sont solitaires ou groupées en verticilles sur un même nœud.

Pour une même espèce, un verticille foliaire comprend un nombre constant de feuilles : chez le genévrier commun (*Juniperus communis*), les feuilles sont groupées par 3.

D'un verticille à l'autre il y a un décalage, constant lui aussi. La disposition est dite quinquonsiale (décalage d'un angle d'un nœud à l'autre), cet angle est constant pour une espèce donnée.

116. Comment fonctionne une feuille?

La feuille est une usine à produire des sucres. C'est l'unité de production du bonsaï.

Le schéma ci-contre représente, de façon très simplifiée, une feuille d'Angiosperme* (les conifères ont des feuilles un peu particulières).

Les principaux tissus sont les suivants :

- les tissus palissadique et lacunaire sont spécialisés dans la photosynthèse. Ils contiennent de nombreux chloroplastes* ;
- les cellules de l'épiderme produisent une épaisse cuticule qui a un rôle de régulateur hydrique et thermique très important ;
- de place en place, ces cellules de l'épiderme laissent place à des paires de cellules particulières : les cellules stomatiques. Elles composent les stomates qui sont des passages privilégiés pour les gaz, vapeur d'eau et gaz carbonique nécessaires à la photosynthèse ;
- les éléments conducteurs sont composés de cellules modifiées.

1

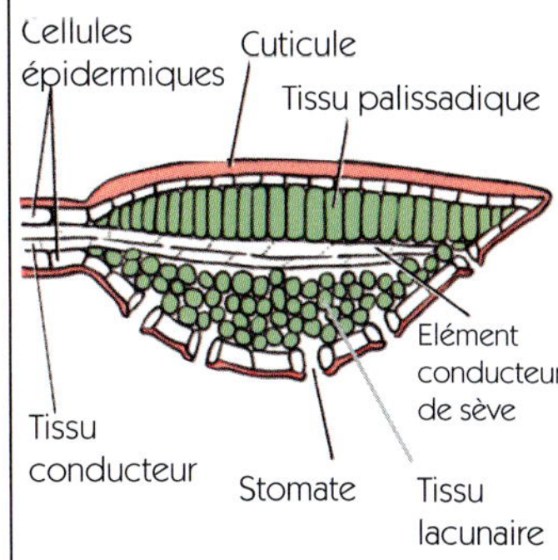

CL de feuille
Représentation schématique des tissus

La feuille et la sève

Chaque feuille est alimentée en sève brute (eau et sel minéraux), elle transforme cette sève brute en sève élaborée, plus concentrée, riche en sucres. Pour dix volumes de sève brute, la feuille fabrique seulement environ un volume de sève élaborée. La différence s'évapore par les stomates et permet ainsi à la sève de monter jusqu'à la feuille (voir question 131) et à la feuille de se refroidir.

Les schémas 1 et 2 représentent une feuille très schématisée ; seuls les tissus qui nous intéressent sont représentés (l'échelle n'est pas respectée, il s'agit d'une représentation très schématique).

2

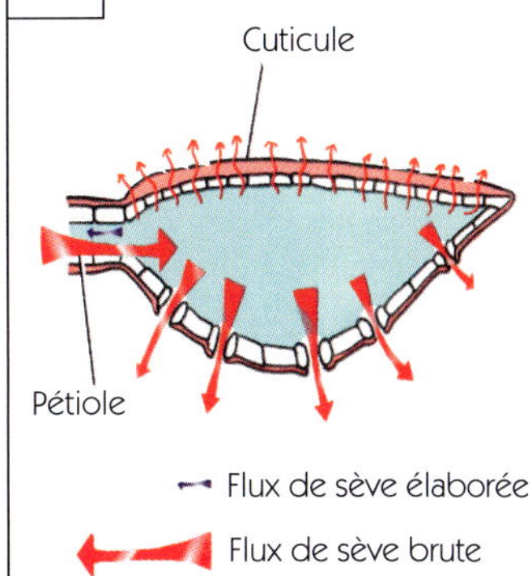

La feuille et la lumière

La lumière est de loin la principale source d'énergie dont dispose le bonsaï. C'est en captant cette lumière que le bonsaï peut se nourrir. La feuille, grâce à sa surface souvent importante, essaye de capter le maximum de lumière ; pour ce faire, elle se dispose perpendiculairement aux rayonnements du soleil.

La cuticule* peut se renforcer en épaisseur avec des cires en surface, cette cuticule réfléchit une partie de la lumière et empêche l'eau de la feuille de s'évaporer trop vite.

L'épiderme peut aussi épaissir ses parois (exemple : feuille de pin).

Chez certaines espèces, le limbe des feuilles change d'orientation en fonction des heures de la journée ; il peut se disposer parallèlement aux rayons lumineux aux heures les plus chaudes (exemple : les eucalyptus). Mais toutes ces aptitudes peuvent se révéler insuffisantes, le bonsaï est alors en péril.

La feuille et l'eau

La feuille peut absorber ou perdre de l'eau. Elle fonctionne un peu comme une valve mais son comportement change en fonction de l'état hydrique du bonsaï.

Si le bonsaï manque d'eau, la feuille empêche l'eau de sortir et essaie de capter de l'eau atmosphérique (schéma 2 page suivante). Si, au contraire,

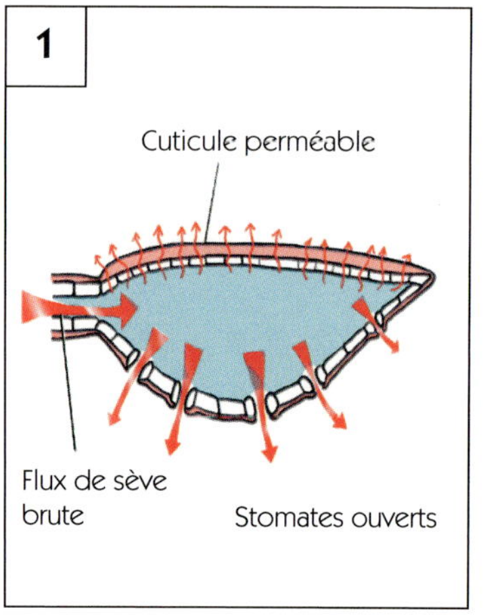

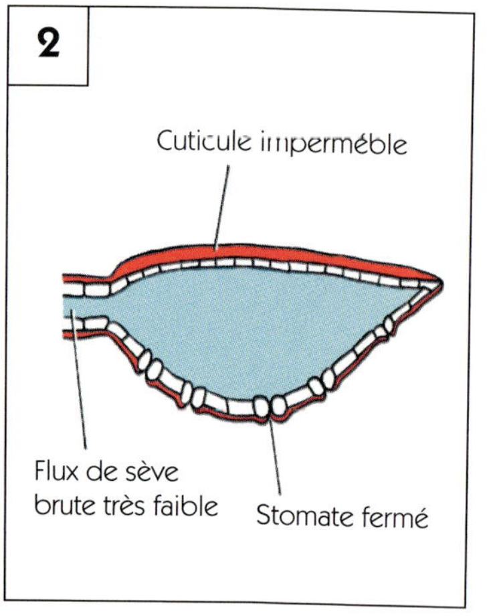

le bonsaï dispose d'eau en quantité, la feuille est grande ouverte et laisse beaucoup d'eau s'évaporer (schéma 1 ci-dessus)

La feuille peut fonctionner un peu comme une racine en absorbant de l'eau et quelques sels minéraux. Mais les racines restent les organes les mieux adaptés pour exécuter cette tâche.

La cuticule enveloppe les organes aériens chlorophylliens, c'est-à-dire les jeunes tiges et les feuilles. Elle est composée de cire ou cutine. Cette cire constitue un réseau qui se modifie en fonction de l'hygrométrie : il est lâche lorsque l'humidité est importante (la vapeur d'eau peut alors le traverser). Les mailles de ce réseau se resserrent lorsque l'atmosphère est plus sèche : la cuticule est alors imperméable. La cuticule s'interrompt au niveau des stomates.

117. Pourquoi les feuilles du bonsaï sont-elles plus petites que celles de ses frères naturels ?

La taille réduite des feuilles des bonsaï est un caractère attractif, associé à la petite taille de ces arbres ; elle participe à l'émerveillement qu'ils suscitent.

On peut émettre trois hypothèses non exclusives pour expliquer la réduction des feuilles.

• Il y a un nombre important de feuilles pour peu de ressources.

Le bonsaï est un petit arbre. Ses capacités de mise en réserve ainsi que la surface d'absorption de ses racines sont faibles. Par contre, la forte ramification de sa partie aérienne permet le port d'un nombre important de feuilles. Chaque feuille ne disposerait donc pas de suffisamment de substances nutritives pour atteindre un développement maximum.

• Il y a un manque d'eau au moment de la formation des feuilles.

Lors du développement d'un organe, quel qu'il soit, le besoin en eau est très important : il permet à cet organe de se déployer. On peut cependant noter que la taille des cellules d'un bonsaï est la même que celle des cellules de l'arbre de plein pied. Seul leur nombre diffère.

Dans le cas des feuilles, le développement se réalise par étapes (voir paragraphe suivant).

• Seules les premières feuilles (les plus petites) sont conservées lors de la taille. Or, ces feuilles, lorsqu'elles achèvent leur développement, n'ont pas pu bénéficier de beaucoup de flux de sève. Elles restent petites et les entre-nœuds qui les séparent restent courts.

En revanche, les suivantes bénéficient de l'effet tire-sève de ces premières feuilles, elles profitent donc de beaucoup plus d'eau et de substances nutritives.

Cette augmentation progressive de la taille des feuilles au fur et à mesure du développement du rameau issu du débourrement est accompagnée par l'augmentation de la longueur des entre-nœuds. Elle est d'autant plus frappante que l'arrosage et l'apport en engrais (en nitrate surtout) sont importants (schéma 1).

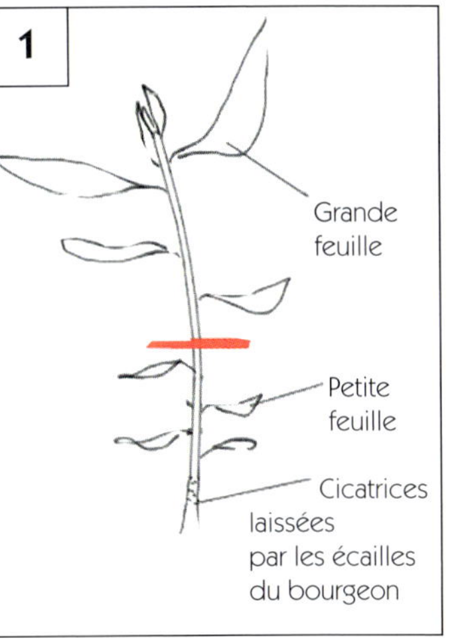

Les étapes de la formation d'une feuille

Pour simplifier, on peut dire qu'une feuille se forme en trois temps.

• La naissance de la feuille n'a pas lieu au printemps, comme on pourrait le croire. Elle a lieu l'été précédent, lors de la maturation du bourgeon (voir question 100). Lorsque l'hiver arrive, la formation de la petite feuille est déjà avancée, mais toutes les cellules qui la composent gardent un volume minimum. Leur pauvreté en eau leur permet de résister au basses températures (ceci s'ajoute à l'effet protecteur des écailles du bourgeon) et de limiter leur métabolisme (la déshydratation s'accompagne d'une baisse des activités consommatrices d'énergie).

On peut vérifier ces propos en décortiquant un bourgeon hivernant de marronnier (ils sont assez gros) au début de l'automne, dans lequel on trouvera des petites feuilles fripées et très serrées.

Il est assez logique que l'arbre prépare ses premières feuilles de l'année suivante avant l'hiver. Cela lui permet, lorsque le beau temps revient, d'être apte à la photosynthèse au plus tôt.

• La deuxième phase se déroule au printemps : lorsque le bourgeon débourre, les petites feuilles se défroissent et se déploient en longueur. Un méristème situé à la base ou au sommet (schémas 2 et 3) de la feuille permet à celle-ci d'atteindre sa longueur définitive. L'ébauche foliaire s'allonge en languette qui deviendra le pétiole et la nervure principale du limbe.

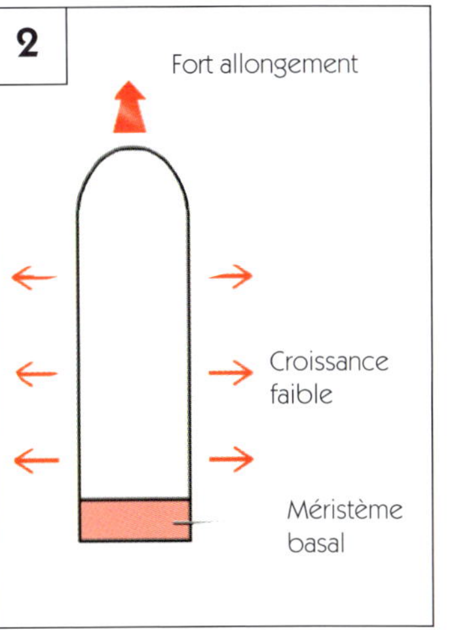

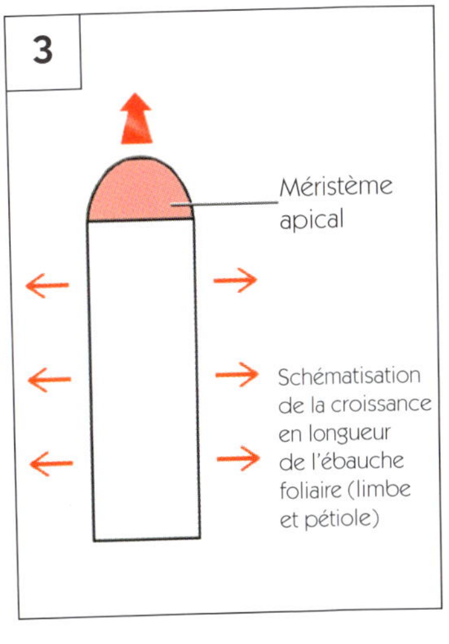

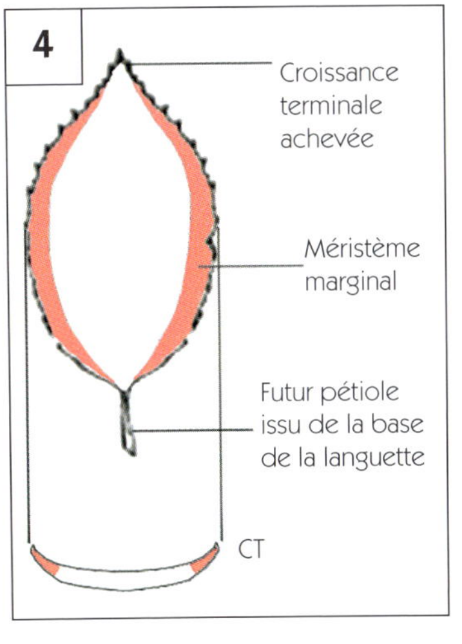

• La feuille finit de se développer en s'élargissant. La croissance en longueur étant terminée, un méristème marginal prend le relais de chaque côté de la feuille (schéma 4). (En l'absence de pétiole, les méristèmes marginaux sont actifs sur toute la longueur de la languette.)

La réduction des feuilles est souvent... une illusion !

La réduction des feuilles n'est pas aussi importante qu'on le croit communément : de nombreuses espèces sont cultivées en bonsaï, justement parce qu'elles ont déjà des feuilles d'une relative petite taille. C'est le cas de *Serissa fœtida* ou arbre au 1 000 étoiles, *"Carmona microphylla"*, du buis (*Buxus sempervirens*), de certains érables comme *Acer monspessulanum* (érable de Montpellier), et bien sûr de la plupart des conifères, dont les feuilles sont extrêmement réduites.

Certaines espèces gardent pourtant des feuilles d'une relative grande taille : citons les espèces du genre *Platanus,* le marronnier (*Æsculus hippocastanum*). Les bourgeons de ce dernier mesurent environ deux centimètres de long, les feuilles sont déjà d'une relative grande taille à l'intérieur du bourgeon !

Chez les conifères, citons le pin noir de Thunberg et le très connu *Ginkgo biloba.*

On peut cependant dire de ces espèces que leur performance en matière de réduction des feuilles n'a rien à envier aux espèces citées à titre de "bons exemples". Les feuilles de platane réduisent d'au moins un quart, leur handicap est la taille de départ, 15 à 20 cm de long !

Ainsi, obtenir des petites feuilles n'a rien d'évident. Un équilibre subtil entre l'arrosage modéré et les tailles adéquates constitue sans doute la clé du mystère... de même que le choix de l'essence*.

Les fleurs ne sont jamais réduites chez les individus cultivés en bonsaï !

Le "comportement" des fleurs n'est pas identique à celui des feuilles : les azalées cultivées en bonsaï ont des floraisons aussi époustouflantes que celles cultivées sans tailles particulières. En effet, la mise à fleur se fait complètement ou pas du tout. Si les ressources manquent, le bourgeon floral tombe précocement. On peut émettre l'hypothèse que les pétales se comportent comme les toutes premières feuilles d'un rameau. Les pétales seraient peut-être alors des feuilles modifiées.

Il en est à peu près de même pour les fruits : lorsqu'ils sont de petite taille, ils arrivent facilement à maturité (pommier d'ornement, *Carmona microphylla, Celtis australis...*).

Lorsque, au contraire, ils atteignent sur un arbre de plein pied une taille relativement importante (grenadier *Punica granatum*, figuier *Ficus carica*, pommier commun *Malus communis...*), alors leur taille est un peu réduite, car l'arbre met beaucoup d'énergie et d'eau pour produire des fruits. Pour un bonsaï, ces ressources sont plus faibles. Aussi n'est-il pas rare que le bonsaï abandonne la partie, ne pouvant supporter la demande ; les fruits les moins avancés dans leur formation tombent les premiers, alors qu'ils sont encore "verts". L'arbre peut, grâce à cette réaction, porter un ou deux fruits à maturité, car les fruits qui sont les plus aptes à mûrir restent le plus longtemps possible (schéma ci-contre). Le mécanisme qui fait que le fruit tombe est le même que celui qui fait tomber les feuilles. Le fruit qui mûrit produit de l'auxine* qui empêche la coupure de se former (voir question 120).

Crassula en fleurs (détail)
Crassula arborescens
Détail des fleurs appartenant au bonsaï représenté p. 129. Les fleurs ne sont pas réduites.

118. Quelle méthode utiliser pour obtenir des feuilles plus petites?

A la lumière des explications précédentes on peut avancer les conseils généraux suivants.

• Diminuer l'arrosage permet d'obtenir un feuillage plus compact et des feuilles plus petites. Un arrosage très abondant au moment de la formation des rameaux permet aux cellules qui composent les feuilles d'atteindre une taille importante (auxèse*).

On diminuera donc la fréquence et non la quantité des arrosages. Cette technique doit être utilisée avec beaucoup de précautions car un excès de zèle peut être fatal à l'arbre... Les arrosages sont espacés au printemps lors de la "finition" des feuilles et des entre-nœuds. Cette technique utilisée sur les pins lors du déploiement des aiguilles permet d'obtenir des aiguilles plus courtes. Pour les fruitiers comme les pommiers, les abricotiers, les poiriers, les pêchers, les cerisiers... les pousses de printemps étant très vigoureuses, la limitation de l'arrosage constitue la seule alternative à la taille, qui sacrifierait les fleurs et les fruits. La réduction de l'arrosage freine la croissance, aide à la formation des bourgeons floraux ; par contre, les fruits, pour rester sur l'arbre, auront ensuite besoin de beaucoup d'eau.

• Limiter les apports en azote (N) qui favorise les organes chlorophylliens. Un excès d'engrais riche en azote au moment de la formation des rameaux provoque l'allongement exagéré des entre-nœuds et la formation de grandes feuilles.

• On ne peut pas espérer obtenir des feuilles très réduites pour toutes les espèces, car certaines espèces ont déjà des feuilles assez petites sans tailles préalables ni soins particuliers (les buis, par exemple), l'amplitude de la réduction varie aussi d'une espèce à l'autre. A l'impossible nul n'est tenu...

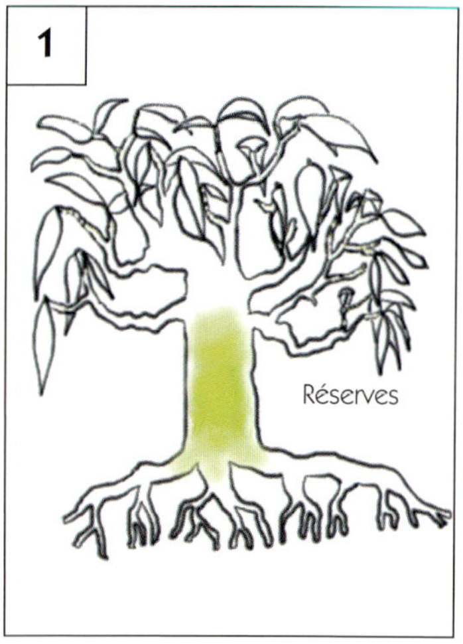

• Les feuilles sont des organes à durée de vie assez brève. Lorsque leur développement est trop important, l'arbre n'est pas toujours très harmonieux : il ne ressemble plus trop à un arbre miniature mais plutôt à une plante d'appartement comme les autres. Comme le développement des feuilles est définitif, la seule solution possible est de les couper en pratiquant un effeuillage (voir page suivante).

119. Qu'est-ce qu'un effeuillage? A quoi cela sert-il et quels en sont les risques pour votre bonsaï?

L'effeuillage est une opération très simple qui consiste à enlever tout ou partie des feuilles d'un bonsaï. L'arbre renouvelle ensuite ses feuilles grâce aux réserves qu'il a accumulées (figurées en jaune sur les schémas 1, 2 et 3).

Il y a un intérêt au renouvellement complet du feuillage lorsque les feuilles sont trop grandes ou abîmées par des brûlures ou des parasites (araignée rouge).

Il est important d'arroser moins abondamment après un effeuillage. En effet, l'évaporation au niveau des parties aériennes étant très amoindrie, un surplus d'eau n'est d'aucune utilité pour l'arbre qui ne peut pas l'absorber (le flux de sève est très faible). Les racines peuvent en pâtir et pourrir. D'autre part, en arrosant trop, on favorise l'apparition de nouvelles feuilles de grande taille.

Quels sont les risques ?

Les risques d'épuisement de l'arbre : des effeuillages répétés et successifs (dans la même année) épuisent le ressources du bonsaï.

Un effeuillage au mauvais moment peut contrecarrer le métabolisme normal du bonsaï.

Il faut éviter :

• l'effeuillage au printemps : laisser l'arbre récupérer de l'énergie après le débourrement, l'énergie consommée durant l'hiver ajoutée à celle consacrée au développement des bourgeons et à l'épanouissement des feuilles est justifiée par la photosynthèse qui va suivre. Si les feuilles sont supprimées en totalité à ce moment-là, l'arbre aura plus de mal à les remplacer, or, mettre l'arbre en difficulté n'est jamais l'objectif recherché. Celui-ci devient chétif, moins résistant aux maladies et aux parasites.

• l'effeuillage en fin d'été ; effeuiller un arbre en fin d'été n'a pas de sens :

— pour les bonsaï de climat tempéré et à feuillage caduc, la chute des feuilles est imminente, il faut laisser faire la nature. Les bonsaï de climat tempéré à feuilles persistantes auront besoin de leurs feuilles lors des beaux jours de l'automne, et surtout, celles-ci seront prêtes dès le début du printemps ;

— pour les bonsaï d'origine tropicale, l'hiver est une période difficile où la lumière est rare (d'autant qu'ils sont gardés à l'intérieur de la maison). Ce n'est donc vraiment pas le moment de les priver de leurs feuilles.

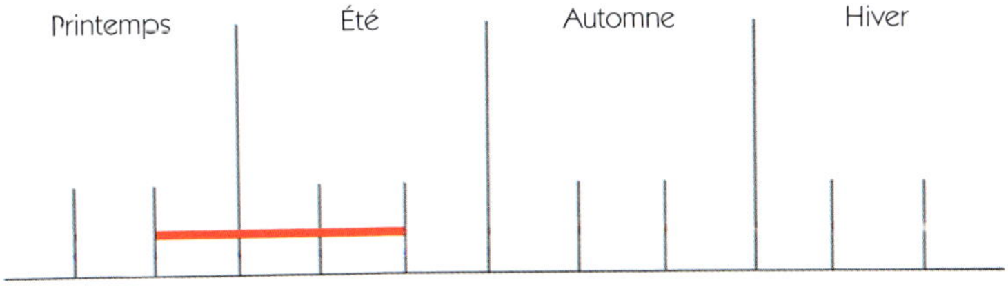

›étiole en place, celui-
mêmes, car l'absence
rmonal. Le limbe de la
l'auxine, qui empêche
ne, l'éthylène, est pro-
Cet éthylène provoque
t coupé, l'auxine n'est
issu de l'arbre de pro-
22).

›rivés du limbe, restent
te en place très long-
e débarrasse de ceux-
re manquer d'eau jus-
e libère dans sa sève
mones appelées hor-
abscissique…) favori-
vieilles feuilles et les

ngtemps chlorophyl-
es tiges jouant un rôle
ımes, les tiges restent
dessèchement car la

ɔre a stocké le produit
iit. Si l'effeuillage a lieu
ɔnt perdus en grande
euillage sèchent plus

aiguilles. C'est extrême-ment risqué. L'importance des feuilles en tant que tire-sève peut induire, si on les supprime toutes en même temps, la perte d'une ou plusieurs branches (voir question 101).

On peut pratiquer un effeuillage limité aux aiguilles les plus anciennes à partir du début du mois d'octobre (voir question 114).

120. Pourquoi les feuilles tombent-elles en automne ?

La chute des feuilles en automne est très spectaculaire, au point que certains amateurs de bonsaï collectionnent uniquement les feuillus de climats tempérés qui leur offrent à chaque automne un festival de couleur.

La connaissance des mécanismes qui conduisent à la chute des feuilles permet de se rassurer en distinguant les chutes normales et les chutes symptomatiques d'une maladie.

La chute des feuilles correspond à une nécessité physiologique

Les fleurs, les fruits et les feuilles sont des organes dont la durée de vie est limitée. La mort de la feuille est programmée, sa vie est écourtée soit à cause de facteurs internes (création d'une zone d'abscission : chute de vieillesse), soit à cause de facteurs externes (gel, brûlure, arrachage…). Les feuilles sont des organes fragiles. La forte activité physiologique qui y règne contribue sans doute à cette fragilité, ainsi que leur faible épaisseur et leur grande surface qui les rendent très vulnérables vis-à-vis des agressions extérieures.

C'est pourquoi la plupart des feuillus (ainsi que les mélèzes chez les conifères) des zones tempérées se séparent de leurs feuilles pendant les mois d'automne (octobre, novembre), leur feuillage est caduc.

La faible luminosité, la durée plus courte des journées et les basses températures sont autant de facteurs qui rendent la photosynthèse difficile : garder les feuilles est alors non rentable et risqué. Cela correspond donc à une évolution permettant la conservation des espèces en accord avec les rythmes du climat.

Sous l'équateur et dans les régions subtropicales, les feuilles sont opérationnelles durant toute l'année, car les saisons sont peu marquées. La température et la luminosité sont compatibles avec la photosynthèse durant toute l'année.

Il existe des exceptions dans les deux cas : certaines espèces de climats tempérés sont persistantes : chez le chêne-liège, les lauriers et les buis, les feuilles fonctionnent durant 3 à 5 ans. Leur chute est échelonnée comme chez les arbres tropicaux. Inversement, certains arbres de climat subtropical perdent la totalité de leur feuillage chaque année, ceci leur permet de mieux résister aux conditions peu favorables de la saison sèche.

121. Mon bonsaï perd ses feuilles, est-il malade ?

Les chutes normales

Très généralement, une feuille jaunit avant de tomber. La couleur de la feuille traduit ce qui se passe à l'intérieur.

La feuille ne fonctionne plus normalement. Ses cellules, incapables de se diviser (il n'y a pas de méristème*), sont abîmées, chargées de déchets

Hêtre
Fagus sylvatica
Bonsaï et ses deux parures, d'été et d'hiver - *Collection José Manuel Otzarreta*

toxiques qu'elles ont fabriqués et dont elles ne peuvent se débarrasser. Ces déchets et les dégâts qui se sont accumulés ont fait baisser la production de ces cellules. La feuille produit peu, elle est sénescente.

Chez les arbres à feuilles caduques, les premières feuilles de printemps peuvent déjà tomber en plein mois de juillet. Quatre mois de pleine activité en font déjà de vieilles feuilles. Cependant, une chute massive des feuilles en plein été est anormale.

En automne pour les arbres à feuilles caduques, les feuilles changent de couleur et tombent progressivement en l'espace d'un ou deux mois. Cette période est assez longue. Cela permet de faire la différence entre une chute anormale et une chute "de saison".

Pourtant, toutes les feuilles ne sont pas sénescentes en automne. En effet, c'est le manque de lumière qui détermine la chute des feuilles à cette époque de l'année.

Les chutes anormales

Que l'arbre meure de soif, d'un excès d'eau ou d'un excès d'engrais, cela revient au même : les racines ne fonctionnent plus.

La chute des feuilles se produit car l'arbre manque d'eau. Cette chute peut être très rapide et toutes les feuilles en sont au même stade.

Il se peut que les feuilles restent vertes et sèchent rapidement sur l'arbre ou noircissent à leur bord. Les symptômes varient en fonction de l'espèce considérée.

Remarque : les bonsaï tropicaux importés perdent, durant les premières années, un nombre important de feuilles en automne. L'arbre est très sensible à la chute de la lumière. Il est possible que cela corresponde à un début d'adaptation, mais que l'on ne s'y trompe pas : un bonsaï tropical reste très sensible aux faibles températures.

Doit-on systématiquement éliminer les feuilles mortes ?

Oui, si l'arbre a été atteint par une maladie cryptogamique. Le champignon pathogène peut rester sous forme de spores dans les feuilles mortes pendant l'hiver. L'année suivante, ces spores réinfesteraient votre bonsaï.

Si votre bonsaï n'a pas eu de problèmes dus à un champignon microscopique, alors les feuilles mortes ne présentent aucun danger, vous pouvez les laisser au pied de l'arbre.

122. Comment la feuille se désolidarise-t-elle du rameau qui la porte?

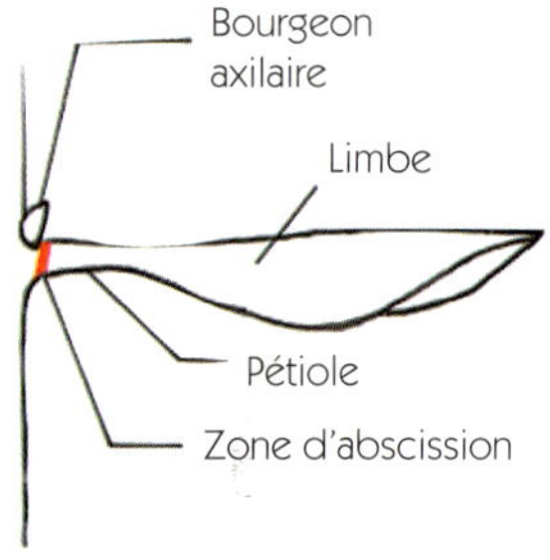

C'est un phénomène histologique*

Les feuilles, lorsqu'elles tombent pour des raisons naturelles, se détachent toujours suivant un même processus.

Une zone située à la base du pétiole se transforme, elle se fragilise "exprès". Cette zone est appelée zone d'abscission ou de coupure (schéma ci-contre). Cette zone est parfois visible à la base du pétiole, qui est légèrement plus clair là où va se produire la coupure (schéma 1). La zone d'abscission est constituée de plusieurs assises* de cellules aux parois fines et des éléments conducteurs qui traversent. Elle va donner une couche séparatrice côté feuille constituée de cellules aux parois qui se gélifient (schéma 2). La résistance à la cassure est donc moindre. Elle comprend une couche protectrice côté feuille formée de cellules qui se transforment en cellules de liège.

Les vaisseaux du xylème sont obstrués par des excroissances des cellules voisines (certaines cellules du xylème sont vivantes, elles ne participent pas au transport de la sève). La gélification des parois de la couche séparatrice provoque une fragilisation de cette zone : la feuille ne tient plus que par les éléments conducteurs. Son poids, la pluie ou le vent suffisent pour la faire tomber (schéma 3).

La formation du liège cicatriciel s'achève avant ou après cette chute de la feuille. Cette couche de liège se raccorde plus tard au périderme et la cicatrice (schéma 4) disparaît progressivement avec les nouvelles couches de liège. Ce liège protège les tissus contre les bactéries et les champignons.

On comprend qu'une feuille desséchée sur le bonsaï ou gelée ne tombe pas : la zone d'abscission se forme en plusieurs jours, alors que la feuille peut sécher en moins d'une heure. La zone d'abscission n'ayant pas eu le temps de se former, la feuille morte reste solidement attachée à l'arbre. Les néophytes qui s'inquiètent lorsque les feuilles tombent peuvent se rassurer quand la feuille tombe d'elle-même, la chute s'accompagnant d'un changement de couleur (voir question 123).

La marcescence

Certains feuillus gardent leurs feuilles mortes durant l'hiver. Ils sont **marcescents**.

Le chêne sessil, le chêne pubescent, le hêtre sont dans ce cas.

Les feuilles deviennent brunâtres à l'automne et meurent sur l'arbre. La chute aura lieu plus tard, les pétioles ayant pourri, ou sous la pression des bourgeons axillaires qui donneront les nouvelles feuilles, ou sous l'action du vent... La chute est passive*.

Chez le hêtre, même les écailles des bourgeons restent en place parfois jusqu'à trois ans sur l'arbre.

Les écailles des bourgeons sont aussi marcescents, ce qui corrobore l'idée que les écailles des bourgeons sont des feuilles modifiées.

Hêtre en automne - *Fagus sylvatica*
Les feuilles sont mortes, pourtant l'arbre est en très bonne santé
Collection de l'auteur

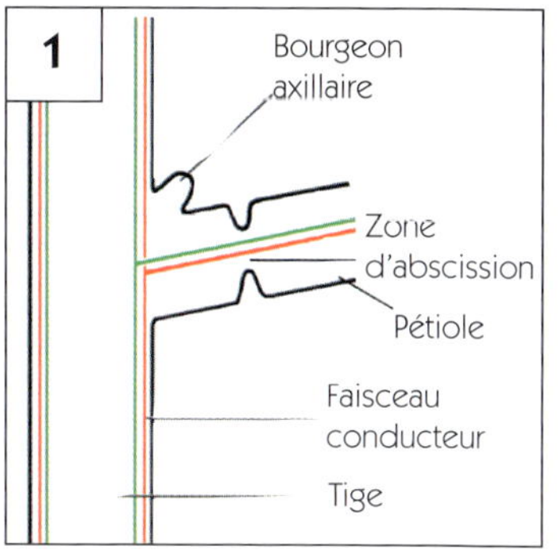

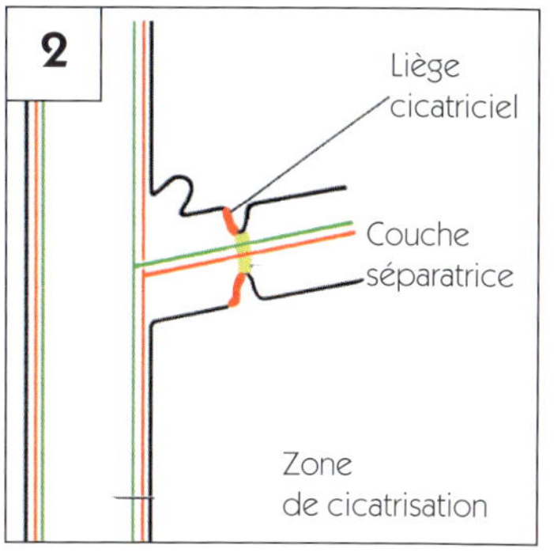

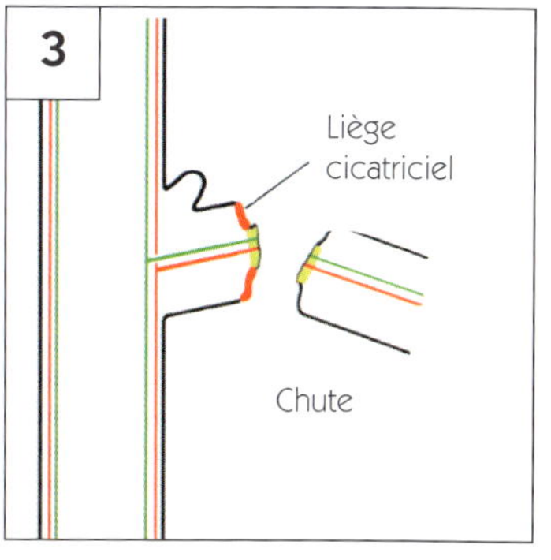

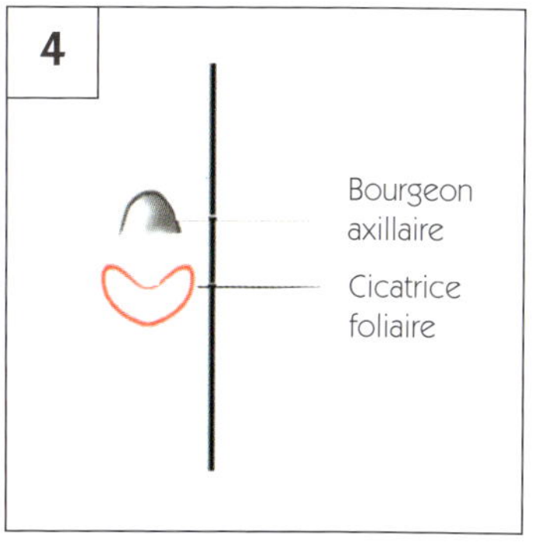

Quels sont les facteurs qui peuvent retarder ou avancer la chute des feuilles ?

• Les facteurs externes : la baisse de la température et la diminution de la longueur de jour (photopériode) provoquent une baisse du métabolisme de la plante.

• Les cycles internes : les hormones végétales entrent en jeu.

Si on pulvérise de l'auxine* sur le feuillage, cela retarde la formation des zones d'abscission et empêche la formation des excroissances qui obstruent les vaisseaux du xylème. Interprétation : modification de l'équilibre éthylène* – auxine*. Ainsi, deux bonsaï de même espèce côte à côte ne perdent pas forcément simultanément leurs feuilles.

Remarques :

• L'élimination des feuilles permet d'éliminer des toxines et de mieux résister aux agressions. Les conifères, qui gardent les aiguilles trois ans en moyenne, sont plus sensibles aux pluies acides que les feuillus. Les pluies acides dissolvent la cuticule des feuilles.

• Lorsque la feuille tombe, ses tissus sont encore vivants (sauf pour les arbres marcescents*).

123. Pourquoi les feuilles changent-elles de couleur avant de tomber ?

Les variations de couleur des feuillages font de l'automne une des plus belles saisons pour qui aime les arbres. Les contrastes et les harmonies entre les couleurs changeantes des différentes essences enchantent le regard. Sur un même arbre, les dégradés peuvent s'étendre du vert au rouge vif en passant par des intermédiaires de jaune-vert et orange des plus spectaculaires. Les contrastes avec les mousses d'un vert vif, la terre et les parties mates du tronc et des branches sont parfois saisissants…

La couleur de la feuille, reflet d'un équilibre

Ces changements de couleur correspondent à une modification du métabolisme de l'arbre tout entier, des cellules qui composent les feuilles en particulier. La feuille est le reflet de l'état physiologique du bonsaï.

Les feuilles sont délestées des substances les plus intéressantes pour le bonsaï

Lorsque l'automne approche et que la température baisse, on peut noter quelques changements dans la pigmentation des feuilles de certains arbres et arbustes à feuillage décidu ainsi que chez certains arbres à feuillage persistant. Il y a une migration de substances de la feuille vers la tige et vers les lieux de réserve. Ces substances proviennent de la dégradation des cellules. Ce sont principalement des acides aminés* résultant de la destruction des protéines, de l'auxine, des sels minéraux comme le potassium, et bien sûr des sucres.

Hêtre
Fagus sylvatica
Parure du hêtre au début de la saison d'automne. La disposition atypique de cet arbre dans son pot suggère la berge d'une rivière. La couleur du feuillage est remarquable - *Collection José Manuel Otzarreta*

1

2

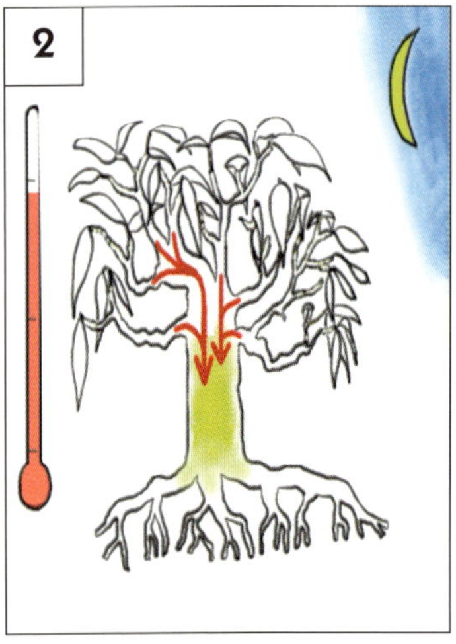

3

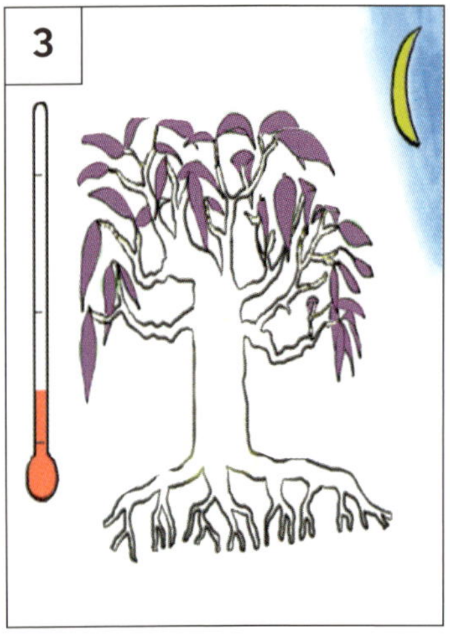

Le stock de chlorophylles diminue faute d'une luminosité suffisante

Le changement de couleur est surtout dû à la disparition de la chlorophylle et à la formation de pigments dans les vacuoles*. Les chlorophylles sont les pigments responsables de la couleur verte des arbres. Elles permettent la photosynthèse durant la bonne saison au cours de laquelle elles sont produites en quantité suffisante pour bien colorer les feuilles. Ces chlorophylles sont localisées dans les chloroplastes qui sont de petits organites situés dans les cellules des tissus assimilateurs* (voir question 3). Ces pigments sont très instables, ils se cassent régulièrement en molécules incolores, si bien que la plante, pour maintenir le stock, doit continuellement les renouveler. Ce renouvellement ne pose pas de problème lorsque la lumière et la température sont propices à la photosynthèse, la plante reste verte. Lorsque l'exposition est incorrecte, que le bonsaï manque de lumière, il s'étiole (voir question suivante). On peut constater, dans ces conditions, qu'effectivement, les feuilles manquent de chlorophylle.

La production de chlorophylles s'amenuise au fur et à mesure que le froid augmente. Il arrive un moment où cette production est insuffisante, les chlorophylles sont détruites plus vite qu'elles ne sont synthétisées. La feuille est de moins en moins verte. Elle deviendrait sans doute brunâtre si les chlorophylles étaient les seuls pigments présents.

La présence de pigments cachés se révèle

Il y a d'autres pigments qui étaient jusqu'alors masqués par les chlorophylles. Ces pigments sont des caroténoïdes (le jus des carottes en contient de grandes quantités : ce sont des pigments rouges) et des xanthophylles (ce sont des pigments jaunes). Ce sont ces pigments qui colorent les feuilles d'automne du jaune au rouge en passant par l'orange. On peut citer, à titre d'exemple, les feuilles des ginkgos, des ormes des régions tempérées, des saules et des grenadiers.

Les feuilles stockent momentanément les sucres sous forme de pigments

Normalement, le bonsaï produit des sucres par la photosynthèse, le jour (schéma 1). Ces sucres stagnent en grande partie au niveau des feuilles. En effet, les flux de sève élaborée sont relativement lents. Leur stockage au niveau des parties ligneuses du bonsaï se fait lentement, si bien que ces produits de la photosynthèse s'accumulent dans les feuilles.

Durant la nuit, il stocke ces sucres dans les branches, tronc et racines et évacue aussi les déchets (shéma 2).

En automne, ce système n'est plus valable : lors des journées ensoleillées, la photosynthèse est tout à fait satisfaisante, or, les nuits sont fraîches, la sève circule très mal : impossible d'évacuer les sucres et les déchets produits durant la journée ! A 9°, les transports sont ralentis, à 7°, ils sont stoppés. Les cellules des feuilles ne pourraient pas survivre longtemps en accumulant tous ces produits. C'est en convertissant les sucres en pigments flavinoïdes que la cellule les rend inertes (schéma 3).

Ces pigments donnent des couleurs spectaculaires : rouges et violets. Les espèces qui synthétisent ces pigments en automne sont les liquidambars, certains érables (notamment les cultivars japonais à feuilles rouges), certains chênes. Les tanins, une catégorie de pigments, sont présents dans les feuilles jaunes. Ils donnent des couleurs qui vont du brun au jaune.

Associés aux flavones et aux anthocyanes, ils produisent des couleurs d'un violet sombre. Dans certains cas, seuls les tanins subsistent ; tous les autres pigments étant décomposés, les feuilles sont alors brun foncé : on pourrait croire que les feuilles sont mortes et donc que l'arbre est marcescent. Pourtant les feuilles sont bien vivantes !

Pourquoi les persistants gardent-ils alors des feuilles vertes ?

Ces espèces (les pins) sont adaptées aux basses températures : les pigments continuent à être fabriqués jusqu'à des températures beaucoup plus basses. Cela dit, leur couleur change un peu lors des températures hivernales.

Chez certaines espèces d'arbres, il existe un processus un peu différent : l'abaissement de la température induit la production de pigments flavinoïdes (flavones et anthocyanes).

124. Comment favoriser la pigmentation automnale des feuilles ?

Lorsque les feuilles de l'arbre sont bien matures (il n'y a plus de jeunes feuilles), une semaine de nuits fraîches alternées avec des journées ensoleillées et assez chaudes et sèches suffisent pour que les feuilles stockent des pigments.

Certains conifères comme *Cryptomeria japonica, Chamaecyparis* peuvent prendre des couleurs automnales en subissant des nuits fraîches et des journées ensoleillées durant les mois d'automne et d'hiver.

Mais tous les arbres à feuilles caduques n'ont pas des couleurs automnales intéressantes.

Les pièges à éviter

Il faut absolument éviter la pluie et un arrosage trop abondant, sinon les sucres ne sont plus piégés dans les feuilles, ils sont emportés par la sève jusqu'au lieu de stockage que sont les parties ligneuses du bonsaï. Les feuilles étant plus ou moins dégorgées, elles sont par conséquent moins colorées.

Pour avoir de belles couleurs automnales, les feuilles doivent être en parfait état, donc, faites très attention aux brûlures en fin de saison. Si l'arbre a eu un été bien arrosé et bien ensoleillé, il est prédisposé. L'arbre doit, autant que possible, avoir des feuilles saines exemptes de mildiou ou d'une autre maladie qui tache le feuillage.

L'effeuillage permet d'obtenir une belle coloration automnale

Si le feuillage est abîmé, il est possible de procéder à un effeuillage à la mi-été (mais jamais après, voir question 119).

La deuxième génération de feuilles donne des couleurs plus marquées pour les raisons suivantes : les tissus des jeunes feuilles ont une intense respiration, les synthèses de protéine sont élevées, elles sont riches en hormones de croissance et en chlorophylle. Les transports de sève élaborée sont plus faibles que pour une feuille mature, la jeune feuille demandant plus qu'elle ne fournit. Lorsque la feuille atteint sa maturité, la photosynthèse est à son maximum car elle a atteint sa surface maximale et ses cellules sont en parfait état.

C'est en pleine maturité que la cellule contient le plus de pigments, chlorophylles mais aussi caroténoïdes et anthocyanes qui donneront de belles couleurs automnales orange et jaune.

Le bon rendement de la photosynthèse ajouté au faible transport des sucres par le phloème hors de la feuille favorise la production d'anthocyanes. De plus, les jeunes cellules conservent les couleurs automnales plus longtemps : en effet, les vieilles feuilles ont tendance à dégénérer et donc à tomber de façon précoce (une zone d'abscission se forme, car la feuille ne fabrique plus assez de protéines, de plus, elle est trop pauvre en hormones de croissance).

Une bonne exposition en fin de saison accentue les contrastes

Le bonsaï doit être exposé au mieux en automne (le plus ensoleillé possible) et un équilibre subtil entre l'arrosage minimum et l'ensoleillement est nécessaire. L'arrosage aura lieu le matin et non le soir, éviter les vaporisations, surtout le soir (elles favorisent l'apparition des maladies cryptogamiques et le transport de sucres par la sève).

L'incidence des engrais sur la pigmentation

Les anthocyanes semblent être synthétisées en plus grande quantité lorsque l'apport en nitrate et en phosphore est faible. Un apport en nitrate est de toute façon déconseillé en fin d'été car il favorise la croissance qui, faute de lumière et de température suffisantes, ne peut plus avoir lieu.

Le bonsaï se débarrasse de déchets en les stockant dans les feuilles qu'il va perdre

La variation de pigmentation automnale correspond aussi à l'accumulation de déchets dont l'arbre va pouvoir se débarrasser, tel que le calcaire. Cette possibilité rend les arbres à feuillage décidu plus résistants à la pollution.

La culture en bonsaï favoriserait la coloration automnale

Il semble que les bonsaï aient des couleurs automnales plus denses que les arbres de pleine terre. Cela serait dû au fait que le faible développement des racines des bonsaï ralentit le transport des sucres des racines vers le reste de la plante.

De même, les vieux sujets ont de plus belles couleurs de feuillage en automne, car leur métabolisme est plus lent que celui des jeunes sujets. Il est vrai que les jeunes sujets intègrent plus vite les sucres, car ils en ont un plus grand besoin. Les sucres restent donc moins longtemps dans les feuilles.

125. Quelles sont les limites à observer en matière d'éclairement ? De l'étiolement à la brûlure

Les bonsaï ont besoin de plus ou moins de lumière et ceci dépend uniquement de l'espèce. Deux *Ficus benjamina*, l'un cultivé en bonsaï, l'autre haut de ses 30 mètres, ont les mêmes exigences en ce qui concerne la qualité de la lumière.

Il est question ici d'activité photosynthétique et non de croissance : l'activité photosynthétique est un processus qui n'entraîne pas forcément une croissance, car l'arbre doit s'entretenir d'abord (voir question 28).

Pour favoriser l'exposition aux rayons lumineux, l'arbre peut orienter ses feuilles, disposer ses chloroplastes (voir question 3) et sa croissance. Les organes aériens sont importants et sont riches en tissus assimilateurs*. Les eucalyptus, aussi appelés "arbres sans ombre", diminuent leur surface d'exposition quand le soleil tape trop fort en orientant leurs feuilles parallèlement aux rayons lumineux.

Il y a deux types de plantes : **les plantes d'ombre**, dont l'activité photosynthétique maximum est atteinte sans soleil direct, et **les plantes de soleil**, dont l'activité photosynthétique se fait au soleil. Les bonsaï sont très généralement des plantes de soleil (ce qui est logique car l'arbre dans la nature, de par sa taille, est exposé directement au soleil).

La limite inférieure

Chaque espèce peut se contenter d'un minimum d'éclairement : au-dessus de ce seuil critique, la photosynthèse est plus faible, donc la croissance n'est que ralentie. Au-dessous de ce seuil, la plante est obligée de puiser dans ses réserves pour s'entretenir (voir question 28) : c'est ce qui se produit pour les arbres à feuilles caduques en hiver, mais aussi pour les bonsaï d'intérieur sous-exposés.

La température et la lumière sont deux facteurs étroitement liés : les arbres à feuillage caduc sont adaptés au manque de lumière et à la baisse de la température, ce qui n'est pas le cas des tropicaux et des subtropicaux qui gardent leurs feuilles. De plus, ces derniers doivent être maintenus à une température supérieure à 16 °C pour les plus fragiles, même en hiver. L'hiver, lorsque la température baisse, ces arbres ralentissent ou arrêtent leur croissance, ils attendent en utilisant les réserves et la faible photosynthèse pour s'entretenir. Si la photosynthèse est trop faible, l'arbre s'épuise lentement mais sûrement. Le manque de lumière entraîne alors l'apparition de l'étiolement. C'est souvent le cas pour les bonsaï vendus en grandes surfaces, éclairés au néon* et soumis à des températures importantes ; cela arrive parfois pour les bonsaï d'intérieur sous-exposés.

Quels sont les symptômes de l'étiolement ?

Chez les feuillus :

- **les entre-nœuds s'allongent** démesurément (ce qui se repère vite chez un bonsaï) ;
- **les nouvelles feuilles sont plus petites** (là, c'est moins évident. Les feuilles ont l'air chétives) ;

**Les ampoules électriques et les néons classiques émettent une lumière totalement inadaptée aux plantes en général. On trouve en revanche dans le commerce des ampoules adaptées qui émettent des rayons lumineux presque identiques à la lumière naturelle.*

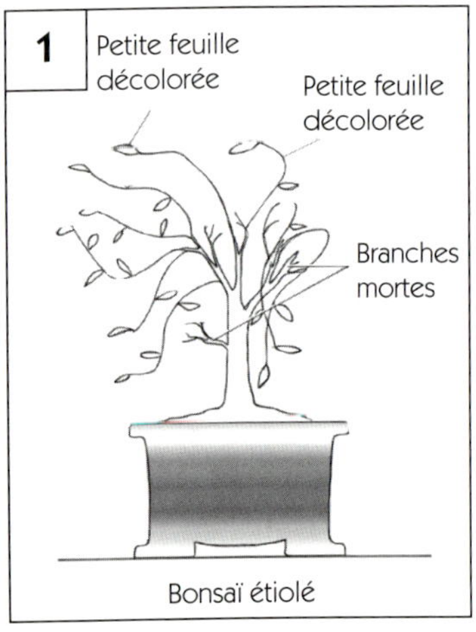

• **les feuilles changent de couleur** : elles manquent de chlorophylle (ce qui se traduit par une chlorose) et deviennent blanchâtres. En effet, la synthèse de la chlorophylle est déclenchée par la lumière ;

• **de nombreuses feuilles tombent** : des zones d'abscission* se forment.

Chez les conifères, l'étiolement se manifeste par :

• **une perte de vivacité ;**

• **les parties vertes se ternissent et jaunissent** par endroit. Ensuite, certaines branches se dessèchent.

Le remède contre l'étiolement

Il consiste tout simplement à en supprimer les causes.

Pour les tropicaux, il faut donner le maximum de lumière (mais pas de soleil direct!).

Il est utile de savoir que la lumière baisse très vite derrière une vitre : si vous doublez la distance du bonsaï à la fenêtre, le bonsaï recevra non pas la moitié de la quantité de lumière qu'il recevait avant, mais le quart! Donc, soyez prudent, n'éloignez pas trop les tropicaux des sources lumineuses.

Pour les arbres de climat tempéré (conifères et feuillus) et de serre froide, il faut rabaisser la température. Pour les arbres à feuillage persistant (conifères, entre autres), un peu de "soleil d'hiver" est bénéfique (c'est-à-dire du soleil quand celui-ci est très bas : les rayons ne sont alors pas agressifs). Il faut avant tout éviter de les brutaliser.

La limite supérieure : la brûlure ou le flétrissement

La plupart des bonsaï aiment le soleil, mais point trop n'en faut...

Une cause importante de mortalité chez les bonsaï est l'exposition de l'arbre en plein soleil sans transition. Toutes les plantes peuvent être brûlées par le soleil ; même les cactus, pourtant réputés pour leur résistance aux fortes chaleurs, peuvent subir les mêmes affres. En effet, les plantes ont toutes un point commun, il leur faut au moins plusieurs jours pour s'adapter à de nouvelles conditions, or, le feuillage peut être brûlé en moins d'une minute. C'est pourquoi, au risque de répéter, **ne brusquez jamais votre bonsaï : tout changement de condition de température et d'éclairement (surtout par insolation) doit être progressif!**

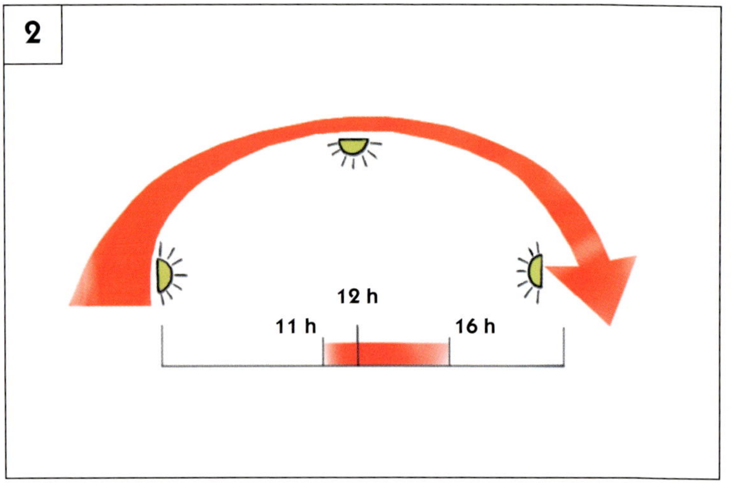

Le soleil monte vite à son zénith, les brûlures, aux heures les plus chaudes (schéma 2) sont fréquentes : le bonsaï ayant besoin de plusieurs jours pour s'adapter au soleil, l'exposition au soleil du matin ne suffit pas. Le réflexe qui consiste à couvrir un bonsaï situé en plein soleil lors des heures les plus chaudes est aussi à bannir, car l'échauffement s'accroît du fait de la mauvaise circulation de l'air (schéma 3).

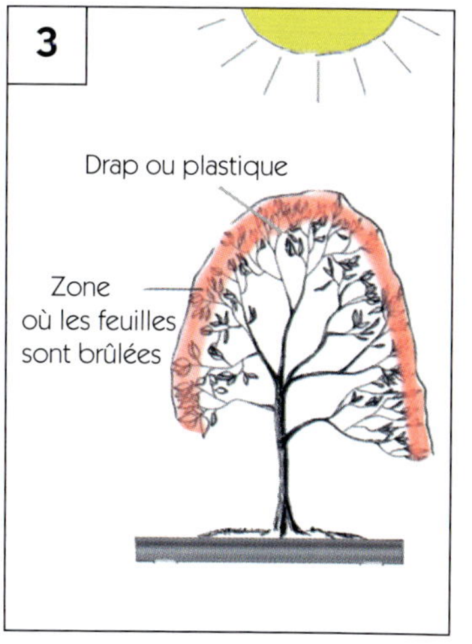

Quels sont les effets des fortes insolations ?

• Le flétrissement : la majeure partie de l'énergie apportée par les rayons lumineux est dissipée par l'évaporation (voir question 2).

Quand la plante manque d'eau, elle ferme ses stomates pour réduire l'évaporation qui refroidissait jusqu'alors la feuille (voir question 116).

Ceci induit l'arrêt de la photosynthèse et donc de la croissance ; toute l'énergie solaire se transforme alors en chaleur, ce qui risque de brûler la feuille. Le flétrissement est réversible, il suffit de mettre rapidement le bonsaï à l'ombre et de l'arroser abondamment.

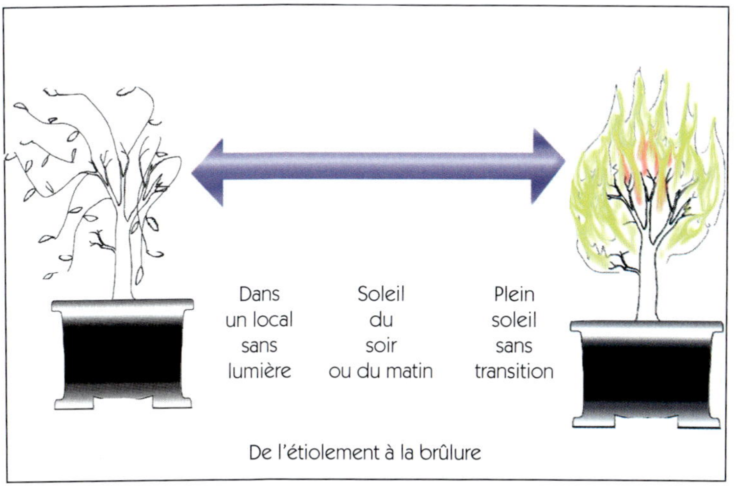

De l'étiolement à la brûlure

• La brûlure : la feuille n'a pas eu le temps de réagir en se flétrissant.

Lorsque les feuilles sont brûlées, elles restent vertes mais sont généralement plus ternes.

Elles se déforment et se recroquevillent sur l'arbre. La brûlure est irréversible. Il ne reste qu'à couper les feuilles mortes, ainsi que les rameaux secs. Le bonsaï doit être immédiatement déplacé vers un endroit ombragé et il doit être arrosé et brumisé.

126. Pourquoi les premières feuilles sont-elles parfois difformes et les feuilles composées incomplètes ?

On peut s'attendre, lors de l'apparition de nouvelles feuilles, notamment au printemps, à des feuilles neuves et parfaites. Cela n'est pas toujours le cas, les feuilles étant particulièrement fragiles lors de leur formation ; plusieurs accidents peuvent perturber leur déploiement.

On peut distinguer plusieurs cas.

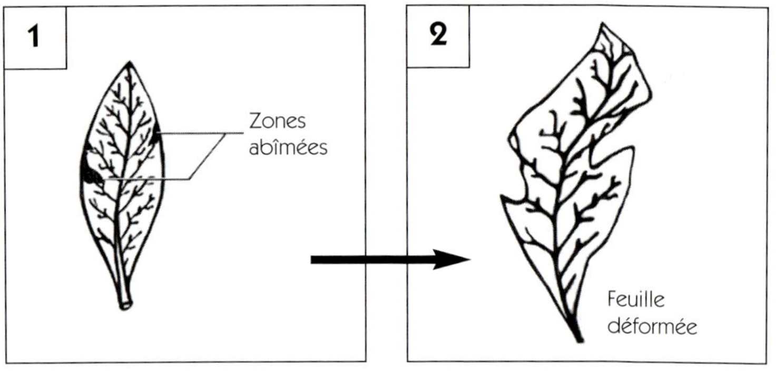

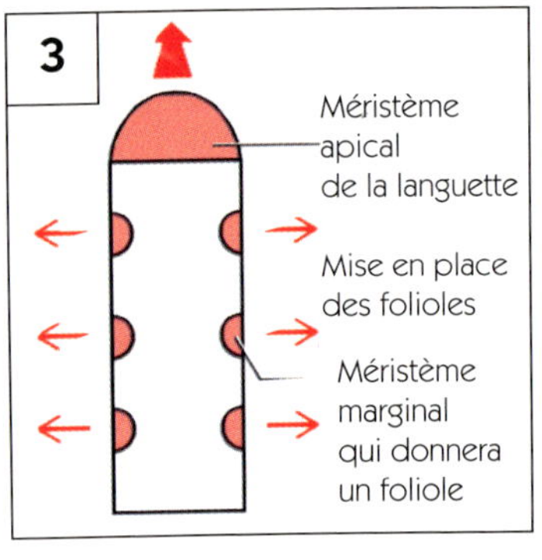

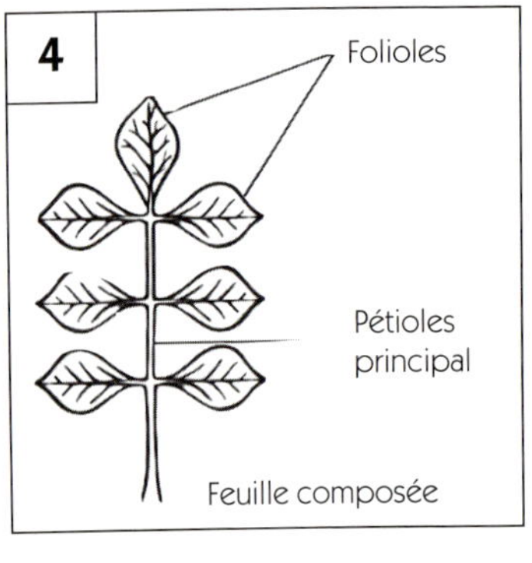

• Les feuilles, qu'elles soient simples ou composées, se coincent parfois et se déchirent lorsqu'elles prennent leur taille maximale. Il s'agit d'un "accident de débourrement". Elles sont déjà formées dans le bourgeon (voir question 100) et ne font que terminer leur croissance lors du débourrement. Mais elles sont si délicatement pliées et tellement serrées les unes contre les autres que, dans certains cas, certaines parties sont arrachées ou abîmées. En effet, les feuilles sont très tendres lorsqu'elles sont jeunes, la lignification des nervures n'est pas encore réalisée tant que les jeunes cellules qui la composent n'ont pas achevé leurs divisions et atteint leur taille définitive. La moindre détérioration est amplifiée par la croissance différentielle, ce qui conduit souvent à des déformations importantes (schémas 1 et 2).

• Les attaques de pucerons, d'"araignées rouges", entre autres, ainsi que les brûlures causent de gros dégâts chez les jeunes feuilles. Ces dégâts sont définitifs et amplifiés au fur et à mesure que la feuille se développe. La feuille se déforme car des tensions naissent à partir des zones détruites (schéma 2).

Pour chaque ébauche de foliole, l'axe du foliole se développe d'abord, et ensuite les méristèmes marginaux élargissent le foliole jusqu'à sa taille définitive (schémas 3 et 4).

• Le polymorphisme foliaire : une même plante peut posséder des feuilles de différentes formes suivant la maturité des branches qui les portent ou la chronologie des débourrements : lorsque les feuilles sont composées, les premières feuilles sont incomplètes. On peut constater l'absence de quelques folioles. Les folioles présents ne sont pas déformés. A l'aisselle des folioles* de la feuille composée, il n'y a jamais de bourgeons. Cela

Feuilles composées de frêne, miniaturisées mais difformes.

prouve qu'il s'agit bien d'une feuille composée et non d'un rameau avec de petites feuilles. Pourtant, des zones d'abscission* peuvent se former à la base de chaque foliole, ce qui prête à confusion.

Remarque : feuillage juvénile et feuillage adulte, on rencontre aussi un polymorphisme foliaire chez certaines espèces de conifère comme les séquoias ou les genévriers (*Juniperus communis* et *oxycedrus*) (schéma 5).

Chez le séquoia géant (*Sequoiadendron giganteum)*, les jeunes rameaux portent des petites feuilles en écaille alors que sur un arbre d'un certain âge, on trouve des feuilles relativement larges (ce ne sont pas des aiguilles). Dans le cas de cette espèce, les feuilles en écaille sont dites feuilles "juvéniles", alors que les feuilles non réduites sont dites "adultes". Chez un sujet âgé, les feuilles juvéniles ne se trouvent que sur les rameaux en cours de formation. Cependant, un apport d'engrais mal dosé, trop fort en azote (N), un arrosage excessif peuvent provoquer l'apparition de nombreux jeunes rameaux et donc de feuillage juvénile chez des sujets âgés. Ces pousses vigoureuses déparent fortement le reste du feuillage. Chez le genévrier de Chine (*Juniperus chinensis*), les feuilles ont une forme en écaille, une fois adultes.

5 Les deux types de feuilles du séquoia géant

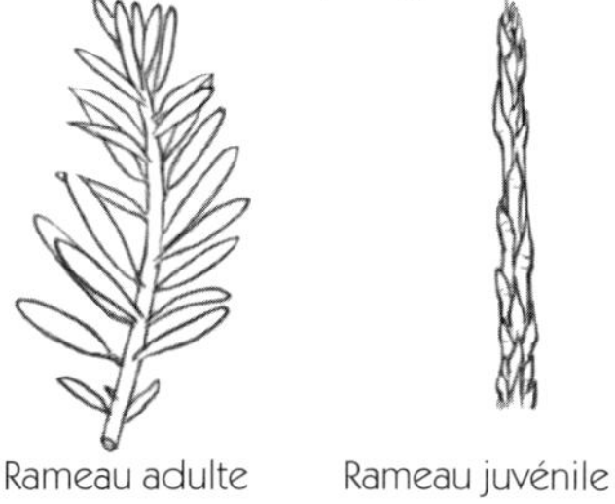

Rendez-vous pratique autour des fleurs et des fruits

Le saviez-vous ? Les bonsaï fleurissent et produisent des fruits comme n'importe quels arbres de plein pied.

L'apparition des fleurs est un signe de la bonne santé de l'arbre. Celui-ci s'épanouit pleinement grâce à vos soins, il dispose de suffisamment d'énergie, d'engrais et de lumière pour fleurir. Ainsi la floraison symbolise la gratitude du bonsaï et votre réussite.

Contrairement aux feuilles, les fleurs ne rapetissent pas et les fruits ne sont que légèrement réduits. Il ne faut pas oublier que la raison d'être des fruits est de donner des graines viables qui permettront à l'arbre de se reproduire. Les arbres à petits fruits ont un avantage indiscutable pour qui espère goûter sa propre production !

Les bonsaï dont les fruits sont comestibles et les bonsaï à floraisons fastueuses font partie d'une catégorie à part, ils méritent des attentions particulières : une taille inappropriée et c'est toute la récolte de l'année qui est perdue !

127. Comment favoriser la mise à fleur?

Les bonsaï en fleur sont souvent magnifiques. Les pruniers, tel *Prunus mume,* font de superbes fleurs roses avant même l'apparition des premières feuilles au printemps. Les azalées ont des floraisons tellement intenses que les feuilles disparaissent totalement sous les pétales colorés. La mise à fleur est un moment magique, car elle ne dure parfois que quelques jours dans l'année. C'est comme un cadeau que vous fait ce bonsaï en bonne santé.

Une bonne fertilisation est la première clé d'une floraison maximale

La floraison, un effort important

La mise à fleur demande beaucoup au bonsaï, c'est une production importante, rapide et... en pure perte pour l'arbre. En effet, les pétales sont condamnés à court terme, et si les fleurs sont pollinisées, le bonsaï devra donner encore plus d'énergie pour former des fruits qui eux-mêmes seront perdus pour l'arbre. C'est pourquoi la moindre perturbation physiologique peut amoindrir l'intensité de la floraison et l'échelonner dans le temps, voire, dans le pire des cas, entraîner l'abandon et la chute des boutons floraux. Il est donc important, durant la période précédant la mise à fleur, de ne pas négliger les apports en engrais. En effet, les fleurs se préparent dans les bourgeons floraux longtemps avant la mise à fleur, de la même façon que les feuilles sont déjà prêtes lors du débourrement* (voir question 99).

L'azote, l'ennemi des fleurs

Il faut faire attention à la qualité de l'engrais que l'on va donner à la plante, car il y a une concurrence entre la mise à fleur et la croissance végétative. La croissance végétative (celle des tiges et des racines) est activée par les apports en azote N, alors que les apports en carbone favorisent la mise à fleur (il provient du dioxyde de carbone de l'air [CO_2]). Un excès d'azote lors de la formation des fleurs ou au cours de la floraison peut faire tomber toutes les fleurs en l'espace d'une journée !

Puisque seuls les apports en azote sont facilement modifiables, il faut les diminuer durant la préfloraison jusqu'à la maturité des fruits (voir question 72).

La taille est la deuxième clé d'une bonne mise à fleur

Une taille sévère au printemps et... adieu les fleurs ! Ce scénario est classique chez les bonsaï de la famille des *Rosaceae.*

Ces arbres sont

- à noyau : les pruniers (*Prunus*), les cerisiers ;
- à pépins : les pommiers (*Malus*), les poiriers (*Pyrus*).

Remarque importante : les espèces appartenant à ces deux groupes et formées en bonsaï sont désignées dans cet ouvrage sous l'appellation "bonsaï fruitiers".

128. Comment appliquer la taille des arbres fruitiers aux bonsaï?

Les bonsaï fruitiers ont besoin d'une taille particulière, celle-là même qui est pratiquée dans les vergers.

Donner toutes les informations nécessaires pour tailler correctement les arbres fruitiers n'est pas simple. En effet, la taille d'un pommier n'est pas la même que celle d'un poirier ou d'un abricotier... Pour simplifier, on séparera ici les bonsaï fruitiers à noyau et les fruitiers à pépins en ajoutant certaines spécificités relatives à telle ou telle espèce.

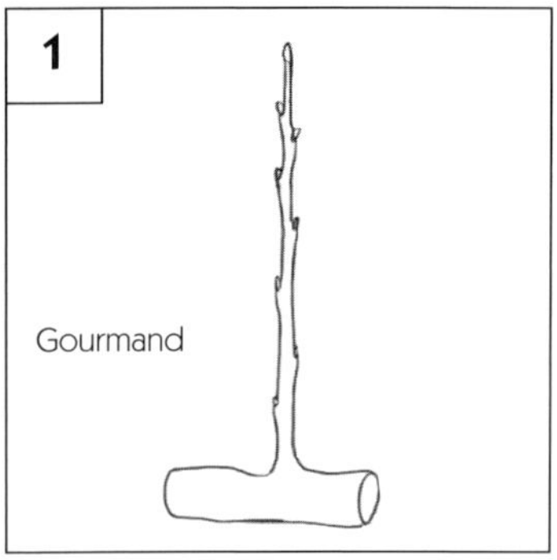

Première étape : reconnaître les différents bourgeons et les productions des bonsaï fruitiers

Les bonsaï fruitiers ont des bourgeons particuliers que l'on peut distinguer en fonction de leur aspect et de leur disposition sur l'arbre. Il est impératif de bien savoir reconnaître les différents bourgeons, cela permet ensuite d'orienter la taille, de choisir certains d'entre eux en fonction de l'orientation que l'on veut donner à la production de l'année suivante (mise à fleur maximale ou au contraire croissance végétative).

Les productions des bonsaï fruitiers à noyau

Les cerisiers, les pêchers, les abricotiers font partie des "arbres à noyau".

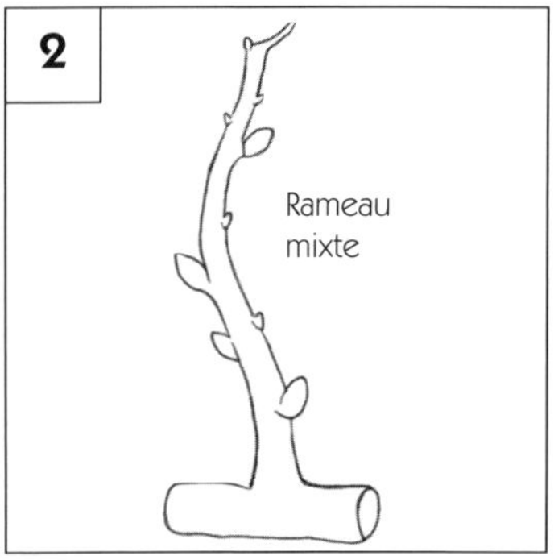

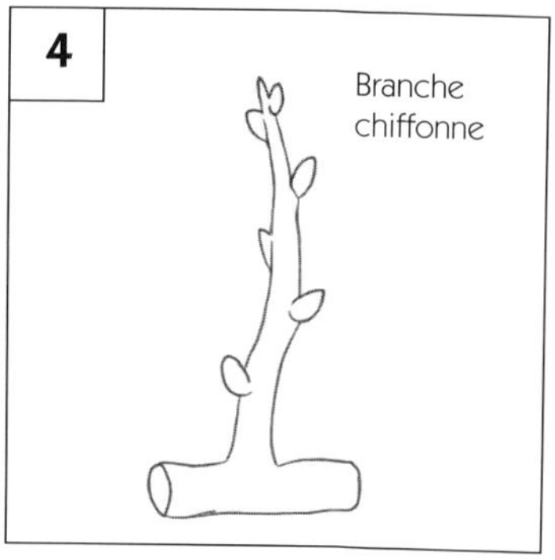

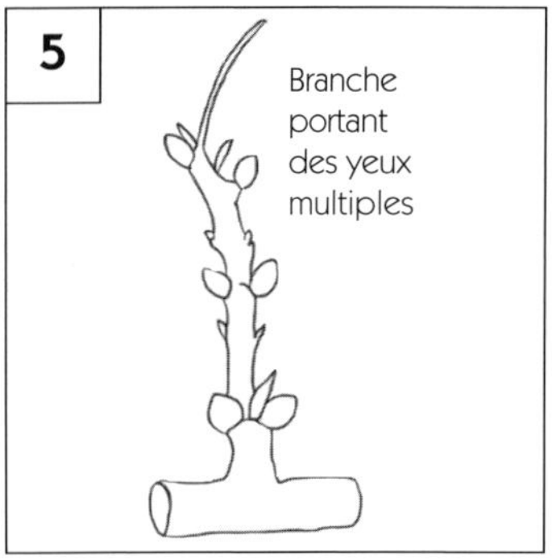

• Le gourmand : rameau très puissant sans fructification (schéma 1). Il risque de déséquilibrer rapidement le bonsaï.

• Le bouton : petit et arrondi, il se rencontre sur les rameaux d'un an. Il accompagne parfois un bourgeon à bois ou l'encadre avec un autre bourgeon (schéma 5).

• Le rameau mixte : rameau portant des yeux à bois et des boutons.

• Le rameau chiffon ou branche chiffonne ne porte que des boutons avec un bourgeon à bois à son extrémité et souvent un autre à sa base.

• Le bouquet de mai : rameau très court portant six à dix boutons et un ou deux bourgeons à bois.

Grenadier
Punica granatum
Grenadier avec fruits mûrs et en cours de formation - *Collection José Manuel Otzarreta*

6

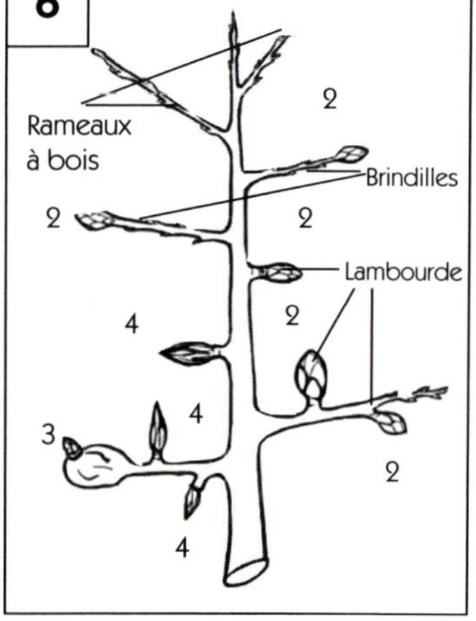

7

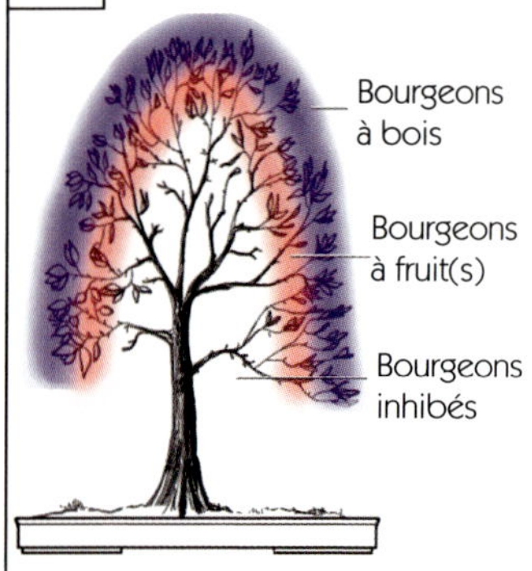

Les productions des bonsaï fruitiers à pépins (schéma 6)

Les pommiers, les poiriers sont des "arbres à pépins".

• Les bourgeons à bois : ils sont aplatis et donnent naissance à toutes les autres productions (1).

• Les brindilles : ce sont des rameaux plus ou moins grêles qui évoluent facilement à fruit.

• Les gourmands : rameaux vigoureux "stériles".

• Les dards : ce sont des bourgeons en forme de pointe portés souvent par un rameau ridé très court (4).

• Les lambourdes : ce sont des rameaux très courts et trapus nés d'un dard et terminés par un bouton.

• Les boutons : gros bourgeons arrondis qui donnent plusieurs fleurs en bouquet (2). L'année de leur formation, ils sont entourés d'une rosette de six à douze feuilles.

• Les bourses : renflements charnus qui se rencontrent aux endroits ou était attaché un fruit (3). Ce sont des productions fertiles donnant toujours naissance à des dards et à des boutons qui peuvent de nouveau se transformer en bourses (bourses en chapelet).

Deuxième étape : comprendre le "comportement" des arbres fruitiers formés en bonsaï

On ne peut pas tailler et former un bonsaï fruitier comme un bonsaï classique. On se heurte rapidement au "fonctionnement" spécifique de l'arbre. Comme nous venons de le voir, tous les bourgeons ne "vont" pas à bois. Les nouveaux rameaux naissent en bout de branche, ce qui va à l'encontre d'une ramification homogène. Les bourgeons à fleur et à bois ne sont pas localisés dans les mêmes régions de l'arbre. On peut définir très globalement trois régions (schéma 7). Dans la zone périphérique représentée en bleu se trouvent les bourgeons à bois. Dans la région intermédiaire représentée en rouge se trouvent les bourgeons à fleur. Dans la région centrale, les bourgeons restent inactifs. Il apparaît donc que sans taille, vu la disposition des bourgeons à bois, l'arbre va peu se densifier, il va au contraire se développer en bout de branche. Mais une taille simple risque d'éliminer les bourgeons à bois !

Doit-on favoriser la mise à fleur (bourgeons à fleur) ou la ramification du branchage (bourgeons à bois) ? L'arbre ne risque-t-il pas de se déséquilibrer progressivement à cause de la localisation périphérique des bourgeons à bois ?

Pourquoi ne peut-on pas donner à l'arbre l'allure typique de l'espèce ?

Troisième étape : adapter la taille des arbres fruitiers au bonsaï

Quelle est l'allure naturelle de l'arbre ?

Les arbres fruitiers non taillés présentent des branches arquées. Le poids des fruits provoque cette arcure progressive. Cette arcure naturelle influe positivement sur la mise à fleur. Mais l'arbre non taillé vieillit plus vite, de plus, l'esthétique d'un arbre fruitier "abandonné" est discutable et ne constitue donc pas un modèle intéressant pour la formation en bonsaï.

Ainsi, paradoxalement, on utilise pour former les bonsaï fruitiers des modèles artificiels : les arbres fruitiers de nos vergers. La finalité de la culture des bonsaï fruitiers est la même que celle de la culture en verger, récolte en moins mais beauté en plus. On va conduire l'arbre à produire un maximum de fruits de la façon la plus harmonieuse possible, sachant que ses capacités à mener la fructification à son terme sont limitées, surtout lorsqu'il s'agit de gros fruits.

Contrairement aux feuilles, les fleurs et les fruits ne se miniaturisent pas ou très peu (voir question 117), les fruits en surnombre les moins avancés dans leur développement seront progressivement abandonnés par l'arbre. Dans certains cas, il est préférable de devancer l'arbre en cueillant précocement les fruits en surnombre, car il n'est jamais bon qu'un bonsaï s'épuise. Comme pour l'effeuillage, on laissera les pédoncules sur l'arbre.

6 cas simples pour tailler votre bonsaï fruitier à pépins

Ces quelques cas sont les exemples les plus courants. Leur mise en œuvre permet de privilégier la floraison.

Cas numéro 1 : la taille de l'an passé a donné naissance à trois brindilles. Les ramener à trois nœuds permet d'obtenir un maximum de fleurs.

Cas numéro 2 : la taille précédente a donné trois rameaux. Ne conserver que l'inférieur à trois nœuds (trois bourgeons à bois suffisent).

Cas numéro 3 : un bourgeon et deux rameaux. Supprimer le supérieur et tailler l'inférieur à deux nœuds (on garde en tout trois nœuds).

Cas numéro 4 : une brindille inférieure et deux rameaux. Supprimer les deux rameaux et rabattre la brindille (coupes en rouge). Si, au contraire, la ramification est recherchée, rabattre les deux rameaux à trois nœuds ainsi que la brindille (coupes en bleu).

Cas numéro 5 : une branche simple. Taille au-dessus du bouton supérieur.

Cas numéro 6 : une ou deux bourses : rafraîchir l'endroit qui a porté un fruit l'année précédente. On essaye, dans chaque cas, de reconnaître et de conserver les productions fertiles (susceptibles de donner des fruits).

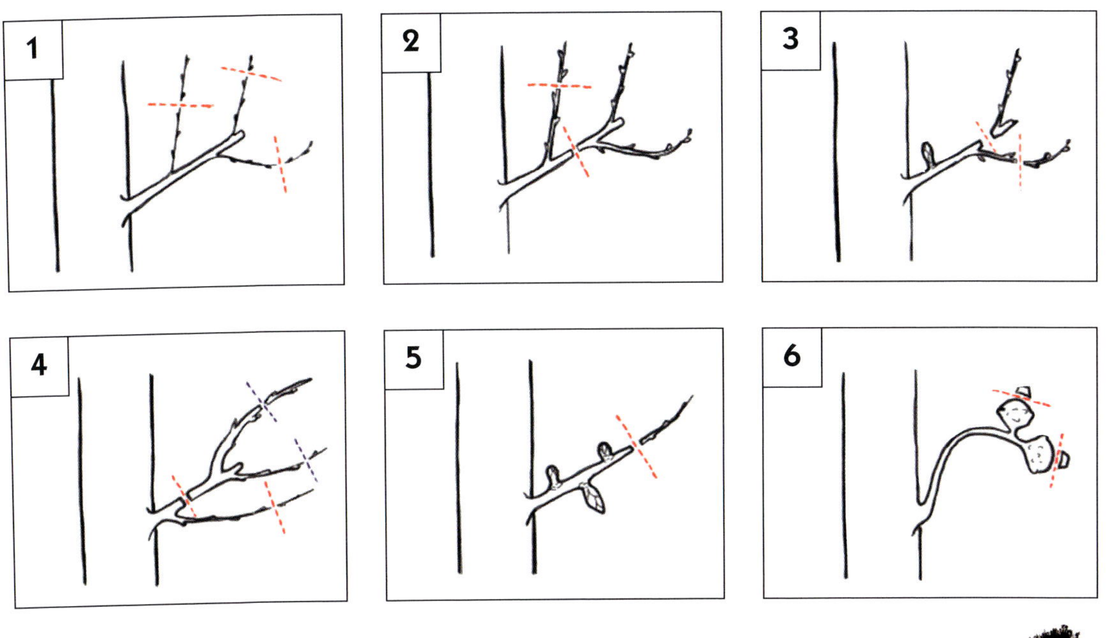

8 cas simples pour tailler votre bonsaï fruitier à noyau

Cas numéro 1 : un rameau gourmand. On peut essayer, s'il est bien placé, de le faire se ramifier en l'arquant par ligature. On peut aussi le tailler à deux yeux en espérant provoquer la ramification en rameaux fertiles.

Cas numéro 2 : le rameau mixte. Rabattre et couper juste au-dessus d'un bouton accompagné d'un bourgeon.

Cas numéro 3 : rameau chiffon. Le rabattre à 5 à 6 nœuds.

Cas numéro 4 : des boutons sur la base. Tailler au-dessus du premier bourgeon.

Cas numéro 5 : des boutons à l'extrémité. Tailler au-dessus des boutons s'ils sont rares ailleurs, sinon rabattre à deux ou trois yeux.

Cas numéro 6 : coursonne (rameau court) avec bouquet de mai. Rabattre au-dessus du bouquet. Si la coursonne porte plusieurs bouquets, n'en garder qu'un (la totalité peut être gardée pendant la floraison).

Cas numéro 7 : rameau chiffon ou mixte avec, sur sa partie inférieure, un rameau non fertile. C'est une coursonne issue de la taille à deux yeux : le rameau fertile est taillé du 2e au 6e bouton selon la fertilité de l'ensemble, et le rameau non fertile à deux yeux pour servir de remplacement l'année suivante. Si l'ordre de placement est inverse sur la coursonne, on conserve la même taille lorsque le bonsaï ne porte que peu de boutons. S'il en porte, supprimer le rameau non fertile et tailler les autres à deux yeux.

Cas numéro 8 : coursonne ayant fructifié avec rameau mixte de remplacement. Cette formation est issue des tailles précédentes. Le rameau producteur a développé plusieurs rameaux fertiles : il est supprimé au bénéfice d'un rameau mixte de remplacement dont on rafraîchit l'extrémité. Si c'est un rameau non fertile, on le taille à deux yeux et on conserve sur le rameau multiple le plus proche de la branche porteuse. C'est la taille en crochet.

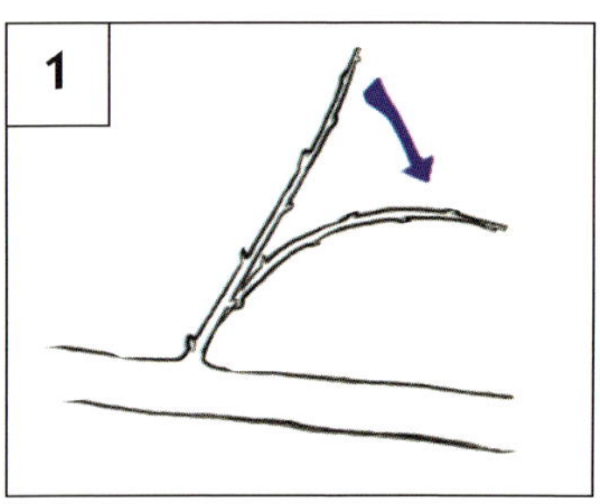

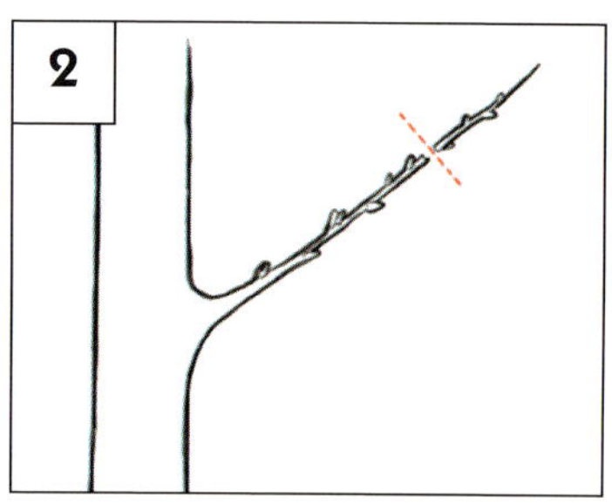

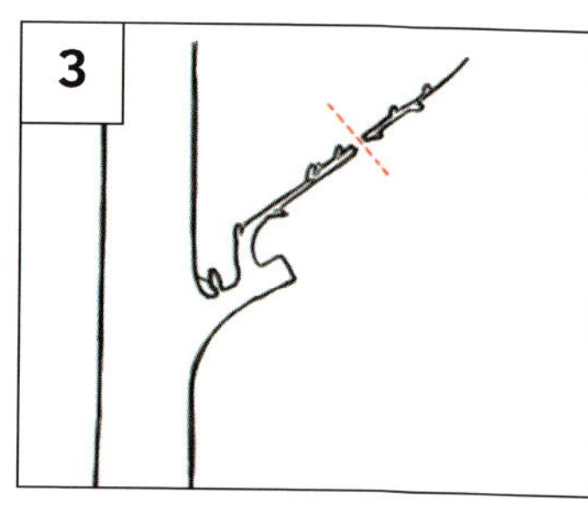

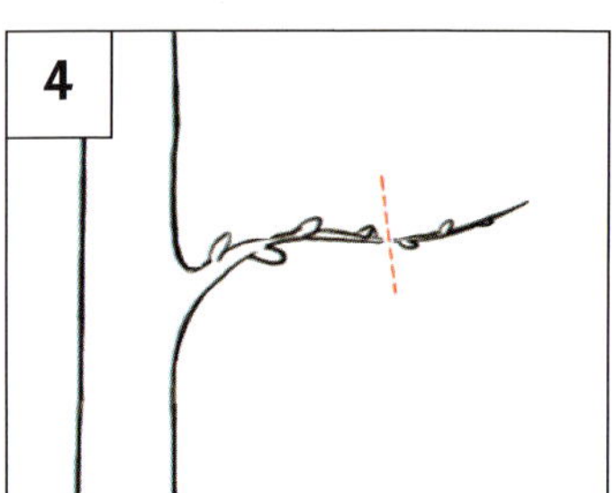

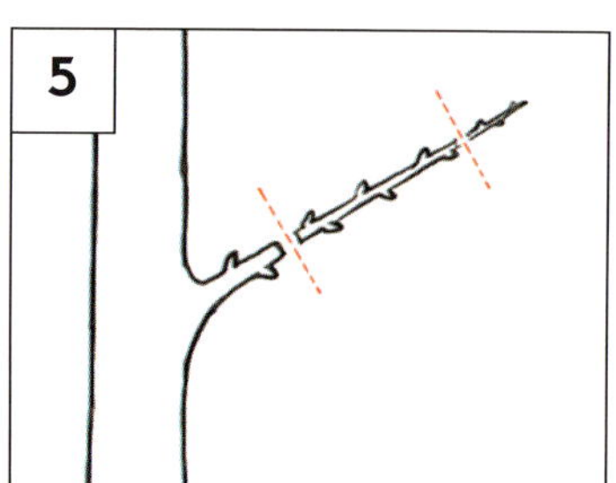

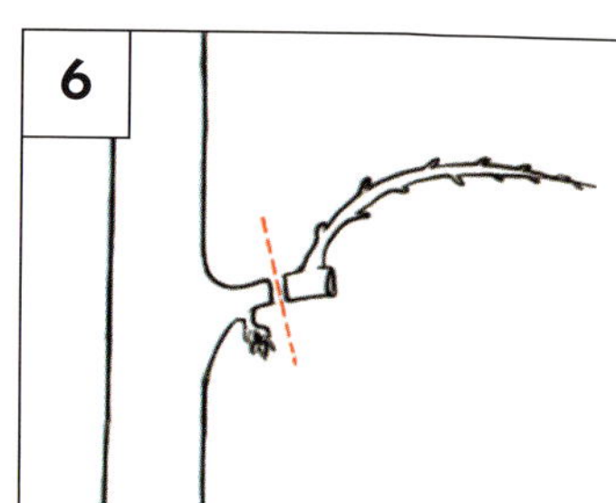

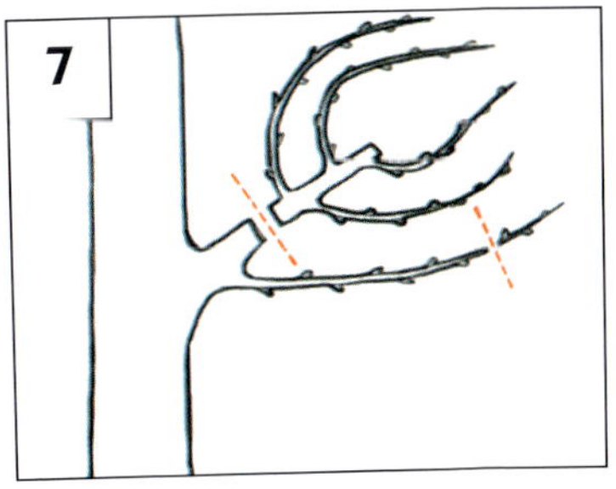

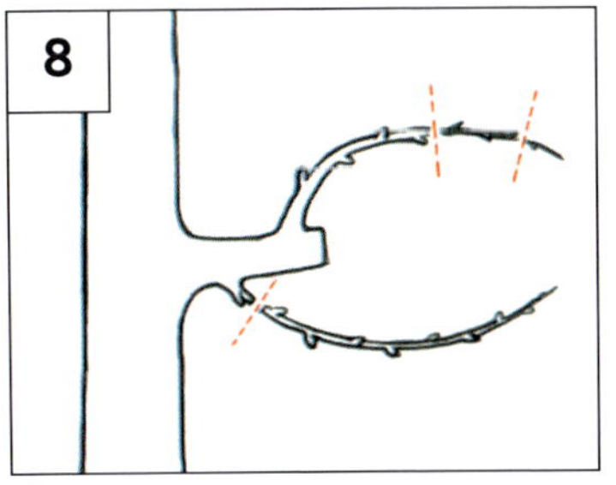

Les comportements

• La taille des bonsaï fruitiers à noyau est moins cruciale que celle des bonsaï fruitiers à pépins en ce qui concerne la mise à fruit. En conséquence, la taille des bonsaï à noyau est moins problématique et peut être réalisée de façon plus intuitive.

• Chez certains bonsaï fruitiers à pépins comme le pommier, le poirier, l'émission de rameaux verticaux se réalise lorsque l'arbre dispose de beaucoup de sève. Ces rameaux verticaux sont puissants et peuvent court-circuiter l'apex de la branche porteuse qui porte les fleurs. Au contraire, la faiblesse des flux de sève ainsi que la torsion (l'arcure) des rameaux induisent la mise à fruit, mais aussi l'émission de rameaux verticaux à bois si le flux de sève est suffisant (schéma ci-contre). La quantité d'arrosage et la qualité de l'engrais (sa teneur en azote) ainsi que la disposition des branches les unes par rapport aux autres sont autant de facteurs qui influent sur le fragile équilibre de la mise à fleur. Les années de sécheresse, les fruits sont plus nombreux mais aussi plus petits (manque d'eau) : c'est, logiquement, sa capacité de reproduction que l'arbre met en avant les années de disette.

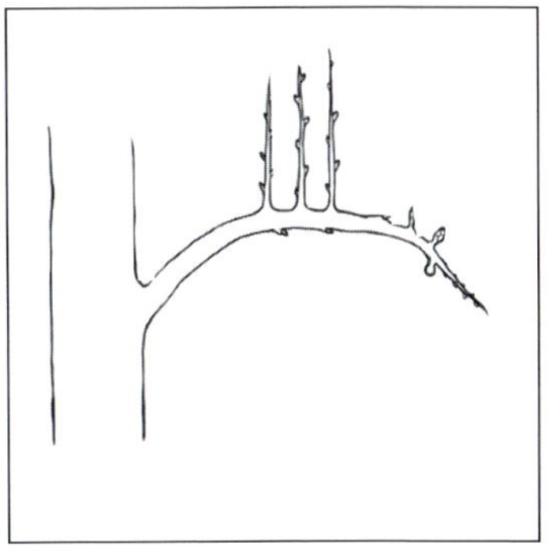

Au contraire, durant les années pluvieuses, l'arbre n'est pas stressé, et donc, active sa croissance. On essaye, dans la culture des bonsaï fruitiers, de se maintenir entre ces deux extrêmes.

129. Quelles sont les conséquences d'une mauvaise taille?

L'évolution d'un rameau chez un bonsaï fruitier, exemple d'un poirier

Pour obtenir des fleurs, il vaut mieux ne pas couper les rameaux qui portent les bourgeons floraux ni certains bourgeons à bois. Ceux-ci sont déjà prêts à la fin de l'automne.

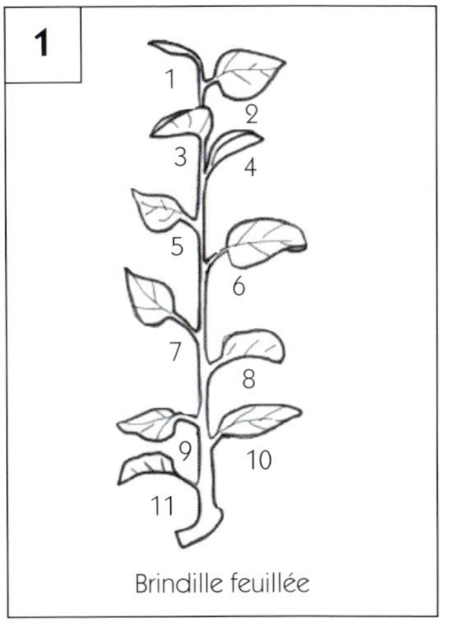

Brindille feuillée

Sur un rameau, on distingue, à l'aisselle des feuilles, des bourgeons axillaires ou yeux. Au printemps suivant, la destinée de ces yeux va dépendre de leur position sur la brindille (voir schéma 6 question 128) :

• les supérieurs (1, 2 et 3) se développent en rameaux (bourgeons "à bois") ;

• les médians se développent en rameaux très courts qui porteront plus tard les fruits ;

• les plus inférieurs vont rester dormants.

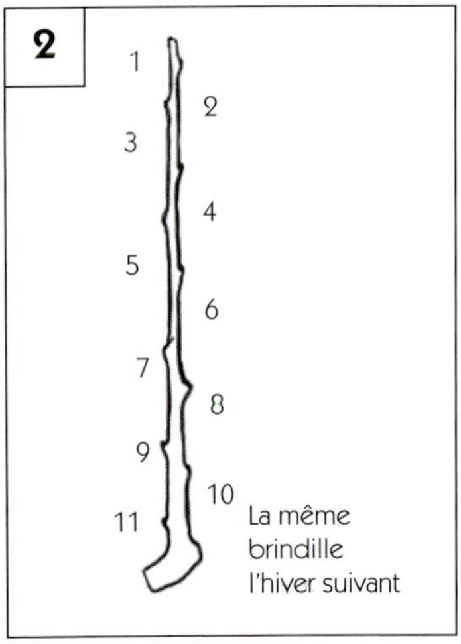

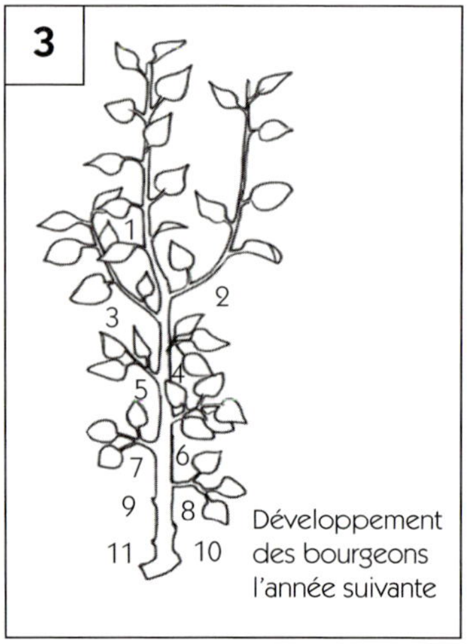

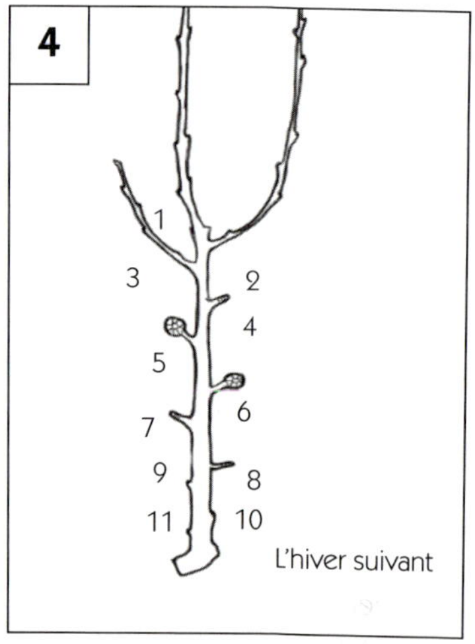

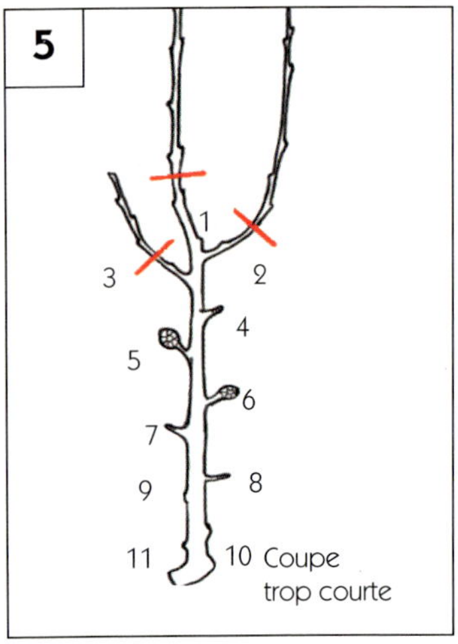

L'hiver suivant, après la défoliation, on constate qu'il y a deux types de rameaux courts (les médians) : ceux qui portent un petit bourgeon terminal – le rameau se termine en "pointe" –, ce sont les **dards** ; les autres bourgeons sont plus gros, ils contiennent les ébauches florales. Ces bourgeons sont appelés **lambourdes,** (ils donneront des fleurs au printemps).

Les dards évolueront soit en lambourdes, soit à nouveau en dards (un peu plus longs).

Les bourgeons supérieurs assurent la croissance en longueur : ce sont les bourgeons **à bois,** tandis que les médians sont des bourgeons à fleurs, les dards devenant tôt ou tard des lambourdes.

En supprimant la dominance apicale, on lève la dormance des rameaux inférieurs. Si on coupe trop court, ce qui est souvent le cas, on favorise le développement des bourgeons à bois jusqu'alors inhibés (schémas 5 et 6). Si l'on laisse au contraire trop de bourgeons, le développement des bourgeons à bois est aussi favorisé et le bonsaï devient disgracieux (schémas 7 et 8). Le juste milieu est appelé taille trigemme : on garde trois bourgeons,

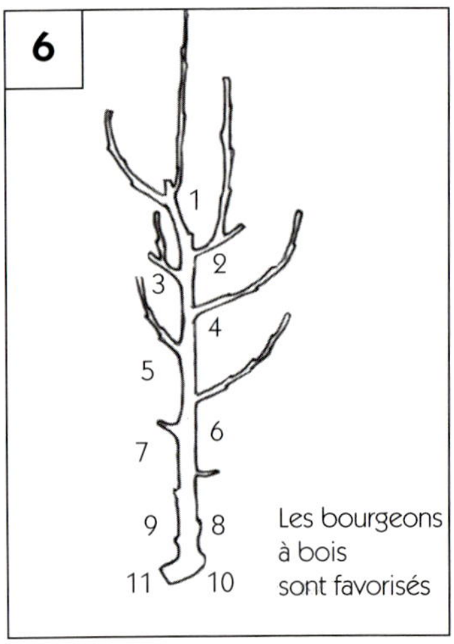

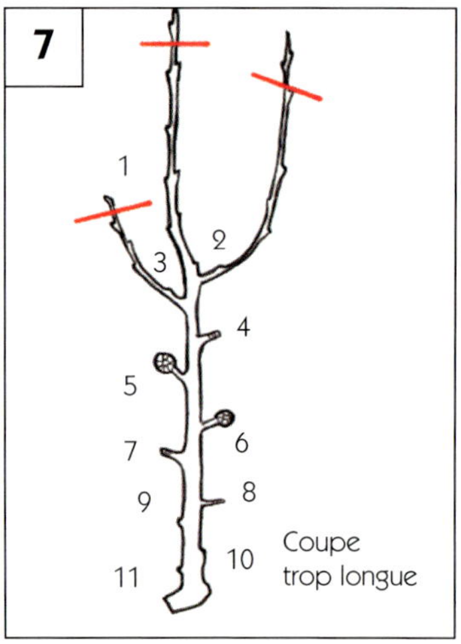

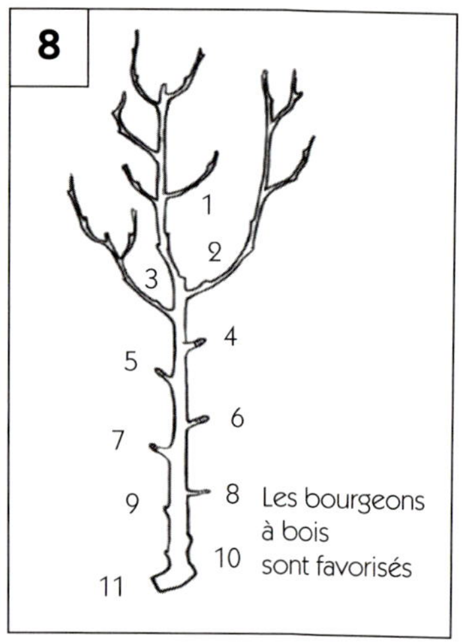

le premier va à bois et les deux autres (ou au moins un) se transforment en dard (schémas 9 et 10).

Les tailles sont beaucoup plus espacées, car le bonsaï n'est pas taillé avant la mise à fruit. En effet, une taille trop précoce peut anéantir toute la "récolte" de fleurs et de fruits de l'année.

Cette taille est utilisée pour conserver le maximum de bourgeons à fleur au détriment des bourgeons à bois, et donc au détriment de la ramification des branches.

On obtient ainsi un bonsaï peu ramifié mais qui fleurit abondamment.

Les schémas 3 et 4 montrent le même arbre avec les deux types de taille. Le choix du type de taille semble vite fait, au regard de cet exemple, mais un bonsaï fruitier qui ne donne qu'une ou deux fleurs chaque année semble peu satisfaisant.

On peut trouver un compromis acceptable en taillant le bonsaï fruitier au détriment des fleurs pendant plusieurs années et, une fois la ramure correctement structurée, pratiquer la taille d'hiver.

Remarque : si vous souhaitez créer un bonsaï fruitier à partir d'un plan de pépinière, recherchez des sujets dont le tronc et l'enracinement sont forts. On utilise généralement des troncs recépés pour former un bonsaï fruitier. En effet, un tronc et des racines fortes permettent une mise à fleur et supportent une fructification relativement importante.

La vernalisation

Certaines plantes ne fleurissent que lorsqu'elles ont subi de basses températures. Pour les bonsaï, cela est rarement le cas. L'olivier constitue une exception (13° pendant 10 semaines).

9

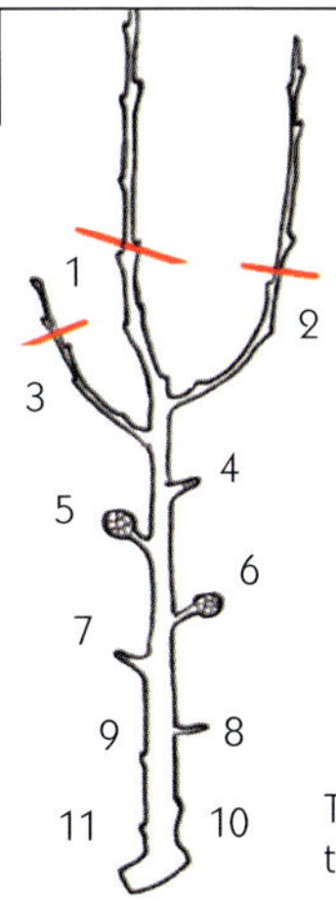

Taille trigemme

10

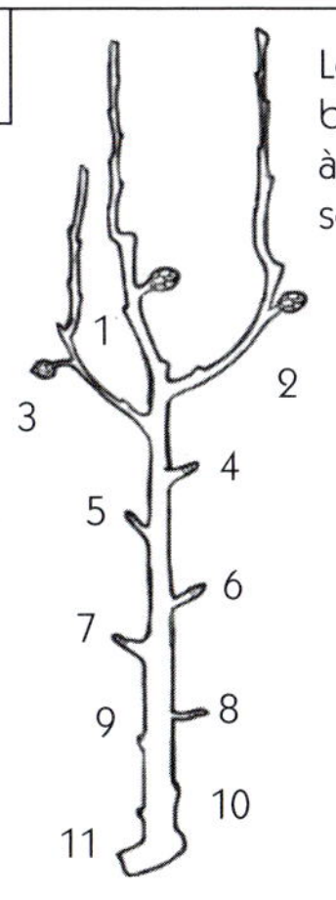

Les bourgeons à fleurs sont favorisés

130. Quelle est la répartition des sexes chez les arbres ?

Il n'est question ici que des arbres pouvant être élevés en bonsaï.

Malgré des soins attentifs, les fleurs de votre bonsaï ne donnent pas de fruits : la répartition des sexes dans les fleurs en est peut-être la raison, elle est variable selon les espèces :

- une fleur hermaphrodite possède à la fois les pièces femelles (**gynécée**) que sont le (ou les) pistil(s) et les pièces mâles (**androcée**) que sont les étamines. Une fleur unisexuée possède soit le gynécée soit l'androcée.
- une espèce est dioïque si elle ne porte que des fleurs d'un seul sexe (saule *Salix*).
- une espèce est monoïque si elle porte des fleurs des deux sexes, chaque fleur étant unisexuée (bouleau *Betula*).

Il est souvent facile de vérifier que les fleurs portent bien pistil(s) et étamines.

Chez les Gymnospermes, il n'y a pas de fleurs hermaphrodites, il y a surtout des espèces monoïques* (*Pinus*) et dioïques* comme les genévriers (*Juniperus*).

Chez les plantes qui portent les deux sexes, la pollinisation d'une fleur à l'autre sur le même arbre n'est pas toujours possible : il y a alors auto-

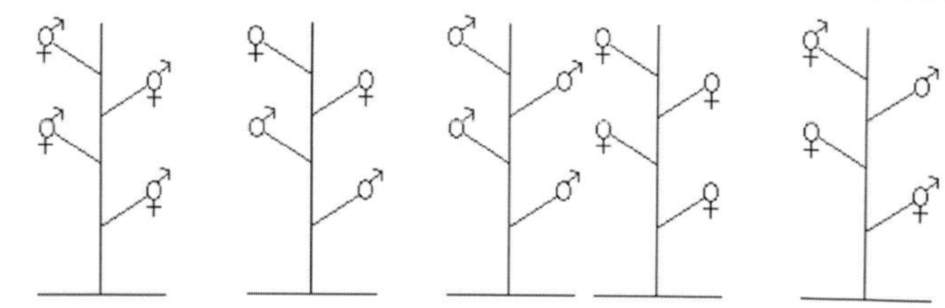

incompatibilité. Cette propriété oblige les fécondations croisées d'un arbre à l'autre et donc un brassage génétique*.

Un bonsaï dioïque ou qui présente une incompatibilité à s'autopolliniser peut être pollinisé par un arbre de plein pied.

Le mode de pollinisation

• Lorsque les fleurs sont colorées et attrayantes (odeur du nectar), le pollinisation se fait par les insectes (azalées), elle est dite entomophile. Traiter les fleurs avec des insecticides revient à tuer les insectes pollinisateurs et donc se priver des fruits et des graines.

• Lorsque les fleurs sont anodines, vertes, sans couleurs attrayantes, la pollinisation se fait généralement par le vent, elle est dite anémophile.

Questions finales

La vaporisation n'est pas le meilleur moyen d'hydrater un bonsaï. Pourtant, l'image du grand maître ès bonsaï vaporisant ses sujets persiste dans les esprits, sans doute parce que ce mode d'arrosage semble le plus naturel qui soit. Mais si la feuille est parfaitement apte à absorber cette eau, son fonctionnement ne lui permet pas de profiter d'une humidité trop fugace.

De nombreuses questions concernent le bonsaï et le froid. Il est un fait que la plupart des bonsaï proposés par la grande distribution sont des bonsaï d'origine tropicale. Ce sont malheureusement les bonsaï les plus fragiles sous nos latitudes. Une bonne connaissance de l'action des basses températures sur le bonsaï tropical permet de mieux comprendre les symptômes qu'elles entraînent et d'agir en conséquence. Sous réserve de s'organiser un peu lors de la saison froide, il est pourtant possible de cultiver pratiquement n'importe quel arbre tropical chez soi!

Un autre aspect peu connu est celui de la “sous-végétation”. En effet, la mousse et les autres petites plantes qui accompagnent l'arbre miniature sont tel un trait d'union entre le pot et ce dernier. Ces petites plantes, qu'elles soient voulues ou non, sont fort utiles. Elles unifient vraiment l'ensemble et effacent les traces du dernier rempotage. L'art du bonsaï prouve ici une fois de plus sa dimension écologique.

Le pot ou la coupe ont eux aussi une grande importance. Même un très bel arbre miniature accompagné d'un pot en plastique n'a l'air de rien. Un bonsaï, c'est un peu comme un beau paysage : ce qui dépare et brise l'harmonie attire toujours l'attention aux dépens de cette dernière.

131. Qu'est-ce qui fait monter la sève?

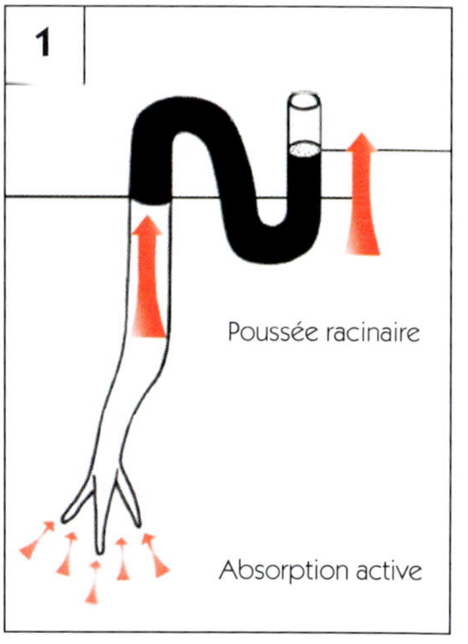

Il y a dans tous les bonsaï des flux de liquides nourriciers que sont les sèves. Il s'agit de deux types de sèves, dont la sève élaborée, qui transite des feuilles vers les autres parties de la plante, et la sève brute, qui monte des racines jusqu'aux feuilles (voir question 87, "Où circule la sève ?").

La sève élaborée descend des parties les plus hautes de l'arbre (où se trouvent les feuilles). La force de gravité est suffisante pour entraîner le liquide.

La sève brute est pompée dans le sol par les racines et monte ensuite par le xylème. Pour un arbre de 30 cm de haut, la montée de la sève brute ne semble pas problématique, mais pour les arbres dans la nature elle doit s'effectuer sur des dizaines de mètres de hauteur – le record pour les arbres ayant été de 114 m pour un séquoia géant aujourd'hui abattu.

La compréhension des mécanismes qui permettent un tel prodige est relativement récente et reste incomplète.

Trois principes permettent à la sève d'atteindre ces sommets.

• La poussée racinaire; les racines pompent activement l'eau et les sels minéraux, ce qui provoque une poussée du xylème dans les vaisseaux qui la conduisent. Cette poussée a été mise en évidence par l'expérience de Hales (schéma 1) : on coupe un cep de vigne au collet et on mesure la hauteur de la colonne d'eau : plus l'eau monte haut, plus la force qui pousse cette eau est importante.

Mais cette poussée ne permet pas de dépasser quelques mètres de hauteur, tout au plus, on est loin de la centaine de mètres qu'atteignent les plus grands arbres. Le siège de la poussée racinaire se situerait au niveau de l'absorption, celle-ci se faisant activement (voir question 59)

• La capillarité : les vaisseaux par où circule la sève sont très fins, ce qui permet à l'eau de monter plus facilement, grâce aux forces liées à la capillarité (schéma 2).

• L'évapotranspiration : l'eau pompée par les racines s'évapore en grande quantité au niveau des feuilles. La plante contrôle cette évaporation en adaptant l'ouverture des stomates* aérifères : si elle manque d'eau, elle en réduit l'ouverture.

De l'évaporation foliaire résulte **une traction de la sève brute** qui s'ajoute à la poussée des racines. Mais comme cette dernière est plus faible,

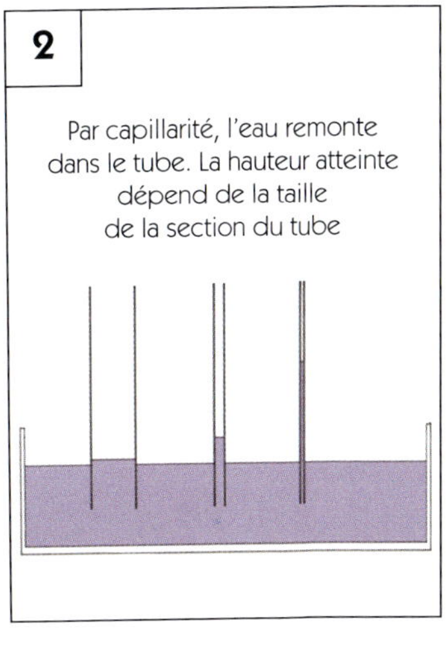

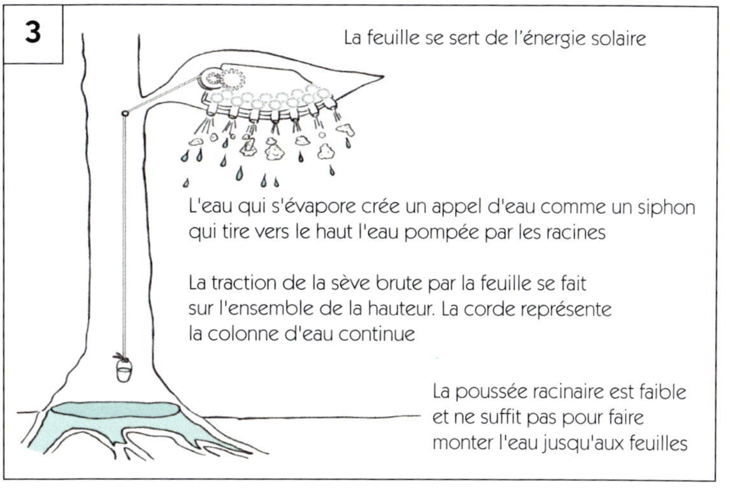

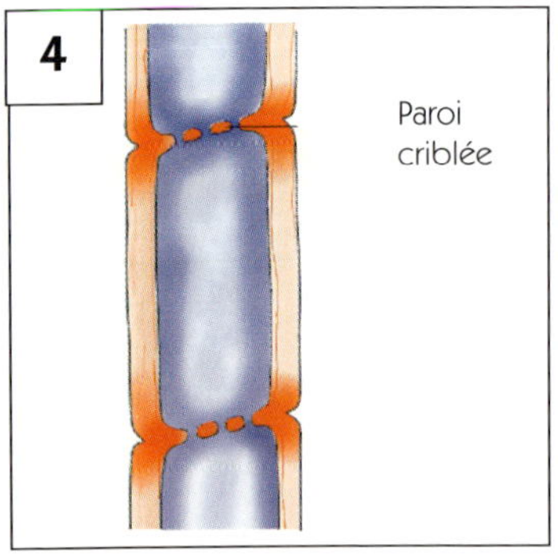

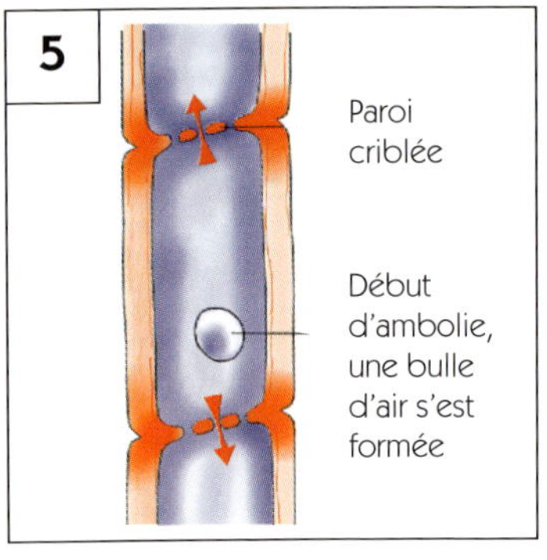

les feuilles "tirent" l'eau plus fortement que les racines ne la poussent. Il en résulte que la sève est sous tension, même dans les racines. La traction du liquide vers le haut est supérieure au poids de la colonne d'eau (celle-ci est réduite grâce au faible diamètre des vaisseaux : effet de capillarité). Le schéma 3 très caricatural ci-contre illustre cette traction foliaire.

Le blocage de la sève

Un des grands dangers naturels qui menace les arbres est le blocage de la sève brute.

Le processus

Il s'agit de la rupture de la colonne d'eau sous tension. En effet, l'eau de la sève peut revenir à l'état gazeux (schémas 4 et 5). La sève brute étant sous tension (exemple, lorsque vous décapsulez une bouteille de boisson gazeuse), la détente du liquide entraîne le passage du gaz dissous au gaz gazeux (!). Si une bulle de gaz se forme dans un vaisseau, il bloque le passage : c'est l'embolie (schéma 6). Le vaisseau est définitivement perdu pour la plante. On appelle ce phénomène la cavitation, elle est la cause de la mort de vieux arbres jusqu'alors apparemment en bonne santé. La cavitation généralisée peut aussi être provoquée par une augmentation brutale de la température (incendies) ou un gène pathogène se développant dans les vaisseaux.

Des issues de secours

Les vaisseaux communiquent entre eux. Cela permet à la sève piégée par un vaisseau (embolie) de passer dans les vaisseaux adjacents (schéma 7). Les conifères comme les feuillus disposent de ces communications.

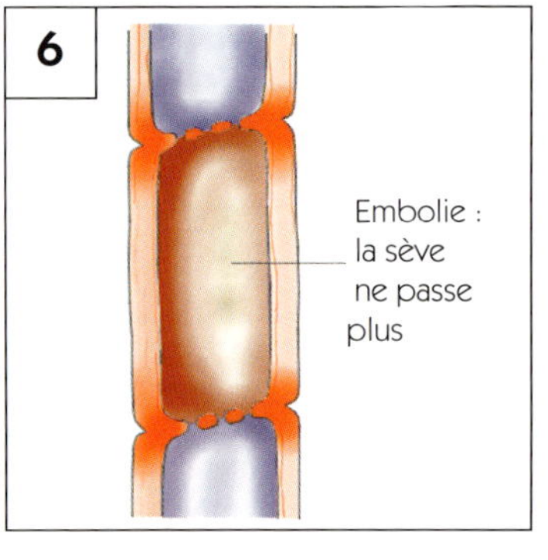

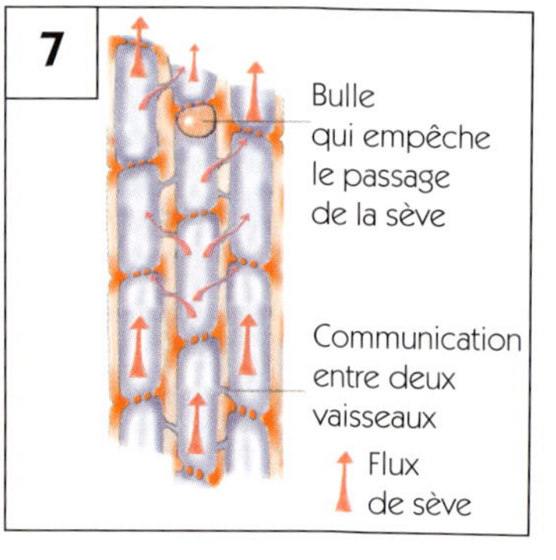

Il existe toutefois des différences importantes : d'une espèce à l'autre et même d'un individu à l'autre, ces communications sont plus ou moins nombreuses. Chez les sujets les moins "doués", les vaisseaux ne communiquent pas les uns avec les autres. La mort d'une racine entraîne celle d'une branche et inversement (voir question 96).

Une menace relative pour le bonsaï

Vu leur faible hauteur, cette compartimentation ne menace pas l'intégralité des bonsaï. Cependant, les bonsaï peuvent connaître ces problèmes. Comme la sève brute s'évapore en grande quantité au niveau des feuilles, il suffit d'un manque d'eau provisoire au niveau des racines pour que la tension de la sève devienne limite. Il n'est pas rare qu'une branche entière meure en conséquence d'un coup de sec survenu quelques jours auparavant.

132. Pourquoi scarifie-t-on les graines? Quelle différence y a-t-il entre scarification et stratification?

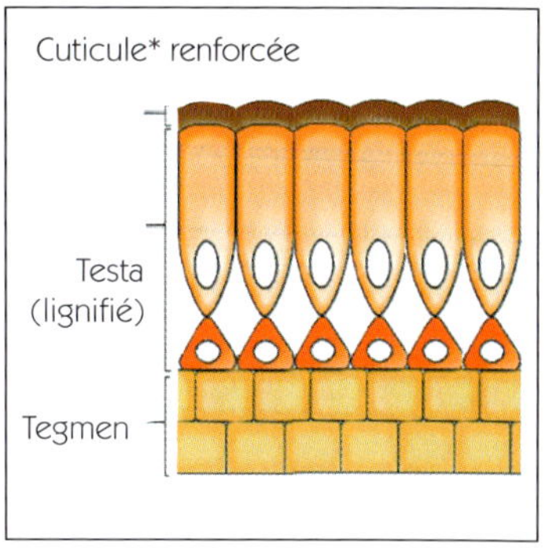

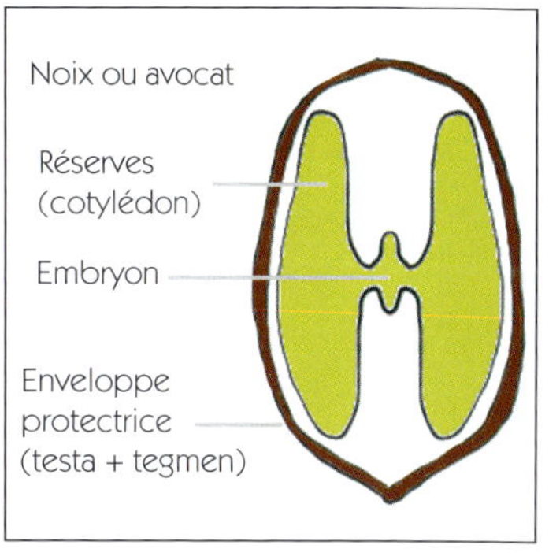

Lorsqu'on plante des graines de conifères, on est généralement déçu : elles ne germent pas! Plusieurs raisons peuvent en être la cause.

Les graines sont protégées

Les graines sont des organes de dissémination. Elles sont protégées par le fruit lors de leur formation. Lorsque le fruit s'est désagrégé, la graine est soit nue (cas des conifères), soit enveloppée, dans certains cas, par un reste du fruit ; par exemple chez les agrumes, une enveloppe blanche qui se durcit en séchant protège la graine.

Lors de la formation de la graine, une des transformations les plus spectaculaires est le durcissement d'un grand nombre de cellules qui forment progressivement une enveloppe protectrice.

Il y a deux téguments :

- le **testa** qui est le plus épais et le plus à l'extérieur. Il peut présenter des aspérités, des poils très nombreux parfois, exemple le cotonnier, le peuplier ;
- le **tegmen**.

La protection des graines est un moyen de défense contre les champignons et les "mangeurs de graines" potentiels comme les fourmis. En effet, les graines contiennent des réserves très intéressantes. Mais cette protection constitue aussi une barrière qui empêche la germination, car pour germer la graine a besoin de s'hydrater. Les cellules mortes qui enveloppent la graine sont parfaitement imperméables, ce qui empêche le passage d'agents pathogènes.

Les graines sont déshydratées

La protection des graines n'est pas le seul frein à la germination. L'embryon contenu dans la graine est en état de dormance. La forte déshydratation et l'état de dormance des graines sont liés. La germination peut être différée : les graines peuvent être conservées durant des années. Certains arbres disparus ont ainsi pu être "ressuscités", car le sol contient une "banque" de graines en attente.

Les graines sont inhibées

Les téguments ne sont pas des enveloppes neutres, ils agissent sur la graine en l'empêchant de se développer : c'est une **inhibition tégumentaire**. La dormance de l'embryon peut être d'origine tégumentaire.

Les trois facteurs qui interviennent dans la germination

- L'oxygène : planter les semis dans du sable (assure une bonne aération) est conseillé. En effet, lors de la germination, la graine consomme beaucoup d'oxygène par respiration. Le sable est très pauvre en matières nutritives (car celles-ci sont très facilement lessivées), mais comme la graine contient des réserves (dans les cotylédons*), la plantule est indépendante jusqu'au flétrissement complet des cotylédons.

• La température : variable et amplitude large. Une température relativement élevée accélère les processus de la germination. Une température trop élevée peut favoriser les moisissures.

• L'eau : elle doit être la plus pure possible car la graine s'hydrate grâce à la pression osmotique* (l'absence d'engrais est conseillée). Trop d'eau (stagnante) tue la graine par asphyxie car elle empêche une bonne diffusion de l'oxygène.

La dormance tégumentaire et la stratification

La présence d'un tégument peut empêcher la germination de plusieurs manières :

• l'imperméabilité à l'eau : robinier ;

• la limitation de l'entrée de l'oxygène : marron d'Inde, pommier ;

• la diffusion dans la graine d'inhibiteurs chimiques : pommier, la plupart des arbres à fruits charnus (à noyau ou à pépins).

L'altération des enveloppes se fait naturellement de plusieurs façons :

• sous l'effet de la sécheresse, des alternance de sécheresse et d'humidité ;

• avec les gelées ;

• grâce aux bactéries et aux champignons.

La **scarification** vise à accélérer ces processus en altérant les téguments par décortication, usure (avec du papier de verre), etc. Le but est d'altérer plus rapidement l'enveloppe de la graine que ne le feraient les processus naturels.

Un autre procédé couramment utilisé est la **stratification** : les graines sont enfouies pendant un mois ou deux dans de la tourbe humide entre 1 et 10°. Il s'agit d'un séjour dans un froid humide et dans un milieu acide. Le nom "stratification" signifie une disposition en couches superposées ou strates : les graines sont déposées sur une première couche et ensuite recouvertes par une deuxième. La stratification est particulièrement utilisée pour les conifères (sapin, pin, épicéa) et les fruitiers ainsi que pour la plupart des feuillus (érable, bouleau, hêtre, frêne).

Elle agit à deux niveaux : les téguments sont ramollis par l'eau acide (comme le sont les graines qui transitent par le tube digestif des oiseaux), les inhibiteurs solubles contenus par ces téguments sont dilués et diffusent dans la tourbe. Le froid humide lève la dormance de l'embryon.

Les limites dans le temps

Outre que certaines graines ne sont pas viables (stériles), il existe des limites au-delà desquelles les graines ne peuvent pas ou plus germer :

• **les graines non matures** : dans certains cas, la graine, lorsqu'elle se détache, n'est pas prête à germer, car l'embryon n'a pas terminé sa formation. Par exemple, chez le frêne (*Fraxinus excelsior*), l'embryon n'est formé qu'au bout de quatre mois après la chute du fruit. L'embryon une fois formé entre en diapause* de maturation ;

• **la longévité de la graine** : une graine ne reste pas viable indéfiniment, sa durée de viabilité est très variable : elle est de quelques jours chez l'érable à sucre et certains saules (*Salix japonica*), de quelques semaines chez les peupliers et les ormes (moins de six mois). Moins d'un an chez les oléagineux* (noisetier, noyer...), car les réserves sont riches en huiles et donc s'oxydent rapidement (elles rancissent).

133. Comment les feuilles, les branches et le tronc absorbent-ils l'eau ?

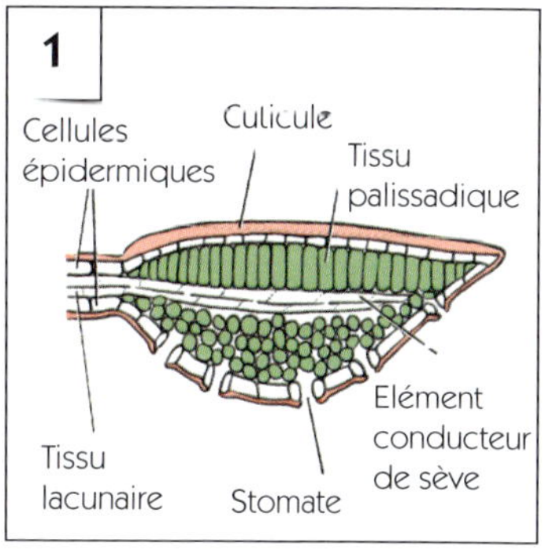

Un "on-dit" tenace colporte que les vaporisations sont très bénéfiques pour les bonsaï. L'image du maître vaporisant ses arbres persiste dans l'esprit de bien des gens. Or cette image est fallacieuse, les vaporisations peuvent, au contraire, être néfastes pour l'arbre dans certaines conditions.

Un bonsaï a trois possibilités pour se réhydrater

- l'absorption racinaire (voir question 59)
- l'absorption foliaire (voir question 116)
- l'absorption caulinaire ou absorption par le tronc et les branches par les lenticelles*.

En résumé, toutes les surfaces sont capables d'absorber de l'eau !

L'absorption par les feuilles

Les feuilles reçoivent beaucoup d'eau sous forme de sève brute, une grande partie de cette eau (les 9/10e environ) s'évapore dans l'atmosphère en passant par des orifices appelés **stomates**. Ces stomates sont à ouverture variable (schéma 1).

Le bonsaï peut, en fonction de son état hydrique, régler l'ouverture des stomates pour laisser échapper plus ou moins d'eau (schémas 2 et 3). Le transit peut se faire en sens inverse si la plante manque d'eau et que l'hu-

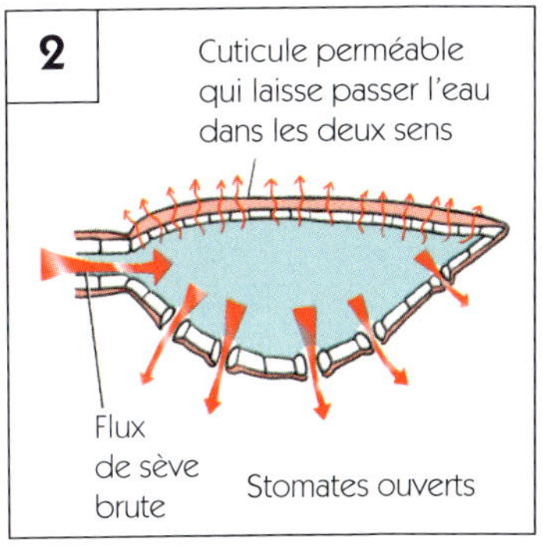

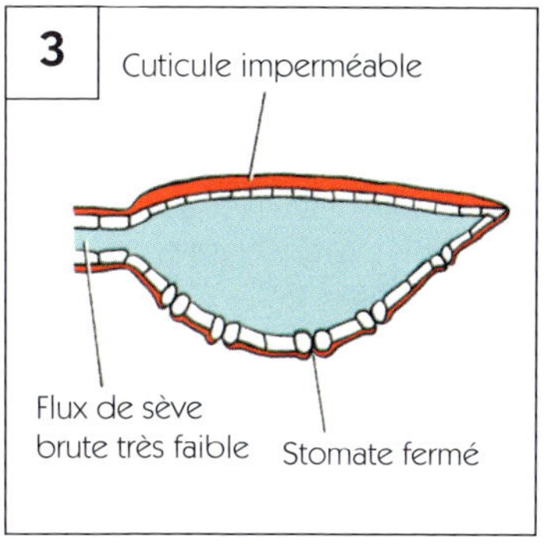

midité est forte ou que les feuilles sont couvertes par une pellicule d'eau. En brumisant un bonsaï, on provoque l'ouverture de tous ses stomates, de plus, la cuticule de ses feuilles se relâche pour laisser passer l'eau.

Par contre, il est déconseillé de le faire le soir, car les feuilles risquent d'être mouillées toute la nuit durant, et les champignons parasites tels que le mildiou, la rouille apprécient particulièrement les feuilles mouillées (l'eau stagnante leur permet de se déplacer et de se développer). Il est aussi déconseillé de brumiser un arbre juste après la taille.

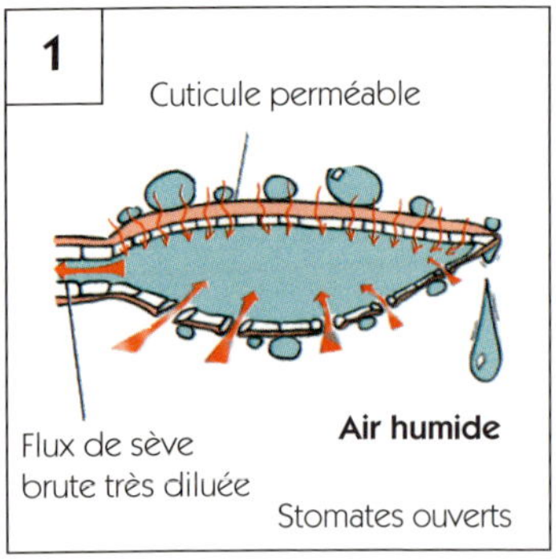

134. Pourquoi les vaporisations ne sont-elles pas toujours bénéfiques ?

Le processus qui provoque l'ouverture des stomates est complexe et relativement rapide (schéma 1).

Par contre, la fermeture est plus lente. Donc, en vaporisant un arbre, on provoque l'ouverture maximale des stomates, mais s'il fait chaud, s'il y a du vent (voir les facteurs de l'évaporation dans la question 2), l'eau ne reste pas longtemps sur les feuilles, en tout cas pas suffisamment longtemps pour que l'absorption ait été importante.

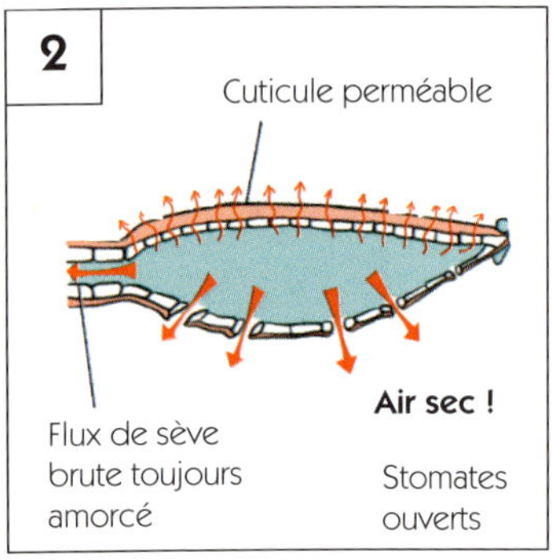

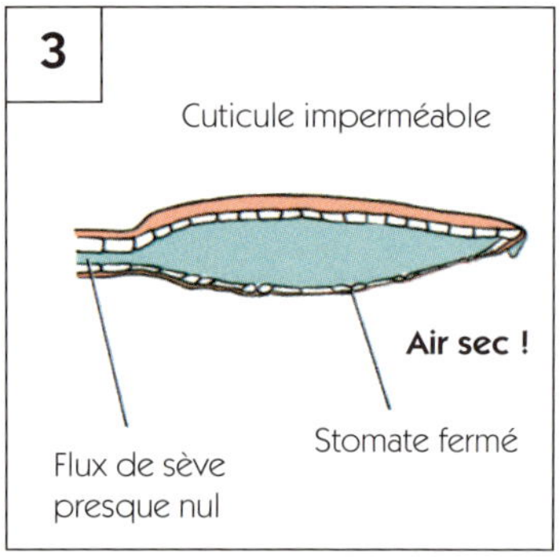

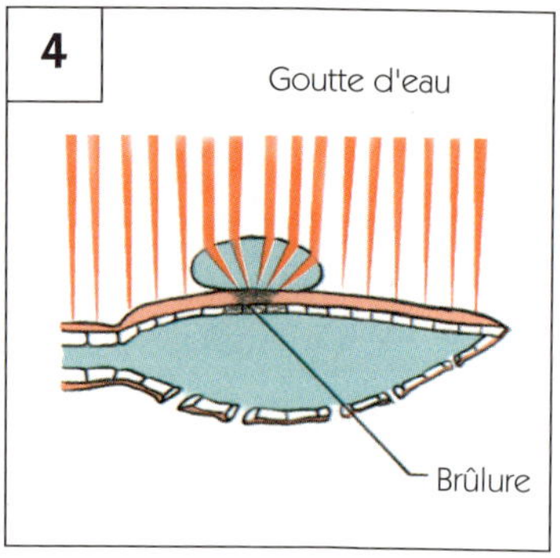

On devine la suite : les stomates sont ouverts et la plante perd rapidement plus d'eau qu'elle n'en avait absorbé ! (schémas 2 et 3).

Il est important de préciser que les **brumisations ne sont que des compléments d'hydratation**. Elles ne suffisent pas, il est nécessaire de les compléter par un arrosage sérieux des racines. L'arrosoir “typique pour bonsaï” en cuivre au long bec permet de vaporiser en apparence, il s'agit en fait d'un véritable arrosage bien réparti en pluie fine et non d'une brume superficielle...

Les vaporisations permettent, **lorsqu'elles sont répétées,** de limiter l'évapotranspiration (temps très chaud), l'arbre étant bien sûr placé à l'ombre ou à la mi-ombre pour éviter les brûlures (schéma 4).

Les stomates s'ouvrant plus volontiers la nuit, il est intéressant d'augmenter l'humidité ambiante que la feuille pourra capter, sans qu'elle soit mouillée.

Les brumisations permettent réellement d'hydrater le bonsaï lorsqu'elles sont faites très tôt le matin (avant le lever du soleil), c'est une rosée artificielle.

Pour les bonsaï d'intérieur, l'hygrométrie idéale se situe entre 60 et 100 %. Cette hygrométrie est atteinte lors des brumisations.

Entre 40 et 60 %, l'air est sec ; au-dessous de 40 %, il préférable d'assister les plantes par des pulvérisations régulières en plus des arrosages (+ système d'humidification).

Le tronc et les branches ligneuses sont parfaitement capables d'absorber de l'eau. Par conséquent, lors des vaporisations, il est important de bien mouiller ces parties de l'arbre. L'absorption se fait au niveau des lenticelles. Ces lenticelles sont observables à l'œil nu chez la plupart des

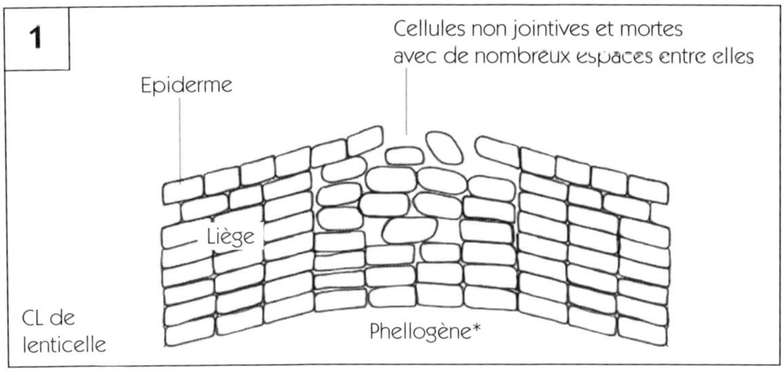

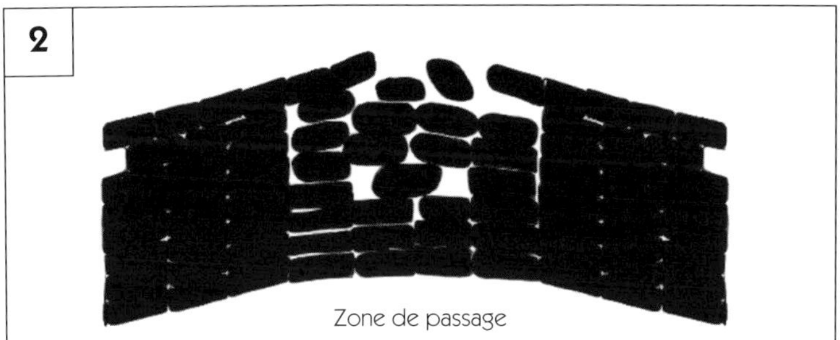

Négatif du schéma précédent

espèces. Elles ressemblent à de petites boursouflures de liège (chez le frêne, par exemple) ou à des petites plages de liège chez les jeunes arbres. Ces lenticelles ont des zones de passage qui permettent aux tissus des branches, du tronc et des grosses racines de respirer et de s'hydrater. Leur nombre et leur taille dépendent de l'espèce.

Le schéma 1 ci-dessus montre une lenticelle en coupe. Les cellules sont désorganisées localement, ce qui laisse quelques zones de passage (schéma "en négatif" 2).

135. Comment se multiplie la mousse? Comment la maintenir bien verte? Quelles sont les incompatibilités avec le bonsaï?

La mousse donne une image d'équilibre. Elle fixe la terre et la protège des pluies violentes, évitant que les gouttes ne dispersent le terreau de surface ; elle empêche le vent de faire s'envoler les éléments les plus légers, de creuser des trous. La mousse est donc un peu plus qu'un simple accessoire de présentation pour les expositions : c'est un partenaire qui stabilise la motte du bonsaï.

La multiplication de la mousse

La mousse est un végétal inférieur : elle ne fleurit pas. Pour se multiplier, elle se bouture (un fragment donne très facilement un autre "sujet") par division aux ciseaux. La mousse a une particularité extraordinaire : elle peut sécher fortement et reverdir lorsqu'elle est mouillée de nouveau, elle est **reviviscente**. On peut profiter de cette qualité pour la réduire en poudre lorsqu'elle est sèche et la semer ainsi. En quelques mois, bien arrosée, elle formera un tapis continu. A l'époque la plus humide de l'année, les mousses émettent des petites tiges au sommet desquelles se trouve un réservoir operculé. Cet organe produit des spores qui, les pluies aidant, pourront se déplacer, germer un peu plus loin, et donner de nouveaux individus (multiplication sexuée).

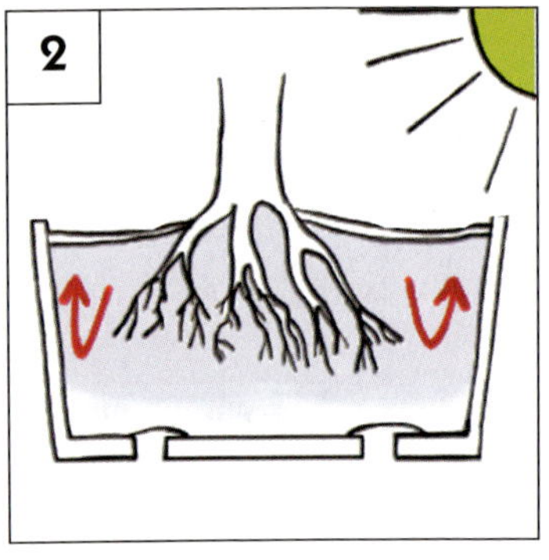

La saison des mousses

Les mousses apprécient l'humidité, voire le détrempage. Pour les bonsaï de climat tempéré, l'hiver est la saison des mousses, une humidité suffisante permet de reconstituer complètement le tapis de mousse.

Les mousses de roche

Il est inutile de récupérer des pans de mousse qui poussent sur des roches, sauf si vous les destinez à être plantés sur roche. En effet, ces mousses sont en général adaptées aux conditions très particulières sur roche, elles ne survivent pas longtemps sur un tapis d'argile ou de terreau. A l'instar des lichens qui peuvent être fixés sur le tronc du bonsaï, ces mousses, ou des lichens de roche peuvent très facilement être fixés sur roche. Leur grande sensibilité aux pollutions oblige par la suite à surveiller de façon draconienne la qualité de l'eau d'arrosage.

La récolte des mousses

Elle doit se faire, faut-il le préciser, sans destructions inutiles. Il faut prélever la quantité juste nécessaire, si possible par petits morceaux, afin de faciliter la régénération de ce qui reste. La mousse prélevée en trop se garde très facilement et peut faire l'objet d'une culture. Par ailleurs, on trouve au Japon des jardins de mousse.

La mousse blanchit et meurt

Cela arrive lorsqu'on expose la terrine en plein soleil et que l'eau d'arrosage est riche en sels minéraux dissous. Les engrais apportent aussi beaucoup de sels qui ne sont pas tous assimilés par le bonsaï.

L'eau présente dans la terrine descend lors de l'arrosage artificiel et des pluies (schéma 1). Lorsque la terre est exposée au soleil, l'eau remonte ! (schémas 2 et 3) La surface exposée (notamment la mousse) s'assèche et l'eau remonte au fur et à mesure par capillarité*, un peu comme le pétrole dans la mèche d'une lampe à pétrole. L'eau s'évapore, mais pas les sels minéraux qui, eux, sont piégés dans la mousse ou à la surface du terreau et ne tardent pas à former une croûte blanchâtre inesthétique qui ne détruit pas directement la mousse mais qui l'empêche de capter la lumière (schéma 3). Cette croûte formée par capillarité est relativement peu soluble : elle se forme plus facilement qu'elle ne se dissout. Ce problème anodin est un problème majeur en agriculture dans les régions sèches : les terres deviennent incultes en quelques années à cause de la formation de ces sels très peu solubles.

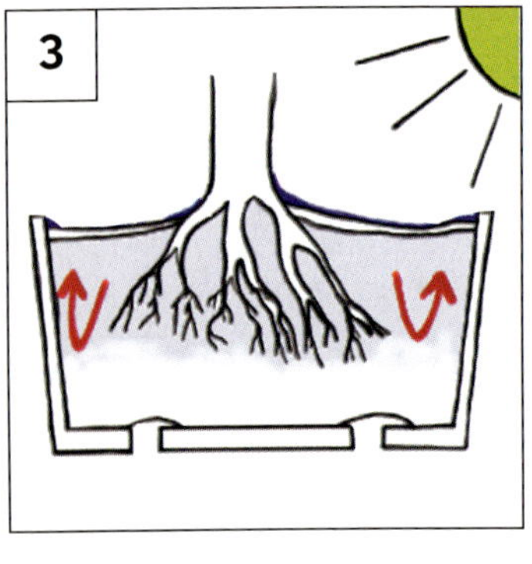

Pour résoudre le problème, il suffit donc d'éliminer une des deux causes :

• si le bonsaï se plaît en milieu ombragé, il suffit alors de protéger la terre du soleil pour réduire l'exposition afin de limiter l'évaporation de l'eau du pot ;

• si l'eau est trop calcaire il suffit de limiter l'apport en sels minéraux en arrosant avec une eau moins chargée. On peut diluer une eau trop calcaire avec une eau plus pure ou en changer ; la récupération de l'eau de pluie constitue une bonne alternative (voir question 68).

Le choix dépend des besoins du bonsaï ; dans la majorité des cas, le plein soleil n'est pas nécessaire.

La mousse est morte sans blanchir pour autant

La mousse souffre lorsqu'elle sèche et s'humidifie à nouveau dans des intervalles courts. La mousse est reviviscente : elle est capable de se déshydrater fortement et de vivre au ralenti en attendant le retour de la pluie. Le retour à la vie active lui demande un effort, de l'énergie. Si ce retour doit se produire plusieurs fois par jour, la mousse s'épuise et meurt rapidement. Pour les arbres qui ont besoin du plein soleil, il faut malheureusement choisir entre la mousse et le bonsaï… Mais même si la mousse meurt l'été, elle se "ressème" en automne et envahit à nouveau son territoire durant l'hiver.

Une autre cause peut être à l'origine de la disparition de la mousse : elle ne supporte pas le cuivre sous sa forme oxydée. Il faut donc éviter de l'arroser avec un récipient en cuivre non traité ! (Les fils utilisés pour ligaturer sont généralement des fils d'aluminium teintés pour être plus discrets, ils ne sont donc pas responsables de la mort des mousses).

Remarque : l'idée que la mousse peut faire pourrir le bonsaï lorsqu'elle pousse le long du tronc n'est pas fondée.

1

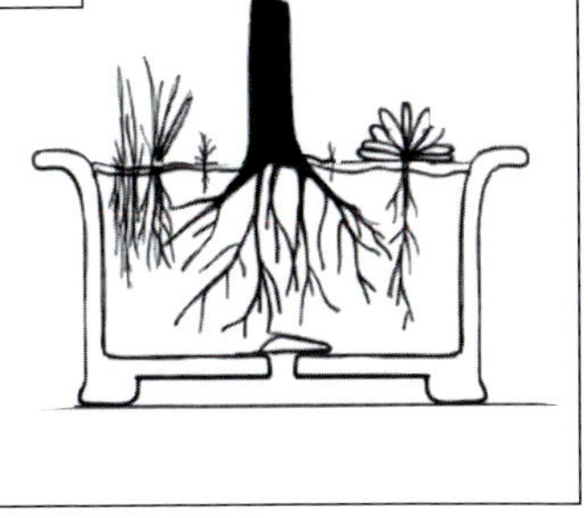

2

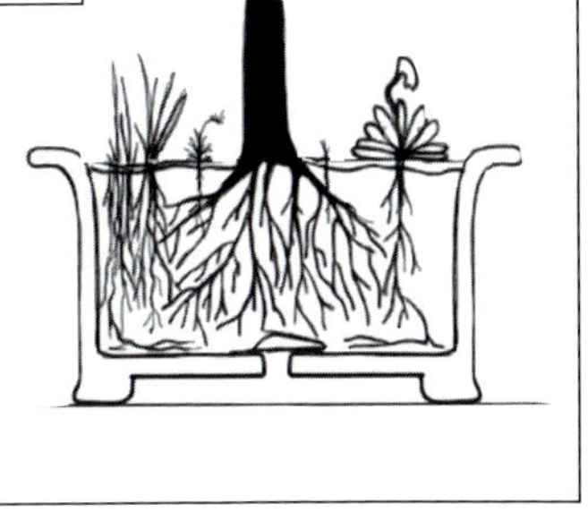

3

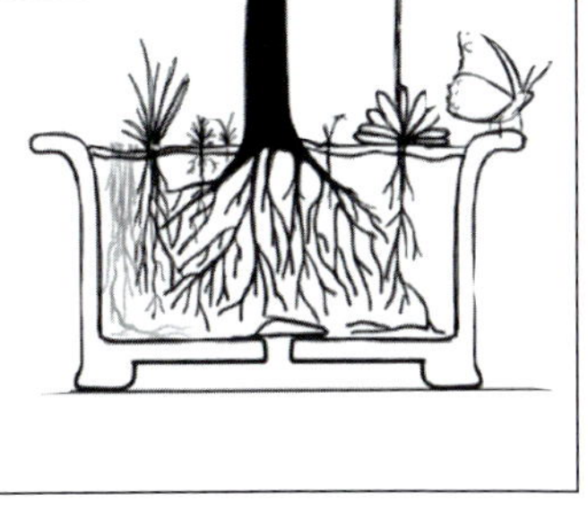

136. Comment utiliser les "mauvaises herbes" comme sous-végétation utile à la culture ?

Les herbes assurent une cohérence

Les diverses herbes qui viennent s'installer au pied de votre bonsaï ont un intérêt : elles ancrent la mousse à la terre, participent à la capillarité* qui permet à la mousse de rester verte.

Les végétaux indésirables ne devraient pas être arrachés, sinon la mousse vient avec en partie, et il y a un cratère dans la pelouse ! Il est préférable de les couper au ras de la mousse. Les racines de celles qui meurent deviennent terreau, c'est le cycle naturel ! (schémas 1, 2, 3).

Certaines herbes participent à l'esthétique du bonsaï

Celles qui repoussent rejettent et se miniaturisent. Les petits trèfles, par exemple, sont très gracieux, les herbes "filamenteuses" peuvent être taillées en touffes comme un massif miniature.

La sous-végétation peut servir de témoin de manque d'eau

Les sélaginelles, par exemple, si vous avez la chance d'en avoir sous votre arbre, sont de bons indicateurs pour les arbres tropicaux. Elles

Des sélaginelles tropicales accompagnent ce **Carmona microphylla**.

4

5

"courbent l'échine" lorsqu'elles ont soif. Le bonsaï est dans le même état physiologique, mais ses signaux sont parfois moins évidents.

Les trèfles peuvent être utilisés pour les arbres de climat tempéré. Votre rôle consiste à repérer quelle "ex-mauvaise herbe" indique le mieux le manque d'eau.

D'autre part, une terre couverte par des végétaux perd moins vite son eau. La sous-végétation a un rôle de régulation.

Le bonsaï et sa terrine forment un petit écosystème.

La figure 4 montre un trèfle qui témoigne que le bonsaï avec lequel il est planté ne manque pas d'eau. La figure 5 montre le même trèfle, il est temps d'arroser !

Il n'y a plus de "mauvaises herbes".

Une multitude de petites plantes poussent au pied d'un **hêtre**.

137. Que veut dire bonsaï d'intérieur, d'extérieur et de "serre froide"?

Savez-vous d'où vient exactement votre bonsaï ? De quelle région du globe votre arbre est-il originaire ?

A part les sujets que l'on forme soi-même à partir de matériel récolté ainsi que les arbres de grande valeur, il est rare que l'on puisse répondre à cette question.

Et pourtant... Comment essayer de lui donner les mêmes conditions de vie, ou de s'en approcher, si on ignore d'où il vient ?

On distingue, en fonction de leur origine, trois groupes principaux d'arbres cultivés en bonsaï :

• **Les bonsaï de climat tempéré ou bonsaï d'extérieur** : ce sont les conifères et les arbres à feuillage décidu et quelques plantes à feuillage persistant comme les azalées, les buis, certains chênes... Ce sont les arbres que l'on connaît le mieux, ne serait-ce que par leur nom commun : les érables, les pommiers, les frênes...

Leur culture est la plus simple puisqu'ils sont chez eux, du point de vue du climat. Certains sont des espèces importées et acclimatées de longue date (mimosa, marronnier d'Inde, *Ginkgo biloba*...), ils font partie aujourd'hui des arbres communs.

Orme
Ulmus campestris
Taille : 55 cm Ø 4 cm
Cet arbre s'était semé spontanément dans le torchis d'un vieux mur de ferme, où il a été récupéré au moment de la démolition de celui-ci. Il vit depuis 4 à 5 ans sur cette plaque de marbre, dont la surface a été auparavant quadrillée pour faciliter le drainage.
Collection Bonsaï Méditerranée Association

Ils craignent peu le gel. Il est fortement déconseillé de les rentrer l'hiver.

Ils ont besoin du froid hivernal. Ces bonsaï seront donc toute l'année dehors. Lors des très fortes gelées sans neige protectrice, ils doivent être mis à l'abri.

• **Les bonsaï de serre froide** : ce sont les agrumes, les prunus (abricotiers et amandiers), les azalées, l'olivier, *Serissa foetida*...

Ils sont d'origine subtropicale ou méditerranéenne.

Le terme "serre froide" est utilisé, car ces bonsaï se plaisent en extérieur l'été, mais craignent les basses températures de l'hiver. Il est donc nécessaire de les protéger durant cette période. Ils sont donc placés à l'abri en "serre froide" pendant l'hiver, à 10-12°.

S'ils craignent les basses températures, pourquoi ne pas les garder à l'intérieur ?

C'est en effet possible pour les arbres d'origine subtropicale comme les agrumes, qui sont d'ailleurs souvent utilisés comme plantes d'intérieur. Mais la plupart de ces espèces ont absolument besoin du temps de repos que leur permet le rafraîchissement de la température, au même titre que les bonsaï d'extérieur.

Les *Serissa* sont souvent vendus comme bonsaï d'intérieur, or, les hivers chauds les fragilisent, la mise au "frais" leur permet d'économiser leur force en attendant une meilleure luminosité. Les oliviers font un peu exception, ils ont besoin de 13° pendant 10 semaines pour être aptes à la floraison (c'est ce que l'on appelle la vernalisation).

Le bonsaï de serre froide est un bonsaï d'extérieur sous climat méditerranéen, d'intérieur sous climat tempéré (voir carte p. 270).

Olivier
Olea europaea
Taille : 37 cm
Collection Bonsaï Méditerranée Association

Ficus benjamina
Taille : 65 cm Ø 10 cm
Collection Bonsaï Méditerranée Association

• **Les bonsaï d'intérieur** : ce sont des arbres d'origine tropicale (*Ficus benjamina, Carmona microphylla, Ulmus parvifolia*).

Leurs conditions de vie originelles sont très différentes de celles qu'offre un climat tempéré.

Dans un but commercial évident, on fait croire aux gens que ces bonsaï, puisqu'ils craignent le froid (14 °C est la limite communément admise), sont à l'aise à l'intérieur dans nos chaumières. Malheureusement, si la température est à peu près adéquate, l'humidité qui règne dans nos intérieurs est rarement compatible (elle dépasse rarement 40 % alors qu'une humidité convenable se situe entre 80 à 100 % d'humidité relative).

De plus, en hiver, la luminosité baisse dangereusement pour ces arbres qui restent actifs toute l'année. Ce manque de lumière provoque une baisse des réserves de l'arbre et donc altère sa résistance.

Autre difficulté, ces arbres tropicaux proviennent en général des régions de Chine du Sud. Or le climat n'y est pas uniforme. Il est souvent difficile de connaître exactement leurs besoins en température et humidité.

Ces bonsaï doivent être rentrés au début de l'automne lorsque la température passe en dessous de 20°. Pourquoi ne pas attendre 14° ? C'est une prise de risque, car on mesure rarement la température la nuit, aux heures les plus fraîches. D'autre part, le bonsaï va faire un effort pour s'adapter tant bien que mal à la fraîcheur (14 °C est une température glaciale pour un arbre tropical). Brutalement, il va se retrouver en intérieur à nouveau à 20 °C. Il lui faudra donc un temps de réadaptation supplémentaire.

Chaque dérangement, chaque brutalisation d'un bonsaï se paye en temps d'adaptation et en énergie.

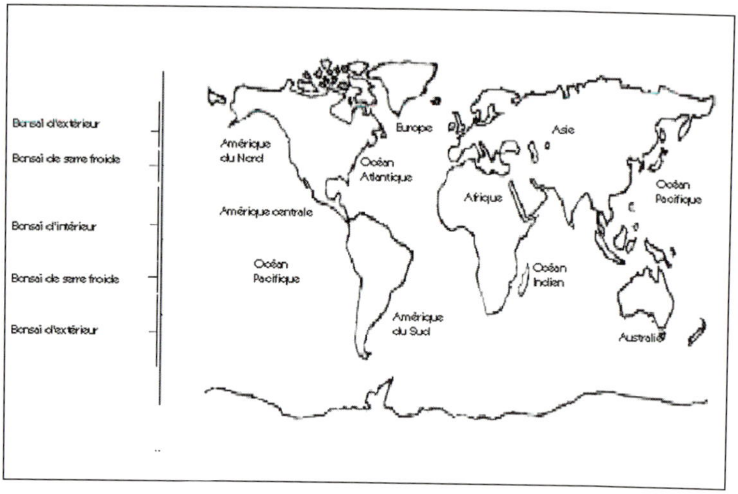

Pour chaque espèce correspond une plage de température

La limite de résistance au chaud varie en fonction de l'humidité de l'air et de l'arrosage et en fonction de l'espèce. La limite de résistance au froid dépend de l'origine géographique du bonsaï.

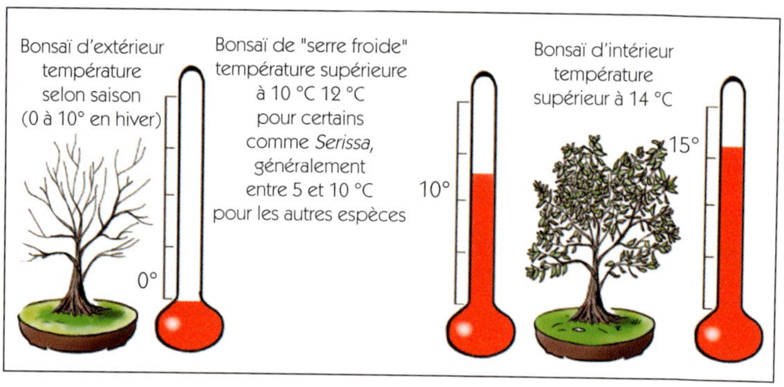

Le principe de la serre froide

Il s'agit d'un abri non chauffé où la lumière pénètre facilement.

Abriter, c'est niveler les écarts de température. Sous certains climats, les variations de température sont importantes, même pour les arbres de climat tempéré. La chaleur en été est souvent excessive, même pour les tropicaux. Le vent peut dessécher, voire abîmer les feuilles. L'hiver, les bonsaï dits de serre froide ne supportent pas des températures inférieures à 5 °C, les arbres de climat tempéré craignent les gelées subites, souvent nocturnes (associées parfois au vent…). Ces gelées peuvent craqueler les pots et geler les racines, plus sensibles au froid que le reste de la plante. La serre froide sert donc de régulateur des conditions que sont l'humidité, la chaleur. Elle nivelle les excès que craignent particulièrement les petits arbres en pot.

En hiver, la serre peut être entr'ouverte les jours ensoleillés, mais elle doit toujours être refermée avant la nuit. Des températures entre 3 °C à 12° sont correctes à cette époque et ne rompent pas la dormance.

Pour les arbres d'extérieur, la température ne doit pas être inférieure à 0 °C, car même si l'arbre supporte le gel dans la nature, les racines y sont protégées par la terre et donc sont soustraites aux très basses températures. Or, vu le peu de terre dont elles disposent, les racines du bonsaï gèlent plus facilement que celles d'un même arbre en pleine terre.

Si vous ne disposez pas d'une serre, les bonsaï gagneront à être disposés au ras du sol pour échapper aux gelées et bénéficier de l'humidité du sol.

La serre… chaude

Pour les tropicaux, une serre ou un aquarium chauffé à plus de 14 °C est idéale, l'atmosphère doit y être très humide. Une salle de bain chauffée peut faire l'affaire.

Les climats en France

La pratique du bonsaï tient grand compte du climat. Or, en France, il existe de nombreuses variations climatiques selon l'endroit où l'on se trouve. Le problème essentiel concerne le gel. Les gelées sont plus fortes à mesure que l'on remonte vers le nord et vers l'intérieur des terres.

En ce qui concerne certaines opérations comme le rempotage, la protection des bonsaï en hiver, de bons conseils pour Lille peuvent être fatals à Montpellier et inversement. Il est important d'en tenir compte lorsque l'on se réfère à un ouvrage écrit dans un pays où les conditions climatiques sont différentes de celles de la France. De plus, les traductions ne sont pas toujours parfaites.

Sur la carte de France ci-contre, les trois types de climats sont représentés.

— En bleu, le climat océanique, les températures ne descendent pas trop en hiver, forte humidité.

— En rouge, le climat méditerranéen, gelées rares (quelques jours par an maximum), plutôt sec. Comme pour le climat océanique, la mer joue un rôle de régulateur thermique. Les hivers étant doux, les rempotages peuvent être réalisés en automne ou au printemps.

— En blanc, le climat continental, fortes variations thermiques : les étés peuvent être très chauds (certaines journées ensoleillées sont plus dangereuses que dans le Midi où le bonsaï peut être progressivement exposé). Il convient aussi d'être beaucoup plus méfiant vis-à-vis des gelées qui peuvent faire éclater les coupes si l'on arrose trop ; les tropicaux seront rentrés fin août, les bonsaï de serre froide suivront rapidement. Ces derniers sont à considérer comme des bonsaï d'intérieur. Les rempotages se feront au printemps.

Les zonages sont des approximations, ils ne tiennent pas compte des reliefs et des microclimats.

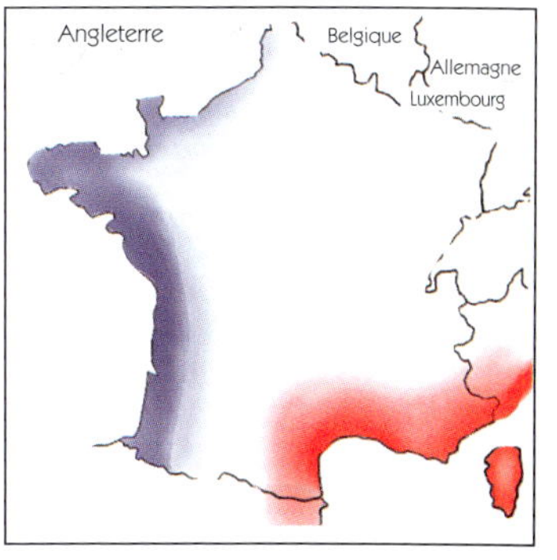

138. Qu'est-ce que l'acclimatation et quels en sont les mécanismes ?

De nombreux bonsaï tropicaux ne passent pas l'hiver et terminent leur (trop) courte existence sur les rebords de balcons, leur propriétaire n'étant pas toujours bien renseigné sur la température minimum qu'ils sont capables de supporter. Un bonsaï tropical, c'est fragile, et de plus, il n'y a pas de signe extérieur de fragilité. C'est même parfois pour le "requinquer" que l'arbre est laissé toute la nuit dehors en plein mois de novembre !

Pourquoi un *"Carmona microphylla"* (*Erethia buxifolia*), un *Ulmus parvifolia* ne sont-ils pas capables de s'adapter au froid ? On trouve pourtant quelques exemples comme certains hybiscus (à fleur violette), quelques eucalyptus (*Eucaliptus ovalus,* par exemple).

En fait, ces espèces importées autrefois avec succès se sont acclimatées progressivement alors que votre bonsaï tropical peut, au mieux, s'adapter.

Quelle différence y a-t-il entre adaptation et acclimatation ?

L'adaptation se fait avec les "moyens du bord" : par exemple, en cas de forte chaleur, les feuilles ferment leurs stomates et s'orientent parallèlement aux rayons solaires. La plante n'a pas d'aptitude nouvelle, elle oriente simplement son fonctionnement.

L'acclimatation est une réponse génétique de la plante par rapport au problème : l'augmentation de l'épaisseur de la cuticule et l'apparition de rameaux transformés en aiguillons chez les orangers sont deux exemples, ces dispositions visant à limiter l'évaporation.

Le froid relatif perturbe le fonctionnement général de la plante

La température interne des plantes suit passivement la température ambiante. Ceci peut poser problème lorsque la température externe est trop forte ou au contraire suffisamment basse pour geler l'eau contenue dans la plante. Heureusement, cette eau contient de nombreux éléments dissous qui l'empêchent de geler. Elle est aussi relativement bien isolée de l'extérieur par le liège de l'écorce.

Pourtant, un autre problème se pose : les cellules sont délimitées par une membrane. La souplesse de celle-ci varie avec la température car elle est de nature lipidique. Or, les graisses se figent en refroidissant. Une cellule dont la membrane devient solide ne peut plus communiquer avec l'extérieur et devient extrêmement fragile : au moindre mouvement, des fuites apparaissent, la membrane s'abîme.

Ainsi, le froid cause de nombreux troubles au bonsaï tropical. Ces troubles, ou "maladies du froid", sont des déséquilibres physiologiques qui affectent les principales fonctions du végétal : la respiration est gênée tout comme la photosynthèse, la sève circule mal.

Le froid intense détruit les cellules

Dans les cas graves, il se produit des fuites d'ions et de métabolites* au sein des cellules (entre ses différents compartiments) ainsi qu'entre les cellules et le milieu. Ces dérégulations aboutissent, en cas de grand froid, à la déchirure des membranes, ce qui se manifeste par des nécroses locales,

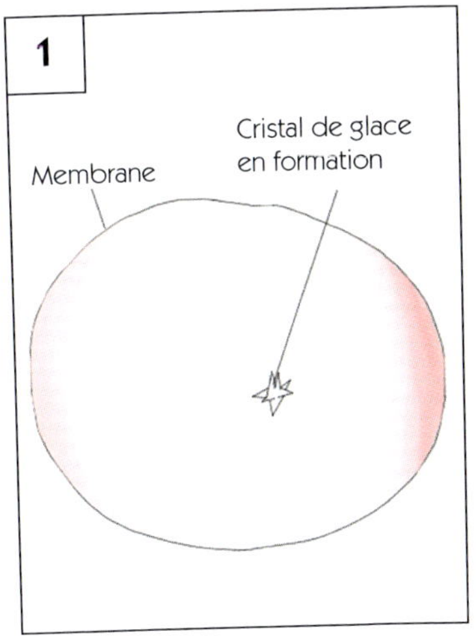

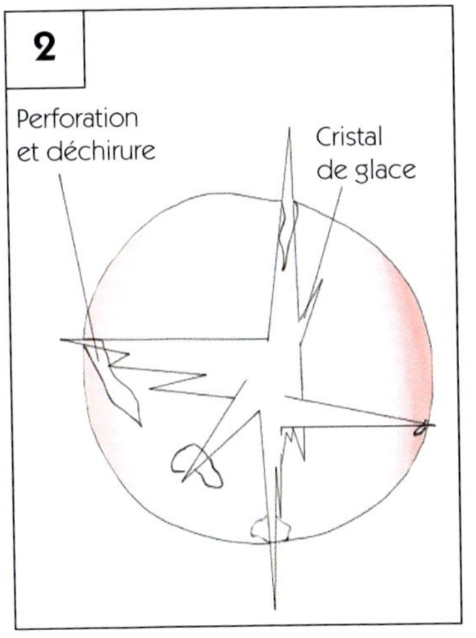

voire la mort des organes (extrémité de tige, par exemple) ou de la plante si les dégâts sont trop graves.

Deux cas sont possibles :

- la formation de cristaux de glace extra ou intracellulaires peut provoquer des déchirures car les membranes sont fragiles (la glace se forme de -1,5 à -2 °C) (schémas 1 et 2) ;
- lorsque la température baisse, les membranes, qui sont composées de lipides*, se rigidifient (pour une plante d'origine tropicale, la rigidification peut être totale). Au cour du gel, l'eau quitte d'abord les tissus, et les premiers cristaux de glace se forment à l'extérieur des cellules entre les parois et les cellules en partie vidées de leur eau.

Si la cellule n'est pas endommagée par cette contraction, des dégâts irréversibles peuvent se produire si le réchauffement est trop rapide. En effet, l'eau qui restait dans les cellules se dilate plus vite que les lipides de la membrane qui reste encore figée.

La membrane encore rigide se déchire, les cellules fuient et meurent.

Aux températures non gelantes, il est probable que ce soient les membranes des organites cellulaires qui perdent leur intégrité et non la membrane cellulaire.

De tous les paramètres qui agissent sur la tolérance au froid, c'est donc le facteur génétique qui prévaut. Les espèces se sont développées en réponse à la variété des conditions de vie sur la planète : nature du sol, climat (quantité d'eau, température…).

Hors zone d'origine, peuvent apparaître des dysfonctionnements fatals.

Les symptômes causés par le froid s'apparentent à ceux d'un manque d'eau

— Rapides flétrissements (cellules déshydratées).

— Régions nécrosées (les tissus noircissent).

— Perte de résistance face aux agents nuisibles (champignons, bactéries…).

— Arrêt de croissance, mort.

Les taches déprimées nécrotiques apparaissent quelques heures après l'exposition. C'est souvent les bords des feuilles qui sont d'abord atteints,

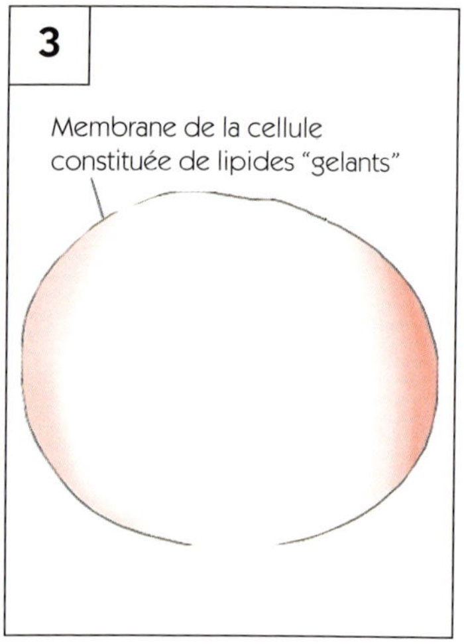

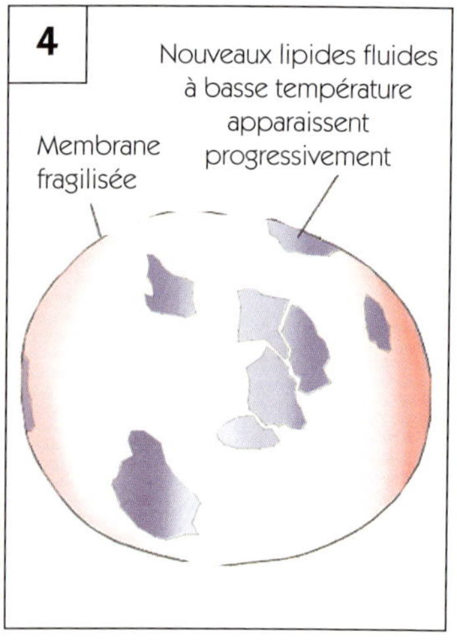

ainsi que les très jeunes pousses. De retour à une température correcte, ces zones sèchent et deviennent cassantes (bords des feuilles, par exemple). Toutes les cellules détruites se révèlent en séchant.

Comment une plante peut-elle alors s'endurcir au froid ?

Pourquoi certains arbres craignent-ils le gel, et pas d'autres ?

Les aspects génétiques de résistance au froid sont mal connus.

Un bonsaï tropical ne supportera jamais le gel, même après des années d'exercice. Il peut toutefois s'accommoder de relatives basses températures (12 à 14 °C) au-delà desquelles il ne sait s'adapter.

La plupart des plantes qui résistent au froid ont des cellules dont les membranes restent souples à basse température. Un des processus d'acclimatation consiste à adapter les cellules aux basses températures en remplaçant ces lipides qui durcissent lorsque la température baisse, par d'autres lipides plus fluides (schémas 3 et 4).

Un bonsaï qui s'endurcit au froid change donc progressivement la nature des lipides des membranes de ses cellules. La plante peut alors s'adapter aux températures de 0° à 20°.

L'adaptation de la composition lipidique des membranes perturbe certainement les échanges entre la cellule et l'extérieur. La capacité à ajuster ces changements est sans doute déterminante dans le phénomène d'endurcissement.

139. Pourquoi un courant d'air froid peut-il tuer un bonsaï?

Plus d'un bonsaï tropical est mort suite à un transport sans conditionnement particulier ou suite à l'ouverture malencontreuse d'une fenêtre trop proche en plein hiver. On peut facilement comprendre qu'un passage brutal de 20 °C à 5° soit une épreuve. Nous sommes capables de surmonter une telle épreuve, car nous sommes capables de maintenir la température de nos organes vitaux constante en brûlant des calories.

Les plantes n'ont pas cette possibilité. Les bonsaï sont donc, en l'absence d'ensoleillement direct, à température ambiante. Ils supportent très bien les courants d'air chaud s'ils ne manquent pas d'eau : cela active leur métabolisme. Les courants d'air froid, par contre, peuvent être fatals ou avoir des conséquences immédiates ou retardées.

Le premier impact du froid se traduit par un ralentissement du fonctionnement du bonsaï et l'arrêt de certaines productions essentielles, comme la chlorophylle.

Si le froid est plus intense, le bonsaï risque de subir des dommages dont on peut distinguer trois types :

• **l'altération de type direct** : choc de froid, les cellules sont détruites directement (modification du "comportement" des lipides membranaires), gelée forte : l'arbre est "séché". Son contenu est comme liquéfié, car les cellules ont éclaté sous l'effet du gel (voir question 138) ; il change rapidement de couleur lorsque la température remonte et sèche ensuite complètement. Ce cas est le plus grave, le bonsaï n'est pas récupérable ;

• **l'altération de type indirect** : pas de signes visibles, mais des déséquilibres de fonctionnement apparaissent : la plante souffre d'un "désordre interne" qui se traduit par un arrêt de la croissance et une perte d'énergie. Ce désordre coûte à la plante en énergie : le bonsaï est affaibli ;

• **L'altération de type secondaire** : ce sont des effets induits. Par exemple, le stress hydrique dû à la baisse de la perméabilité racinaire. Le bonsaï est temporairement perturbé.

Les chocs de froid brefs : ils occasionnent des dommages survenant de façon immédiate (courant d'air froid à la suite d'un transport ou d'une fenêtre ouverte...). S'ils sont légers, ces effets nuisibles à basse température non gelante sont réversibles un certain temps. Un courant d'air frais passager peut donc passer inaperçu. S'il sont sévères, les cellules sont irrémédiablement détruites.

Les chocs de froid longs : durant la période de latence, il n'y a rien de visible et le passage au chaud rétablit le métabolisme. Les symptômes apparaissent ensuite définitivement et la chaleur contribue largement à accélérer leur apparition. Les feuilles et les rameaux encore verts noircissent et se dessèchent par endroit. Une exposition prolongée permet une adaptation du végétal, ou bien il apparaît ces maladies du froid : les transformations chimiques se font difficilement, il y a un ralentissement général des réactions chimiques, certains produits s'accumulent anormalement alors que d'autres manquent. La croissance s'arrête et la respiration des cellules diminue.

La chronologie des événements :

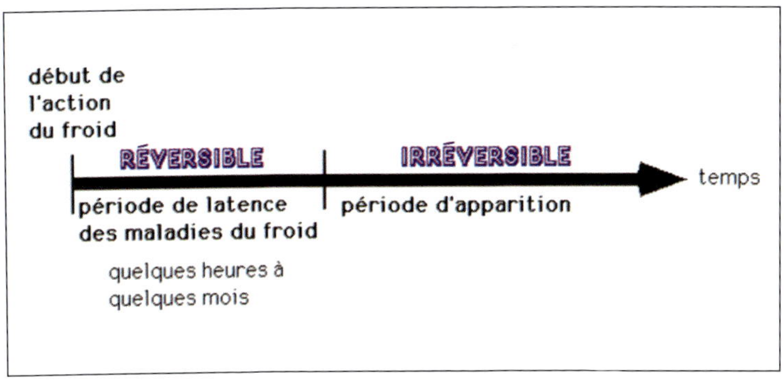

La convalescence

Après un choc de froid, le bonsaï a besoin de beaucoup de lumière et d'une température douce (18-20°). Les nombreuses réparations des cellules abîmées nécessitent beaucoup d'énergie. L'arbre est momentanément très affaibli. Un apport d'engrais riche en potassium (K) et phosphore (P) très modéré peut être utile une semaine après l'incident et si le bonsaï est suffisamment éclairé.

Lors de la latence, les cellules se vident d'une partie de leur eau exactement comme si la plante manquait d'eau, alors qu'il n'en est rien. En fait, la plupart des cellules souffrent de fuites plus ou moins graves. Le premier réflexe est d'arroser, ce qui provoque le pourrissement des racines ! Ceci est un excellent exemple d'incompréhension des besoins de la plante.

140. Comment transporter mon bonsaï sans risque ?

On peut être amené à déplacer fréquemment son ou ses bonsaï. Il s'agit d'un être vivant : le transport doit en tenir compte.

Lorsque les conditions extérieures sont dangereuses, qu'il fait soit très froid (risque de gelées), soit très chaud, il est important d'isoler l'arbre.

Il convient de l'emballer convenablement avec un ou deux sacs en plastique, selon sa taille. Le ou les sacs en plastique retiennent de l'air qui est un excellent isolant. Le bonsaï va se refroidir, mais très lentement.

Vous disposez de plusieurs heures d'autonomie. De plus, l'humidité est conservée, voire augmentée autour du bonsaï, ce qui est bénéfique et protecteur. Une fois arrivé à bon port, laissez l'ensemble se réchauffer lentement pendant une heure minimum.

Lorsqu'il fait très chaud, en été, il est préférable de voyager de nuit, on peut alors se dispenser d'emballer les bonsaï.

Si le voyage dure plus d'une journée, les arbres doivent être aérés la nuit. De plus, l'arrosage dispensé au départ peut ne pas suffire pour les petits bonsaï.

Arroser avant le départ a un intérêt : cela rend la terre plus compacte et plus solidaire du pot.

141. Peut-on cultiver en bonsaï n'importe quelle essence d'arbre en Europe?

Oui, et c'est une réalité qui rend l'art du bonsaï particulièrement intéressant.

A partir d'une graine ramenée de voyage ou expédiée par un ami d'outre-mer, vous pouvez faire prospérer l'arbre chez vous en le formant en bonsaï et ainsi recréer une parcelle de tropique à la maison.

L'intérêt de partir d'une graine est qu'il n'y a pas de problèmes d'acclimatation pour un arbre qui tolère nos plages de température ; de plus, il est aisé de s'en procurer. Les arbres tropicaux et subtropicaux seront bien entendu protégés en hiver.

? d'Amérique du sud — Saule pleureur d'Arbois — Érable du Canada — *Cryptomerias* du Japon

On peut aussi bien miniaturiser un baobab, un séquoia géant, ou encore un arbre dont on ne connaît même pas le nom, issu d'une graine ramassée au hasard.

On peut aussi miniaturiser des buissons comme le romarin (*Rosmarinus* sp.), le noisetier, le lilas, et des lianes comme les lierres, les glycines ou encore les vignes. Bien que ces plantes n'aient pas un port arborescent typique, leur intérêt esthétique les privilégie.

142. Peut-on garder à la maison un bonsaï d'extérieur? Peut-on mettre dehors un bonsaï tropical ou subtropical?

Il est évident que les arbres se plaisent à l'extérieur. Ils ont besoin de pluie, d'humidité et d'air frais pour être en bonne santé.

Un bonsaï d'intérieur dehors...

Les bonsaï tropicaux et subtropicaux doivent être sortis en été. Il faut être vigilant et éviter toute brutalité quant à la différence de température. Le vent peut aussi poser problème. Le bonsaï doit être arrosé copieusement afin d'éviter que l'arbre ne se dessèche. Une exposition sans transition au soleil est dangereuse (pensez aux coups de soleil...). Une exposition semi-ombragée est souhaitable au moins dans un premier temps. On peut remarquer ici qu'une exposition en plein soleil ne convient pas à tous les arbres, alors qu'une exposition semi-ombragée convient aussi bien aux arbres de plein soleil qu'aux arbres préférant l'ombre. Le plein soleil entraîne des évaporations importantes, donc des fluctuations rapides conduisant parfois à l'accident.

Un bonsaï d'extérieur à l'intérieur...

On peut être tenté de garder un bonsaï d'extérieur à la maison afin de l'exposer. Ceci est possible si la durée n'excède pas deux ou trois jours successifs, suivis d'une semaine minimum à l'extérieur. En effet, les bonsaï (et les autres plantes en général) soufrent du manque d'humidité en intérieur ainsi que du manque de lumière. On peut rappeler qu'un manque de lumière provoque l'étiolement des organes jeunes, ce qui aboutit à des tiges longues et grêles et à des feuilles décolorées (voir question 125).

L'arbre perd son aspect compact et s'affaiblit.

D'autre part, dans les maisons, l'air est très sec (dans la nature, le sol humide et la végétation pourvoient l'atmosphère en vapeur d'eau). Les bonsaï, quelle que soit leur origine, s'y déshydratent beaucoup plus rapidement (voir question 63). On peut pallier ce manque d'humidité en disposant le bonsaï sur un plateau sur lequel on étalera du sable ou un autre matériau poreux imprégné d'eau (schéma ci-contre). Celle-ci, en s'évaporant autour de l'arbre, lui donne l'humidité nécessaire : on a ainsi créé un microclimat.

L'idéal est d'avoir au moins cinq bonsaï et de procéder à une rotation : on peut en rentrer un tous les deux jours pendant que les autres se régénèrent à l'extérieur.

On peut aussi mettre ses arbres en valeur à l'extérieur et y déplacer ses activités pour profiter de ses bonsaï.

Le bonsaï de serre froide

Il est bonsaï d'intérieur ou d'extérieur, en fonction du climat (voir question 137).

143. Où (ne pas) installer votre bonsaï?

Du soleil...

La plupart des bonsaï se plaisent dans des endroits ensoleillés, bien aérés, mais jamais en plein courant d'air. La lumière est une priorité, elle permet au bonsaï de se construire. Il a été démontré que les ultra-violets (rayons de la lumière naturelle) avaient un effet positif sur la croissance des végétaux.

Si la plante n'est pas éclairée de façon uniforme, il est utile de la tourner de temps en temps pour varier son exposition et favoriser une croissance régulière de toutes les parties aériennes (voir schéma).

Trop d'ombre fait apparaître les nervures des feuilles. Le soleil augmente la résistance aux maladies et parasites.

Lors des après-midi d'été, le soleil est parfois trop intense. Certaines variétés ne le supporteront pas. On peut exposer ses bonsaï uniquement au soleil du matin. L'intérêt est que son intensité augmente très progressivement, cela limite les risques de brûlures du feuillage et permet d'arroser moins souvent. On soustrait le bonsaï du soleil direct avant midi et on les garde à l'ombre durant l'après-midi.

Les conifères

La plupart des conifères prospèrent en plein soleil toute l'année durant. Généralement, un bon ensoleillement correspond à une bonne floraison, de plus les fleurs et les fruits apparaissent plus tôt. Lors de la formation des bourgeons floraux, un bon ensoleillement est déterminant. Les conifères présentant à la fois du feuillage juvénile et du feuillage mature (voir question 126) gagneront à être placés en plein soleil : le feuillage mature tend à remplacer le feuillage juvénile.

...ou simplement de la lumière

De soleil, point trop n'en faut. Certaines espèces, comme les azalées, les érables, les hêtres entre autres, craignent "le soleil de midi". De même, certains conifères comme les cyprès sont sensibles aux excès.

Toutes les espèces sans exception craignent le soleil de midi si aucune transition n'est ménagée lors d'un changement d'exposition de l'ombre au soleil.

Par contre, mettre brutalement un arbre à l'ombre est sans danger.

Pour les arbres dont la couleur du feuillage est intéressante en automne, il est important de faire attention aux brûlures en les soustrayant au forts ensoleillements d'été. Mais il est important qu'ils bénéficient du soleil lors de l'après-saison pour que leurs feuilles se chargent de pigments synthétisés grâce à la lumière.

Il est important de signaler ici que tous les arbres n'ont pas besoin d'autant de lumière. Si les pins se plaisent en plein soleil, les hêtres, les érables, les fruitiers sont plus productifs avec moins de soleil. Dans certains cas, l'excès de soleil arrête la photosynthèse.

Quelques pièges à éviter

• Evitez de placer vos bonsaï sous un autre arbre.

Si les fientes d'oiseaux et les feuilles mortes sont sans conséquences négatives (ce sont des engrais), certains arbres sécrètent des substances néfastes aux autres arbres (schéma 1).

• Eviter aussi de placer vos arbres contre un mur ou une vitre en été (schéma 2). La réflexion de la lumière contre celui-ci ou celle-ci augmente considérablement la chaleur aux heures les plus chaudes de la journée. En hiver, cette augmentation anormale de la chaleur peut conduire à un débourrement prématuré.

• Eviter les endroits confinés dans lesquels les maladies prospèrent. L'air doit circuler autour du bonsaï (schéma 3).

• Eviter les endroits trop exposés.

Le vent peut être un facteur aggravant la déshydratation avec le soleil, ainsi que la force destructrice des gelées avec les basses températures. Une protection simple comme un muret suffit (schéma 4). On peut aussi exposer l'arbre plus bas ou dans une petite serre froide.

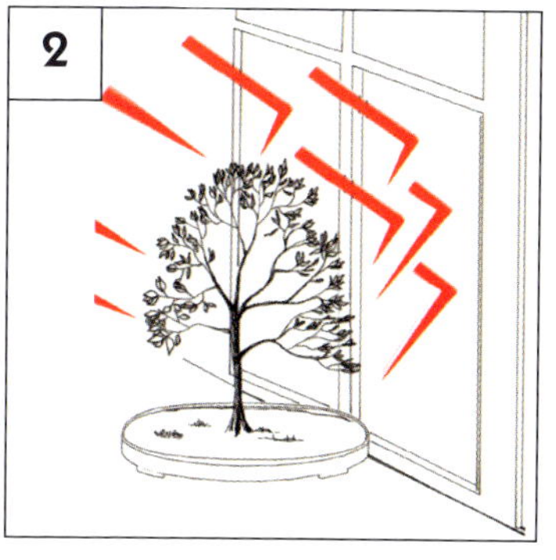

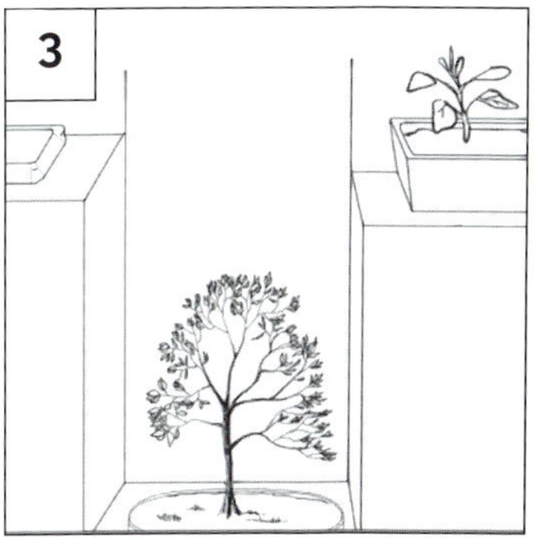

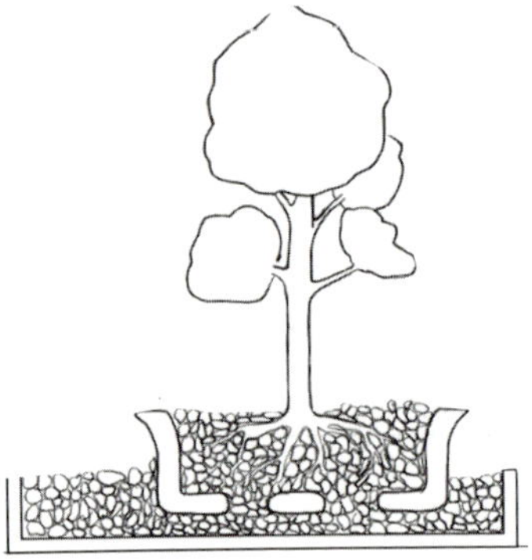

144. Qu'est-ce que l'hydroculture ?

L'hydroculture est une méthode particulière de culture qui consiste à remplacer la terre dans laquelle pousse le bonsaï par des granulés, qui peuvent être de l'argile expansée (forme sphérique) ou des scories volcaniques appelées aussi pouzzolanes (pierre ponce de forme "déchiquetée" et de tailles très variables) que l'on trouve dans les régions volcaniques jeunes (région d'Olot en Espagne, par exemple). C'est de la culture sans sol.

Quels en sont les intérêts ?

C'est un moyen de s'affranchir de la contrainte de l'arrosage puisque la capillarité des granulés permet de maintenir les racines dans de bonnes conditions d'humidité.

Cela permet aussi d'éviter les erreurs d'arrosage, car les racines sont lavées de la terre qui est très riche en germes susceptibles de les attaquer ; de plus, le substrat étant poreux, l'eau ne peut pas stagner.

Quels sont les désavantages ?

Ils sont d'abord d'ordre esthétique. Les granulats ne sont pas cachés par de la sous-végétation.

Est-ce que n'importe quel arbre peut être cultivé de la sorte ?

Les tropicaux, ainsi que les espèces les plus gourmandes en eau, sont plus adaptés à ce type de culture. Les plantes jeunes, parce qu'elles sont très actives, sont aussi plus adaptées à l'hydroculture. Pour les vieux sujets et les conifères, il vaut mieux en rester au mode classique de culture en mélange.

Est-ce qu'un bonsaï jusqu'alors cultivé normalement peut être "converti" à l'hydroculture et inversement ?

Il suffit pour cela de laver délicatement les racines de leur terre en veillant bien à retirer tout le substrat. Les racines sont ensuite étalées de la façon la plus homogène possible au sein des granulats. La seule réserve exomycorhize concerne les bonsaï mycorhizés*. Le passage à l'hydroculture conduit à sacrifier les mycorhizes, ce qui est risqué pour le bonsaï.

Le principe de fonctionnement

Le sol artificiel est arrosé, ou bassiné, d'une solution nutritive anorganique (schéma 1). Le substrat est totalement inerte et très poreux, de sorte

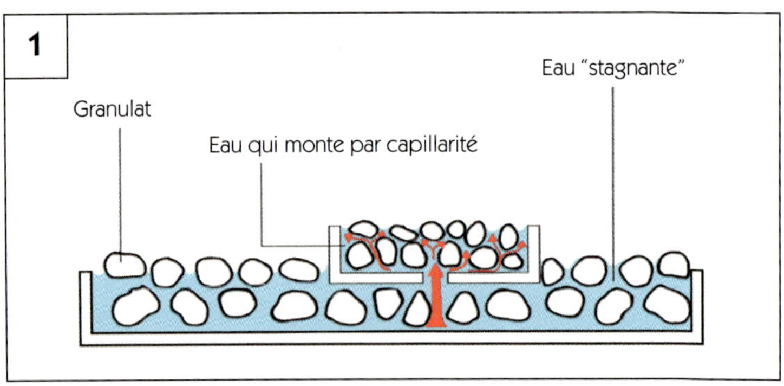

que les racines sont toujours oxygénées et que la solution circule bien par capillarité* (schéma 2). Il n'y a pas de bactéries qui décomposent les engrais en éléments nutritifs, ceux-ci sont apportés par une solution d'engrais purement minéral administrée périodiquement. On comprend ici que les mycorhizes sont incompatibles avec ce mode de culture.

Une tendance actuelle : les bonsaï sont cultivés dans des mélanges dont la porosité est importante. Si l'on ajoute le mode de fertilisation qui consiste à diluer fortement l'engrais dans l'eau d'arrosage, on se rend compte que l'on se rapproche des conditions de l'hydroculture. La culture des bonsaï est presque, dans certains cas, une culture sans sol.

2

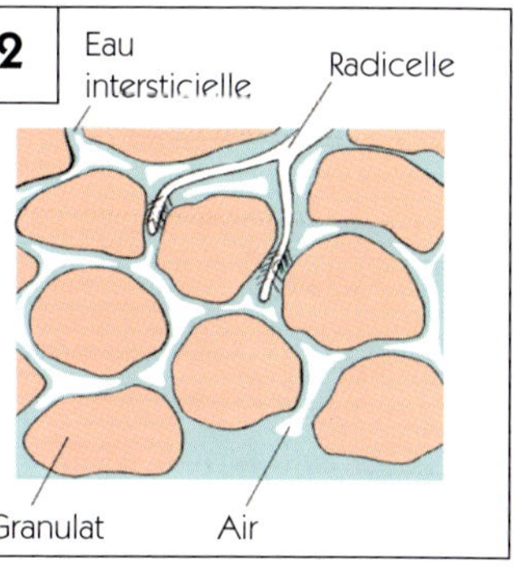

145. Y a-t-il des limites à la miniaturisation ?

Le développement des bonsaï est irréversible, mais il peut cependant être extrêmement limité. Les plus petits bonsaï sont appelés des miniatures : ce sont des arbres si petits qu'ils tiennent dans la main, ils ne mesurent que dix centimètres de haut environ.

La taille du pot étant en rapport avec celle de l'arbre, on utilise des pots de très petite taille qui ne contiennent que quelques centimètres cube de terre.

L'entretien de tels bonsaï est particulièrement difficile, car le manque d'autonomie en éléments nutritifs et en eau oblige un suivi très rigoureux des apports en engrais et des arrosages. Ces derniers se font par trempage, ils sont très fréquents (plusieurs fois par jour en été).

Ces bonsaï miniatures sont très prisés au Japon.

Un mélange spécialement étudié

Le mélange utilisé est très riche en argile car la petite taille du volume utilisé par les racine oblige à augmenter au maximum les propriétés de liant de la terre. Ils vont de pair avec la capacité de rétention de l'eau et des sels nutritifs.

Le trempage, solution efficace pour les petits bonsaï

Cette contrainte explique la nécessité de l'arrosage par bassinage : l'argile se rétracte en séchant, arroser par le haut est inefficace, car l'eau s'échappe en passant entre le pot et la motte sans atteindre les racines (voir question 66). On enrichira périodiquement la solution servant au bassinage avec de l'engrais liquide (l'utilisation d'engrais de fond solide n'est bien sûr pas exclue).

Les limites techniques de la miniaturisation

Le maintien de cette miniaturisation extrême peut durer plusieurs générations. Toutefois, lorsque la plante acquiert trop de vigueur, elle a besoin d'atteindre une taille plus appropriée par rapport à sa physiologie et à sa structure d'arbre. Il est alors nécessaire de la laisser évoluer en bonsaï plus grand. Lors des rempotages successifs, on choisira un pot légèrement plus grand.

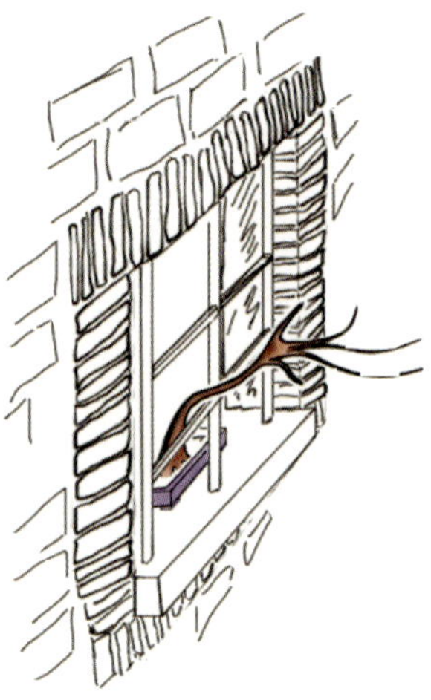

Les limites esthétiques de la miniaturisation

L'extrême miniaturisation ne permet pas de laisser l'arbre se ramifier, car en laissant se développer les parties aériennes, même sans laisser beaucoup de feuilles (pour ne pas rompre l'équilibre hydrique, voir question 28), un déséquilibre physiologique s'installe. Il arrive un stade où l'augmentation de taille est ressentie comme irrémédiable, car on sent l'arbre brimé ; il ne progresse plus car toutes ses pousses sont systématiquement rabattues au plus court.

146. Quelles sont les caractéristiques techniques d'un bon pot à bonsaï ?

Le choix d'un pot a d'autres répercussions que l'aspect esthétique de l'association pot-arbre que constitue un bonsaï.

Les caractéristiques techniques

Les vrais pots à bonsaï ont des qualités indéniables quant à leur finition, au choix des coloris et des matériaux. Ce sont de véritables œuvres d'art issues de techniques de poterie artisanale et traditionnelle de Corée, du Japon et de Chine.

La qualité de la matière est très importante.

Les orifices de drainage

Ils doivent être d'un diamètre assez important afin d'assurer un drainage sûr (schéma 1). Une pierre, un petit filet, ou tesson doit être nécessaire pour retenir le mélange de terre pour bonsaï. Si cela n'est pas nécessaire, c'est que les orifices sont sans doute trop petits.

1

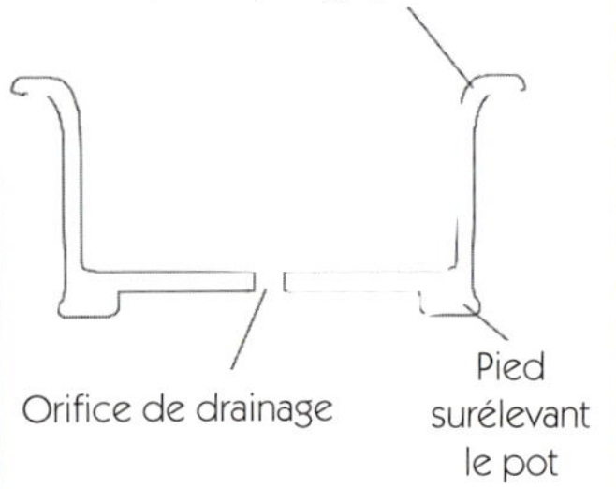

La profondeur

Plus un pot sera profond, plus il offrira une sécurité importante quant aux arrosages (qui seront plus espacés) et au rempotage, ainsi que vis-à-vis des apports en fertilisants (lessivage plus lent, quantité d'engrais plus importante). Mais la profondeur du pot ne doit pas altérer l'esthétique du bonsaï.

La porosité

La porosité du matériau utilisé a trois conséquences : la première est la fragilité du pot vis-à-vis du gel, la terre du bonsaï s'assèche plus vite, le rempotage est plus difficile, car les racines se lient étroitement avec la surface poreuse. Les grès et les céramiques ont une faible porosité par rapport à la terre cuite. Les vernis suppriment la porosité.

La couleur

Les couleurs sombres chauffent plus vite, ce qui peut être intéressant lors des saisons froides. Les racines étant relativement sensibles aux écarts de température, cela n'est pas un avantage en été, d'autant moins si la quantité de terre est faible (celle-ci protège les racines des écarts de température).

Le vernis

Un pot vernis surchauffe par rapport à un pot non vernis de la même couleur. Un pot vernis de couleur sombre n'est pas adapté au plein soleil. Un vernis, on l'a dit, supprime toute porosité.

La surface

Une ample surface augmente considérablement l'évaporation et donc la vitesse d'assèchement de la terre.

Les pieds

Ils n'ont pas seulement un intérêt esthétique : un pot surélevé assure un meilleur drainage (schéma 1). Un vrai pot à bonsaï ne va d'ailleurs jamais de pair avec une soucoupe assortie. Toutefois, les soucoupes peuvent être utilisées par commodité, en intérieur.

Le profil

Le pot doit être légèrement évasé pour permettre un dépotage facile. Le rebord est parfois large et présente un palier : on peut y installer de la mousse et ainsi augmenter l'unité de l'ensemble (schéma 2 ci-contre).

2

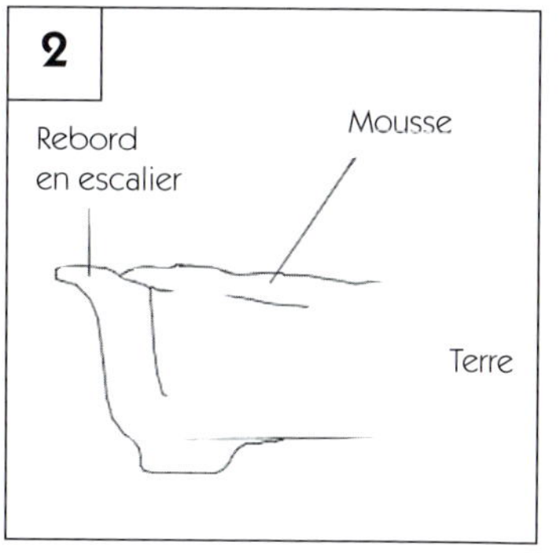

La qualité et le prix

Le prix des pots augmente rapidement avec leur taille. En effet, plus un pot est grand, plus il a de chances de se vriller lors de la cuisson. Il y a donc beaucoup de “déchets” lors de la fabrication des terrines de grandes tailles, d'autant plus quand celles-ci sont très plates.

On trouve malheureusement à la vente des pots qui sont voilés (schéma 3). Ce n'est pas grave, dans la mesure où c'est signalé et que le prix en tient compte. Pour éviter les mauvaises surprises, lors de l'achat, disposez le pot sur une surface plane afin de vérifier qu'il ne soit pas bancal.

Le pot ne doit pas non plus être ébréché. En revanche, les fêlures chez les pots émaillés leur donnent du caractère et n'altèrent en rien leur durée de vie. Il est nécessaire de manipuler le pot afin de vérifier qu'il n'y a aucun éclat. Les défauts liés à la teinte sont parfois intéressants, ils rendent l'objet unique.

3

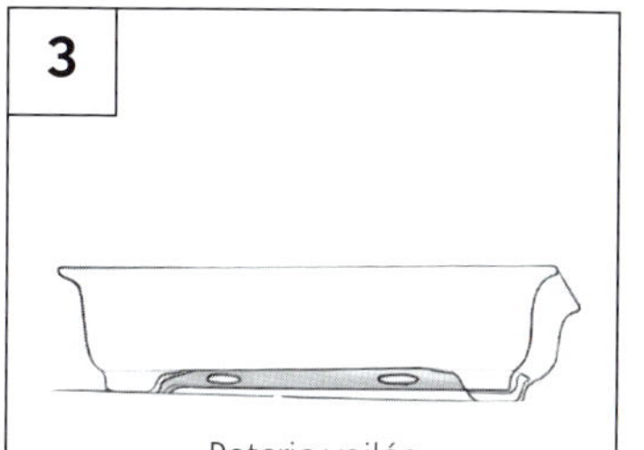

Poterie voilée

147. Comment bien choisir un pot pour mettre son arbre en valeur ?

Généralités

La largeur du tronc ne doit pas être supérieure à la hauteur du pot.

La longueur du pot, ou son diamètre, est légèrement inférieure à la hauteur de l'arbre (shéma 1).

Une coupe dont la longueur est supérieure à la hauteur de l'arbre valorise l'espace et donne l'impression d'un petit paysage, à la condition que l'arbre soit excentré (schéma 2 ci-contre).

1

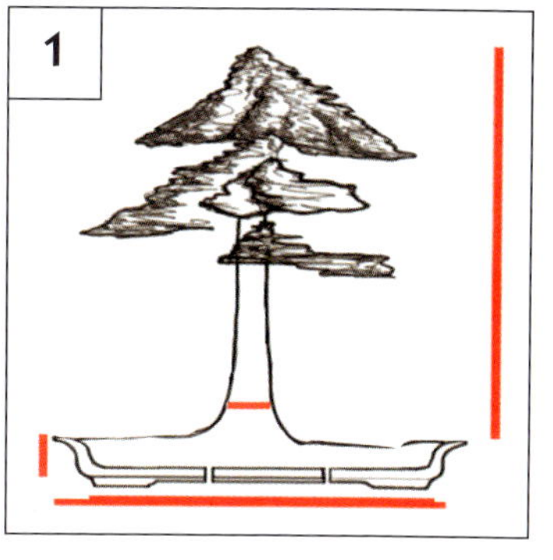

2

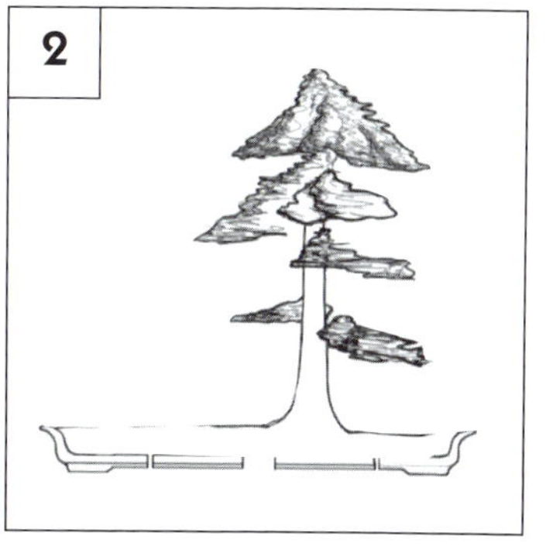

Le choix d'un pot ou d'une coupe par rapport à un ou plusieurs arbres

Pour un sujet seul : comme nous venons de le voir, la silhouette de l'arbre conditionne profondeur, longueur et largeur du pot.

Un autre élément très important intervient : l'angle ou les angles sous lesquels on désire présenter l'arbre. En effet, un bonsaï a une ou plusieurs faces (voir question 108) (schémas 3, 4, 5).

La forme “en balai” fait exception car elle n'a généralement pas de face.

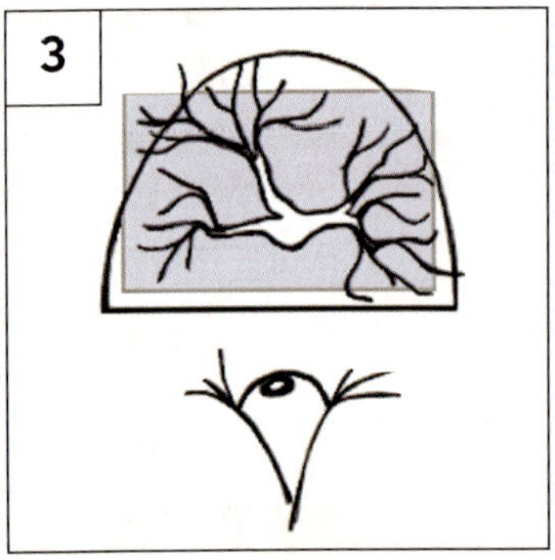

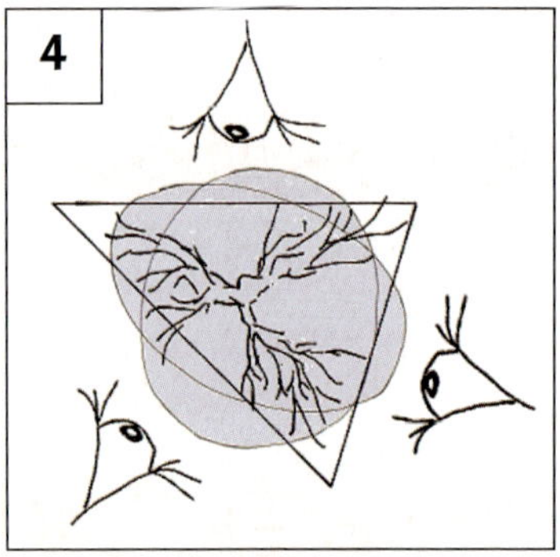

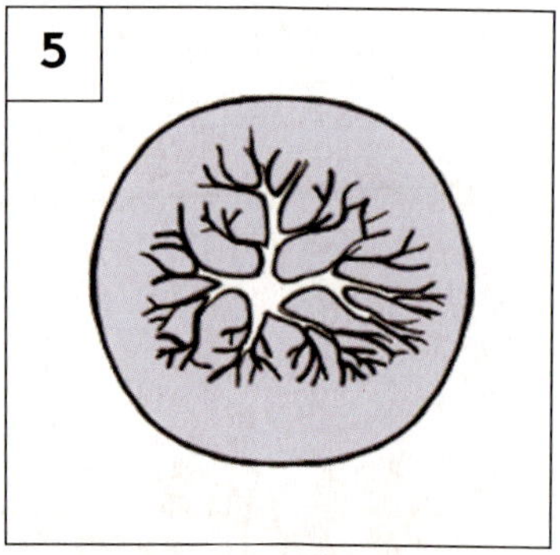

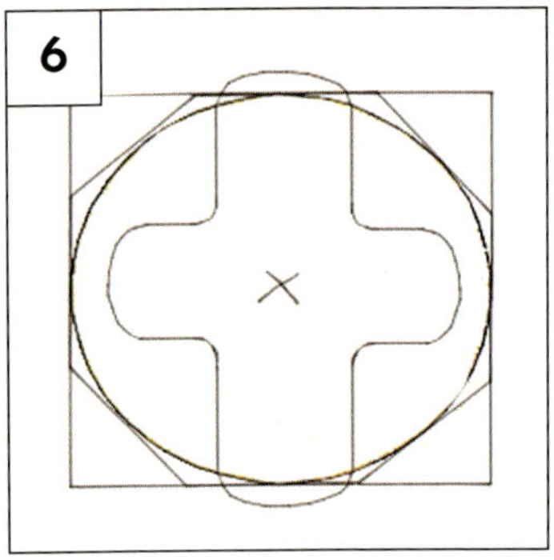

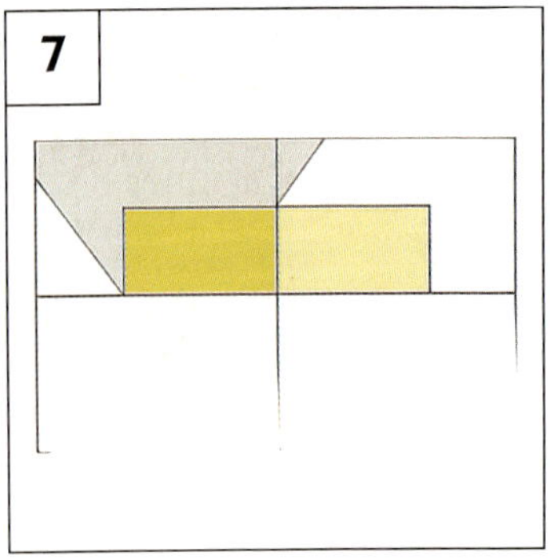

Le pot doit présenter l'arbre sous une de ses faces.

Les forêts et les arbres de paysage seront plantés dans des coupes très basses ou sur des plateaux de roche. Ces formations évoquent des peuplements d'arbres dans de grands espaces. Il est donc important de tenir compte des vides et de choisir des coupes de grande taille.

La position des sujets

La base du tronc est placée au centre dans tous les pots ou coupes qui n'ont pas d'axe de symétrie (coupes rondes, carrées, octogonales, hexagonales ou en lotus) (schéma 6).

La base du tronc est excentrée et un peu en arrière de la ligne médiane. La surface couverte par l'angle mort est minimale (en gris, sur le schéma 7).

Les arbres en forêt : l'arbre le plus grand sera légèrement excentré, comme le solitaire. Les autres sujets gravitent autour. Le nombre des sujets est toujours impair. Les forêts sont généralement constituées d'un ou deux groupes.

L'équilibre avec les masses "foliaires"

La première branche est généralement la plus développée. Elle couvre une surface importante.

La profondeur du pot

Par rapport à la densité du feuillage : un feuillage dense, important et compact permet d'augmenter la hauteur de la coupe ou du pot sans provoquer de déséquilibre visuel.

Par rapport aux impératifs de culture : la vitesse de développement de l'arbre augmente avec la profondeur du pot. En effet, plus le pot est profond, plus la quantité d'engrais, et d'eau surtout, est importante. Or, la pauvreté en eau et en sels minéraux ralentit la croissance, et donc, stabilise le bonsaï. Aussi a-t-on intérêt à diminuer progressivement la profondeur des pots pour des arbres formés. Pour les arbres en cours de formation, le choix est fonction de la vitalité qui convient le mieux à votre travail. Pour ces derniers, des pots de cultures en terre cuite peuvent suffire.

Certaines essences ont du mal à supporter des contraintes trop poussées pour leur racines (figuier *Ficus carica,* charme *Carpinus betula*). On leur réservera donc des pots relativement profonds.

Dans les régions méditerranéennes, l'évaporation étant très importante, on utilisera les pots les plus hauts possible pour limiter les risques des "coups de sec". Par forte chaleur, les croissances, plus faibles, restent contrôlées.

***Prunus* sp.**
Bonsaï fruitier
Musée Arboretum du Bonsaï, Biot

148. Comment organiser les fiches d'identité de vos bonsaï ?

Etablir une fiche d'identité n'est pas un luxe inutile, cela permet de bien identifier vos arbres.

Même si l'on ne possède qu'un seul bonsaï, il est intéressant de bien noter son identité et son âge approximatif. Ces fiches servent de pense-bête, chaque arbre ayant ses particularités et son caractère. D'autre part, après quelques années de pratique, on oublie vite l'origine exacte et surtout l'année d'acquisition de ses arbres. Des bonsaï clairement identifiés sont plus facile à soigner et à entretenir.

Identité

Nom botanique : *Fagus sylvatica*

Nom familier : *Hêtre*

Origine

Semis ❏ / année

Bouturage ❏ / bouturé en + ans (estimation de l'âge du rameau bouturé)

Sauvageon ❏ / année (estimation) récolté en

Commerce ❏ / année

Remarques propres à l'origine

Sujet découvert au cours d'une promenade au lieu-dit "La Prades" à Thulles-les-Châteaux le 6 août 1987.
Récupéré le 8 février 1988 au matin (avec l'accord du maire).
Le sujet poussait péniblement le long d'un chemin, il était régulièrement brouté par les moutons et abîmé par les débroussaillements.

Année de naissance *1980 (estimation)*

149. Comment organiser les fiches d'entretien de vos bonsaï ?

A une fiche d'identité, chaque sujet étant vraiment unique – il a une histoire, une origine qui lui sont propres – correspond une fiche d'entretien.

La force de la méthode proposée ici est qu'elle prend en compte cette particularité.

Ces fiches sont importantes, elles vont vous permettre de maîtriser les principaux paramètres de culture que sont les engrais et autres traitements d'une année à l'autre.

Elles vous proposent une méthode pour mieux les soigner. Cette méthode est basée sur votre expérience qui va s'enrichir progressivement.

Bonsaï n° *4* ❑ Intérieur ❑ Serre froide ❑ Extérieur

Température minimum tolérée de *-5 °C*

CALENDRIER DES ENGRAIS ET REMPOTAGE

Tendances générales :

On ne donne pas la même qualité d'engrais toute l'année (pour plus de détail sur les engrais et les rythmes de croissance voir chapitre Nutrition et Question 28).

Engrais riche en N		Engrais riche en P et K	
Printemps	Eté	Automne	Hiver

Relevé des apports en fertilisants :

Année	Janv.	Fév.	Mars	Avril	Mai	Juin	Juill.	Août	Sept.	Oct.	Nov.	Déc.
1988		•	•	••	•	••		•••				
1989		•		••		••		•••				
1990		**R**	rien !	rien !	•	•	•		•••			
1991		•										
1992												

Granulés "Kipousse" •
Engrais liquide " NPK •• Rempotage **R**

Remarque : on peut faire un relevé plus précis par quinzaine ou par semaine.

Remarque : aucune indication n'est donnée dans ces tableaux. Chaque bonsaï a des besoins particuliers qui dépendent des conditions de culture au sens large (la taille du pot, la qualité du substrat, le climat) ainsi que l'espèce considérée. Aucun livre ne peut vous donner des indications précises et fiables.

"ALMANACH" DES REMPOTAGES

croissance rapide < moyenne < lente < périodicité de ...... ans.

Année du dernier rempotage	1990	1992	1995	1998

CALENDRIER DES TRAITEMENTS

Partant du principe que "plus le traitement à lieu tôt lors de l'apparition d'une maladie, meilleur il est", autant traiter avant !

Cette boutade peut faire sourire, elle est pourtant la règle en la matière.

Prenons comme exemple une maladie de la vigne, le mildiou. Chaque année, les vignes sont affectées à une époque bien connue des vignerons. Ceux-ci traitent juste avant que cela n'arrive. Ce type de traitement est dit prophylactique ou préventif, on intervient avec le bon produit avant que la maladie ne se déclare.

Il est malheureusement peu probable de trouver des champs de bonsaï, les mêmes que le vôtre, à côté de chez vous. C'est donc en regardant votre arbre évoluer et en notant les problèmes qu'il rencontre ainsi que les traitements adéquats que vous suggèreront les professionnels ou d'autres pratiquants expérimentés que vous pourrez mieux maîtriser les maladies qui le guettent et peu à peu les anticiper. En effet, chaque année, selon la période, votre arbre pourra développer telle ou telle maladie, être consommé par tel ou tel parasite. Citons par exemple les invasions de pucerons au printemps. Votre connaissance de ces maladies et de leurs symptômes va s'affiner en quelques années seulement.

Pour visualiser vos progrès divinatoires d'une année à l'autre, vous pouvez rajouter un signe selon que le traitement est curatif (la maladie s'est développée, on soigne l'arbre déjà malade) ou simplement préventif. Les traitements curatifs vont diminuer progressivement par rapport aux préventifs.

Préventif X Curatif @	permet de visualiser la vulnérabilité de votre arbre dans les conditions que vous lui donnez.

Fongicide :

Année	Janv.	Fév.	Mars	Avril	Mai	Juin	Juill.	Août	Sept.	Oct.	Nov.	Déc.
1988				•••@				••@				
1989				••@			••X					
1990			•X				•X					
1991			•X		•@		•X					

Produits utilisés :

Chimlate ® • Soufre micronisé •• Sulfate de cuivre •••

Insecticide :

Année	Janv.	Fév.	Mars	Avril	Mai	Juin	Juill.	Août	Sept.	Oct.	Nov.	Déc.
1988				•@				••@				
1989				•@			••@					
1990								••@				
1991			X•		•@		•X					
1992												

Produits utilisés :
Rothénone plus • Tue-mouche ••

CALENDRIER DES CALAMITES

Facultatif mais utile !

Maladies d'origine cryptogamique (champignons) :

Année	Janv.	Fév.	Mars	Avril	Mai	Juin	Juill.	Août	Sept.	Oct.	Nov.	Déc.
1988				••				•				
1989				••			•					
1990			••				•					
1991			••		•		•					

Maladies identifiées :
Mildiou • Rouille ••

Infestations d'insectes :

Année	Janv.	Fév.	Mars	Avril	Mai	Juin	Juill.	Août	Sept.	Oct.	Nov.
1988				•				••			
1989				•			••				
1990								••			
1991				•		••		••			
1992											

Parasites identifiés :
Puceron vert • Cochenille ••

Les tableaux des infestations doivent correspondre aux tableaux des traitements curatifs.

Cette étude va vous conforter dans vos diagnostics (« pour ce sujet, c'est la saison des pucerons ») et vous permettre d'adapter vos traitements préventifs.

150. Les bonsaï vont-ils vous rendre fou ?

Ce livre ne pouvait se terminer sans une pointe d'humour. Le monde du bonsaï et sa philosophie s'inspirent tellement des formes parfois saugrenues que nous offre le monde des arbres qu'il aurait été dommage de terminer ce livre d'une autre façon.

On peut parfois se poser cette question tant l'univers des bonsaï est un monde fascinant et prenant. Souvent, la passion l'emporte et envahit le quotidien. Les arbres gagnent du terrain, le balcon se transforme progressivement en forêt, un autre monde nous conquiert. Les amateurs de bonsaï sont des gens à part, souvent à la recherche d'un mode de vie plus en harmonie avec les rythmes de la nature. La pratique du bonsaï est un havre de paix, une source de sérénité.

Le bonsaï n'est pas cet objet de servitude si souvent décrié. Lorsque les contraintes d'arrosage sont maîtrisées, lorsque les programmes de rempotage, d'arrosage et d'exposition sont établis, la pratique du bonsaï est bien moins gourmande en temps qu'en espace ! Un bonsaï nécessite un coup d'œil régulier, journalier en été, hebdomadaire en hiver pour les arbres d'extérieur. **Un bonsaï doit être compris**, c'est-à-dire que les soins doivent être dispensés à bon escient. Le temps passé pour entretenir 3 ou 10 bonsaï est sensiblement le même, car la plupart des soins sont similaires, même si chaque sujet a des petites particularités qui le rendent unique.

La passion pour les bonsaï permet de s'entourer de plantes toujours changeantes et plus belles encore, année après année.

Le bonsaï n'est plus cet "objet exotique" venant d'une autre culture. De plus en plus d'espèces qui nous sont familières sont cultivées en bonsaï.

Des espèces qui font partie de notre patrimoine.

Bien que l'art et l'esprit du bonsaï nous soient prêtés par la culture orientale, sa philosophie devient nôtre et agit positivement sur notre comportement, qui s'enrichit d'une certaine sagesse.

On peut aussi ajouter, pour finir, que la passion pour cet art ne coûte pas cher mêmes si les outils, les sujets, les poteries peuvent sembler un peu onéreux. C'est le prix à payer pour de la qualité. Une expression bien connue dit : « Le temps, c'est de l'argent. » Acheter un bonsaï "tout fait", c'est acheter bien plus que du temps. Ensuite, il faut reconnaître qu'un bonsaï ne coûte pratiquement que… du temps.

Bibliographie

AINSWORTH John, *Comment créer et entretenir vos bonsaï d'intérieur*, Bordas, 1990.

BONNIER Gaston et DE LAYENS Georges, *Flore complète portative de la France, de la Suisse et de la Belgique*, Belin, 1986.

COME Daniel, *Les Végétaux et le froid*, collection Méthodes Hermann, Editions des sciences et des arts, 1992.

DURRIEU G., *Ecologie des champignons*, collection Ecologie, éditions Masson, 1993.

FELLER-DEMALSY Marie-José et DEMALSY Paul, *Les Plantes à graines, structure, biologie, développement*, éditions Armand Colin, 1990.

GIORDANO Louis, *Taille & greffe*, guide pratique, Hachette, 1993.

GROS André, *Engrais, Guide pratique de la fertilisation*, La Maison Rustique, Paris, 7e édition, 1979.

HALLE F., OLDEMAN R. A. A., *L'Architecture et la dynamique de croissance des arbres tropicaux*, éditions Masson & Cie, 1970.

HELLER R., ESNAULT R., LANCE C., *Abrégés Physiologie végétale, 2. Développement*, 4e édition, Masson, 1993.

KORESHOFF Deborah R., *Bonsaï, its Art, Science, History and Philosophy*, Boolarong Publications, Brisbane, Australia, 1984.

LEMAIRE F., DARTIGUES A., RIVIERE L. M., CHARPENTIER S., *Culture en pot et conteneur*, Du labo au terrain, principes agronomiques et applications, INRA, revue horticole.

LESNIEWICZ Paul, *Bonsaï, Arbres miniatures*, éditions Bonsaï Centrum-Heidelberg, 1989.

LESNIEWICZ Paul, *Bonsaï d'intérieur*, éditions Bonsaï Centrum-Heidelberg.

MARTIN Elizabeth, *Les Arbres*, Solar Nature, 1989.

PFISTERER Jochen, *Jardinage Bonsaï*, Petit Pratique Hachette, Hachette, 1993.

PONTOPPIDAN Alain, *La Taille des arbres libres, 2. Arbres et arbustes d'ornement*, collection Les quatre saisons du jardinage, éditions Terre vivante, 1994.

PUIBOUBE Daniel, *Jardinez écologique*, éditions Marabout, 1993.

SOMM Joseph, *Vos bonsaï en pleine forme ! Santé, Maladies et Parasites, Traitements*, auteur éditeur, BP 6 74150 Vallières.

TOMLINSON Harry , *Bonsaï, le grand livre de l'art et de la culture des bonsaï*, éditions Prestige Solar, 1990.

WESPHAL E., BRONNER R., MICHLER P., *Découvrir et reconnaître les galles*, Delachaux & Niestlé, 1987.

ZIMMERMAN M., BROWN C. L., *Trees, Structure & Fonction*, Springer Verlag, 1971.

Lexique

abscission : zone située à la base d'une feuille ou d'un fruit permettant à ces derniers de se détacher naturellement.

acides aminés : éléments constitutifs de base des protéines.

actif : se dit d'un processus qui ne peut se réaliser sans apport d'énergie.

adventif : se dit d'une structure apparaissant à la suite d'une blessure ou d'un autre type d'induction (humidité, par exemple).

amidon : molécule de stockage construite à partir de sucres.

Angiosperme : groupe important. Toutes les plantes dont les graines sont protégées par une enveloppe protectrice en font partie. Les bonsaï, à l'exception des conifères et des bambous, sont des Angiospermes.

assimilateur : qualifie les tissus au sein desquels la photosynthèse se réalise. Ce sont donc tous les tissus verts.

assise : couche de cellules dont l'épaisseur n'est que d'une cellule.

auxèse : phase durant laquelle, les cellules étant en place, celles-ci vont prendre leur taille finale en augmentant plus ou moins de volume.

auxine : hormone végétale qui agit dans les processus liés à la croissance (notamment l'auxèse).

bouture : fragment d'un végétal capable, en se régénérant, de former un individu complet.

cambium : méristème* secondaire qui produit le xylème* et le phloème* secondaire. Le cambium, de par son fonctionnement, participe à la croissance en épaisseur des tiges et des racines. Le cambium est aussi fin qu'une feuille de papier, c'est une assise génératrice. Adj. : cambial.

capillarité : propriété qu'ont les liquides de remonter dans un conduit étroit.

cellule : tout être vivant est constitué d'au moins une cellule. C'est l'unité fonctionnelle de base.

cellulosique : constituée de cellulose, la paroi reste souple, fine et perméable.

chimique : abus de langage pour désigner un produit créé artificiellement par l'homme.

chloroplaste : unité de production cellulaire où se réalise la photosynthèse. Les chloroplastes sont verts, ils donnent la couleur verte des cellules des feuilles. Ils se déplacent au sein de la cellule pour capter au mieux l'énergie lumineuse.

chlorose : décoloration anormale d'un organe vert.

collet : zone de jonction entre les parties aériennes et le système racinaire.

conifère : synonyme de résineux. Ce sont des Gymnospermes.

corticale : le cambium, lorsqu'il est complet, délimite une partie centrale ou médullaire et une partie périphérique ou corticale.

curatif : qualifie un traitement visant à combattre une maladie déclarée. S'oppose à préventif.

cuticule : revêtement cireux protégeant les parties vertes des plantes. La cuticule est plus épaisse chez les plantes dont les feuilles sont vernissées.

débourrement : éclosion des bourgeons.

degré : les branches insérées directement sur le tronc sont de premier degré. Elles portent des branches de second degré qui portent des branches de troisième degré, etc.

dioïque : relatif à une plante portant des fleurs mâles et des fleurs femelles.

dormance : période de repos naturel d'un végétal.

endoderme : assise de cellules situées à la limite du cylindre central des racines.

espèce : ensemble d'individus ayant des caractères communs et isolés du point de vue de la reproduction. Exemple : *Acer pseudo platanus*, le Sycomore.

essence : synonyme d'espèce.

éthylène : hormone végétale qui agit sur la maturation des organes et qui provoque la formation des zones d'abscission.

famille : ensemble de genres apparentés.

feuillus : employé ici par opposition aux conifères. C'est un abus de langage, car les conifères ont, bien sûr, eux aussi, des feuilles.

fruitiers : terme utilisé dans cet ouvrage pour désigner les arbres produisant des fruits à noyau ou à pépins.

génétique : relatif aux gènes. Chaque être vivant est porteur de gènes qui lui sont propres. Il en lègue une partie à sa descendance.

genre : ensemble dans lequel on regroupe plusieurs espèces apparentées. Exemple : le genre Acer regroupe tous les érables.

Gymnosperme : ensemble dans lequel on regroupe tous les conifères.

histologique : à l'échelle cellulaire ou concernant des cellules.

ion : molécule portant une ou plusieurs charges électriques.

lenticelle : zone de passage privilégié localisée sur les parties ligneuses des arbres.

lichen : association symbiotique entre une algue et un champignon. Les lichens les plus courants forment des plaques sur les roches mais aussi les troncs d'arbres.

ligneux : qualifie un organe ou une plante dont les parties les plus anciennes se sont solidifiées à la suite de transformations internes.

lignifié : imprégné de lignine.

lignine : substance qui solidifie les cellules végétales en s'accumulant dans leurs parois.

lipide : substance grasse ou huileuse.

manchon : cylindre épais.

marcotte : partie d'une plante produisant des racines adventives, susceptible de donner un autre plant après séparation de la plante mère.

méristème : groupe de cellules embryonnaires pouvant se diviser activement pour donner naissance à des tissus nouveaux.

métabolisme : ensemble de réactions chimiques se produisant au sein d'un être vivant, d'un organe ou d'un tissu.

monoïque : se dit d'une plante qui ne porte que des fleurs monosexuées.

mycélium : filament de couleur variable correspondant à la partie végétative d'un champignon. Adj. : mycélien.

mycorhize : association symbiotique entre les racines d'une plante et un champignon.

Nématode : groupe de vers dont la plupart des espèces sont des parasites. Ceux qui parasitent les végétaux sont microscopiques.

organique : qualifie une matière contenant du carbone. S'oppose à minéral.

orientation : possibilité de faire évoluer une plante dans sa production.

passif : ne nécessitant pas d'énergie pour se réaliser.

périderme : désigne le phellogène et sa production principale, le liège.

phellogène : assise méristématique produisant le liège à la périphérie des grosses racines, du tronc et des branches d'un certain âge.

photosynthèse : réaction chimique utilisant l'énergie solaire pour fabriquer des molécules organiques. Seuls les végétaux sont capables de réaliser la photosynthèse.

port : se rapporte à l'aspect général d'une plante. Par exemple : le port dressé, ramifié, ou encore le port arborescent.

pouzzolane : scorie volcanique. Ce sont des petites particules de pierre ponce très utiles pour aérer la "terre à bonsaï".

primaire : qualifie les tissus et plus généralement les structures qui se mettent en place lors de la croissance en longueur des organes.

phloème : tissu chargé de conduire la sève élaborée par les feuilles.

préventif : un traitement préventif a lieu avant l'apparition de la maladie. Mieux vaut prévenir que guérir.

sauvageon : plante récoltée dans le milieu naturel.

sèche (matière) : ce qui reste d'un être vivant si l'on enlève toute l'eau qu'il contient.

secondaire : caractérise tous les tissus qui se mettent en place secondairement lorsque la croissance en longueur est achevée. Ils permettent à la plante de s'épaissir.

sélectif : caractérise un produit de traitement qui défend la plante contre un ennemi bien précis.

sels minéraux : substances minérales plus ou moins solubles dans l'eau.

spécialisé : se dit d'une cellule lorsque celle-ci a acquis des caractères qui lui permettent de remplir une fonction bien précise. Exemple : la cellule chlorophyllienne contient des pigments qui lui permettent de réaliser la photosynthèse.

stomate : petite fenêtre à ouverture réglable située sur une partie verte de la plante et qui permet les échanges avec l'extérieur.

symbiote : se dit de deux êtres vivants qui se développent en association étroite en s'entraidant mutuellement.

systémique : se dit d'une substance qui pénètre dans le végétal et qui est véhiculée par la sève. Les produits de traitement de ce type agissent plus longtemps, car ils ne sont par lessivés par l'eau de pluie ou d'arrosage.

taillis : technique d'exploitation forestière qui consiste à couper tous les arbres et laisser leurs souches en place pour qu'elles produisent des rejets. S'oppose à la futaies où les plus beaux spécimens ne sont pas coupés.

tendre : adjectif utilisé dans le présent ouvrage pour qualifier les feuilles qui se ramollissent visiblement dès qu'elles manquent d'eau.

tire-sève : organe qui, de par son fonctionnement, est fortement demandeur de sève brute. C'est le cas des bourgeons, des feuilles et des fruits.

tissu : ensemble de cellules remplissant la même fonction. Exemple : le phloème ou tissu chargé de conduire la sève élaborée.

trempage : méthode d'arrosage d'une plante en pot qui consiste à immerger le pot dans une bassine remplie d'eau (synonyme : arrosage par immersion). Voir schéma p. 103.

vacuole : petit organe cellulaire se présentant sous la forme d'une poche d'eau à dimension très variable dans le temps. Elle permet à la cellule de mettre de côté une réserve d'eau.

vasculaire : qui concerne les vaisseaux.

vernissée : se dit d'une feuille dont la cuticule est très épaisse. S'oppose à tendre, car même lorsqu'elles manquent d'eau, cela est peu persceptible de par leur rigidité.

verticille : ensemble de plusieurs feuilles régulièrement disposées autour d'un axe au même niveau.

vivace : qui vit plusieurs années. Synonyme : pérenne.

xylème : tissu chargé de conduire la sève brute des racines jusqu'aux feuilles.

Table des photographies

Index thématique des 150 questions - réponses

AU SECOURS ! PREMIER BONSAÏ...

INTERROGATIONS D'ORDRE GÉNÉRAL

La nature du bonsaï

L'hygiène du bonsaï

La terre, champignons et lichens

ITINÉRAIRE LE LONG DES RACINES

Le rempotage

L'arrosage

La nutrition

PARCOURS LE LONG DU TRONC

VISITE AU CŒUR DES BRANCHES ET DES BOURGEONS

Taille et ligaturage

Cicatrisation et soudure

Bourgeon et ramification

Architecture et équilibre

PETIT SYMPOSIUM CONCERNANT LES FEUILLES

RENDEZ-VOUS PRATIQUE AUTOUR DES FLEURS ET DES FRUITS

QUESTIONS FINALES

Remerciements

A Messieurs

Francis Hallé, botaniste, professeur à l'Institut botanique de Montpellier et à l'Université des Sciences de Montpellier, qui m'a fait l'honneur de relire et de corriger mon manuscrit.

Gilbert Labrid, à qui je suis redevable de précieuses informations.

Alban Aronovitz,
Georges Guardia,
Lucien-Michel Grandjean,
Laurent Huet,
Stéphane Loubié,
pour leurs encouragements et leur aide.

L'auteur et l'éditeur tiennent à s'associer dans les remerciements qu'ils adressent à MM. Hernandez, père et fils, collectionneurs de bonsaï, qui ont accepté de les mettre à notre disposition pour des prises de vue, lesquelles ont été effectuées par Gérard Lesénéchal. Nos remerciements les plus vifs s'adressent également Mme Hernandez, pour la qualité de son accueil.

Nous remercions aussi M. José Manuel Otzarreta, collectionneur du pays Basque, près de San Sebastian, qui a eu l'amabilité de nous prêter quelques photographies des plus beaux spécimens de sa collection, ainsi que M. Karol Okonek du Musée Arboretum du Bonsaï, à Biot.

Bonsaï Méditerranée Association
Gérard Hernandez & Fils
59, traverse de la Gouffonne
Campagne Bertot
Mazargues - 13009 MARSEILLE
Tél. 04 91 40 23 92

Yamadori Bonsaï
Gilbert Labrid
14, rue du Collège
34000 MONTPELLIER
Tél. 04 67 52 84 52

Benoît Grandjean

http : //mageos.ifrance.com/BONSAI

José Manuel Otzarreta
Avda. de Vizcaya s/n.
E-20800 ZARAUTZ
Tél. (943) 89 40 22

Bonsaï Arboretum de la Côte d'Azur
299, chemin du Val de Pôme
06410 BIOT
Tél. 04 93 65 63 99

Achevé d'imprimer en juillet 2000
Dépôt légal 3e trimestre 2000

Imprimé en CEE